U0066934

東南亞政府與政治

［比較政府與政治4］

張錫鎮／著

李炳南／主編

—叢書序—

　　我國於一九九六年召開了國家發展會議，針對總統直接民選後新的政治形勢需要，在中國國民黨和民主進步黨的合作主導下，通過了若干有關憲政改革的共識，其中與中央政府體制以及台灣省地方自治有關的主要部分，則於一九九七年七月，在新黨的杯葛退席下，由兩黨在第三屆國民大會第二次會議聯手推動入憲，兩黨並簽訂修憲協議書，同意就其餘未決的問題，另行研議修憲事宜。

　　一九九七年的第四次修憲，由於朝野三黨均有其制度偏好，加以國民兩黨主流派系在中央政府體制方面所支持的半總統制方案亦受到來自民間監督憲改聯盟和學術界關心憲改聯盟等學術團體的批評，因此，有關於憲政體制選擇的問題，乃成為當前台灣

學界與政界最為熱門的辯論議題，至今方興未艾。

我們相信，立憲主義的出發點就是有限政府，基於立憲主義所制定的憲法，最主要的目的就是要透過權力分立的制度設計來限制政治權力的濫作以保障人權，然而權力是無所不在的，政黨政治下的政治系統運作過程，並不全然是學說的推理或辯論，而是政治行動者的權力佈局和對抗競爭，正由於行動者之間錯綜複雜的合縱連橫關係，作為政治過程後果的憲政制度，往往在議題和特定利益的分割下，無法呈現為一理念的整體，甚至支離破碎、矛盾百出，人言各殊莫衷一是，令人無所適從。但也正因為立法或修憲過程本身即帶有濃厚的政治性和妥協性，吾人無法期待立法者或立憲者得遵循一定的理念而創造出完美無瑕的法典，但又因為法的本質本來就在追求應然秩序的和諧性、一體性，所以當吾人面臨實存的法典和應然的法理間的衝突時，就需要藉由法理的指導來重建實存的法秩序，並且設法在政治邏輯形成的法規則當中去認識與解釋法理。

而在參考其他各國憲政制度的同時，吾人亦必須認識到，現代的民主憲法，隨著制憲時不同政治理念和權力的交織，根本就難以逃脫民主政治所必然帶來的內在論理上的矛盾，如果吾人不能夠追溯各種制度細部規定的發生史，不能夠重返各國修憲的情境，去發掘形成憲政制度背後的政治邏輯，我們將無法理解，何以制度選擇與移植必須考量到各國的憲政傳統與政治文化，才不至於導致「橘逾淮為枳」的現象叢生。

我國自清末立憲運動以來，已歷經百年的憲政民主實驗，憲法文本不計其數，但是，直到九〇年代，我們才在台灣看到立憲

主義與民主化的一絲曙光，我國的憲政工程仍在進行當中，第四次修憲的完成，才是我們對〈憲法〉所規範的國家組織結構認識的真正開始，〈憲法〉正待我們透過理性思辨和政治實踐的不斷辯證、對話以賦予其生命。職是，此刻〈憲法〉正需要我們多方借鑒各國憲政經驗，以豐富我們的視野，補充想像與推理的不足，進而尋找台灣憲政發展的出路。

國內學界前輩對於比較政府的專門論著並不少，像鄒文海、薩孟武、劉慶瑞、羅志淵、張世賢等先進，都是箇中的翹楚。不過如果我們希望找到一套比較有系統、比較詳盡，並且針對當代各國政府體制與政治運作的實況有所評述的比較政府叢書，則似乎相當困難。因此，揚智文化公司這一套「比較政府與政治」叢書在台灣地區的出版，自然是本地讀者和研究者的一個福音，因為透過作者的新穎周全的資料、縝密細膩的整理、具體明確的論述和妙筆生花的文辭，讀者和研究者必然可以樂在其中地探知這門學科的全貌。當然，如果讀者和研究者想要研究特定國家的政治制度或特定制度的各國比較，也可以輕鬆地從本叢書中得到想要的資訊。因此我們可以肯定，這套叢書將是讀者的啟蒙良師，也是研究者的百科全書。

李炳南

謹述於台灣大學研究室

— iii —

―自序―

　　整整七百年前，一部不朽的「遊記」使西方人第一次聽說了東方。該遊記的作者就是那位旅居中國十七載的義大利旅行家馬可波羅。他的遊記第一次把東方文明昌盛的訊息傳到了西方。這本來可以成為東西方友好交往和相互學習的開端，然而卻相反，為西方揭開了「地理大發現」和對外征服的序幕。

　　那些西方的冒險家們垂涎欲滴地將目光盯在了東方。印度和印度以東的地區成了他們獵取的首選目標。後來，散布在這片地區的眾多王國便開始一個接一個地從地球上消失了。今天叫做東南亞的這塊地方幾乎全部成了西方的一部分。

　　在後來的數百年間，人們似乎忘記了這裡曾是一個獨立的地區。除了把香料和寶石源源不斷地從這裡運往西方以外，沒有誰

再注意它的命運。

本世紀四〇年代，在太平洋發生的那場戰爭驚擾了西方人在這裡的統治。於是，這一地區再次引起了世界的關注。但是，贏得最後勝利的，不是發動戰爭的日本人，也不是試圖重新奪取這塊土地的西方人，而是東南亞人自己。因為他們最終擺脫了附屬地位，真正成了自己的主人。

六〇年代，另一場戰爭在印度支那爆發了。這就是把許多國家牽連進去的越南戰爭。這場戰爭結束不久，七〇年代末，又爆發了一場印度支那戰爭。東南亞再次吸引了全世界的注意力。

當這些戰爭還在進行的時候，另外一些東南亞國家正在悄悄地創造著一個經濟奇蹟。首先是新加坡的經濟起飛，而後是泰國、馬來西亞經濟崛起，接著，菲律賓和印尼也相隨其後。八〇年代乃至九〇年代的前半期，這些國家的經濟持續高速增長，於是，東南亞被譽為世界上經濟最富活力的地區之一。這一發展奇蹟又使東南亞成為世界注意的焦點。投資商蜂擁而至，政治家接踵而來，學者們對該地區的研究興趣也日益高漲。一時間，東南亞成了一顆地區明星，光彩奪目。

然而，恰恰在這如日中天，春風得意之際，一場迅雷不及掩耳之勢的金融危機在泰國爆發了。風暴迅速席捲了幾乎所有的東南亞國家。頃刻間，數千億美元的財富化為烏有，經濟發展的水平倒退了若干年。禍不單行，經濟危機又引發了一連串的政治動盪和衝突。

這次震盪對東南亞的打擊是巨大的，然而，它並未因此而被忽視和冷落，相反，更引起了世界的密切關注。人們開始從新的

視角和更深的層面思考東南亞的成功和失敗，尋求新的出路和未來。

東南亞似乎注定令世界定期對其表示關注。由此，我們可以斷定，不論過去還是現在，東南亞在世界上始終享有重要地位。

今天，當人們反思東南亞經濟成功和失敗的時候，不可能不去探討其政治因素。實際上，眾多的研究表明，不論先前的成功還是今天的失敗，都與東南亞各國的政府和政治有密切關係。因此，一部論述東南亞政府與政治的書對於更深刻地認識該地區的發展道路和模式有重大意義。

政治是全部社會生活的集中表現。不研究東南亞國家的政治就不可能準確認識、預測它們的社會發展的方向和道路。對東南亞政治的研究有助於我們對其社會的總體認識和把握。

在經濟全球化和地區一體化的今天，世界已變成相互聯繫的整體，你中有我，我中有你，大家已經變成生活在同一個地球村的村民。村民們已經心心相連，息息相通。今天，在別國發生的事已不再是純粹他人的事了。安全、發展、合作、環境……所有這些問題都需要全體村民共同思考，同心協力，聯手解決。

在這個地球村中，東南亞是中國的近鄰。中國與東南亞統屬東亞國家，在文化價值觀方面有相通之處，而且有上千年的友好交往史。今天，當我們面臨共同挑戰的時候，中國和東南亞必須成為好鄰居、好伙伴，必須增進了解，加強互信，共同維護地區安全與穩定，促進地區的發展與繁榮。

要做到這一點，對中國人來說，掌握一定的東南亞知識是必不可少的。我希望這部《東南亞政府與政治》能幫助台灣海峽兩

岸的中國人進一步認識和了解我們的近鄰。

　　新世紀的腳步聲已經迫近。人們寄希望於未來，期待著本地區有一個和平、發展、繁榮的盛世。如果本書能為此起到微薄的作用的話，作者將感到無限快慰。

　　本書能與讀者見面，首先應當感謝台灣揚智文化事業股份公司全體員工，特別是孟樊先生為此書的出版所付出的辛勤勞動。其次，還要感謝北京大學學報主編龍協濤教授對本書的寫作所給予的關心和支持。最後，我還要向我的妻子紀淑琴女士表示誠摯的謝意，多年來她一直全身心支持、關心、幫助我從事我的學術研究。

張錫鎮

於北京大學燕北園

—目錄—

叢書序　i

自序　v

第 1 章　東南亞概覽　1
　　第一節　地理環境　1
　　第二節　人口和民族　4
　　第三節　宗教和文化　8
　　第四節　歷史概貌　12
　　第五節　獨立後的政治發展　33

第*2*章　政府體制和文官制度　63

第一節　越南和寮國的人民代表制　64

第二節　柬埔寨、泰國和馬來西亞的君主立憲制　72

第三節　印度尼西亞和菲律賓的總統制　84

第四節　新加坡的議會共和制　92

第五節　汶萊的絕對君主制　97

第六節　文官制度　100

第*3*章　政治權力結構　123

第一節　政黨制度　124

第二節　軍隊與政治　162

第三節　宗教勢力與政治　193

第*4*章　國家意識形態和政治文化　229

第一節　緬甸的社會主義和政治文化　230

第二節　泰國的政治文化　249

第三節　具新加坡特色的民主社會主義　253

第四節　印度尼西亞的國家意識形態和政治文化　261

第五節　馬可仕時代的菲律賓國家意識形態　293

第*5*章　民主和人權　309

第一節　民主政治的失敗與復興　310

第二節　大眾參與和選舉　321

第三節　人權狀況　339

第 *6* 章　國際關係　353
　　第一節　東南亞國家聯盟　354
　　第二節　東南亞與大國的關係　376

註釋　421
參考書目　435

第1章

東南亞概覽

　　東南亞，是當今世界上，尤其是第三世界少有的地區明星。它高速增長的經濟活力，長期穩定的政治秩序，以及迅猛發展著的區域一體化趨勢，正在引起全世界的廣泛矚目。

　　本章將從地區整體的角度，概要地介紹東南亞地理環境、民族構成、文化傳統、歷史變遷，從而爲認識當代東南亞政治展示一幅大背景。

第一節　地理環境

　　今天的東南亞地區，在第二次世界大戰以前有各種不同的稱謂。古代的中國人曾稱該地區爲崑崙、南海、海南，後來又稱南洋。日本人也稱南洋。西方人最早曾以東印度（East India）泛稱印度和印度以東的半島和群島。後來，又有遠印度（Farther India）、大印度（Greater India）等稱謂。以上所有這些稱謂有一個共同之處，即沒有一個準確嚴密的區域界定。因此，它們究竟包括哪些國家，並不明確。

　　直到第二次世界大戰期間，英國海軍上將路易斯・蒙巴頓爵

士（Lord Louis Mountbatten）率領盟軍在印度新德里建立了自己的司令部，「東南亞」才正式作爲一個地區概念，用於他的司令部的名稱「東南亞盟軍最高司令部」。這以後，東南亞一詞便成了有準確內涵的地理概念。這就是印度、斯里蘭卡以東，澳大利亞以北，巴布亞紐幾內亞以西，中國以南廣闊的半島、群島及其海域。這一地區共有十個國家。在半島（即中南半島）上，有越南、寮國、柬埔寨（這三個國家所構成的地區，傳統上稱印度支那，即Indo-China）、緬甸、泰國、新加坡以及馬來西亞的大部分（即西馬）。海島部分包括印度尼西亞、菲律賓、汶萊和馬來西亞的兩個州（沙勞越和沙巴，即Sarawak和Sabah，合稱爲東馬）。

　　中南半島位於印度洋和南海之間，北部與中國的西藏、雲南、廣西接壤，由北向南延伸，直至赤道附近。其南部的狹長地帶又稱馬來半島。整個中南半島北高南低。北部地區海拔高過三千五百公尺以上。主要山脈河流多呈南北走向。許多山川河流均由中國境內向南延伸。半島東側的長山山脈沿越、寮、柬三國邊界蜿蜒而下，直抵越南南部，長達一千公里。半島的中部諸山脈爲中國橫斷山的餘脈。半島的西側山脈則是喜馬拉雅山的南延。主要河流均起源於中國西南山地。半島上最大的河流湄公河（Mekong）的上游爲中國的瀾滄江；薩爾溫江（Salween）上游是中國的怒江；紅河（Hong Ha）和伊洛瓦底江（Irrawaddy）的源頭也在中國境內。這些大河在入海口形成沖積平原和河口三角洲。著名的湄公河三角洲、湄南河（Mae Nam Chao phraya）三角洲、伊洛瓦底江三角洲、紅河三角洲都是中南半島上廣袤肥沃的平原地區。

構成東南亞海島部分由無數大小群島組成。其中最重要的有大巽他群島 (Greater Sunda)，包括蘇門答臘 (Sumatra)、爪哇 (Java)、加里曼丹 (Kalimantan)、蘇拉維西 (Sulawesi) 等主要島嶼。菲律賓群島，包括呂宋 (Luzon) 和民答那峨 (Mindanao) 等主要島嶼。較重要的群島還有摩鹿加 (Maluku)、努沙登加 (Nusa Tenggara) 等。此外，東南亞的海島部分還包括伊里安 (Irian) 島的西半部，即印尼的西伊里安地區。東南亞海島地區山嶺縱橫，地形崎嶇，位處於火山活動地帶，火山的頻發造成了大量的火山灰土壤，從而有利於農作物的生長。

　　東南亞大部分地區處於南北回歸線10°之間，屬熱帶地區。除中南半島部分高山地區有較大的溫差變化以外，其他大部分地區全年高溫，年均氣溫在25°C左右。中南半島絕大部分地區和菲律賓北部屬季風氣候，一年氣候有兩季之分，即雨季 (5～10月) 和旱季 (11～4月)。馬來半島和大部分海島地區分布在赤道地帶，全年氣溫高，降水量大，屬熱帶雨林氣候。溫差極小，全年平均溫度在25°C以上。

　　東南亞是世界上物產和自然資源最豐富的地區之一。在高原地區有茂密的森林，盛產柚木、楠木、紫檀木、鐵木、烏木等名貴木材。緬甸以盛產柚木著稱。在熱帶雨林地區盛產各種熱帶經濟作物。橡膠、椰子、金雞納霜、馬尼拉麻、胡椒的產量均占世界產量的90%左右。其他經濟作物如棕櫚、茶葉、木棉、甘蔗、香料、咖啡，也在世界總產量中占有重要地位。此外，作為主要農產品的大米，也是東南亞，特別是泰國、越南的重要出口品。

　　東南亞的礦產資源種類繁多，儲量豐富。其中，錫、鎢、鉛、銅、鉻、鐵、石油、寶石最為著名。馬來西亞為世界上第一大錫

出產國。這裡還有三個石油出口國：汶萊、印尼和馬來西亞。

由於東南亞的地理位置，其戰略地位極為重要。該地區處在大西洋和太平洋，亞洲和大洋洲之間的十字路口，是世界海空運輸的重要樞紐地帶之一。自古以來，這裡就是東西交通的必經之地，被稱為「海上絲綢之路」。連接太平洋和大西洋的麻六甲海峽是東西交通的要衝和咽喉。此外，異他海峽和龍目海峽也是重要的國際交通要道。東南亞各國環繞的南海海域更是四通八達的海上交通幹線的交會區。正因為這種特殊的戰略地位，在第二次世界大戰以後的整個冷戰時代，這裡成了熱戰、冷戰的前緣，也是各大國勢力爭奪滲透的對象。隨著該地區經濟的迅速發展和地區一體化程度的提高，其戰略地位更加突出。東南亞正在世界政治舞台上扮演愈來愈重要的角色。

第二節　人口和民族

一般認為，現代東南亞大多數人口和民族的先祖來源於中國的西南各地。正如中南半島的主要河流發源於中國奔流南下一樣，東南亞人的祖先也沿著這些河谷逐步向南遷徙。但是，這種人口的遷徙和流動是如何展開的，學者們有不同的看法。有一種較普遍的看法認為，東南亞最大的種族馬來人是來源於中國的南部。這些古人類是分兩批向南遷徙的。❶第一次發生在西元前2500年左右，這些人被稱作「先驅馬來人」（Bato-Malays），帶有明顯的蒙古人種的特點。他們帶來了新石器時代的文明。他們先是在中南半島定居下來，隨後向周圍的海島遷徙。到了西元前300年左右，第二批來自中國南部的人進入了東南亞。這些人被稱作

「後續馬來人」（Deutero-Malays）。這一種族群具有更明顯的蒙古人種的特徵。他們帶來了更先進的文化，包括銅器和鐵器。這一族群很快就占據了沿海富庶地區，將先驅馬來人趕入內地和山林地區。而後，他們自己又向各海島地區擴散。

在這兩次人口的大遷徙之前，東南亞實際上已居住了一些原始居民，如尼格利陀（Negrito）人。尼格利陀人身材矮而膚色黑。至今在馬來半島、婆羅洲、菲律賓的山林地區仍可發現少量的這類人種。今天的馬來人，實際上是「先驅馬來人」和「後續馬來人」與這類原始種族混合的結果。

今天，馬來人主要分布在馬來西亞、印度尼西亞、汶萊和菲律賓。他們實際上構成了這些國家的主要民族。

在馬來世界以外的東南亞，即中南半島的北部，種族成分相當複雜。緬甸是一個多民族國家。主要民族是緬族，此外還有孟族（Mons）、撣族（Shans）、克倫族（Karens）、欽族（Chins）和克欽族（Kachins）。來自中國西南和印度東北的孟人以及來自西藏東部的克倫族到達緬甸的時間大約在西元前。孟人可能是最先到達緬甸的。他們先是在肥沃的皎施（Kyaukes）平原定居下來，然後，向南遷徙，占領了下緬甸。緬人來自西藏東北部和甘肅南部，是在西元前二世紀經雲南進入緬甸的。❷ 但是，緬甸的學者認為，緬人的祖先是四十萬年之前就居住在緬甸的巴瑪人。❸ 緬人居住在伊洛瓦底江和欽敦江的交會處。這裡土地肥沃，物產豐富，緬人在這裡繁衍、興旺，很快成為現代緬甸的主要民族。

中南半島上另一個重要民族是高棉人（Khmers）。高棉人繼孟人之後沿湄公河上游而下。一般認為，在西元前幾個世紀，

高棉人從北方逐步遷徙到湄公河下游地區，透過與當地土著居民的融合，逐漸形成了今日的高棉族。❹高棉人構成了今天柬埔寨的主要民族。

泰人也是中南半島上的一個主要種族。關於泰人的起源，並非像傳統認爲的那樣，始於南詔國，而是與春秋戰國時期分布在廣西、雲南的百越有直接關係。百越各部落在與其他民族長期的融合過程中，形成了稍有差異的泰人，分別散布在中國的西南、中南半島的北部。❺他們在各地的稱呼不同，在中國雲南稱作傣族，在緬甸的東北部，稱作撣族，在越南北部稱作泰族（Trobal Thai），在寮國稱作老族（Lao），在泰國則稱泰人（Thais）。大約於西元八～十三世紀之間，泰人逐步向南遷徙，最後在今天的泰國和寮國形成了主要民族。

越南的主要民族叫京族或越族（也稱京越族）。京族也源於戰國時代廣西一帶百越之一。約在西元前幾個世紀，他們沿紅河流域而下，並與先前生活在那裡的原始種族（如印度尼西人和拉美尼西亞人）混合而逐漸形成今天的京族。❻

在整個東南亞還廣泛分布著近代以後大量外來的兩大民族——華人和印度人。印度人在數量上遠不能和華人相比，因此，其重要性也遠不及華人。華人進入東南亞可以追溯到西元前後的秦漢時代。不過這時，向東南亞移民還帶有某種偶然性。從明代以後，開始成爲一種社會現象。但眞正大規模移民開始於十九世紀中期以後。現在，在所有東南亞國家都有數量不等的華人。目前，在東南亞的華人總數爲二千一百一十三萬，占世界海外華人的90％。這些華人絕大多數已歸化爲當地國民，只有一小部分仍保留中國國籍。華人在東南亞等國稱爲華族。華族在新加坡構成

主要民族；在馬來西亞，也僅次於馬來人，成為第二大民族。

目前，整個東南亞人口共四億五千九百七十九萬。人口最多的國家是印尼，有人口一億八千萬；最少的國家是汶萊，僅有二十七萬六千三百。其他國家人口和各國主要民族占各國人口的比例，見表一。

表一　各國人口及其主要民族所占比例

國家	人口（萬）	主要民族及其所占人口比例	其他少數民族
菲律賓	6620（1994）	馬來族85%	穆斯林、華族、印度族、印尼族等
柬埔寨	989（1994）	高棉族80%	占族、普農族、老族、泰族等
寮國	447（1993）	老龍族60%	老聽族、老松族、華族等
馬來西亞	1949.3（1994）	馬來族及其他土著59%	華族、印巴族、伊班族等
緬甸	4313（1994）	緬族65%	克倫族、撣族、克欽族、欽族、孟族等
泰國	5950（1994）	泰族40%	老族、馬來族、高棉族、華族等
汶萊	27.63（1993）	馬來族73%	華族等
新加坡	287（1993）	華族77.5%	馬來人族、印度族等
印度尼西亞	18000（1993）	爪哇族47%	巽他族、馬都拉族等
越南	7260（1994）	京族89%	岱族、傣族、芒族、儂族、苗族等

資料來源：龔抒編：《亞洲國家概況》，世界知識出版社，北京，1996年8月。

第三節　宗教和文化

東南亞文化的多元性構成了一幅色彩斑斕的圖畫。

在受到外來文化影響之前，這裡有著自己的原始文化，其突出的標誌是，普遍存在著泛靈信仰、祖先崇拜和其他各種神話和傳說。隨著外來文化的傳播，本土文化與外來文化發生了碰撞、交流和融合的過程。外來文化被有選擇地吸收到東南亞的土著文化之中，從而形成既非本土傳統文化，又非純外來文化的一種新的混合文化，即東南亞文化。

由於各種外來文化在東南亞各地傳播深度和廣度的不同，也使各國、各地的現代文化呈現出差異和特色。文化的多樣性是構成東南亞地區多元化特性的重要因素之一。

第一個外來文化來自中國。西元前後的近千年，中國的秦王朝和漢王朝的政治統治曾遠及現今的越南。這期間，中國的儒學、文字、政治制度、典章制度、科舉制度以及傳統習俗被廣泛地實行和採用。後來，越南獨立，但上述中國文化的基本要素被保留下來了。在以後的近千年的獨立發展中，以及西方殖民統治的影響下，越南逐步形成了自己的文化。不過，在現代越南文化中，仍帶有濃厚的中國文化痕跡。

中國文化在東南亞傳播的另一個渠道是來自中國的移民。自中國的唐宋以後，大批中國東南沿海人口向南洋移民。十九世紀中期以後，移民潮達至了頂點。這些中國移民帶去了中國的儒家傳統文化、農耕技術和手工技藝。今天，在東南亞的華人社會仍保留著典型的中國文化。新加坡是一個華人文化占統治地位的國

家。在華土同化程度較高的國家，如泰國，中國文化的影響也是處處可見。

第二個外來文化是印度文化。印度文化是沿著兩條路線傳入東南亞的。一條是海路，從南印度、斯里蘭卡 (Sri Lanka)，然後分兩個方向，一是面向蘇門答臘西北岸以及馬來半島南端，然後再到爪哇島的北岸以及婆羅洲 (Borneo，今稱加里曼丹) 西北岸。另一個方向是從斯里蘭卡到克拉地峽 (Isthmus of Kra) 和下緬甸沿海地區，然後再分別經由海路和陸路進入柬埔寨、泰國、寮國和越南中南部。第二條是陸路，從北印度、孟加拉進入緬甸，然後進入中南半島各地。沿海路進行這種文化傳播的，主要是印度商人；而沿陸路的傳播者主要是中南半島諸國的統治者出於政治統治的需要，派遣本國學者和僧人前往印度取經，或者聘請印度學者和僧人前來傳授。

來自印度文化的影響主要表現在該地區廣泛盛行的婆羅門教、佛教和印度教。婆羅門教和佛教差不多同時傳入東南亞。早在西元一世紀，婆羅門教就傳到了古代柬埔寨扶南 (Funan)。扶南第一個國王王混填即是一個婆羅門教信徒。後來，印度的曆法、古跋婆羅字母以及其他法律制度也相繼傳入。吳哥 (Angkor) 王朝時期的著名建築吳哥窟，就是當時婆羅門教極盛時期的標誌。西元二世紀，在今天越南順化 (Hue) 地區出現的占婆 (Champa) 王國也是一個婆羅門國家。

根據中國史籍記載，西元四世紀時，緬甸的驃國信奉的是印度教 (即新婆羅門教) 的毗濕奴教派和大小乘佛教的混合體。

印度教最早傳入爪哇。西元五世紀時，這裡就盛行印度教。

佛教主要是經由斯里蘭卡進入東南亞的。相傳，西元前三世

紀，就有高僧在緬甸傳播佛法。大約在五世紀，上座部佛教已在緬甸流行。十一世紀，統一了緬甸的蒲甘（Pagan）國王阿奴律陀（Anawratha）正式確立南傳的上座部佛教（即從斯里蘭卡傳入的小乘佛教）為國教。至今，緬甸仍是一個佛教占統治地位的國家。

泰國的佛教最早是由中國雲南南遷的傣族人傳入的，屬大乘佛教。十三世紀末和十四世紀初，蘭甘亨（Ramkhamhaeng）國王的素可泰（Sukhothai）王朝勢力擴張到下緬甸，於是他透過緬甸引入斯里蘭卡的上座部佛教。後來，上座部佛教就占了統治地位，並被立為國教。

大乘佛教傳入柬埔寨可能稍晚於婆羅門教，二者長期並存。但在長達十多個世紀裡，婆羅門教處於統治地位。十三世紀後，隨著吳哥王朝的衰落和暹羅（Siam）的屢次征服，佛教便在柬埔寨迅速發展起來。這時傳入柬埔寨的主要是從斯里蘭卡，經由緬甸、泰國傳來的上座部佛教。

越南的佛教是西元二世紀由海陸兩路分別從印度和中國傳入的，但以中國傳入的北傳佛教為主。今天，佛教在越南也像中國的儒家學說一樣影響頗廣。

差不多與印度教同時，佛教也在印度尼西亞諸島傳播。最先傳入的是小乘佛教，接著是大乘佛教。八世紀中葉，在中爪哇興起的夏連特拉（Sailendra）王朝信奉大乘佛教和印度教相結合的密宗。該王朝修建的不朽宗教紀念物婆羅浮屠（Borobudur）就是佛教在建築藝術上的典型代表。但是，十五世紀伊斯蘭教傳入爪哇後，佛教才逐步被取代。

第三個外來文化是阿拉伯人信奉的伊斯蘭教。但是，最先把

伊斯蘭教傳入東南亞的並非阿拉伯人，而是印度人。十一～十二世紀，印度北部被中亞的穆斯林所征服，並建立了德里 (Delhi) 蘇丹國。這裡的印度人被迫皈依了伊斯蘭教。這些印度穆斯林商人在前往東南亞貿易時，把伊斯蘭教帶到了蘇門答臘北部沿海、馬來半島，然後傳入爪哇北部沿海。隨著阿拉伯人直接到東南亞從事貿易和定居的增多，伊斯蘭文化在這裡傳播進程也加快了。到了十五世紀，馬來半島、蘇門答臘和爪哇、摩鹿加群島基本上被伊斯蘭化了。到了十六世紀，蘇拉維西島、加里曼丹島以及今天菲律賓南部諸島，如蘇祿 (Sulu) 群島、民答那峨島也完成了伊斯蘭化。

第四個外來文化影響是伴隨近代西方殖民入侵進行的。早期的殖民者和探險家們懷著香料夢、黃金夢、寶石夢，一手握著劍，一手舉著十字架踏上了這片陌生的土地。他們每征服一塊土地，就在這塊土地上修築教堂，傳播基督教（天主教、新教）。當地土著往往被強制皈依基督教。

西班牙人在菲律賓的宗教同化進行得最為徹底。經過三百多年的殖民統治，除了菲律賓南部的蘇祿群島和民答那峨等主要島嶼以外，整個菲律賓都被基督教化了。今天，菲律賓成了亞洲唯一的一個天主教占統治地位的國家。其他殖民大國如英、法、荷等國也在各自的殖民地進行過基督教的傳播活動，但就規模和後果來說均不及西班牙。

在長期的殖民統治中，除了宗教以外，各宗主國還竭力在殖民地推廣它們的語言。同時，也不自覺地輸入了某些西方先進的科學技術、文化藝術和社會思想。

就外來文化影響的方式來說，西方文化的影響與前幾種外來

文化影響完全不同。前幾種外來文化影響基本上是東南亞在與外界交往過程中進行的，因而是和平的和自發的。而最後這種外來文化影響是伴隨著征服過程發生的，因而是暴力的和強制的。這也是基督教在東南亞未被普遍接受或徹底取代其他文化影響的根本原因。

第四節　歷史概貌

㈠重要的古代國家

西元前214年，越南尚未出現嚴格意義上的國家，中國秦王朝統治著今天越南的中、北部。這一狀況一直持續到中國唐王朝的滅亡（西元968年）。之後，才在越南的群雄爭霸中，建立起了越南歷史上第一個獨立的王朝丁（Dinh）朝。丁朝只存在了十三年就被另一個王朝前黎（Le）朝所取代。前黎朝也很短命，只持續了二十九年，之後，又爲李（Ly）朝所取代。

李朝是越南古代史上重要時期之一，共傳位九代，歷經二百一十六年。開國皇帝李公蘊（Ly Cong Van）於1010年建都升龍（今河內），國號爲大越（Dai Viet）。李朝是越南封建制度發展和鞏固的時期。李朝採取了一些富國強兵政策，國勢日隆，但後期由於窮兵黷武，弄得國貧民衰，終於在1225年被陳（Tran）朝所代替。

陳朝爲陳煛（Tran Canh）所建，歷經一百七十五年，是越南歷史上第二個重要的朝代。它進一步鞏固強化了中央集權制。這期間，經濟繁榮，文化昌盛。中國的科舉制度、儒家思想廣爲

傳播。陳朝末年，王位被外戚胡季犛（Ho Qui Ly）篡奪，建立了胡朝。但不久，中國明朝藉口恢復陳朝而發兵入侵，滅了胡朝，並在安南（An Nam）建立了郡縣，出現了短暫的「屬明時期」。但明軍被起義軍首領黎利（Le Loi）所驅逐。黎利於1428年建立了後黎朝。

後黎朝是越南歷史上最重要的朝代，相傳十七世，歷三百六十年，是越南封建王朝中歷時最長的一個朝代。後黎朝前期是越南封建社會的鼎盛期，政治穩定，經濟發達，軍力強大。這期間，越南版圖迅速擴大，占領了寮國的一部分和南方的小王國占婆之一部。但是，到了中期，出現了南北割據狀態。這一狀況一直持續到1771年，阮氏（Nguyen）三兄弟領導的西山農民起義。由於起義軍領導集團發生內訌，原廣南王阮福淳（Nguyen Phue Thuan）的姪子阮福映（Nguyen Phue Anh）在法國人的幫助下，擊敗了起義軍，於1802年建立阮朝，定都富春（今順化），改國號為越南。

阮朝為越南最後一個王朝。它把越南的疆域擴大至現代越南的範圍，而且迫使柬埔寨俯首稱臣，使其淪為「被保護國」。然而，不久，它自己也淪為法國的「被保護國」。

湄公河下游地區是東南亞文明發達最早的地區之一。據中國古籍記載，西元一世紀至七世紀中葉，這裡就存在一個古代國家，稱作「扶南」。三世紀初，扶南達到了它的繁盛期。它不但在陸上向外擴張疆土，而且依靠優越的地理位置，使自己成了海上大國，其疆域包括今越南南部、緬甸南部、整個寮國中部、泰國南部，甚至馬來半島南部。在海上，它控制了暹羅灣、馬來半島沿海，甚至孟加拉灣的貿易壟斷權。

六世紀下半葉以後，扶南走向衰落。至七世紀下半葉，被另一個新興國家眞臘（Chenla）所取代。眞臘的早期（七～八世紀），由於南北分裂，而影響了發展。眞臘的中期進入繁盛時代。這個階段稱作是吳哥王朝時代。西元802年，闍耶跋摩二世（Jayavarman II）統一了眞臘，創立了吳哥王朝。十二世紀初，出現了更有作爲的國王蘇利耶巴跋摩二世（Suryavarman II）。他在位時，眞臘成爲東南亞最強大的國家。他名垂千古的功業是建造吳哥寺。

蘇利耶跋摩二世死後，吳哥王朝一度衰落，曾被占婆國占領了吳哥城。但闍耶跋摩七世（Jayavarman VII）又實現了王朝的復興，並於1190年攻占了占婆的首都。他成了吳哥王朝又一個偉大君主。他把吳哥王朝的繁盛推到了光輝的頂點。他把疆域擴大到包括今天越南南部、寮國、泰國、馬來半島的一部分和緬甸的一部分，即幾乎整個中南半島，超過了歷史上任何一個王朝。他建造了規模宏大的吳哥都城。

隨著闍耶跋摩七世的連年對外征伐和耗資巨大的建築工程，致使國庫空虛，民力耗盡，國勢大衰。從十五世紀至十六世紀是眞臘走向衰亡的階段，稱作後眞臘。這時，在吳哥統治下的泰人掙脫了吳哥王朝的統治，建立了泰人的獨立國家素可泰（中國史籍稱暹羅）。十三世紀末暹羅軍隊第一次攻占和洗劫了吳哥城。十四世紀中期，暹羅的新王朝阿瑜陀耶（Ayutia）又先後三次洗劫了吳哥城。最後，吳哥王朝被迫遷都金邊。1594年，眞臘最終淪爲暹羅的附庸。

大概在十六世紀末，中國史籍改稱眞臘爲柬埔寨。這以後，柬埔寨基本上喪失了獨立，長期處於西邊的暹羅和東邊的越南拉

鋸或爭奪之中，交替成爲這兩個大國的附屬國。

西元一世紀以前，緬甸境內雖出現過一些古國，但最爲重要的是驃（Pyu）國。它立國於西元四世紀，位於中國雲南的南詔國攻占驃國都城後，驃人紛紛南逃。後來，他們在緬甸南部的蒲甘建立了一個新王朝蒲甘王朝。開國之君阿奴律陀（Anawratha）登位後對周邊小國進行征討，最終完成了緬甸的第一次統一，建成了中央集權制的封建王國。

到十二世紀，蒲甘王朝走向衰落。十三世紀後半葉，因蒲甘王拒絕向中國元朝廷進貢，遂遭致元軍進攻，後議和，元軍撤退，但王國權力落到撣族三兄弟手中。後來，又發生了兄弟相爭、父子相殘，最後形成了阿瓦（Ava）、勃固（Bago）、阿拉干（Arakan）三國鼎立的局面，史稱「戰國時期」。

乘各國稱雄之機，在遠離戰火的東吁，由緬人建立了一個新的王朝，即東吁王朝（Toungoo Kit）。1531年，年僅十三歲的王子莽瑞體（即德彬瑞體，Tabinshwehti）繼位。他是蒲甘王朝屬國東吁國國王之子。他繼位後建東吁王朝。他勇敢過人，滿腹韜略，又善用兵，擔當了重新統一緬甸的重任。他先後占領了勃固和蒲甘。他的兒子莽應龍（即帕因瑙，Bayinnaung）繼位後又攻克阿瓦和北方各部，從而完成了緬甸歷史上第二次統一。與此同時，還攻克了阿瑜陀耶城，迫使暹羅俯首稱臣。當莽應龍之子莽應里（即南達勃因，Nandabayin）繼位時，國勢已衰。1584年，暹羅宣布獨立，莽應里曾四度舉兵伐暹，均失利。在1592年的最後一役中，暹羅轉守爲攻，直搗東吁王朝腹地，遂使緬甸陷入分裂狀態。這一局面一直持續到十八世紀中葉。

1752年，上緬甸的一個緬甸首領雍籍牙（Aung Zeya）建立

了一個新王朝，稱雍籍牙王朝（又稱貢榜王朝）。五年後，雍籍牙完成大部分國土的統一。但也正是對阿拉干的征服，為英國殖民者入侵緬甸提供了口實。

相對來說，泰國的古代國家形成較晚。據說在十三世紀，在泰國北部湄公河上游出現了一個古代王國。不過一般認為泰國的第一個王朝是素可泰王朝。1238年，原為吳哥國王的女婿和將領的坤邦克郎力（Khun Bang Klang Thao，亦即室利‧膺沙羅鐵，Sri Intharathit）在清邁（Chiang Mai）以南的素可泰地區，宣布從吳哥王朝分離，建素可泰王國。王國初期比較興旺，領土擴張迅速。素可泰王朝對泰國現代文化的形成作出了巨大貢獻。在蘭甘亨國王主持下，在高棉文的基礎上加以改進，創造了適合泰語書寫的文字，為現代泰文字的定形奠定了基礎。

蘭甘亨王死後，素可泰開始衰落，與此同時，在湄公河河口的阿瑜陀耶迅速崛起一個王國，稱阿瑜陀耶王朝。該王朝由拉瑪鐵菩提一世（Ramathibodi Ⅰ）於1350年建立，是泰國歷史上一個重要王朝。它傳世三十六代，歷經四百多年。這是泰國封建制的成熟階段。

阿瑜陀耶立國後，不斷對外進行擴張，先是討伐北方的素可泰，接著征服更北面的小王國清邁，最終將這兩個王國併入阿瑜陀耶。正當阿瑜陀耶興起時，吳哥王朝已日薄西山，所以很快便成了阿瑜陀耶的囊中之物，最終於十七世紀初淪為暹羅的附屬國，而且一部分領土也永遠為暹羅所有。但阿瑜陀耶仍面臨著來自緬甸的巨大威脅。十六世紀中葉，東吁王朝統一緬甸後不可一世，曾一度把暹羅變成緬甸的屬國達十五年之久。1584年，阿瑜陀耶趁緬甸內亂，宣布獨立。為此，緬甸又三次對暹羅進行入侵，

但均不成功。直至十八世紀中期，雍籍牙王朝興起後，又發動了對暹羅的征討。終於在1767年，緬軍攻克了阿瑜陀耶城，滅了長達四百多年的阿瑜陀耶王朝。

在緬甸軍隊圍困阿瑜陀耶時，著名將領披耶鄭信（Taksin）率部逃出眾圍。後在吞武里（Thon Buri）建立了吞武里王朝。但這個王朝極為短命，鄭信王先被叛將廢黜，後又被其女婿昭披耶卻克里（Chao Phraya Chakri）處死。遂即，卻克里登上王位，稱拉瑪一世（Rama I），遷都曼谷，史稱曼谷王朝（也稱卻克里王朝）。

這個王朝建於1782年，一直持續至今，已傳世九代。不過從性質上講，現代的王朝與古代完全不同。1932年的革命實現了君主立憲制，國王失去了絕對權威。曼谷王朝建立後便開始對外擴張，試圖恢復阿瑜陀耶時代的疆域。很快，這一願望便實現了，它又成了中南半島上一個大國。

中國古籍記載，早在西元二世紀，馬來半島上就已出現了一個古代國家凌牙斯加（又稱狼牙修，Lang Kasuka）。該國位於現泰國境內南端的北大年（Pattani）北部。這個國家一度被扶南征服，成為它的屬國，達幾個世紀之久。六世紀中葉，由於扶南的衰落，凌牙斯加才重新復興起來，並持續了幾個世紀。

七世紀後期，在蘇門答臘的巴鄰旁（Palembang）興起了一個龐大的古代王國室利佛逝（Sriwijaya）。它的勢力迅速在麻六甲海峽兩側擴張，很快征服了除馬來半島一部分腹地之外的整個半島，併吞了半島上的所有小王國。室利佛逝對海峽和馬來半島的霸權一直持續了幾個世紀。十四世紀中葉，正當室利佛逝國運日衰之時，泰國的阿瑜陀耶王國興起了，並迅速向馬來半島南

端擴張，竭力驅趕和排斥室利佛逝在半島上的勢力。1397年，當室利佛逝被爪哇興起的滿者伯夷（Kerajaan Majapahit）王國所滅，才使蘇門答臘勢力最終退出馬來半島。

在馬來半島上出現的唯一重要的王國是麻六甲王國。麻六甲王國的締造者是拜里迷蘇剌（Parameswara）。他是室利佛逝的一個王子，曾與滿者伯夷王的女兒結婚。後為擺脫滿者伯夷的統治而逃到淡馬錫（Tamasak或Tamasik，今新加坡）避難。1401年，他在麻六甲建立了自己的王國。麻六甲由於優越的地理位置，以及中國明王朝的保護，而迅速勃興起來。十五世紀中期以後，達到了鼎盛期，疆域包括蘇門答臘北部和幾乎整個馬來半島。麻六甲王國一直持續到葡萄牙人的入侵。

印尼的兩個主要大島蘇門答臘和爪哇是東南亞另外兩個古代文明的發祥地。這裡曾出現過許許多多大大小小的古代國家，但真正對印尼歷史產生過重大影響的只有兩個，即以蘇門答臘為中心的室利佛逝王國和以爪哇為中心的滿者伯夷王國。

室利佛逝的勃興，得力於優越的地理位置。它控制著麻六甲和巽他兩大海峽貿易稅的徵收權。首都巴鄰旁是當時東南亞最大的商業貿易中心和商品集散地。隨著經濟的膨脹，王國不斷向外擴張。到十世紀，達到了極盛期，疆域遼闊，人口眾多。北部伸展到馬來半島的南端。除了整個蘇門答臘，向東擴展到爪哇的西部，成了當時本地區商業大帝國。

九世紀中期，室利佛逝改名為三佛齊（Samboja）。十世紀以後，爪哇不斷有強國興起，不斷對三佛齊蠶食侵擾。暹羅的阿瑜陀耶王朝也在馬來半島向南擴張。在印度南部興起的泰米爾人的注輦國（Chola或Cola）也為爭奪貿易壟斷權而不斷進行襲

擊。於是三佛齊逐步衰落。到1397年，這個持續了七個世紀的王國滅亡了。取代它的霸權地位的是另一個著名王國滿者伯夷。

1293年，布拉韋查耶一世（Brawijaya I）創建滿者伯夷。建國初期，叛亂迭起，政局不穩。十四世紀中期以後，發展到頂峰，其疆域包括爪哇島、蘇門答臘島、加里曼丹島、馬來半島、蘇拉維西島、伊里安島以及摩鹿加群島等。這一疆域是否奠定了現代印尼統一的基礎。在內政方面，建立了比較成熟和完備的中央集權制度，形成了一整套行政管理體制和徵稅體系。全盛期，經濟繁榮，文化昌盛，國際貿易和對外交往頻繁。1299～1339年，先後八次遣使中國。鄭和遠航，曾多次造訪該帝國。到了十五世紀初，隨著麻六甲王國的興起，滿者伯夷開始衰落。由於內部的王位爭奪和爪哇北部沿海一些穆斯林王國的興起，滿者伯夷勢力迅速縮小。最後，於1520年，這個龐大的帝國壽終正寢了。

㈡西方殖民時代

十五、十六世紀，歐洲早期原始資本積累推動了一批又一批冒險家遠涉重洋，發現新大陸，尋找發財夢。在東南亞的豐富物產誘惑下，貪婪的西方殖民者接踵而來，在商業貿易的幌子下，開始了對這一地區血與火的征服。

第一批踏上這片土地的是葡萄牙人。1511年，葡萄牙海外公司的皇家總督亞伯奎（Afonso de Albuquerque）率領的船隊攻打當時最發達的港口城市麻六甲。一場血戰之後，葡人攻陷了該城。這成了葡萄牙，也是西方，在東南亞的第一塊領地。之後葡人又開始染指盛產香料的摩鹿加群島，在那裡建立了第一個商館，與此同時，還占領了德那地（Ternate）、蒂多雷（Tidore)、安汶（Ambon）、婆羅洲以及帝汶（Timor）島的一部分。

　　第二批到達東南亞的是西班牙人。1521年4月，麥哲倫奉西班牙國王之命，率船隊在菲律賓的宿霧（Cebu）島登陸，叩響了菲律賓的大門。但是對菲律賓的征服遭到了抵抗。直到1565年，黎牙實比（Miguel López de Legazpi）率領的遠征隊才在宿霧建起了第一個殖民據點。接著，又進攻班乃（Panay）島和菲律賓的第一大島呂宋，不久又攻占了馬尼拉。之後，西班牙在這裡修築堡壘，建立了政治統治中心。在菲律賓北部和中部站穩腳跟後，西班牙殖民軍曾向南部的民答那峨、蘇祿地區的穆斯林蘇丹國征討，但遭到頑強抵抗。直到十九世紀末，蘇祿和民答那峨才喪失獨立。不過，西班牙始終未能對這兩個地區實行有效控制，西班牙在菲的統治持續到1898年的「美西戰爭」，長達三百多年。

　　第三個來到東南亞的西方殖民大國是荷蘭。1579年，荷蘭脫離了西班牙而獨立，很快成了海上大國。1596年，荷蘭第一支遠征隊到達印尼。十七世紀初，荷蘭開始在全球向葡萄牙、西班牙發起挑戰。1602年，成立了「荷蘭聯合東印度公司」。該公司有權代表荷蘭政府組織軍隊、修築堡壘、建立商站。不久，荷蘭人把已經控制了摩鹿加香料貿易的葡萄牙人趕出了摩鹿加，接著又把敢於來染指該地的英國商人斬首，最終奪取了香料群島的貿易壟斷權。和葡萄牙的角逐還表現在對麻六甲的爭奪。1640年，荷艦隊炮轟和圍困麻六甲，半年之後，葡總督宣布投降，麻六甲落入荷人之手。此外，荷蘭以武力征服了蘇拉維西島上的大國望加錫，以及蘇門答臘島上的小國。到了十七世紀中葉，除葡萄牙人盤據的帝汶以外，爪哇以外的一些弱小王國基本上都被荷蘭人所占有。接下來是對爪哇的征服，其矛頭是指向爪哇島上的兩大王

國馬打蘭（Kerajaan　Mataram）和萬丹（Kerajaan Banten）。

　　早在1619年，荷蘭東印度公司總督在萬丹的屬國雅加達獲准購買土地，而後建起了堡壘，並將雅加達改名爲巴達維亞（Batavia）。從此，該地成了東印度公司的總部和荷屬東印度群島的首府。到十八世紀中期，荷蘭完成了對萬丹和馬打蘭的征服，從而最後控制了爪哇。拿破崙的軍隊占領荷蘭後，在荷蘭成立了一個由法國保護的巴達維亞共和國。逃到倫敦的荷蘭政府爲避免法國接管其海外屬地，同意英國接管摩鹿加、麻六甲以及蘇門答臘的屬地。但爪哇卻落入法國人之手。不過，法在爪哇只統治了二、三年。1811年，爪哇的法軍投降，由英國占領了爪哇。拿破崙戰爭以後，英荷於1824年達成協議，荷將麻六甲轉讓給英，並保證不在馬來半島謀取利益，英則把接管的印尼領土交還荷蘭，並承認荷在印尼的勢力範圍，到二十世紀初，荷蘭又完成了對亞齊（Kerajaan Aceh）的征服，以及獲得了對其他外島獨立、半獨立小國的領有權。除了葡人仍控制的帝汶島上的部分領土外，荷蘭控制了現代印度尼西亞的整個版圖。荷蘭對印尼的征服整整花了三個世紀。

　　幾乎與荷蘭國時，英國的勢力也到達了東方，不過它最初的落腳點是在印度。1600年，成立了東印度貿易公司，在印度和馬來群島從事貿易活動。1786年，英國人透過與當地蘇丹簽訂協議的方式在東南亞獲得了第一塊領地檳榔嶼（Penang），後又以同樣的方式占有了馬來半島上的吉打（Kedah）。

　　拿破崙戰爭期間，已成爲爪哇總督的英東印度公司官員萊佛士（Thomas Stamford Raffles）率領一個船隊來到戰略位置

優越的新加坡，同樣以與當地統治者簽訂協議的方式獲得了該地。1826年，英國把檳榔嶼、新加坡以及從荷蘭手裡得來的麻六甲合併成一個正式的海峽殖民地。此後，英國的勢力便由南至北在馬來半島上進行殖民擴張。

在馬來半島擴張的同時，英國也在婆羅洲北部謀求權力。到1888年，婆羅洲北部的汶萊、沙勞越、北婆羅洲族被併入了英國殖民勢力範圍。

在中南半島的西北部，當英國在印度鞏固了其統治之後，便著手向東擴張。1824年英國利用緬印邊界衝突，大舉入侵緬甸。英國分三個階段對緬甸進行了征服。到1886年，緬甸被宣布為英國的領地。

相對而言，法國勢力的東來較晚。雖在十七世紀，法國的商人和傳教士就到了越南，但由於法國內的大革命，曾一度中斷了這裡的殖民活動。十八世紀末，殖民活動的步伐加快了。正當越南南方阮王鎮壓西山起義力不從心時，法國傳教士百多祿 (Pierre Joseph Georges Pignean de Béhaine) 以軍事援助為條件，為法國政府攫取了昆倫島 (Con Dao) 和會安 (Hai An) 港兩地。後來阮朝廷反悔，結果引起了法國炮艦的武力進攻。阮氏王朝被迫屈服。到1884年，越南正式淪為法國的保護國。

十九世紀四〇年代，柬埔寨是越南和暹羅兩國的被保護國。法利用柬埔寨內部的王位糾紛，進行干預。結果，於1863年，柬埔寨也淪為了法國的「被保護國」。

寮國曾建立過一個古代王國，瀾滄王國，曾持續了三個多世紀，傳世三十一代。十八世紀初，寮國淪為暹羅的附屬國。法國占領越南和柬埔寨之後，便不斷向暹羅施壓，染指寮國。1893年

4月，法國駐寮國的代表因神經失常而死，法軍藉機三路入侵寮國。後與暹羅發生軍事對抗。面對法軍的兵臨城下，暹羅國王被迫接受「法暹條約」，割讓湄公河以東寮國領土給法國，湄公河以西二十五公里地帶爲中立區。這樣，寮國也淪爲法國的殖民地。

在東南亞，唯一幸運的國家是泰國，它從未像它的鄰國那樣淪爲西方的完全殖民地。但十九世紀末，暹羅也面臨被英法併吞的危險。早在1855年，英國就藉由「英暹條約」獲得了治外法權、自由貿易權和優惠關稅權。第二年，法國也透過「法暹條約」獲得了同樣的利益。但是，這時瓜分暹羅的時機尚不成熟。到了十九世紀九〇年代，當英法分別在緬甸和印度支那站穩脚跟後，便開始了在暹羅的爭奪。但是，經過一個時期的對峙和交易之後，雙方發現共同保證暹羅作爲一個緩衝國而保持獨立，要比雙方因軍事爭奪而造成的兩敗俱傷有利得多。於是，英法兩國於1896年和1904年先後兩次締結條約，共同確保暹羅的獨立。但實際上，雙方也達成一致：在暹羅本土，以湄公河爲界，西部爲英國勢力範圍，東部爲法國勢力範圍。1907年，法國又以放棄治外法權爲交換條件，從暹羅攫取了兩塊富庶的屬地，馬德望（Battambang）和暹粒（Siemreap）。英國也步其後塵，以同樣方式，於1909年獲得了暹羅南部的幾個屬邦，吉蘭丹（Kelantan）、丁加奴（Trengganu）、吉打和玻璃市（Perlis）。

暹羅能維持獨立主要是英法兩國殖民利益相互制約所致。但也必須提到當時暹羅兩位國王在面臨殖民瓜分的情況下，銳意改革，推行富國強兵政策的作用。蒙固王（Mongkut，即拉瑪四世，Rama Ⅳ, 1851-1868）在位時，打開國門，向西方學習，首開改革先河。朱拉隆功王（Chulalong Korn，即拉瑪五世，Rama Ⅴ,

1868-1910) 繼位後，把改革推向了高潮。他對暹羅落後的社會、政治、經濟、軍事、文化進行了大規模的全面改革。這為後來泰國的現代化發展奠定了基礎。改革順應了世界發展潮流，在一定程度上實現了富國強兵，提高了國際地位。這為當時泰國的外交提供了較寬闊的活動空間，從而使泰國避免了其他亞洲國家所遭受的殖民化命運。

美國是一個後起的西方殖民國家。當它向外擴張的時候，世界已經瓜分完畢。於是，它決定從較弱小的、日趨衰落的老牌殖民國家手中搶奪殖民地。西班牙海外領地成了美國搶奪的對象。作為1898年美西戰爭的結果之一，西屬菲律賓便成了美國在東南亞的一塊獵物。從此，美國成了菲律賓的新主人。

㈢日本的占領和國家獨立

第二次世界大戰中，日本占領了中國華南地區之後，便把戰爭魔爪伸向東南亞。日本打著「大東亞共榮圈」、「亞洲人的亞洲」、「支持民族獨立」等幌子向東南亞擴張。入侵東南亞的第一步是占領印度支那。日本透過德國對已被德占領的法國傀儡政府施加壓力。法國貝當（Petain）政府同意日軍進駐印度支那。於是日軍於1940年9月從海陸兩路侵入了越南和整個印度支那。法駐印支的十萬軍隊不戰而降，然而法殖民統治機構仍得以維持。這就出現了日、法勢力在越南、寮國、柬埔寨同時並存的局面，此局面一直持續到1945年3月。

日本對東南亞大規模武裝入侵是在成功襲擊美海軍基地珍珠港，使其太平洋艦隊遭受重創之後。日軍從兩個方向直撲東南亞，一是從台灣起飛的日本飛機迅速摧毀了美國在菲律賓的海空基

地，接著日軍在北呂宋登陸，很快占領了馬尼拉。美軍在巴丹（Battan）半島進行了頑強抵抗之後，終於全部投降。美軍司令和菲自治政府首腦逃往澳大利亞。另一方向是從印度支那迅速向南推進。這時，泰國的披汶（Pibul）政府採取了與日本合作的態度。根據雙方簽訂的「日泰同盟條約」，日本許諾幫助泰國收回英國奪去的幾個馬來邦，泰國則為日本對東南亞的擴張提供方便和幫助。儘管泰國因與日本合作而未正式被日軍占領，然而，泰國人民在戰爭中所付出的代價也不亞於其他被占領的東南亞國家。

日軍是在輕信日本人的緬甸民族主義武裝力量的配合下進入緬甸的。以昂山（Aung San）為首的民族主義者，寄望於日本的幫助，以趕走英國殖民者。在日本的幫助下，昂山在泰緬邊境地區組建了以他為總司令，以日本人為顧問的緬甸獨立軍。日軍事當局許諾「幫助緬甸獨立」，於是，獨立軍配合日軍進軍緬甸。英軍被趕走之後，日本虛偽地宣布緬甸獨立，並成立了一個由日本顧問操縱的緬甸政府。

日軍對馬來亞的進攻是從泰國南部發起的。英軍無法阻擋日軍的強大攻勢，潰不成軍。1942年2月，英軍向日軍投降。不久，日軍在新加坡設立了日本軍政府，對馬來各邦行使統治。

在進攻印度尼西亞時，日軍軍力不足，因而未能發起大規模進攻，直到1942年1月，才開始占領婆羅洲。3月，荷蘭總督正式投降，日本占領了印尼全境。

日本對東南亞的統治時間不長，但它所帶來的後果卻極為嚴重。死於日軍屠刀下或繁重苦役的東南亞人數以百萬計；在東南亞各國掠去的財富難以數計。日軍播下了東南亞人對日本軍國主

義仇恨的種子，其影響延續至今。

　　當1945年8月15日日本正式宣告投降時，盟軍還遠在這個地區之外，原宗主國還來不及重新恢復其殖民統治。這一政治眞空階段爲一些民族主義勢力提供了爭取國家獨立的契機。最爲典型的是越南和印度尼西亞。

　　以胡志明（Ho Chi Minh）爲首的印度支那共產黨早在三〇年代就開始了它的民族獨立運動。日本8月15日一宣布投降，印支共產黨便於16日發動總起義。8月30日，阮王朝末代皇帝保大（Bao Dai）把象徵權力的金印和寶劍移交給了臨時政府的代表。9月2日，胡志明宣讀了獨立宣言，宣告越南民主共和國成立。史稱「八月革命」。

　　但不久，法國勢力又捲土重來，爲重建其殖民統治，導致了一場曠日持久的印度支那戰爭。主要戰場在越南，主要抵抗力量是胡志明領導的越南民主共和國武裝力量。戰爭從1946年12月持續到1954年5月。奠邊府最後一役宣告了法國的失敗。這導致了日內瓦會議關於印支問題協議的達成。根據此協議，寮國正式擺脫法國，成爲一個獨立國家；柬埔寨爲獨立的中立國，一切外國軍隊撤離柬埔寨。關於越南，鑒於已存在著南北兩個政權，協議規定以北緯17度線爲臨時軍事分界線，一年內舉行全國自由選舉，以實現越南統一。

　　日本宣布投降以後，寮國副王兼首相佩差拉（Phetsarat）親王拒絕法國重建殖民統治的企圖，於1945年9月宣布寮國獨立，並要求寮國國王西薩旺馮（Sisavangvong）支持獨立。但重返寮國的法國當局強令國王解除佩差拉的副王和首相職務。這迫使反抗力量成立了以卡代（Kata Donsasorith）爲主席的「起義委

員會」（後改爲國民委員會）。10月12日，國民委員會在萬象舉行會議，宣布成立以披耶坎冒（Khammao Vilai）爲總理的寮國「伊沙拉」（Issara）❼獨立政府，並選舉他爲國民委員會主席。國王由於拒絕承認新政府而被捕，後被迫宣布退位。這樣，伊沙拉政府正式接管了寮國的政權。

但新政府只存在了半年時間。由於法軍的鎮壓，政府成員或逃往泰國，或轉入地下。法國完全占領寮國後，再次把西薩旺馮捧爲國王，並於1947年中建立一個在法蘭西聯邦內享有自治地位的責任政府。然而抵抗力量繼續活動。左翼代表人物蘇發努馮（Suphanuvong）親王從泰國潛回國內後，成立了「寮國解放委員會」，並於1950年重新組建了寮國伊沙拉戰線，成立了以蘇發努馮爲首的寮國抗戰政府。寮國抗戰政府很快解放了大片領土。在這種形勢下，法國被迫於1953年10月承認寮國爲獨立國家。

柬埔寨民族運動的產生要比寮國早得多。早在三〇年代印支共產黨時期，一批柬埔寨革命者就加入了該黨，後來成爲高棉人民革命黨最早的一批黨員。他們是柬埔寨抵抗運動的發起者和領導者。與之同時出現的，還有一批資產階級民族主義勢力，其突出代表是山玉成（Son Ngoc Thanh）。他主要在青年知識份子和佛教僧侶中宣傳民族主義，但山玉成本人後來成爲日本統治下的內閣首相，墮落爲日本占領當局的僕從。

太平洋戰爭期間，柬埔寨出現了有組織的抵抗運動，即「高棉伊沙拉」運動。這是一個分散的抵抗運動，其中一部分受印支共產黨人的領導。1950年4月，各地的伊沙拉組織代表舉行「高棉抵抗力量第一次全國代表大會」，成立了一個「伊沙拉聯合陣線」（即高棉民族統一陣線）。該陣線成立了一個「人民解放臨

時中央委員會」，相當於臨時政府（也稱抗戰政府），由山玉明任主席。兩個月後，該政府宣布柬埔寨獨立。至1953年，該政府控制了全國1/3的國土。

與此同時，施亞努（Norodom Sihanouk）國王也以和平方式向法國尋求獨立。他對法國進行的一系列獨立努力失敗後，於1953年上半年開始了他的「王家獨立十字軍遠征」，遊說世界大國，謀求國際支持。迫於越南戰場上的緊張形勢，法國終於在1953年11月同意柬埔寨獨立。

昂山在日本投降前夕，就識破了日軍的假面具，於是協定與英軍合作，驅逐日軍。與此同時，還成立了一個政治組織「反法西斯人民自由同盟」（Anti-Faseist Peoples' Freedom League）。當緬軍配合日軍進攻英軍時，緬軍突然調轉槍口，同英軍合擊日軍。日本投降時，英國利用與自由同盟合作之機，又回到了緬甸。面臨這種形勢，昂山的自由同盟決定以和談方式實現國家獨立。但很不幸，這期間，昂山突然被刺殺身亡。吳努（U Nu）成了爭取獨立的自由同盟新領袖。在緬人民獨立運動的壓力下，英國同意就獨立問題進行談判。結果，倫敦同意接受未來緬甸制憲議會關於獨立的決議。1948年1月4日，在仰光和倫敦同時宣布了緬甸的獨立。

二十世紀初，暹羅實際上是一個半殖民地封建制國家。第一次世界大戰中，它參加了協約國，所以戰勝國地位使它與西方列強的不平等條約得以廢除。但是外國資本勢力仍在掠奪暹羅的資源。大批的外國顧問仍在政權中有一定影響。這導致了暹羅封建統治和民族資產階級矛盾的尖銳化。這成了1932年革命的深刻根源。

1932年革命是由帶有資產階級性質的民黨（Khana Rat）所領導，推翻封建貴族專制的一次軍事政變。革命以後，泰國的政治制度發生了巨大變化，從絕對君主制變爲君主立憲制。日本侵入東南亞前夕，權力落到了軍人領袖披汶手裡。他任總理後，獨攬軍政外交大權，實行軍人獨裁，鼓吹大泰族主義，把國名從暹羅改爲泰國。日本進來以後，他投靠日軍當局，與日結盟，對盟國宣戰，支持日本在東南亞的擴張，鼓吹「日本第一，泰國第二」的口號。面對他的倒行逆施，在泰國內外興起了愛國抗日運動，即「自由泰運動」（Free Thai Movement），其領導人是民主主義者比里·帕儂榮（Pridi Banomyong），其成員達五萬人之多。他們從事一系列的反日活動。日本投降後，作爲國王的攝政官，比里以國王的名義發布了和平宣言，宣布披汶政府對英美的宣戰無效。第二天，自由泰運動領導成員他威·汶耶（Tawee Bunyaketn）出任了臨時內閣總理。後比里親自出任總理。在自由泰政府期間，頒布了懲辦戰犯的條例，逮捕並監禁了披汶（後被釋放），頒布了一部旨在限制軍官和文職官僚政治活動的憲法，廢除了「反共法令」，泰國共產黨獲得了合法地位。整個泰國政治出現了民主自由的趨勢。

　　日本投降後，英軍重新占領了馬來亞，並開始重建殖民統治的工作。1946年1月，英政府公布了一個實行政治改革的白皮書。根據此白皮書，成立了一個由戰前的馬來聯邦（Federated Malay States）、馬來屬邦（Unfederated Malay States）以及麻六甲和檳榔嶼組成的統一的英屬殖民地馬來亞聯盟（Malayan Union）；同時，新加坡被劃爲獨立的直轄殖民地。根據這一計畫，一切權力將集中於吉隆坡中央政府和總理手中，

各邦的蘇丹除保留王位以外，幾乎所有權力都被剝奪了。這引起了包括蘇丹在內的馬來亞各階層的抗議。1946年5月，各地的馬來人協會代表在吉隆坡集會，成立了第一個全國性政黨「馬來亞民族統一機構」（United Malays National Organization，簡稱「巫統」）。這是一個馬來人政黨，其綱領是保護馬來人的領導地位和特殊利益。當前任務是反對英國的馬來亞聯盟計畫。

懾於這種政治壓力，英國被迫修改計畫，又提出建立一個馬來亞聯合邦（Federation of Malaya）以代替馬來亞聯盟，新加坡仍然排除在外，所不同的是恢復了蘇丹們的特權。1947年12月，馬來亞聯合邦正式成立。

但是，馬來亞聯合邦仍然遭到以馬來亞共產黨為代表的左派勢力的反對。他們透過工會組織發動罷工。這遭致了「緊急條例」的頒布。英殖民當局大規模圍剿馬共份子。與此同時，英國也意識到馬來亞的獨立已不可避免，於是，開始與馬來亞上層勢力討論獨立事宜。這時，馬來亞華人也組建了自己的政黨「馬來亞華人公會」（Malayan Chinese Association，簡稱馬華公會）。巫統和馬華公會結成聯盟，參加吉隆坡地方議會選舉，並取得了勝利。兩黨聯盟要求馬來亞聯合邦在英聯邦內實行獨立，同時要求馬來亞立法議會普選。經談判，英作出了讓步，同意舉行普選。不久兩黨聯盟又吸收了印度人政黨「馬來亞印度人國民大會黨」（Malayan Indian Congress，簡稱馬印國大黨）組成了「馬華印聯盟」又稱「馬來亞聯盟黨」（Malayan Alliance Party），從而成為馬來亞爭取獨立的最大政黨。1955年7月舉行議會大選，聯盟黨獲勝。由聯盟黨領袖東姑‧拉赫曼（Tengku Abdul Rahman）任馬來亞自治政府首席部長。這是由本地政黨

執政的第一屆馬來亞自治政府。但英國人仍持否決權。1955年12月，拉赫曼和蘇丹代表團前往倫敦談判獨立問題。終於在1957年8月31日，馬來亞聯合邦正式宣布獨立，從而結束了長達一百七十一年的殖民統治。

在日本占領印尼期間，日軍當局急需印尼上層人物的合作。他們把印尼的著名民族主義領袖蘇加諾（Sukarno）從荷蘭人的監獄中釋放出來，以爭取其合作。蘇加諾對日本人抱有幻想，因而答應與日本合作。他參與了日本卵翼下的「印尼獨立籌備委員會」。8月17日，日本投降之後，在青年左派組織領袖的催促下，蘇加諾和另一民族主義領袖哈達（Mohammad Hatta）簽署了獨立宣言，並舉行了儀式，宣布印度尼西亞共和國獨立，之後，建立了中央政府，並組建了共和國自己的軍隊「人民治安軍」。這被稱作印尼的「八月革命」。

但這一革命的成果很快就面臨了威脅。荷蘭殖民勢力很快又回到了印尼。作為緩兵之計，荷蘭與印尼透過談判達成協議，建立「荷蘭—印尼聯盟」。但不久，荷蘭就撕毀了協定，對印尼共和國控制區展開全面進攻，即「第一次警察活動」。在聯合國「斡旋委員會」的調停下，雙方又達成協議，從而使印尼共和國喪失了更多的領土和主權。這時，印尼共和國內部左派和右派發生了衝突。於是荷蘭趁機發動了第二次「警察行動」。經過激烈戰鬥，印尼共和國軍隊最後轉入攻勢。荷蘭被迫重開談判。1948年8月，在海牙簽署了「圓桌會議協定」。協定規定，荷蘭在1949年底向印尼移交權力，但仍要求印尼共和國和一些傀儡邦結成聯邦，作為荷蘭—印尼聯邦的組成部分，而且荷蘭仍有權干涉印尼的內政、外交和軍事。1949年12月，荷蘭向新成立的印尼聯邦移交權

力後，人民強烈要求廢除「圓桌會議協定」，取消聯邦，建立統一的印度尼西亞共和國。結果，共和國政府與各邦首腦達成了解散聯邦，建立新國家的協議。1950年8月15日，蘇加諾正式宣布統一的印度尼西亞共和國成立。從此，印尼走上了獨立發展的道路。

1934年，美國國會通過了「泰丁斯—麥克杜菲法案」（由美國會議員Tydings和眾議員McDuffie提出而得名）。該法案規定，菲律賓經過一個十年過渡時期。這期間，允許菲律賓成立權力有限的自治政府。期滿後，宣布菲律賓獨立。1935年11月，自治政府成立。奎松（Manuel Luis Quezon y Molina）和奧斯敏納（Sergio Osmena）分別爲正副總統。

美軍重新占領菲律賓以後，不願履行十年期滿後給予獨立的諾言，尋找藉口以延期宣布獨立。這激怒了菲律賓人民。1945年9月，有六萬人在馬尼拉遊行示威，要求獨立和民主。12月，又有六萬五千人參加反美群眾集會，反對延期宣布菲律賓獨立。迫於這一壓力，1946年4月23日，在美國的監督下，選舉了以羅哈斯（Manuel Roxas）爲總統的最後一屆自治政府，然後於1946年7月4日，宣布菲律賓共和國成立。美國正式向菲律賓共和國移交主權。前美國高級專員改稱駐菲大使，並代表美國宣讀了菲律賓獨立宣言。隨著菲律賓共和國國旗的升起，長達四百多年的殖民時代宣告結束。

第二次世界大戰結束以後，不是所有的東南亞國家都徹底解決了自己的國家獨立問題。印度支那在六〇年代和七〇年代初經歷了一場由外國捲入的戰爭，越南直到1976年才最終實現國家的獨立。另外，作爲美國的直屬殖民地新加坡，於1959年實現了自治，後於1963年被併入馬來西亞，1965年才最後成爲獨立國家，

直到1984年才正式宣布獨立。

第五節　獨立後的政治發展

㈠越南

　　從1954年日內瓦會議結束到1975年，爲越南南北兩個政權對峙和戰爭時期。在南方，親美的吳庭艷（Ngo Dinh Diem）違反日內瓦協議，單方面舉行了公民投票，建立了以他爲總統的越南共和國。吳庭艷實行的是專橫跋扈的家族統治。這激化了統治集團內部的矛盾，以及該政權與社會其他各階層的矛盾。1960年11月一次未遂的軍人政變就是這種矛盾的反映。與此同時，地下反抗力量也開始活躍起來。1962年2月，越南南方民族解放陣線的成立，標誌著抵抗運動進入新階段。

　　在北方，胡志明也加緊鞏固自己的政權。1958年12月，頒布了新憲法。1960年5月產生了第一屆國會，從而正式建立了以胡志明爲首的共產黨國家——越南民主共和國。

　　在北方政權的支持援助下，南方的抵抗力量日益壯大，對吳庭艷政權構成了愈來愈大的威脅。

　　美國出於冷戰時代的遏制「共產主義擴張」的世界戰略，決定對越南事務進行軍事干預，於是開始了美國歷史上歷時最久的海外戰爭——美國的越戰。

　　戰爭分成三個階段。1961年到1965年稱爲「特種戰爭」，即在美國經濟、軍事援助下，由美國訓練、裝備、指揮的西貢政府軍隊圍剿和鎮壓北方支持的南方抵抗力量。這時，美軍並不直接

參戰。從1965年至1969年，戰爭升級爲「局部戰爭」階段，其涵義是美軍直接捲入戰爭，從而使戰爭逐步美國化了。由於美國在越南戰爭泥潭中愈陷愈深以及國內矛盾的日益激化，美政府被迫調整對越政策。於是從1969年到1973年被稱作「戰爭越南化」階段，其主要特點是，美軍逐步撤出越南，逐步將主要軍事任務交給西貢政府軍。根據1973年1月的巴黎協定，美軍正式撤出越南。由於失去了美軍的支持，西貢軍隊節節敗退。1975年5月，南越民族解放軍占領了西貢，控制了全部南方國土。

戰爭結束不久，於1976年6月，越南宣布南北統一，新國名爲越南社會主義共和國。孫德勝（Ton Due Thang）爲共和國主席，長征（Truong Chinh）爲國會常務委員會主席，范文同（Pham Van Dong）爲政府總理。

國家統一以後，本應集中精力恢復和發展國民經濟，但由於黎筍（Le Duan）領導集團地區霸權野心的惡性膨脹，又得到了蘇聯的大力支持和慫恿，越南試圖在印支三國建立一個以它爲盟主的印度支那聯邦。但這一企圖遭到了強硬的民族主義的柬埔寨共產黨領導人波爾布特（Pol Pot）的堅決抵制。於是導致了1978年12月越南幾十萬大軍進攻和占領柬埔寨。越南的軍事占領遭到了赤棉的不懈抵抗。戰爭一直持續至1989年越南宣布從柬撤軍。

越南的撤軍迫於多方面的壓力，有赤棉的抵抗、國際輿論，也有越南國內經濟形勢的惡化。早在七〇年代末，越南的經濟已經十分困難，不得不完全依靠蘇聯的援助。1979年，越共中央第四屆六中全會提出「新經濟政策」，對經濟實行初步改革。越南的經濟改革分爲兩個階段。第一階段改革基本是在黎筍改良型路

線指引下進行的。主要改革措施是，在農業方面，實行生產承包制；在工業方面，擴大企業自主權，減少計畫指標；在商業方面，開放自由市場。這一改革促進了經濟發展。

1986年，越南政治發展進入了新階段。這年7月，越共頭號人物黎筍去世，這引起了黨內高層領導保守親蘇的強硬派和改革派的激烈鬥爭。12月的「六大」上，改革派占了上風。了解商品經濟的阮文靈（Nguyen Ven Linh）當選了總書記。他主張徹底改革行將崩潰的經濟；逐步從柬埔寨撤軍以減輕經濟負擔；緩和與中國的關係。儘管「六大」確定了改革的大政方針，但黨內的政治鬥爭仍很激烈。這次大會上，強硬派有了很大削弱，但依然存在。這派以政治局委員兼外交部長阮基石（Nguyen Co Thach）為代表。他們主張實行戈巴契夫（Gorbachev）的改革，主張在政治上多元化、多黨制，建設「人道、民主和現代化的社會主義」，堅持政治改革與經濟改革「同時進行」。對外關係方面，主張首先緩和與西方的關係，同時堅持占領柬埔寨的頑固立場。以阮文靈為首的改革派則主張，在政治上，堅持「六項原則」，❽優先實行經濟改革，不能草率進行政治改革。在外交上，主張「多交友，少樹敵」，首先改善與中國的關係；對西方國家的態度要謹慎；主張儘快從柬脫身，實現政治解決。

1991年6月的越共「七大」是兩派的最後較量，鬥爭以強硬派的失敗而告結束。阮基石等強硬派代表被迫辭職。相反，新當選的十三名中央政治局委員全部為支持阮文靈路線的改革派。阮文靈在此次大會上主動辭職退休，其目的是帶動其他一大批年高資深的領導人退休。與此同時，把銳意改革的新領袖推到了前台。接替阮文靈的是七十四歲的杜梅（Do Muoi）。雖然他並不年

輕，但被認為是一位穩健的「調解者」。

「七大」更加完整地闡述了越南改革的政治方向。「七大」路線強調，「堅持社會主義道路是越南的唯一選擇」。黨的指導思想稱，在堅持馬列主義的同時又強調把胡志明的思想作為理論基礎和行動指南。在政治體制方面，重申了共產黨的領導地位，不搞多黨制；改革的目標是建立社會主義民主。

1996年6月，越共「八大」在總結經驗的基礎上確定了新的改革發展目標。「八大」強調「堅持民族獨立和社會主義的目標，要緊緊抓住建設和保衛祖國兩大戰略任務，要堅持馬克思列寧主義和胡志明思想……」，「加強黨的建設」，推進革新，實現以民富國強、社會公平、文明為目標的工業化、現代化，穩步向社會主義前進。

「八大」上本來要實現新老權力交替，但由於高層思想不統一而未實現。「八大」產生的政治局的前三把交椅仍由被稱為「三巨頭」的總書記杜梅、前國家主席黎德英（Le Due Anh）、前總理武文杰（Vo Van Kiet）占有。直到1997年底的一次中央政治局會議上，這種權力交替才最終完成，黎可漂（Le Kha Phieu）最終接替了杜梅任越共總書記。1998年1月新組成的五人政治局常委中，除黎可漂以外，其他四人分別是1997年9月當選國家主席的陳德良（Tran Due Luong）、總理潘文凱（Phan Van Khai）、國會主席農德孟（Nong Due Manh）和人民動員委員會領導人范世閱（Phan The Duyet）。至此，年事已高的「三巨頭」全部退出了政治局常委，這標誌著越共新老交替過程基本結束。

㈡寮國

　　1954年日內瓦協議正式確立了寮國的獨立地位。但這時的寮國實際上存在著兩種勢力，一是由親美的王國政府代表的右派勢力；二是反對王國政府的左派勢力。後者實際上是抗法時期由蘇發努馮親王領導的稱作「伊沙拉戰線」抵抗勢力。這一勢力於1956年1月成立「寮國愛國陣線」（Neo Lao Hakset）。❾ 從1956年至1970年初，在寮國愛國力量的努力下，寮國曾多次組成各派聯合政府或中立政府，但是總是由於美國的干涉和顛覆而垮台。隨著越南戰爭的升級，美國擴大了對寮國的入侵，加強鎮壓左派抵抗力量。然而，這有力地推動了左派力量的壯大和發展。1973年，隨著美國在印度支那的撤離，左派勢力與萬象政府透過談判達成了和解協定，組成第三屆聯合政府。到了1975年春，整個印支形勢急轉直下。首先，柬埔寨共產黨領導的武裝力量於4月17日解放了金邊，接著，5月1日，整個越南南方被解放。在這一形勢的鼓舞下，寮國左派勢力在全國展開了奪權鬥爭，並成立了左派政權。11月29日，國王西薩旺瓦達納（Sisavangwathana）被迫退位。12月初，在萬象宣布廢除君主制，建立寮國人民民主共和國，蘇發努馮任國家主席和最高人民委員會主席。寮國人民革命黨總書記凱山・豐威漢（Kaysone Phomvihane）任政府總理。1976年初，寮國人民革命黨從秘密狀態正式公開，並開始領導全國向社會主義過渡，即對生產資料進行社會主義改造。當工業企業實行國有化之後，進而展開農業合作化時，遭到了農民的強烈反對。合作化不僅嚴重阻礙了農業生產，而且還引起了國內政治局勢的緊張。這種情況迫使政府放棄了合作化計畫。1979年

12月，人民革命黨對經濟政策實行了重大調整，政府承認五種經濟成分（即國有經濟、集體經濟、個體經濟、資本主義經濟和公私合營經濟）的合法性，而且鼓勵私人經濟。

儘管這一政策推動了經濟的發展，但是黨和政府領導人對經濟發展規律並沒有清醒的認識，仍試圖在中央集權經濟體制下，儘快向社會主義過渡。1982年4月人民革命黨「三大」的過渡時期總路線仍強調，不經過資本主義發展階段，直接走上社會主義。這實際是重複其他社會主義國家的錯誤，是一種不可取的「窮過渡」。

直到1986年11月的「四大」，人民革命黨才真正認識寮國的社會經濟現狀，意識到路線上的錯誤。這次會議在總結過去經驗教訓的基礎上堅定了改革開放的路線；強調改革思維，改進經濟管理體制和黨的工作作風；調整對外政策。這種類似中國的改革促進了經濟的發展。

但八○年代末九○年代初，東歐的劇變和蘇聯的解體給寮國人民革命黨極大的震動，也干擾了既定的改革路線。從1990年2月起，黨內要求實行多黨制和政治多元化的呼聲愈來愈高，最後引發了有兩萬名曾留學蘇聯東歐的回國人員參加的一場大規模示威遊行。同時，以流亡國外的舊王室成員為首的舊勢力的復辟活動也日益加劇，甚至發起了反政府的武裝暴動。

面臨這一形勢，黨和政府極待明確改革的方向。1989年到1991年，人民革命黨召開了一系列中央全會，特別是舉行了黨的「五大」，重新確定了寮國現階段的政治路線、總方針和總任務。這期間，人民革命黨採取了兩面作戰的方針。一方面反擊自由化勢力，確保改革的社會主義方向。另一方面，繼續深化改革。1991

年3月，黨的「五大」對人民革命黨的綱領和任務作了較大的修改，如將「無產階級專政制度」改爲「人民民主體制」，將建設「社會主義國家」改爲建設「繁榮昌盛的國家」。在黨的指導思想方面，在堅持馬列主義普遍原理的同時，也強調吸收其他「人類智慧的精髓」，「借鑒外國的經驗」。後來，寮國最高人民議會也把國徽圖案中的鐮刀斧頭改爲塔鑾佛塔。

「五大」以後，寮國的經濟改革在九〇年代有了長足的發展。在農業方面，從1991年起，寮國政府在原來的「家庭承包制」基礎上，開始實施實際上的土地私有制，向農民頒發「土地證」。1992年，寮國的糧食實現了自給有餘。在工商業方面，政府在多種所有制並存的基礎上，大力鼓勵國有企業的租賃、承包、出賣、股份化，以實現企業的轉制。政府還鼓勵個體工商戶和私人企業進入流通領域，以推動出口商品的生產和銷售，同時還積極鼓勵利用外資。

在外交領域，1988年以後，寮國的對外政策開始調整。原來封閉的一邊倒（向越南）外交轉向了開放的多邊外交。「五大」以後，強調與越南、柬埔寨的友好特殊關係的同時，加強與中國大陸發展友好合作關係。寮國政府「把社會主義中國視爲寮國人民民主共和國的戰略盟友」。同時，寮國也加強了與西方國家的外交，發展與周邊國家，特別是與泰國的經濟合作關係。與此相反，與俄國、東歐國家的聯繫卻大大減少了。

㈢柬埔寨

日內瓦會議之後，施亞努開始了他建設新國家的使命。他決心把柬埔寨建成一個中立民主的現代國家。爲了實現自己的宏圖

大志，他宣布退位，將王位交給了他父親（1960年，老國王死後，決定不再設國王，施亞努又當選為國家元首），自己則直接投身政黨政治。1955年大選中，他領導的「人民社會同盟」（Sangkun Reaster Niyum）獲勝，施亞努成了政府首腦。施亞努政府對內實行了民主改革，對外奉行中立政策，實際上是中間偏左，因為他一方面拒絕加入以美國為首的「東南亞條約組織」（Southeast Asia Treaty Organization）這一反共聯盟，同時又積極發展與北京的關係。

這一政策遭到了美國的敵視。華盛頓不斷對施亞努施壓，以致最後導致柬埔寨斷然與美國斷絕外交關係。美國的壓力政策迫使施亞努進一步左轉。六○年代後半期，施亞努政府實際上完全站到了共產黨國家一邊，支持越南的胡志明政府，為南越抗美武裝力量提供「庇護所」和「軍需供應地」。

與此同時，施亞努政府也面臨著來自國內的赤棉的政治挑戰。赤棉的前身是四○年代越南控制的印度支那共產黨的一部分。1951年，高棉人建立了自己獨立的政黨「高棉人民革命黨，與北越政權關係很密切。但隨著從巴黎回國的一批青年激進派加入該黨，黨內實際上出現了原來的親越派和以波爾布特為首的獨立派。1960年黨的名稱改為「高棉勞動黨」❿（Polakamm Khmer）。1963年，這派最終奪取了該黨領導權，並正式開始反對施亞努政府的武裝鬥爭。這成了施亞努政府的國內威脅。

1970年，華盛頓再也不能忍受施亞努的反美立場了，於是策動朗諾（Lon Nol）發動了推翻施亞努的政變，扶持了一個親美的金邊政權。這一事變導致了柬埔寨各種政治勢力相互關係發生劇烈變化。這時，親美的朗諾政權不僅成了施亞努的敵人，也成

了赤棉的頭號敵人。共同的敵人使流亡北京的施亞努和波爾布特的赤棉走到了一起，於是他們組成了柬埔寨民族團結政府，結成了反抗朗諾政府的統一戰線。與此同時，他們也與越南、寮國的反美力量並肩戰鬥。

戰爭進行了五年，儘管有美國的飛機坦克的支持，朗諾政府還是節節敗退，終於在1975年4月17日赤棉解放了金邊。1976年4月，以赤棉為首的「民主柬埔寨」 (Democratic Kampuchea) 正式成立，喬森潘 (Khieu Samphan) 任國家主席，農謝 (Nuon Chea) 為全國人民代表大會常務委員會委員長，波爾布特為總理。施亞努宣布退休，實際上，遭到新政權的長期軟禁。

赤棉在柬埔寨實行嚴酷的政治統治，採取了一系列極端的社會政治經濟政策，如大規模疏散城市人口、沒收私人財產、限制婚姻自由、廢除宗教制度、取消商品貨幣制度、鎮壓清洗黨內和社會上的異己份子和可疑份子、採取極端的反越政策……。這種統治不僅在國內極端孤立，也不斷遭到國際社會的譴責。這實際上為後來越南入侵柬埔寨提供了口實。

大批面臨迫害和清洗威脅的赤棉份子紛紛向越南叛逃。1978年12月25日聖誕節，越南出動了十幾萬正規軍大舉入侵柬埔寨。在強大的軍事進攻壓力下，民柬政府被迫撤離首都金邊，逃往邊遠山林地帶。與此同時，在越南的刺刀下，扶植起來了一個由叛逃到越南的前赤棉成員組成的「柬埔寨人民共和國」。這一勢力自稱是柬埔寨共產主義勢力的正統代表。該政府仍延用最初的「人民革命黨」的稱謂來稱呼他們新的執政黨。

在後來的十多年中，柬埔寨陷入了曠日持久的戰爭狀態。一方面是由越南、蘇聯支持的金邊政府，另一方面是以逃離金邊的

赤棉抵抗勢力。由於越南的入侵，強烈的民族主義情緒又把柬各派政治勢力聯合起來。赤棉在政治綱領上作了重大修改。先是宣布柬共退出領導地位，後又宣布解散共產黨，最後又宣布停止搞社會主義。與此同時，還出現了一系列民族抵抗勢力，一是以宋申 (Son Sann) 領導的「高棉人民民族解放陣線」 (Front National de Libération du Peuple Khmer) ；二是以施亞努為首的「爭取柬埔寨獨立、中立、和平與合作民族團結陣線黨」 (Front Uni National Pour Un Cambodge Independent, Neutru, Pacifique, et Cooperatif—FUNCINPEC，即奉辛比克黨) 。這三大政治勢力為了捍衛柬埔寨的民族獨立，最終結成了統一戰線。1982年7月，三方組成了民主柬埔寨聯合政府，儘管三派間時有衝突。

到八〇年代末，越南國內的經濟狀況嚴重惡化，加之政治權力核心變化和國際形勢的劇變，越南對柬政策也發生了變化。1989年，越南不得不宣布從柬撤軍，從而使柬埔寨問題躍上了政治解決的軌道。

1991年10月，由十八國和柬四方最終在巴黎達成「柬埔寨衝突全面政治解決協定」等四項歷史性文件 (統稱為柬埔寨和平協議) 。後來在聯合國的主持下實行了1993年5月的正式自由選舉。儘管赤棉拒絕參選，選舉還是產生了新的柬埔寨政府。新憲法規定，柬埔寨為君主立憲制國家，施亞努為國王，奉辛比克黨領袖拉那里德 (Norodom Ranariddh) 和高棉人民黨 ⓫ 領袖韓先 (Hun Sen) 分別出任第一和第二總理。

新的柬埔寨王國成立以後的幾年中，國內政治局勢並不穩定，主要矛盾是拉那里德和韓先兩派同床異夢，都在為試圖擴大

自己的勢力和權力而明爭暗鬥。終於在1997年7月，兩派為爭奪赤棉的合作而公開攤牌。韓先乘拉那里德出國之機，對拉那里德勢力採取了突然軍事行動，並宣布解除拉那里德第一總理職務。不久，在韓先的操縱下國民議會又選舉翁霍（Ung Huot）為新第一總理以取代拉那里德。目前拉那里德的勢力基本上被清除，韓先完全控制了柬埔寨政府。

(四)緬甸

緬甸獨立以後，由於面臨著種種社會矛盾，正式的政府久久不能成立。臨時政府面臨的挑戰來自三個方面。首先是緬甸共產黨。他們認為，緬甸獲得的是「可恥的獨立」，因而不予承認，並轉入地下開展武裝反政府鬥爭，其次是執政的反法西斯人民自由同盟內部的分裂。此外，還有少數民族的反叛，例如克倫人以武裝手段要求建立有分離權的邦區。

所有這些矛盾致使全國第一次大選遲至1951年才得以舉行。緬甸的政府體制基本上仿效英國的議會制。人民自由同盟在選舉中獲勝，其領袖吳努繼續任總理。政治上實行多黨民主，在經濟上卻實行了某些社會主義的政策。在獨立的最初十年，緬甸的政黨制度並不完善和成熟，派別鬥爭相當激烈。1958年執政的自由同盟再一次嚴重分裂，這導致了地方各派政治勢力的對抗和衝突，已經平息的武裝反叛活動再次乘機抬頭。為了恢復秩序，以便舉行1960年的第三屆全國大選，吳努邀請軍隊總司令奈溫（U Ne Win）建立看守內閣。奈溫的看守內閣持續到1960年大選。以吳努為首的聯邦黨（Pyidaumgan Party）在大選中獲勝，吳努再次出任總理。但不久，國內矛盾再次激化。首先，由於吳努允

諾對少數民族實行較寬容政策，從而助長了撣族分離主義運動更加活躍。在宗教問題上，由於吳努對佛教勢力中的沙文主義情緒寬容，致使佛教勢力與穆斯林勢力之間的不和與衝突。此外，執政的聯邦黨內部又發生了分裂，這又加劇了政治局勢的動盪。

面臨緬甸的政治危機，奈溫將軍於1962年3月2日發動了政變，逮捕了吳努等主要政治家，建立了軍人政府，開始了緬甸軍人統治的時代。

奈溫的軍人統治持續到1988年他本人辭職。這期間，奈溫政權在形式上有些變化。在1972年以前，該政權是一個純粹的軍人政權。唯一的權力機構是由七名高級軍官組成的緬甸聯邦「革命委員會」（Revolutionary Council），行使國家最高立法權和行政權。從1971年起，奈溫開始「還政於民」。1974年初，解散了革命委員會，權力交給了新選出的人民議會（People's Assembly）及其內閣政府。但實際上新政權的軍人性質沒有改變，主要領導人沒有改變，唯一的變化是他們脫去了軍裝。奈溫成為國務委員會（State Council）主席（即總統），同時兼任政府總理。

奈溫政府廢除了吳努時期的西方式多黨議會民主制度，轉而實行一黨制。從1972年7月開始，政府建立了執政黨「緬甸社會主義綱領黨」（Burma Socialist Program Party），宣布其他一切政黨為非法。在政治上，實行嚴酷的專制統治，對反政府武裝勢力進行嚴厲鎮壓，包括共產黨和少數民族的反叛活動；對言論、集會、新聞等自由嚴加限制；對外也採取嚴格的封鎖政策，禁止外國旅遊者、記者入境，對緬甸人出境也嚴格控制。在經濟方面，奈溫倡導「緬甸社會主義道路」，實際上是蘇聯的模式，

其特點是實行高度國有化，嚴格的中央集中控制下的計畫經濟體制和閉關自守政策。這種政策使緬甸經濟長期處於停滯狀態，從而也導致了嚴重的社會危機。

1988年6月，大規模的學生和市民示威遊行暴發了。在政治局勢日趨緊張的情況下，綱領黨於7月23日召開了非常代表大會。會上，奈溫宣布辭去黨主席職務。由於接任奈溫的吳盛倫（U Sein Lwin）是奈溫的忠實黨徒，並且頒布了軍管法，逮捕了一批持不同政見者，於是人們再次走上街頭，抗議示威，要求吳盛倫辭職和廢除一黨統治。在強大的政治壓力下，吳盛倫被迫辭職，由律師貌貌（Maung Maung）博士接任黨主席和總統。他上台後，宣布結束一黨制，準備舉行多黨選舉。

但是，正當人們歡欣鼓舞，慶祝勝利時，軍隊於1988年9月18日發動了軍事政變，成立了以國防軍總參謀長兼國防部長的蘇貌（Saw Maung）為首的「國家法律和秩序恢復委員會」（State Law and Order Restoration Council），全國再次處於軍人政權統治之下。蘇貌政權一方面許諾解除黨禁，準備舉行多黨選舉，但另一方面又故意拖延多黨選舉，抓緊時機對反對黨領袖進行逮捕和軟禁。在民主運動中，湧現了許多政黨和組織，其中最重要的是以翁山蘇姬（Aung San Suu Kyi）為首的「全國民主聯盟」（National League for Democracy）。為了削弱該組織的威脅，軍政府以「分裂軍隊，破壞治安」為由將翁山蘇姬軟禁。之後，於1990年5月27日舉行了三十年來第一次多黨選舉。選舉結果，出乎軍事當局的預料。翁山蘇姬領導的全國民主聯盟獲得了四百八十五個全部議席中的三百九十二個，而由原執政黨社會主義綱領黨改名而成的政府黨「民族團結黨」

(National Unity Party) 只獲得十席。實際上，軍事當局從未打算兌現它將權力轉交給大選中獲勝的政黨的諾言。因此，軍政權以種種藉口拒絕交出政權，而且對反對派勢力還進行大肆鎮壓。

緬甸的軍人統治一直持續至今。不過1992年4月，國防軍總司令丹瑞 (Than Shwe) 接替了蘇貌擔任軍政府首腦以後，緬甸的形勢發生了一些轉變。他在各方面採取了較務實靈活的政策。在政治上，緩和與少數民族的矛盾，與許多武裝反叛組織實現了和解。1995年7月解除了對翁山蘇姬的軟禁。在經濟上，實行了市場經濟的改革，鼓勵私有經濟的發展，逐步進行國有企業私有化和利用外資，從而經濟持續增長。在對外關係方面，積極開展與窘迫國家的外交，努力與西方國家改善關係。1997年7月，緬甸加入了東南亞國家聯盟 (Association of Southeast Asia Nations)，逐步擺脫了孤立地位。

㈤泰國

戰後泰國政治發展史是一部軍人政權和文人政權相互交替的歷史，其中軍人統治占去了大部分時間。但從發展趨勢看，文人政治家逐步成爲政治舞台上的主角。

在太平洋戰爭中，親日的披汶政府被自由泰政府所取代。自由泰政府在政治上比較自由、溫和、開明。它廢除了反共法令，使共產黨合法化。這期間，通過的新憲法大大限制了軍隊對政治的滲透。

這些政策引起了軍隊的強烈不滿，於是軍隊於1947年11月發動了戰後第一次軍事政變。這次政變的主力是披汶的陸軍僚屬和

舊部。政變後，披汶仍躲在幕後，但幾個月後又再次出山，親掌政權。披汶復出後，再次推行反共反華的政策。他恢復了1932年憲法，使軍隊在議會重又獲得了權力。在對外關係方面，披汶從戰時的親日轉變成了親美。

披汶軍人政權主要依靠兩大支柱，一是警察總監炮‧是耶農 (Phao Siyanon) 上將，二是陸軍司令沙立‧他那叻 (Sarit Thanarat)。但後來沙立與披汶和炮的關係急遽惡化，於是，手中握有軍權的沙立於1957年9月，同披汶和炮公開決裂，發動了一場不流血的政變。披汶和炮逃往國外。

沙立的軍人政府在政治上仍然採取嚴格控制的政策。但他在社會經濟改革方面取得了一些成就。從1961年起，他首次制定了一系列經濟發展計畫，擴大就業，利用外資，增加生產；整頓行政機構，重用文人專家，提高政府效率；打擊販毒和賣淫活動，整頓社會秩序；極力推崇「民族─宗教─國王」三位一體的口號，恢復國王和佛教的神聖地位。所有這些政策緩和了人民對軍人政府的不滿。

1963年12月，沙立死於任內。武裝部隊最高司令他儂 (Thanom Kittikachorn) 接替了總理職務。在他儂執政期間，逐步形成了以他儂總理、巴搏 (Praphas Charusathien) 副總理以及陸軍上校納隆‧吉滴卡宗 (Narong Kittikachorn) 三巨頭爲核心的軍事集團。這實際上是一個家族王朝。納隆上校是他儂之子，又是巴搏的女婿。這一家族獨裁統治迅速激化了它與巴碩 (Praset Ruchiwaxong) 掌管的警察勢力和另一軍隊派系的矛盾。與此同時，他儂集團還無視王室，冷落國王，漠視宗教，這激起了社會大衆的強烈憤怒。

1972年12月，頒布了一個新的臨時憲法。根據該憲法，立法議會完全由政府任命，其中2/3成員來自軍隊和警察。這迅速激起了一場泰國歷史上規模空前的群眾抗議示威運動，接著發生了與軍隊的暴力衝突。在緊張的政治危機中，國王出面干預局勢。在浦美蓬國王的要求下，他儂等三個臭名昭彰的獨裁者被迫流亡國外，從而結束了二十六年的軍事統治時期。

從1973年10月到1976年10月被稱作「民主實驗時期」。這期間，尤其是克立‧巴莫（Kukrit Pramoj）擔任總理的一年中，政府採取了一些開明寬鬆的政策，如取消了新聞檢查等。對外關係方面，主張獨立自主，改變了向美國一邊倒的政策，與北京建立了外交關係。但是，這期間由於政治比較自由，激進的學生運動不斷高漲，工人農民也開始為捍衛自己的利益而進行有組織的鬥爭。這種社會動盪局面為軍隊再次干政提供了藉口，於是1976年10月，軍隊再次發動政變。之後，權力落到了武裝部隊最高司令江薩‧差瑪南（Kriangsak Chomanan）手中。

從1977年10月江薩任總理到1988年7月炳‧廷素拉暖（Prem Tinsulanonda）卸任總理，前後近十年。毫無疑問，他們的政權仍為軍人政權。但他們的軍人政權與以往的軍人獨裁政權有所不同。第一，他們力求維持民主政治的運行機制，憲法、政黨、選舉、議會等制度得以有控制地運作；第二，在內政和外交方面，均實行溫和、寬鬆、開明、務實的政策；第三，儘可能協調各種政治勢力之間的矛盾和利益，尤其在軍內實現了各派勢力之間的平衡。在這個階段，儘管發生了兩起未遂政變，但整個社會秩序和政治局勢基礎穩定，經濟也有長足的發展。

1988年中，德高望重的炳‧廷素拉暖拒絕接受新一輪的總理

任期，這就爲泰國向民主的文人政治過渡準備了條件。這年7月的大選中，差猜・春哈旺（Chatichai Choonhavan）領導的泰國民族黨贏得了多數，於是組成了以他爲總理的文人內閣。猜差本人是民選的下院議員，是自1976年以來的第一位民選總理。人們指望泰國軍人統治的時代已成過去，文人民主時代將從此開始。但事實並非如此，差猜政府的任期還不足三年，軍人政變又發生了。政變的根本原因是軍隊不甘心被完全排擠出政治舞台。

在軍事當局的操縱下，頒布了一個擴大軍人權力的新憲法。儘管該憲法遭到人民的抗議，但大選仍於1992年3月舉行。大選結果，五個親軍隊的政黨結成了占微弱多數的執政聯盟。陸軍司令素金達・甲巴允（Suchinda Kraprayoon）決定出任總理。這意味著泰國將重新回到軍人統治時代。於是，軍方與民主勢力之間形成了激烈的對峙局面，並最終於1992年5月4日演變成示威群眾和軍隊的流血衝突，有四十人在衝突中被打死，六百人受傷。在關鍵時刻，浦美蓬國王再次出面干預。最後素金達宣布放棄總理職務，同意修改憲法，重新舉行大選。

1992年9月，泰國再次舉行大選。沒有一個政黨獲得議會絕對多數，於是親民主的四個政黨組成了一個文人聯合政府。民主黨領袖川・立派（Chuan Leek Pai）成了新一屆泰國總理。從1992年以來的六年間，雖政府幾經更迭，但始終維持了文人政權。這是戰後以來文人政府持續時間最長的一個時期。

㈥馬來西亞

馬來西亞政治的顯著特點是多元種族相互制衡和實行馬來人優先的原則。在剛剛獨立的馬來亞，馬來人占總人口的49.3%，而

兩大非馬來人民族，華人和印度人則分別占38.4%和10.8%，幾乎與馬來人相等。殖民時代，馬來人形式上分享了殖民者的政治統治權，而其他民族始終處於被統治地位，這一政治傳統被獨立後的馬來人看得非常重要；加之，非馬來人在人口比例對馬來人如此不利，就使得馬來人對保有政治權力更加敏感。因此，在民族獨立後的權利分配問題上代表三大民族的三大政黨（馬來人的巫統、華人的馬華公會、印度人的馬印國大黨）進行了激烈的討價還價。最後按照「給予和獲取」和「公平交易」的原則達成了妥協，確定了馬來人和非馬來人在社會中的地位：馬來人享有傳統的政治統治權，非馬來人則享有傳統的經濟地位；馬來人同意授予非馬來人公民權，非馬來人則同意馬來人在擔任公職、申請執照、獲得獎學金的方面享有優先權。1969年以前聯盟黨執政時期，馬來亞政治就是按照這種原則進行運作的。

馬來亞獨立後不久，遇到的最大課題就是實現「馬來西亞計畫」問題。剛剛實現自治的新加坡的總理李光耀（Lee Kuan Yew）出於經濟利益的考慮，於1959年提出新馬合併的建議。但是馬來亞的巫統拒絕這一建議，主要擔心合併後馬來人在人口比例上將處劣勢。但後來，隨著新加坡左翼政黨「社會主義陣線」（Barisan Sosialis，簡稱社陣）崛起，馬來亞總理東姑·拉赫曼同意合併，因為他擔心新加坡將成為馬來亞門口的「古巴」。但是為平衡合併後人口比例上的不利，拉赫曼說服英國，將英屬沙勞越和沙巴併入未來的馬來西亞。

馬來西亞聯邦於1963年9月16日正式成立。但不久便凸顯出種種矛盾，如圍繞新加坡上繳聯邦政府稅收的爭吵，特別是馬來人的特權問題。最終矛盾無法調和，新加坡於1965年8月9日正式從

馬來西亞分離，成立獨立國家——新加坡共和國。

　　儘管有了政治上的分離，但新加坡人民行動黨（Peopie's Action Party）在馬來西亞留下的「馬來西亞人的馬來西亞」的口號卻在華人中深得人心。這個口號直接與「馬來人的馬來西亞」口號相對立，大大喚起了華人和其他非馬來人的政治權力意識。這種意識在1969年的大選中充分地表現出來，不幸的是，這最終導致了一場大規模的種族騷亂。

　　這次大選中，執政的聯盟黨（Malayan Alliance Party）在各州議會和聯邦議會所獲選票都大大下降，均低於50％。特別是在檳榔嶼等三個華人集中的州，聯盟黨竟丟失了州政府的控制權，許多華人把選票投給了華人反對黨「馬來西亞民主行動黨」（Malaysian Democratic Aation Party），而不是聯盟黨中處於服從地位的馬華公會。許多年輕的華人爲這次勝利欣喜若狂。他們舉行了盛大的祝捷遊行。在此過程中，他們與馬來人發生衝突，從而導致了焚燒華人店鋪、汽車的暴亂。有一百五十人死亡，多數是華人。這就是「5・13騷亂」。

　　騷亂發生後，政府立即宣布戒嚴，禁止一切政治活動。這期間，以副總理兼國防部長拉扎克（Abdul Razavk bin Hussein）爲首的「國家行動委員會」（Malaysian National Operation Council）負責恢復秩序和行使政府職能。5・13事件被認爲是「給予和獲取」、「公平交易」政策的結果，是拉赫曼遷就華人的結果，於是，拉扎克於1970年9月取代了拉赫曼，成了馬來西亞總理。

　　拉扎克上台後，採取了兩大重要決策，一是調整權力結構，組建新的執政聯盟——國民陣線（National Front）。國民陣線

不僅包括巫統、馬華公會和馬印國大黨，還包括其他所有主要政黨，共十一個。這樣做的目的是最大限度地減少出現反對黨的機會，一切矛盾要消化在國民陣線內部。國民陣線內部的權力分配也與聯盟黨不同。在聯盟黨中，雖然巫統處於優勢地位，但其他兩黨馬華公會和馬印國大黨仍是「交易」的一方。但在國民陣線中，非馬來人政黨的地位大大降低了，不再是「交易」的一方，而更像老板手下的小伙計。

第二個決策是實施新經濟政策，其宗旨是透過經濟手段實現經濟利益的再分配，以提高馬來人的經濟地位和生活水準。政府認為，馬來人和非馬來人經濟地位的懸殊是5‧13騷亂的深刻原因，有必要對馬來人實行政策上的傾斜。這一政策取得了一定程度的成功。

1976年1月，拉扎克總理病逝，副總理侯賽因‧奧恩（Hussein bin Onn）接任總理。侯賽因以寬容、公正、廉潔著稱，頗受人們尊敬。但1981年5月，在一次心臟手術後，因健康原因辭去了巫統主席和總理職務，於是權柄落到了年富力強的副總理馬哈廸（Mahathir Mohammed）手中。馬哈廸性格剛毅，辦事果斷。他是馬來西亞自己培養的醫學博士，也是唯一的平民出身的高級政治家。步入政界初期，曾是一個極端的民族主義者。隨著地位的變更、職業的磨練，他逐步變得成熟、老練和穩健。他以建立「廉潔、有效及可信賴的政府」口號取得了1982年壓倒優勢的大選勝利。在後來的任期內，他以一系列卓有成效的政治經濟改革推動了馬來西亞社會經濟的發展。在馬來西亞，馬哈廸深受人民愛戴。正是由於卓越的政績，他才克服了八〇年代末自巫族成立以來最大一次政治危機，戰勝了向他挑戰的「四六精神黨」

（Semangat'46）。在1986、1990、1995年連續三屆大選中，馬哈廸領導的國民陣線都以超過2/3議席贏得大選。這充分顯示了他地位的穩固性。他是馬來西亞執政最久的總理。目前，他在國內正推行他的「新發展政策」，在對外方面，正積極扮演亞洲發言人的角色。

㈦新加坡

脫離馬來西亞之後，只有六百平方公里土地和二百萬人口的新加坡對自己的生存和發展有一種強烈的危機感。爲了擺脫這種危機感，進而爲了把新加坡建成亞洲的一個模範國家，新加坡的政治領袖們意識到，這個國家必須有一個高效、清廉和法治的政府。

新加坡經濟發展奇蹟已證明了新加坡政府的驚人效率。以李光耀爲首的新加坡政府把消滅貧困、發展生產力當作首要任務，制定了正確的發展戰略和政策。六〇年代末，實現了經濟起飛，七〇年代實現了完全就業，八〇年代成了新興的工業國，所有這些成就與新加坡高效率政府分不開。現在，新加坡年人均收入已接近二萬美元。新的努力目標是「實現瑞士的生活水準」。

李光耀總理特別重視廉政建設。他把爲政清廉看作政府的生命和新加坡生存的基礎。因此，他率先垂範，同時要求一切政府官員爲政清廉。李光耀的行爲成了政府官員看齊的標竿，也是約束不端行爲的戒尺，這在新加坡政界已成爲無聲的命令和無言的法規。他以自身行爲塑造的廉潔高效的政府形象已經成爲第二代領袖的行爲準則。今天，新加坡政治之清廉已爲世人所公認。

新加坡是一個法制相當完備的國家。這不僅表現在法律涉及

面之廣，規定之明細精確，而且還在於執法隊伍素質之高，執法之嚴厲。由於完善的法制，新加坡已被治理成了一個生活環境優美、社會生活井然有序、政治秩序和諧穩定的現代化國家。

經濟上的奇蹟和政治上的清明為執政的人民行動黨帶來了政治上的鼎盛期。從1968年第三屆大選到1980年第六屆大選，連續四屆由人民行動黨囊括了議會的全部議席，形成了行動黨的一統天下。

但是，1984年大選時，反對黨首次在國會中奪取了兩個議席，打破了行動黨長期維持的一統天下。到1990年大選時，反對黨議席又增加到四個，而且在後來的幾次大選中，人民行動黨的得票逐年下降。人民行動黨在政治上的頹勢並非因為該黨在政策上或從政表現上有何重大失誤，而是人們政治意識的變化所致。隨著人們教育水準的提高，西方民主思想和世界民主化傾向的影響，新加坡人的民主意識日益加強，尤其是新一代人。他們仍支持人民行動黨，但又擔心一黨長期執政有可能導致權力的腐敗和濫用，所以他們希望在議會有不同的聲音和監督力量，使執政黨時時警惕自己不敢稍有懈怠。這對人民行動黨來說未嘗不是件好事。

新加坡政治發展中另一個值得稱道之處是成功平穩地完成了權力的新舊交替。李光耀很早就考慮權杖交接問題，但他反對由自己挑選和確定一兩個接班人。他所做的只是制定接班人的標準，即他們必須是在能力和品德方面的精英，然後向選民推薦一大批這樣的精英。接下來的程序就是兩個決定性關卡，一是他們要在大選中接受選民的挑選；二是他們必須在實際工作中接受考驗。只有被選民選為國會議員和在實踐中政績斐然的極少數精英

才能成爲新加坡新一代政治領袖。

人民行動黨自1980年1月著手議會成員的更新換代。到1984年11月，除李光耀外，老一代領袖都退出了中執委。在這年的大選中，三十至四十歲的執政黨議員幾乎占了全部議席的1/3。1990年11月28日，李光耀正式向新一代的領袖吳作棟（Gon Chok Tong）移交了總理職務。爲了讓這一權力移交得到選民的確認，於1991年8月舉行了大選。選舉結果，人民行動黨仍獲得了全部八十一席中的七十七席。這表明，選民對新一代領袖是信任的。新加坡權力交接進行得如此自然、有序、平穩和圓滿，在整個第三世界都是罕見的。

作爲德高望重的資源政治家，李光耀仍被委任爲頗有影響力的內閣資政。他在新加坡政壇上仍發揮著不可替代的作用。但新一代領袖吳作棟的最高行政權力乃是實實在在的。新一代領袖不負衆望，在九○年代，新加坡在新興工業國的行列中，正向更高的目標攀登，要使新加坡國民享有世界一流的生活水準和生活品質，而且還要具有世界一流的文化道德水準。

㈧印度尼西亞

統一的印度尼西亞共和國從1950年正式成立到1957年實行的是西方式的議會民主制。這個階段，印尼在外交方面取得了一些成就，如高舉反帝大旗，成功地舉辦亞非會議，提高了印尼的國際地位。然而在內政方面，形勢卻日益惡化。政治舞台上，各派政治勢力鬥爭激烈，地方分裂勢力的反叛活動迭起，政府內閣更迭不斷，形成了七年政治動盪時期。經濟方面，政府無暇顧及經濟恢復工作，致使經濟狀況日趨嚴重，人民生活水準下降。所有

這一切宣告了西方式民主制的失敗。

面對這種政治動盪局面，蘇加諾總統決定改變現行印尼政治制度。1957年2月，他提出了「有領導的民主」（guided democracy）的改革方案。他認為印尼政局不穩的根源在於錯誤地實行了西方的民主制。按照他的改革方案，內閣政府應該由來自議會所有政黨代表組成，形成一個「互助合作內閣」，從而消除任何反對黨。這個內閣政府在一個有權威的領袖指導下實現政府的和諧一致，從而提高政府的效率。

在蘇加諾看來，有領導的民主不僅可以克服印尼的政治混亂，同時也可以恢復他自己的實權地位。獨立後不久，印尼曾通過一個1945年憲法，該憲法賦予總統很大權力，實行總統內閣制。1950年國家統一以後，又頒布了一部臨時憲法，將總統內閣制改成了議會內閣制，權力落到了內閣總理手裡，蘇加諾總統成了沒有實權的國家元首。實行有領導的民主就是要改變這一狀況，恢復總統的權力。

但是，實行有領導的民主遇到了很大阻力，遭到許多政黨的一致反對。為了推行這一改革，蘇加諾不得不求助於陸軍參謀長納蘇蒂安將軍。在軍隊的支持下，宣布全國實行軍管。在軍事管制下，恢復實施1945年憲法，蘇加諾重又掌管了行政權。不久，蘇加諾任命了一個「互助國會」和包括各主要政黨代表的內閣。在建立有領導民主過程中，陸軍的勢力迅速滲透到了一些政治和經濟部門，在軍管條件下，實際上軍方已控制了部分政府權力。作為中間勢力的代表，蘇加諾感到陸軍這個右翼勢力正在上升，並且逐漸對他的政治地位構成威脅。於是，蘇加諾開始採取一系列措施提高左翼勢力共產黨地位，以平衡和制約陸軍勢力。這樣，

右翼的陸軍和左翼的共產黨的矛盾便迅速激化。

1965年8月，趁蘇加諾健康惡化之機，雙方決定最後攤牌。最後導致了「9•30事件」。蘇加諾衛隊營長翁東中校一伙左翼軍人在印尼共產黨的協同下，殺害了六名陸軍高級將領，以清除右翼勢力。但他們的計畫失敗了。陸軍戰略後備軍司令蘇哈托將軍迅速組織力量反攻，一舉擊垮了左翼勢力，並很快控制了政治局面，由於蘇加諾總統默許這一暗殺計畫和同情左翼勢力，他和蘇哈托之間出現了政治對峙。兩人在以後的權力爭奪中，蘇加諾節節敗退，直至1966年3月，蘇哈托以逼宮的形式，迫使蘇加諾簽署了著名的「3•11命令」，從而使權力轉移到了蘇哈托手中。1967年3月，蘇哈托成為印尼代總統，一年後，又成為正式總統。

蘇哈托上台後，印尼開始了蘇哈托的「新秩序」時代。擺在蘇哈托政府面前的首要任務是建立秩序，實現政治穩定。在這方面，蘇哈托採取的最主要措施是簡化政黨。這是蘇加諾想做而未做的工作。和蘇加諾一樣，蘇哈托也認為，政黨過多，不易控制，從而導致政治不穩。他把所有的穆斯林政黨合併成一個大黨「建設團結黨」 (Unity Development Party or PPP) ，把民族黨 (Indonesian Nationalist Party) 和基督教黨 (Parkindo) 等其他小黨合併成「民主黨」 (Indonesian Democracy Party or PDI) 。這樣，全國九個政黨在「自願」的基礎上合併成兩個政黨。與此同時，他又不斷強化壯大他的執政黨「專業集團」 (Golkar) 。該組織包括二百多個職業和社會團體，以及各級政府的公務員，其核心是軍隊。

蘇哈托禁止反對黨制度，只奉行「協商一致」原則，所以兩大政黨不得不和執政的專業集團保持一致。事實上，由於合併成

的兩個政黨內仍保留原來的政黨組織，所以這兩個黨內矛盾重重，領導核心軟弱渙散。這種情況削弱了它們對政府構成威脅的可能性，而且還爲政府提供了干涉其內部事務的便利。這種政黨制度是蘇哈托控制權力的秘密之一。九〇年代，曾出現過一些敢於向蘇哈托挑戰的勢力，但終未形成氣候。每次總統大選，蘇哈托都是在沒有競爭對手的情況下當選爲總統。

儘管印尼的政治穩定是在專制的條件下實現的，但這確實爲印尼的經濟發展創造了條件。新秩序政權也在推動經濟發展中取得了巨大成就。蘇哈托使印尼的年人均收入從六〇年代的七〇美元提高到目前的九百多美元。1984年，印尼實現了大米自給，貧困線以下的人數從六〇年代的五千四百萬下降到1997年的二千七百萬。因此，蘇哈托被譽爲「建設之父」不無道理。

㈨菲律賓

獨立後的二十六年間，菲律賓實行的是美國式的憲法、美國式兩黨制和美國式總統制、定期的國會和總統選舉，以及第三世界最充分的新聞和言論自由。由此，菲律賓被稱作「東方的民主櫥窗」。然而，這種政治制度並未在菲律賓獨立地、有效地、順利地運作，政治發展的方向盤沒有操在菲律賓人手裡。誠然，政治舞台上的演員是菲律賓人，而台後的導演卻是美國人。每次總統大選，我們都會看到每個雄心勃勃的菲律賓總統候選人身後都站著美國總統。自由黨羅哈斯是在美國不遺餘力的支持下擊敗了在任總統國民黨的奧斯敏納（Sergio Osmeña）。麥克賽賽（Ramon Magsaysay）也是得力於美國數百萬美元的競選經費之後而問鼎馬拉卡南宮的。後來的馬卡帕加爾（Diosdado

Macapagal）和馬可仕（Ferdinand Edralin Marcos）都是在美國的鼎力相助下，登上總統寶座的。

1965年以前，菲律賓共和國歷史上沒有任何一個總統實現連任，儘管憲法規定可以連任一屆。唯獨馬可仕成功地實現了連任。

1965年馬可仕競選總統成功以後，雄心勃勃地想大幹一番。的確，在他的第一任期內，不能說他無所作爲。首先，他整肅政紀，刷新吏制，裁減冗員，清除腐敗。其次，整頓經濟秩序，引進外資，振興工農業生產。此外，還加速了城市和道路交通等基礎設施的建設。他還調整了一邊倒的親美外交，發展與所有國家的外交關係，提高了菲在國際上的地位。這些成績使他成功地實現了菲律賓總統的第一次連任。

然而，第二任開始以後，馬可仕的權欲心迅速膨脹起來。爲了突破憲法對總統任期的限制，他於1972年9月宣布在全國實行軍管，中止憲法，解散國會，禁止一切政黨活動。

軍法統治持續了長達八年。這期間，馬可仕透過反覆修改憲法、重用親信、擴充軍隊、鏟除反對派、拼湊親馬政黨等手段以達到他永久把持權力的目的，從而營造他的家族王朝。

1981年，在國內外強大壓力下，馬可仕被迫解除軍管，準備舉行總統大選。1983年8月，著名的反對派領袖阿奎諾（Benigno Aquino Jr）從美國返回準備參加總統競選。但不料，剛一下飛機，就被槍殺了。這一事件激怒了早已義憤塡膺的菲律賓各界大衆。很快在全國興起了倒馬的抗議示威運動。反馬的民主勢力迅速組合，最後，分別以勞雷爾（Salvador Laurel）和柯拉蓉‧阿奎諾（Corazon Cojuangco Aquino）爲首的兩大派民主勢力實現了聯合，推舉阿奎諾夫人和勞雷爾分別競選正副總統。美國本

來一直在支持馬可仕，但當發現馬氏愈來愈不聽使喚時，美國拋出了「換馬政策」，轉而把賭注下到了阿奎諾身上。

1986年2月大選後，馬可仕和阿奎諾同時宣布自己獲勝，並舉行就職儀式。在這關鍵時刻，國防部長恩里萊（Juan Ponce Enrile）和代總參謀長羅慕斯（Fidel Ramos）發動了兵變，宣布支持阿奎諾。當親馬可仕的軍隊前往鎮壓時，在天主教會的號召下，馬尼拉市民湧向街頭，用血肉之軀擋住了坦克、裝甲車的前進。馬可仕走頭無路了。在他向美國求援碰壁之後，舉家流亡夏威夷。這就是菲律賓的「二月革命」。

柯拉蓉·阿奎諾是菲律賓第一位女總統。她在任六年，為菲律賓政治發展作出了非凡的貢獻。她恢復了菲律賓的民主形象。最初，她以革命政府的名義實行了一年集權統治，這期間，她採取了一系列撥亂反正的重大舉措：宣布廢除馬可仕的1973年憲法以及其他法西斯法令；恢復1971年被中止的「人身保護法」；解散了由前執政黨控制的國民議會；削弱了軍隊中親馬可仕的勢力；釋放了政治犯，包括菲共領袖。這些措施在菲人民中引起了良好的反應。

1987年2月，以公民投票的方式通過了一部「保證民主」的新憲法。在後來的大選中，柯·阿奎諾推薦的參議員候選人獲得了參議院全部二十四個席位中的二十三個。在眾議院，柯拉蓉提出的候選人也獲得了壓倒多數的席位。在她執政期間，儘管發生了七起小規模的未遂軍事政變，但菲律賓的政局基本上是穩定的。可以說，她完成了歷史賦予她的使命。她為菲律賓揭開了新的歷史篇章。

根據新憲法，菲總統任期六年，不得連任。因此1992年5月舉

行了總統大選。選舉結果，軍隊首腦羅慕斯當選爲菲律賓第八任總統。他的當選是人們意料中的。他不僅有柯拉蓉的鼎力相助，而且在軍隊中也享有威望，此外，他又是二月革命的功臣之一。他爲政清廉，爲人謙和。這些成了他政治上的優勢。羅慕斯的當選有利於菲律賓的政治穩定和經濟發展。

在近六年的任期裡，羅慕斯作出了他應有的貢獻。首先，他採取了一系列措施穩定政局，如安撫軍隊、爭取軍方的合作與支持；推行民族和解政策，與各種反政府武裝力量和談；主動和各反對派人士改善關係，實現和解。其次，他努力改善政府形象，改進政府工作作風。他注意接近百姓，體察民情，樹立愛民勤政的爲政新風。他把每月的最後一個週末定爲「人民日」。這天他在總統府全天接受人民的來訪。根據1994年6月的民意測驗，羅慕斯總統的支持率達66%。

第2章
政府體制和文官制度

　　從政府體制來看，東南亞十國集中了世界各主要類型的政府組織形式。

　　這些國家的政府形式，總的來說，可以歸納成五大類型。

　　第一種是越南和寮國的人民代表制。這種制度與中國和其他原共產黨領導的社會主義國家基本相同。

　　第二種是柬埔寨、泰國、馬來西亞的君主立憲制。由於三國歷史不同，國情各異，這種制度在兩國的表現形式也有所不同。

　　第三種是印度尼西亞和菲律賓的總統制。美國的政府體制是典型的三權分立為基礎的總統制。然而，這種總統制到了第三世界就變得五花八門了。一般來說，在第三世界的總統制中，總統的權力都遠遠大於美國的總統。菲律賓曾經模仿過美國的政府形式。後雖幾經變動，但菲律賓的政府形式仍是最接近於美國的，特別是和印度尼西亞的總統制相比。

　　新加坡沒有經歷過傳統的君主政體，所以獨立後，它採取了議會共和制形式。這是第四種政府形式的代表。

　　汶萊是本地區唯一的一個絕對君主制國家，它代表著本地區第五種政府體制的類型。

第一節　越南和寮國的人民代表制

㈠越南

越南的政府制度和其他共產黨國家的基本相同，都採取人民代表制。

1976年4月越南國家統一後，建立了在共產黨領導下的全國統一政權，將原來的國名「越南民主共和國」(Democratic Republic of Vietnam) 改為「越南社會主義共和國」(Socialist Republic of Vietnam)。1980年12月頒布了統一後的第一部憲法。1992年又頒布了第二部憲法。與1980年憲法相比，新憲法在國家政府體制上做了某些變動。該憲法規定，越南社會主義共和國是人民的、來自人民的和為人民的國家。越南共產黨是國家和社會的領導力量。

越南的最高權力機構是國會 (National Assembly)。每屆國會任期五年，全部由選民選舉產生。國會的主要職權是：制定和修改憲法和法律；實施對遵守憲法和法律的最高監督權；決定國家經濟計畫，審定國家財政預算和決算；選舉國家主席、副主席和政府總理、副總理和其他內閣成員；任免最高法院院長和最高檢察院檢察長；審閱政府內閣、最高人民法院和最高人民檢察院的工作報告。現任國會主席農德孟。

國會常務委員會 (National Assembly Standing Committee) 是國會休會期間的常設機關。國會常務委員會根據憲法、國會的法律和決議，執行其任務和行使其職權，決定有關社會主義

建設和保衛祖國的重要問題，監督國會的法律和決議的執行情況下，監督國家機器的活動。其主要職權有：宣布和主持國會選舉；召集國會會議；公布法律命令，解釋憲法法律；監督部長會議、最高人民法院和最高人民檢察院的工作；停止執行、修改或廢除部長會議違反憲法、法律和法令的決議和決定；監督各級人民議會的活動；批准和廢除國際條約；任免最高人民法院副院長、審判員和陪審員；任免最高人民檢察院副院長；任免和召回駐外全權代表；宣布全國和地方戒嚴令；在國會休會期間，當國家遇到外敵入侵時，宣布戰爭狀態（須提交最近召開的國會會議批准）；決定大赦。

1992年憲法重設國家主席。國家主席為國家最高元首，由國會代表以無記名多數票選出，任期五年，國家主席的主要職責是：公布憲法、法律和法令；統帥全國武裝力量；建議國會選舉或罷免政府總理、最高人民法院院長和最高檢察院院長；代表國家與外國國家元首談判和簽署國際條約等。現任國家主席為陳德良。

新憲法規定越南實行內閣總理制，內閣為國家的最高行政機構，由政府總理、副總理、各部委的部長和主任組成。內閣的主要任務是負責統管國家的政治、經濟、文化、社會、國防和外交事務；領導各級人民委員會；加強自中央到基層的國家機器，確保尊重和執行法律；領導和推動國家的精神和物質文化建設。其具體職權是：向國會報告工作；向國會呈遞法律、法令和其他提案；保證各項法律、法令的實施；制定國家規劃草案、計畫草案和國家預算案，並上呈國會審議；組織實施國家計畫和國家預算；統一管理國家貨幣和信用貸款；保護公民的正當權利；保障國家安全和維護社會治安；建設和健全從中央到地方的各級國家

管理機構；培養、管理和使用國家幹部隊伍，確保各級人民議會實現地方國家權力機關的任務和權限；停止實施各省、市人民議會和政府不適當的決議。現任總理爲潘文凱。

越南的司法制度包括法院和檢察院兩部分，分別行使國家審判權和檢察權。

越南的法院爲最高人民法院、地方人民法院和軍事法院。在特殊情況下，國會或國會常務委員會可成立特別法庭。

最高人民法院爲國家最高審判機關，監督地方人民法院和軍事法院的審判。最高法院院長由國會任免，副院長及審判員由國會常務委員會任免，任期與國會相同。最高法院向國會常務委員會負責並報告工作。地方各級人民法院向同級人民議會負責並報告工作。

檢察院分爲最高人民檢察院、地方人民檢察院和軍事檢察院。各級檢查機關實行垂直領導。最高人民檢察院爲國家最高檢查機關，「地方檢察院接受最高檢察院院長的統一領導。最高檢察院院長由國會任免，並向國會報告工作，任期與國會相同。最高檢察院院長任免地方檢察院院長、副院長和檢察員。

各級人民檢察院主要職責是：最高人民檢察院和其他各級檢察機關負責檢察部長會議各部和其他機關、地方政權機關、社會組織、人民武裝單位、國家工作人員和公民遵守法律的情況，執行起訴權，確保法律的嚴格執行。地方人民檢察院和軍事檢察院根據法律進行檢察，在自己職責範圍內行使起訴權。

越南的地方政府分爲省（直轄市）、縣、鄉（鎮）三級。每級都設有經民選產生的地方權力機關人民議會和由它產生的同級權力執行機關人民政府。

三級地方權力機關人民議會，由地方選民選舉產生，向地方
人民和上級權力機關負責。省級人民議會任期四年，其他各級人
民議會每屆任期二年。人民議會的主要任務是：保證憲法和法律
在地方得到執行；決定執行國家政策和上級任務的措施；決定地
方的經濟計畫和財政預算；決定地方上的生產、分配、流通、文
化、社會服務等問題，保證人民生產和生活的需要，保證政治安
寧和社會治安以及公民各項權利；選舉和罷免人民政府的成員和
同級人民法院的成員；監督下一級人民議會的活動。人民議會的
代表對同級人民政府和地方國家機關有權提出質詢。

地方各級權力執行機關是各級人民政府，同時又是國家在地
方上的行政管理機關，人民政府向同級人民議會和直屬上級人民
政府負責並報告工作，人民政府成員由同級人民議會選舉和罷
免，任期與同級人民議會相同。人民政府由主席、若干副主席、
秘書委員和其他委員組成。

人民政府的主要職責是：召集同級人民議會會議，執行人民
議會的決定和上級行政機關的決定和指示，管理地方行政工作，
指導下屬各部門和各級行政機關完成國家計畫；發展本地區的經
濟、文化事業，改善人民生活；中止、修改和廢除下屬部門和下
級人民政府的不適當的決定；中止實行直屬下級人民議會的不適
當的決議，建議本級人民議會修改或廢除之。

(二)寮國

寮國原是一個君主立憲制國家，1975年革命勝利後，在寮國
人民革命黨領導下建立了人民政權。寮國人民革命黨在性質上屬
於共產黨，革命以後的寮國人民民主共和國是一個共產黨領導的

社會主義國家，因而，寮國在政府體制方面實行的基本上是共產黨領導下的人民代表制。

寮國人民民主共和國正式政府建立以前，並沒有及時制定一部憲法，直到1991年8月才正式頒布共和國憲法。在長達十七年的非憲制期間，國家始終未按照憲法建立起由人民普選產生的正式的立法機構。但爲了國家政權的正常運作，於1975年11月在人民革命黨的領導下進行了一次全國選舉，舉行了第一次全國代表大會，並於12月選出了由四十六人組成的「最高人民議會」(Supreme People's Assembly)。大部分議員爲人民革命黨黨員，其他爲愛國民主人士和中間派。

因爲沒有憲法，所以作爲立法機構的最高人民議會的職責和權限並不明確。對於這一點，全國人民代表大會的決議只是提到該機構對於「研究新憲法和頒布人民共和國的法律具有必要性」。從實踐來看，最高人民議會有任命最高人民法院成員的權利和有權審批政府組成人員名單。但實際上，政府和最高人民法院的組成人員均由人民革命黨的秘書處決定，而最高人民議會只是履行批准手續。

最初，最高人民議會設一名主席，同時爲國家主席，另設四個副主席分別代表四個主要民族。議會中有四個委員會：憲法起草委員會、主席法令委員會、經濟財政委員會和國家預算委員會。

在十七年非憲制時期，最高人民議會發揮的作用極小，除了每年定期聽取人民革命黨總書記凱山‧豐威漢的政治報告以外，只對提交給它的法律議案履行批准手續，實際上許多法律是由政府以法令的形式頒布的。

國家最高行政機構最初稱「部長會議」（或稱政府會議）。

原來，部長會議由總理和十五個部委組成，後來擴大到二十個部委。隨著政府的擴大，部長會議內部的權力結構也形成了三個層次。最高層次爲「核心內閣」，由部長會議主席和五個副主席組成。這六個人負責政府的決策，對政府工作進行全面指導。第二層次由各個部委的部長、主任組成，他們行使各自的權力和職責。第三層次是各部委的副部長、副主任，主要負責有關政策的執行和實施。在第一個層次，部長會議主席和副主席均具有雙重身分，主席同時爲人民革命黨的總書記，其他副主席也均爲黨中央政治局委員。部長會議主席下設一個辦公廳，其成員與黨中央委員會辦公廳的成員相同。辦公廳有一個主任和五個副主任，其職責是爲部長會議制定議事日程，提供有關決策的資料，負責決策的貫徹和執行。在第二個層次，部長一般是黨中央委員會委員。個別特別重要的部，如國防部部長則是政治局委員。在第三個層次，絕大多數副部長、副主任爲專業和技術人員或其他管理型人員，其中一部分受過西方的高等教育。一般來說，他們缺少強硬的政治背景。他們的職責僅限於專業技術方面，在決策方面的作用極弱。

寮國地方政府的權力主要集中在省政府。寮國有十六個省和萬象府。省政府稱作人民行政委員會，其成員常常與該省的人民革命黨委員會的委員相重疊。省人民行政委員會一般有十至十三個成員，包括一個主席和兩個副主席。省政府在當地黨委的領導下，貫徹執行黨中央的政策以及中央政府的指示。一般來說，寮國省政府的權力較大。與其他共產黨國家相比，寮國省政府有更大的自治權，這大概是由於交通不便等客觀因素造成的。

1991年8月13日至15日召開了寮國最高人民議會二屆六次全

體會議，審議並通過了寮國人民民主共和國第一部憲法、人民議會選舉法等，從而結束了寮國人民民主共和國非憲制階段。新憲法規定，寮國人民民主共和國是一個獨立的人民民主國家，一切權力屬於人民；對外奉行和平、獨立、友好合作的政策。憲法特別強調，寮國人民革命黨是寮國政治體制活動的「領導核心」。這決定了寮國是一個共產黨一黨執政的國家。

根據新憲法，原國家最高權力機構最高人民議會改名爲國民議會（National Assembly），爲一院制立法機構，其權力基本與原來相同。國民議會有權制定、批准和修改憲法，審批、修改和廢除法律；審查批准國家戰略性發展計畫和年度財政預算；選舉和罷免國家主席（President of the Country）、副主席，任命總理；審批和批准中央政府的組成名單；選舉或罷免最高人民法院院長（President of the Supreme Peoples' Court）和最高人民檢察院檢察長（Public Prosecutor General）；批准或廢除與外國締結的條約和協定；宣戰與媾和；決定特赦等。國民議會任期五年。

根據新憲法，國家主席的作用有所擴大，類似於法國第五共和國的總統。憲法規定，國家主席是寮國的國家元首，武裝部隊的最高司令。由國民議會選舉國家主席，獲議會2/3以上選票方能當選。每屆任期五年，可以連任一屆。國家主席的主要職權是：公布實施憲法、法律，發布條令、條例；任免政府官員，必要時出任政府首腦；決定免刑；宣布緊急狀態；宣布批准或廢除與外國達成的條約和協議等。

1986年10月和11月，蘇發努馮因健康原因先後辭去國家主席和最高人民議會主席的職務，由富米‧馮維希（Phoumi Vongvichit）、西宋噴‧洛萬賽（Sisomphon Lovansay）分別代理之。1991年憲法頒布後，凱山‧豐威漢被選爲國家主席，諾哈‧馮沙萬（Nouhak Phoumsavann）當選國民議會主席。1992年11月，凱山‧豐威漢病逝，諾哈‧馮沙萬又接任了國家主席一職。

　　新憲法對政府機構的權力和職責作了進一步的明確規定。根據新憲法，國家最高執行機構部長會議改名爲政府。政府的職權是：執行憲法、法律和議會的決定；執行國家主席頒布的命令和條例；向議會提交法律草案；向國家主席提交命令和條例草案；執行國家社會經濟戰略發展計畫和年度財政計畫；提請議會審批和發布有關命令和法規；與外國締結條約和協議並執行之。根據新憲法，原政府首腦、部長會議主席改爲總理。總理負責主持、領導政府的工作。建國後，凱山‧豐威漢一直任政府首腦。1991年8月，在寮國最高人民議會二屆六次全體會議上，坎代‧西潘敦（Khamtay Siphandone）接替凱山‧豐威漢任總理。

　　新憲法對地方政府也有新的規定。原來的省政府首腦、行政委員會主席改稱省長（Governors of Provinces），原來由中央立法機構選舉產生，現改由國家主席任命。這樣就可以使各省的黨委書記成爲省長，從而保證黨中央對省政府的控制。

　　寮國的最高司法機關爲最高人民法院（Supreme Peoples' Count）。整個司法機構包括最高人民法院、省（直轄市）人民法院、縣人民法院和軍事法院以及與之相並列的各級人民檢察機關。最高人民法院檢查地方人民法院和軍事法院的判決。最高人民法院副院長和各級法官由國民議會常務委員會任免。人民檢察機關由人民檢察長公署（Office of the Public Prosecutor General）、省（直轄市）人民檢察院、縣人民檢察院和軍事檢察

院組成。其職責是檢察政府各部、各機關、社會團體、地方行政機構、企業、公務人員和公民是否正確、統一地遵守法律規定。同時，行使公訴權。副人民檢察長由國民議會常務委員會任免，其他檢察官則由人民檢察長任免。

第二節　柬埔寨、泰國和馬來西亞的君主立憲制

㈠柬埔寨

柬埔寨的現行憲法是1993年9月頒布的。該憲法規定，柬埔寨為君主立憲制國家，實行多黨民主政體和自由市場經濟體制。

柬埔寨國王是國家統一和永久的象徵，是國家的終身元首，是王家軍隊的最高統帥。他統領國家而不親自執政，因而國王雖享有至高無上的尊嚴，但無實權。

王位的繼承人不是由國家欽定，而是由王位委員會選舉產生。王位委員會由國民議會議長、首相、佛教僧王以及國民議會的第一、二副議長組成。該委員會從柬埔寨皇族的直系後裔中選出王位繼承人為新國王。國王不能履行國家元首職責時，議會議長暫時代理國家元首職權。

現任國王是七十六歲的諾羅敦・施亞努。1993年9月，他第二次登上柬埔寨王位。施亞努國王在柬埔寨人民中享有崇高威望，但由於對國王權力的限制，以及施亞努本人年高體弱，他對柬埔寨目前的政局已很難產生影響。

柬埔寨最高立法機構為國民議會，議會實行一院制，成員不少於一百二十人，由選民直接選舉產生。議員任期五年，可以連

選連任。國民議會從議員中選舉產生議長、副議長及專門委員會成員。國民議會負責批准國家預算、國家計畫、國家借貸資金議案，審核商業協定和規定，制定和修改或廢除稅權，審查並批准政府的預算執行報告。國民議會還審批特赦法令，批准或廢除所締結的國際協議或協定。在國民議會閉會期間，由國民議會常務委員會主持日常工作。該委員會組成人員包括國民議會議會、副議長和各專門委員會的主席。所有各政黨自由平等競爭議會席位。1993年5月，在聯合國主持下，舉行全國自由選舉。赤棉拒絕參選。選舉結果，奉辛比克黨獲五十八席，人民黨五十一席，佛教自由民主黨十席，另外一個組織獲得一席。國民議會選舉人民黨領袖查辛（Chea Sim）為主席。

柬埔寨的最高行政權歸王國政府（Royal Government），政府內閣由首相、副首相、內閣大臣、副大臣組成。在大選中，獲勝的政黨領袖（同時為當選議員）在議長的提議下，經國王任命，作為首相負責籌組內閣。內閣成員須經過議會的信任投票並獲得通過，然後由國王簽署命令任命所有內閣成員、王國政府對國民議會實行集體負責制。

1993年大選中，沒有一個政黨獲得議會的絕對多數，所以獲選票較多的兩大政黨奉辛比克黨和人民黨組成了聯合政府。由於兩黨的席位比較接近，所以兩黨在組織政府時鬥爭激烈。最後，雙方達成妥協。奉辛比克黨領袖拉那里德出任第一首相，人民黨領袖韓先出任第二首相。兩黨在內閣中的席位則平分秋色，各占45％。然而實際上，柬王國政府的權力很快就逐步落到了第二首相韓先手中。人民黨擁有十三萬武裝力量，二百八十萬黨員，控制著80％的國土和人口，此外該黨還控制著主要政府官僚機構，

因此人民黨處於絕對優勢。韓先對拉那里德的排擠政策最終導致了拉那里德的垮台。1992年7月，韓先發動了突然軍事行動，廢黜了拉那里德第一首相，取而代之的是較爲合作的奉辛比克黨成員翁霍。他雖爲第一首相，但韓先控制著全部實權。

東埔寨司法機構由最高法院和各級法院組成。司法機關獨立行使權力，負責維護社會秩序和保護公民的權利和自由，懲治一切犯罪份子，包括犯罪官員。最高司法委員會（Supreme Judiciary Committee）協助國王保證司法機構獨立行使權力。該委員會直接對國王負責。最高司法委員會主席由國王任命。根據該委員會的建議，國王任免法官、王家陪審官。

(二)泰國

1932年以前，泰國的政府體制爲君主專制。1932年的革命使泰國的政體發生了根本改變。泰國從此成爲一個英國式的君主立憲制國家。

自政體改變以來，泰國的政治權力就像一只橄欖球一樣在軍事強人和文人政治家之間爭來奪去。他們交替上台執政，使泰國成爲世界上政府更迭最頻繁的國家之一。六十多年來，泰國共頒布了十五部憲法。

儘管泰國政府變換不定，憲法修來改去，但君主立憲政體的框架始終得以維持。這種政府體制的主要特點是，保留國王的名譽和地位，但沒有實權。權力主要在國會和內閣的手裡。在這種制度下，國王是國家元首、武裝部隊統帥，也是宗教的最高護衛者。一般憲法均規定「國王享有神聖不可冒犯的地位，任何人都不能對國王進行任何指責或控告」。作爲國家元首，國王透過國

會行使立法權，透過內閣行使行政權，透過最高法院（Supreme Court）行使司法權。但這一切是按照國家和內閣的意志、決定和法律條文進行的。國王根據國會議長的提名任命內閣總理；根據總理的提名任免內閣成員；根據國會決議和內閣的決定履行各種條約、命令的批准手續。國王根據自己的意志任命一名樞密院主席和不超過十四人組成的樞密院（Privy Council）。這些人不享有選舉權和被選舉權，不得充任公職和參加政黨。樞密院是國王的諮詢機構。作為國王的另一個助理機構，皇室局負責組織國王出席的各種儀式，管理宮廷財政。

王室的繼承實行世襲制。在沒有王太子的情況下，如果國會同意，公主可以繼承王位。如果王位空缺，則由樞密院提出嗣位人選，報請國會審議，獲准後方可登位。

一般來說，泰國的國王不掌管國家的實權，不直接干預政治，但是由於傳統、宗教以及國王自己獻身公益事業的精神，使國王在社會生活中享有突出的地位，在全國人民中享有崇高的威望。而這種地位和威望有時能對泰國政治產生關鍵性作用。根據泰國的歷部憲法，國王享有不受批評的特權，而且「國王─宗教─民族」三位一體的觀念早已成為人民大眾基本價值觀的核心。任何動搖這三者的企圖都會被視為大逆不道。現任國王浦美蓬經常利用各種場合與人民保持聯繫，積極參與與國計民生有關的發展項目，深得人民的愛戴。因此，各種政治勢力和軍事勢力在進行權力角逐時都在支持、利用甚至操縱國王，因為國王的態度直接關係到他們行動的合法性。國王並不總是任人操縱的木偶，特別是在政治危機中，當角逐的雙方勢均力敵時，國王的作用尤為關鍵。例如1973年他儂被迫下台並被放逐國外，國王起了不小的作用。

更有說服力的例子是1981年2月的軍人政變。國王反對推翻炳政府，居然攜王室成員離開王宮，站在炳的一邊。在國王的鼓舞下，炳總理以遠遠弱於政變部隊的兵力，粉碎了這次政變。在政變中，有些政變部隊發現國王站在炳政府一邊，就主動退出政變。足見這時國王的作用不可低估。

泰國的立法機構爲兩院制國會。但在少數情況下也曾出現過一院制，有時還有短暫的制憲議會或立法議會。上議院（Senate）議員一般爲非民選議員，有時由總理提名，有時由軍事當局提名、由國王任命。其成員絕大部分爲軍人和警察。下議院（House of Representatives）議員由民選產生。一般情況下，在軍隊和政府機關供職的任何常務官員不得競選下議員。上、下兩院各自選舉本院的議長和副議長，有時上議院議長兼國會主席，有時則下議院議長兼任國會主席。上下兩院一般分別活動，只有遇到重大情況時才召開兩院聯席會議，如審議攝政人選、王位繼承人；新內閣向國會發表施政綱領；審議憲法修正案等。

國會的主要權力和職責是：修改憲法，制定法律和法令；審議國會預算；批准與外國簽訂的條約；有權決定攝政人選和修改宮廷法有關王位繼承的條款；監督國家行政。一般來說下院的權力較大。下議院議員有權對失職或瀆職的內閣成員提出彈劾，否決政府提出的預算案，直到對內閣提出不信任案。當下議院半數以上成員通過不信任案時，內閣應當辭職。

以往，軍人政權和文人政權每交替一次往往都要修改或重新起草一部憲法。軍事當局和文人政治家在憲法上的衝突主要反映在有關國會的條款上。第一，表現在上院的人數和構成上。軍方往往堅持擴大上院議員的人數，由軍人控制上院。文人政治勢力

則主張減少上院人數，甚至取消上院。1991年軍人政變推翻差猜的文人政府後起草的新憲法就堅持上院要維持與下院相同的三百六十人。但後來在文人政治勢力的壓力下，上院人數減爲二百七十人。第二，表現在兩院權力的分配上。軍人勢力堅持上院的權力大於或至少要等於下院的權力。文人則堅持下院權力大於上院。1991年憲法最初規定上院權力比下院大，如上院議長出任國會主席；上院有權提名總理，有權表決預算等。後來軍人勢力和民主勢力經過1992年的一次暴力較量，憲法進行了修改，限制了上院的權力，恢復了下院權力大於上院權力的傳統，規定下院議長爲法定國會主席，並且只有下院議長才有提名總理的權力。第三，表現在總理候選人的資格上。軍方總是企圖規定常務官員可以出任政務官職，總理的人選可以不經過民選，也就是說，現役的軍官不必「經過民選成爲下議員後才能被提名爲總理」。政治家則堅持，總理的人選必須是當選的下議員，而常務官員（包括現役軍官和次長以下的職能官員）不得競選下議員，以此堵死軍人成爲總理的通路。1991年的憲法最初就規定總理人選可以不是民選的下議員，但經過1992年的流血衝突，這一條作了修改。

1991年軍人起草的新憲法經過修改後，解散了原國會，重新舉行了國會選舉，結果選出了親民主的政黨黨員占優勢的新一屆國會。本屆國會上院議員二百七十人，絕大多數爲軍人，下院議員三百六十人。下院議長爲馬魯・汶納，根據新憲法修正案，他還兼任上院議長和國會主席。

泰國的最高行政機構是內閣（Council of Ministers），由總理、副總理和各部部長組成。根據現行憲法，總理必須是當選的下院議員。下院議長從獲下院議席最多的政黨中挑選一名有經

驗的政治家作爲國家的總理提名，由國王御准。其他內閣成員則由總理提名，由國王御准。泰國內閣更迭極爲頻繁，但負責政府日常行政事務與業務工作的各部常務次長以下的政府常務官員一般不受內閣更迭的影響。1992年大選後，組成了以民主黨爲首的聯合政府，民主黨因擁有議席最多，所以該黨領袖川·立派被任命爲泰國第二十屆總理。

內閣除了各部以外，還設有總理府，是總理辦事機構的中樞，負責國家的預算、輿論宣傳、文官管理、社會經濟發展和統計方面的研究以及協調各部的工作，處理不屬任何部管轄的事務。總理府內設十六個廳局部門，分管各方面的事務。

按照憲法，內閣對國會負責，但總理和內閣的權力往往很大，國會難以控制和制約，尤其在軍人統治期間。有時總理可以國王的名義宣布軍管法。泰國這種內閣權力過大的情況是歷史形成的。長期的軍人統治和人民參與程度的低下爲這種情況提供了社會條件。

泰國地方政府機構的層次較多，最高的爲府，以下爲縣、分縣、區、村，還有不同級別的市鎮。府的行政長官爲府尹，是內務部（Ministry of Interior）派去主持該府行政工作的官員。府尹的辦事機構爲府公署。它不是一級政權，是中央政府的派出機關。每一個府有自己的議會，由本府選民直接選舉產生。府議會職能僅限於制定有關政府的市政、文教、衛生及公共福利事業的地方性法規。同時也監督本府的行政工作。

作爲泰國的司法機構，法院代表國王行使司法權，但法院還受兩個司法機構的管轄和監督。一是政府的司法部（Ministry of Justice），二是司法委員會（Judicial Commission）。司法部只

主管各級法院的行政事務，無權過問法院的人事任免和審判工作。司法委員會負責保證司法的獨立和各級法官的任免事項（最後須經國王批准）。司法委員會由一名主任委員和十一名委員組成。主任委員由最高法院院長擔任，其他委員則由司法部常務次長和各級法院院長、庭長、法官兼任。

法院共分三級：初級法院（Courts of First Instance）、上訴法院（Court of Appeal）和最高法院。全國每府均設初級法院。初級法院受理一切民事、刑事訴訟案件，法院享有判決權。上訴法院設在曼谷，受理一切民事和刑事訴訟案件。最高法院也設在曼谷，它只受理經上訴法院判決後仍然不服的上訴案件。最高法院的判決爲最終判決。如果被告對最高法院的判決不服（一般指死刑判決），可向國王上書，懇求減免刑罰。

另外，泰國的檢察機關歸內務部管轄。內務部所轄的檢察廳爲最高檢察機關，檢察廳長即總檢察長。

(三)馬來西亞

與泰國一樣，馬來西亞的政體也爲君主立憲制。權力分配的框架也基本與泰國相同：君主不掌握實際權力，權力主要集中於議會和內閣。內閣總理爲議會多數黨領袖，由他組織內閣並向議會負責。但是在一些細節方面，馬來西亞的政府體制與泰國有所不同。

馬來西亞在歷史上分爲許多獨立的蘇丹國。獨立以後由九個原蘇丹國和四個州組成現在的馬來西亞聯邦制國家，因此馬來西亞沒有像泰國那樣的唯一的、世襲的君主。馬來西亞的君主採取了相當特殊的形式，即集體君主。玻璃市、吉打、霹靂、雪蘭莪

（Selangor）、森美蘭、柔佛（Johore）、吉蘭丹、丁加奴和彭亨九個州的世襲蘇丹與麻六甲、檳榔嶼、沙巴、沙勞越四州的州長組成一個統治者會議（Conference of Rulers），聯邦的君主即國家最高元首（Paramount Ruler）不是固定不變的，而是由統治者會議選舉產生，而且在統治者會議中，只有九名蘇丹享有國家元首的選舉權和被選舉權。從這九名蘇丹中輪流選出一名作為國家最高元首，任期五年，不得連任。憲法規定最高元首為聯邦武裝部隊最高司令，擁有立法和行政權；根據議會提名，任命總理；根據總理的建議，任命內閣成員；隨時召開議會會議，宣布議會休會和解散議會；簽署、公布兩院議會通過的法案，使之成為法律；任命武裝部隊參謀長、法官、審計長、總檢察長和四州州長；宣布國家處於緊急狀態，行使「反顛覆特別權力」。但他在行使這些權力時必須依照憲法法律和內閣意志行事。憲法對最高元首也有限制性條款，如不得擔任營利性職位和參與商業活動等。

關於最高元首蘇丹的權力、地位問題曾引起過兩次大的憲法危機。一般來說，馬來西亞的最高元首能夠遵循這種制度的傳統和慣例，依從議會和內閣的建議來履行自己禮儀上的最高權力。但是也確實出現過熱衷於政治權力、不滿足於沒有實權的政治榮譽和傀儡地位的最高元首。例如八〇年代初，當時的最高元首蘇丹·艾哈邁德·沙阿（Ahmad Shah ibni Abu Bakar）就曾對這一制度提出過挑戰，從而引發了獨立以來第一次憲法危機。1983年，當該最高元首即將於1984年任職屆滿時，馬哈迪政府預測到下一屆最高元首很可能是一個很有獨立性格和不易合作的蘇丹。為了避免最高元首拒絕依從內閣的局面發生，政府向議會提交了

一個憲法修正案。該修正案規定，最高元首和各蘇丹應該在十五天內批准聯邦和州議會通過的法案。這一規定意在防止最高元首和蘇丹們有意拖延和扣押他們不贊成的法案。此外還規定宣布全國緊急狀態的權力由最高元首轉歸總理行使。這一涉及最高元首和蘇丹權力的修正案立刻引起了蘇丹們的不滿。當議會將該法案呈遞最高元首批准的時候，沙阿拒絕簽署，從而造成了一場憲法危機。這種僵持局面一直持續了好幾個月。直到1984年初，雙方才達成妥協，原修正案經過修正後才獲得最高元首的批准，成為法律。根據這個新修正案，最高元首對議會呈遞的法案，最多只能拖延三十天。三十天之後不論他是否簽署，法案將自動成為生效。關於「緊急狀態令」的宣布權仍歸最高元首，但他必須接受總理的建議，不得單方面行使這一權力。1984年的修正案第一次明確限制了最高元首的權力。

　　1993年馬來西亞又發生了一次嚴重的憲法危機。這之前馬來西亞蘇丹和議會議員一樣，享有任何刑事和民事的司法豁免權。馬哈廸及其政府對他們濫用這一特權早有不滿。1992年11月發生柔佛蘇丹毆打一名曲棍球教練一事後，馬哈廸立即指責這一違法行為，要求廢除蘇丹們超越法律的豁免權。經過兩個回合的鬥爭之後，1993年3月月，參眾兩院通過了一個廢除蘇丹個人司法豁免權的憲法修正案。該修正案規定，設立特別法庭，根據普通法律審理涉及最高元首和蘇丹們的任何刑事和民事案件，該法庭擁有終審權。同時憲法修正案還賦予國會議員公開評議王室事務的權利（除宣揚廢除君主立憲制以外）。這個修正案在上呈最高元首三十天後，不論是否御准，自然生效。這個修正案的通過，標誌著馬來西亞王權的進一步削弱，向民主化的方向前進了一步。

統治者會議的主要職權是：選舉產生正、副最高元首；對國家的政策、法律和宗教等問題進行審議；就政府高級官員的任免提出建議。統治者會議每年舉行三至四次會議。當審議有關國家政策時，最高元首應由總理陪同，其他統治者和州長應由他們各州的州務大臣和首席部長陪同，以供咨詢。

馬來西亞的最高立法機構是聯邦議會（Federal Parliament）。議會的主要職權爲修改憲法、制定法律和法令；討論通過財政部長提出的財政預算和追加案；以及對政府各部門工作的質詢等。修改憲法須經衆議院2/3以上的議員投票贊成、最高元首批准後生效。立法權主要集中在衆議院。議會議員享有豁免權，但豁免權必須服從內部安全、公共秩序、種族和諧的需要。

聯邦議會由參議院（Senate）和衆議院（House of Representatives）組成。參議院共有議席六十九席，其中二十六名議員由十三個州的立法議會推派，每州二名。其餘的四十三名由最高元首根據總理的建議任命。這些任命議員一般是對公共事業有特殊貢獻者，或在各種行業，如商業、工業、農業、文化活動或社會服務方面有卓越成就者，或係少數民族代表，或係有能力代表土著人利益的人。參議員任期三年，不受解散議會的影響。正、副議長從參議員中選舉產生。

衆議院爲馬來西亞的主要立法機構，有議員一百八十名，由選民直接投票選舉產生，每屆任期五年。議長可以從議員或非議員中選舉產生，但副議長只能從衆議員中選舉產生。贏得衆議院多數席位的政黨爲執政黨，其領袖由最高元首任命爲總理。衆議院的權力大於參議院。一項法案在衆議院獲得通過後，須交參議院審議通過，然後呈交最高元首批准。但如果參議院要對某項法

案加以修正，須將法案交回衆議院重新考慮。如果衆議院不接納參議院的修正案，可以不再經過參議院而直接呈交最交最高元首批准。參議院對法案無否決權。

內閣為馬來西亞最高行政機構。總理為政府首腦，由總理、一名副總理和若干名部長組成。最高元首任命衆議院多數黨領袖擔任總理。最高元首根據總理的提名任命各部部長。所有政府閣員必須是議會議員。內閣集體對議會負責。為了協助內閣協調和監督各部的工作，政府設立了三個理事會：國家行政理事會 (National Administration Council)、國家經濟理事會 (National Economy Council) 和國家安全理事會 (National Security Council) ，均由總理直接領導。現任政府總理為馬哈廸·穆罕默德。

馬來西亞最高司法機構為最高法院。在東馬和西馬分別設立兩個高級法院 (High Court)，即馬來西亞高級法院和婆羅洲高級法院。各州設有地方法院和推事庭。此外還設有特別軍事法庭、伊斯蘭教法庭以及新設立的專門審理涉及蘇丹的民事和刑事案件的特別法庭。最高法院由一名首席大法官、二名大法官和多名聯邦法官組成。馬來西亞高級法院和婆羅洲高級法院分別由二名大法官和其他法官組成。最高法院受理對高級法院判決不服的刑事或民事案件，裁決各州之間或州與聯邦政府之間就憲法問題所引起的爭端，對憲法進行解釋，以及受理各高級法院提出的任何涉及公衆利益的案件等。高級法院、地方法院則受理它們管轄的區域和權力範圍之內的一切刑事和民事案件。

由於馬來西亞是一個聯邦制國家，所以州的權力較大而且有一套類似於聯邦政府的完整的州行政機構。君主立憲的原則也適

用於各州。九個州有世襲的蘇丹，他們在本州的權力和地位類似於最高元首。在另外四個州，沒有州長，他們由最高元首根據該州首席部長的提名任命，任命四年。這四個州長在本州內代表統治者會議，也是統治者會議的成員，但他們不參加有關蘇丹地位的討論和最高元首的選舉。他們在本州的政治地位類似其他各州的蘇丹。

過去，和有的最高元首一樣，有的蘇丹也在行使權力方面給本州政府造成過麻煩。例如在1977年，彭亨的蘇丹曾迫使首席部長離職。但1984年和1993年的憲法修正案使蘇丹在該州的權力地位受到消弱。

州的行政機構叫行政會議（Executive Council）（在沙勞越和沙巴分別稱最高會議［Supreme Council］和內閣），由首席部長和其他部長組成。首席部長爲本州政府首腦，經蘇丹或州長任命，由本州議會多數黨領袖擔任，其他部長由首席部長任命。行政會議集體向州議會負責。州政府有較多的自治權，根據憲法同聯邦政府分享權力。

各州都有一個一院制的立法議會（Legislative Assembly）。其在本州的地位、作用基本與聯邦議會相同。

第三節　印度尼西亞和菲律賓的總統制

㈠印度尼西亞

印度印西亞實行的是總統制。與其他大多數第三世界國家的總統制一樣，印尼總統制也具有總統權力較大的特色。

根據印尼現行憲法，國家權力全部由人民協商會議（People's Consultative Assembly）行使。但實際上大部分權力掌握在總統的手裡。總統是國家元首，也是最高行政首腦和武裝部隊最高司令。總統經國會同意有權制定法律、發布政府命令、對外宣戰、媾和與締結條約；有權宣布緊急狀態。總統由一名副總統協助行使職權，正副總統均由人民協商會議選舉產生，任期五年，可以連選連任。

最高評議會（Supreme Advisory Council）是總統的諮詢機構。其職責是向總統提供諮詢意見，回答總統的詢問，對總統無任何約束力。該機構由來自社會各方面的名流組成。他們不得擔任公職以保證他們的獨立性、整體性和非黨派地位。最高評議會成員的最後批准權屬於總統。該評議會現有成員四十五人。最高評議會設主席和副主席各一人，由總統任命。

作為政府首腦，總統直接領導內閣。內閣成員由總統任免，協助總統工作，每屆任期五年。內閣至少每月開會一次，由總統主持，各部長參加。在內閣，有關重大問題的決策不是透過投票決定的，而是採取協商一致的原則。從內閣部長的背景看，他們主要可分為三部分，即軍方人士、受過西方教育的經濟專家以及專業集團成員，沒有反對黨代表。

除了內閣以外，還有幾個政府機構起著重要的行政職能。一是國家發展計畫委員會（National Development Planning Council），主要負責國家計畫的制定、協調和執行；二是恢復安全和秩序行動指揮部（Operational Command for Restoration of Security and Order），是一個負責國內安全和情報的機構；三是國家情報協調局（State Intelligence Coordinating

Agency），其職責是對情報進行分析，對其他情報機構進行協調和監督。

人民協商會議爲國家最高權力機構。但在人民協商會議內部還有一個立法機構——國會（或稱人民代表議會［House of People's Representatives］）。人民協商會議和國會分享立法權。人民協商會議負責起草和修改憲法；制定國家的大政方針政策；選舉總統和副總統。其他一般的立法權歸國會。國會是一個一院制的議會，有一個議長和五個副議長，內設十一個立法委員會。人民協商會議和國會通過決議或法案一般採取一致通過原則。如需投票通過，須2/3多數同意。國會通過的法案必須由總統批准才能成爲法律，如果總統拒絕簽署，不得在同次國會會議期間再次呈遞總統。

1987年，人民協商會議成員擴大爲一千名議員，其中五百名爲國會議員。在五百名議員中有四百名是由選民直接選舉產生的，另外一百名由總統指定，分別代表軍隊和各省的專業集團。另外五百名人民協商會議議員也由政府指定的，分別代表印尼軍隊、專業集團、建設團結黨、印尼民主黨和地方省議會。

人民協商會議的一千名議員有六百人不是直接民選產生的。這意味著：第一，由政府或總統指定的議員在立法機構中占統治地位。第二，親總統的軍隊和執政黨專業集團一般在人民協商會議和國會中占絕對優勢。第三，由親總統的人民協商會議來選舉總統。這一切保證了現任總統能長期執政，也保證了總統對人民協商會議的長期控制。

人民協商會議議員任期五年。每五年舉行一次全國大選，但只選舉四百名國會議員；加上指定的其他人民協商會議議員，共

一千人組成新一屆人民協商會議。然後在第二年舉行新的人民協商會議的全體會議，選舉產生正副總統。這種選舉往往不是投票（印尼領導人一般不主張以投票的方式進行表決），而是透過協商，協商，再協商，最後達成一致。所以往往以鼓掌通過的方式選出總統。例如1993年3月，就是透過這種方式再次選舉蘇哈托為新一屆總統的。

在印尼的總統選舉過程中，從未出現過兩個候選人競爭的情況。一方面，人民協商會議的成分結構保證了蘇哈托的支持者在其中占絕對優勢，蘇哈托的專業集團又是執政黨，所以蘇哈托每次都非常容易地成為候選人。另一方面，協商一致的方式往往能迫使反對派放棄自己的候選人。例如，1992年大選時印尼民主黨提出現任內政部長魯迪尼（Rudini）和武裝部隊司令特里‧蘇特里斯諾（Try Sutrisno）上將為該黨的正副總統候選人，但最後他們還是被迫退出競選，使蘇哈托再次成為唯一的候選人。在這種情況下，人民協商會議能一而再，再而三地選舉蘇哈托為總統是毫不奇怪的。

印尼的司法權屬於各類法院。印尼的法院共分四類：普通法院、宗教法院（Religious Court）、軍事法院和行政法院。所有法院都獨立行使司法權。而在蘇加諾時期，司法權是從屬於總統和行政當局的。根據「1970年司法權基本法」（1970 Basic Law on Judicial Powers），最高法院獨立於司法部，以便有能力監督其他各級法院遵守審判的法律程序保持審判的公正性。但是這種監督權因司法部對其他各級法院法官的任免、晉升、調動和調薪享有決定權而遭到削弱。另外，最高法院的監督權不得用於議會的法規，它的監督權僅限於地方各級行政法規的合法性。最高

法院是刑事民事案件的終審法院，受理各類法院上訴的刑事和民事案件。最高法院首席法官由議會根據總統提名的候選人選舉產生，其他高級法官由總統根據議會的提名任命。

各省設有高級法院，主要受理區級法院（District Court）上訴的刑事和民事案件。區級法院爲初審法院。

宗教法院受政府的宗教事務部（Department of Religious Affairs）監督，該法院的法官由該部任免。這種法院建於區和一些重鎮，與區的普通法院並列。這些法院根據伊斯蘭教法處理婚姻和繼承權案件。這些法院的判決結果須經相應的區級法院批准。只有在爪哇地區有一個伊斯蘭高級法院（Islamic High Court）。其他地方的初級宗教法院均爲終審法院。

印尼比較重要的地方政府是省級和區級政府。1971年，在省區兩級恢復了代表議會制度，但省長、區長和市長仍由中央政府任命。省長有一個顧問機構，稱爲「地區領導理事會」（Regional Leadership Council），由該省駐軍司令任主席。其他成員包括省長（任該理事會的副主席）、警察局長、檢察長、法官。1974年，印尼通過了一個地區自治法。根據該法，省長由地區代表議會在中央政府國務部長提出的三至四個候選人中選舉產生。但只有在總統正式批准後，選舉結果才能正式生效。

(二)菲律賓

在馬可仕時代，菲律賓政府體制的變化最爲頻繁，1973年以前，菲律賓實行的是三權分立的美國式總統制。1973年憲法頒布後，馬可仕將政府體制改爲新加坡式的議會共和制，在本質上類似於英國式的議會內閣制；後來又改採法國式的總統制。政體頻

繁變動的目的只有一個，即廢除原憲法和政體對總統權力和任期的限制，確保馬可仕及其家族永久執政。

馬可仕政府被推翻後，柯·阿奎諾政府於1988年頒布了一部新憲法。這部憲法使菲律賓的政體又回到1973年以前的框架，接近於美國式的總統制。

菲律賓立法機構為國會（Congress），由參衆兩院組成。參議院有議員二十四名，由選民自由選舉產生。衆議員不超過二百五十名，由兩部分組成。一部分由各選區選民按照分配的名額自由選舉產生，另一部分為黨派團體代表按政黨名錄制由各黨派團體推選，其數量占衆議院總席位的20％。新憲法規定，在該憲法實施後連續三屆衆議院選舉後，按政黨名錄制分配給各政黨的議席將減少一半，餘下半數將從勞工、農民、城市貧民、少數民族、婦女、青年和社會各界人士中選出。這一規定主要目的在於削弱政黨黨魁對衆議院席位的壟斷，增加人民大衆參政的機會。

參議員任期六年，只能連任一次，衆議員任期三年，可連任二屆。國會議員享有某些司法豁免權，但同時也有許多限制，如必須公布自己的全部財產；不得擔任其他政府公職；不得出席司法機構或其他行政機關的聽證會為他人辯護。參議院設主席，衆議院設議長，分別由兩院議員選舉產生。

國會例會每年一次，總統有權隨時召開特別會議。國會的會期被大大延長了，從馬可仕時期的一百天延至十一個月，這樣就減少了總統趁國會閉會期間濫用職權的可能性。

參衆兩院均有立法權，但衆議院擁有更大的權力。所有有關撥款、歲入、關稅稅率的法案、增稅法案、地方請願法案以及其他民間法案均由衆議院起草和提出。參議院也可以提出修正案。

國會2/3多數贊成即可宣布戰爭狀態。在戰時和緊急狀態下，國會可以暫時授權總統行使必要權力，實行某一公開宣布的政策。國會通過的法案，須提交總統，經總統簽署後方可成為法律。如果遭到否決，法案須由國會兩院複議。如果兩院分別以2/3多數重新通過，再次提交總統，總統在接到兩院的法案後三十天內即使未簽署或否決，該法案也自動成為法律，總統無權再加以否決。

總統、副總統、最高法院法官、憲法規定的委員會成員和調查官如有違法行為，國會有權彈劾，將其免職或判罪。所有其他公職人員和雇員的免職，不須經過彈劾。提出彈劾案的權力屬於眾議院。但參議院有審理和裁決一切彈劾案件的權力。

菲律賓的行政權歸總統，總統為共和國國家元首、政府首腦和武裝部隊總司令。總統和副總統均由選民直接選舉產生，任期六年，不得連任。繼任總統職位四年以上者無資格競選總統。副總統的任期不得超過連續兩個任期。選舉中得票最高的當選總統。如果出現兩個相同的最高票數，則由國會投票決定。

總統、副總統和內閣部長、副部長在任職期間不得有其他兼職，不得從事任何營利性活動。總統配偶及與總統有血緣關係的親屬不得充任國會各種委員會、各種調查委員會成員以及政府機關的負責人。

總統有權簽署法令，頒布經國會通過的國家法律；接受外國使節的國書，對外代表國家；必要時召開國會特別會議；在徵得國會任命委員會同意後，有權提名委任政府各部部長、駐外使節、上校以上軍官和憲法授權委任的其他司法、行政官員；主持內閣會議，領導各行政部門和各級政府執行憲法和法律規定的各項任務和職責。作為武裝部隊的最高司令，必要時有權召集武裝部隊

預防和鎮壓外敵入侵和國內暴亂。在這種情況下，他有權下令中止人身保護法，頒布軍管法，但時間不得超過六十天，而且總統須在四十八小時內向國會提交報告。國會有權廢除總統的此種命令。軍管法不得中止憲法的正常實施。總統徵得國會多數的同意有權頒布大赦令。和馬可仕時代相比，總統的權力被大大削弱了。

菲律賓與印度尼西亞都實行總統制，但兩國憲法關於總統的規定有很大不同。首先，選舉方式不同。印尼總統由人民協商會議的議員選舉產生，而菲律賓的總統由全國選民直接選舉產生，這種方式更多地體現選民的意志。其次，權力不同。印尼總統的權力較大，而菲律賓的總統權力受到國會的許多制約。最後，菲律賓國會對總統等高級政府官員有彈劾權。這一點在整個第三世界都是少有的。菲律賓憲法中許多對總統權力限制的條款主要在於避免馬可仕式的獨裁政府的再次出現。

菲律賓的司法機構包括最高法院和各級地方法院。最高法院由首席法官和十四名陪審法官組成，他們均由總統任命，無需經國會任命委員會確認。首席法官的任期可至七十歲或無能力履行其職務為止。最高法院的權力有：受理涉及政府部長、大使、總領事的有關案件；審議修正、撤銷、批准下級法院就條約、國際協約、法律、總統頒布的法令、公告、命令、指令和條例等的合憲性所作出的判決和命令，以及下級法院審理涉及稅款、關稅、估價、收費和終身監禁或更重刑事案所作出的判決。

最高法院有權監督一切法院及其成員。最高法院有權根據文職官員的有關法律，任命司法部門的官員和職員。根據憲法規定，最高法院應在每次國會例會開幕後的三十天內，向總統和國會提交司法工作的年度報告。

根據菲律賓的行政區劃，地方政府分為省（大馬尼拉）、市（自治市）和巴朗圭（barangay）三級。此外，在民答那峨和科迪耶拉設立自治區。省為最大的行政單位。省政府首腦為省長（Provincial Governor），由本地區選民選舉產生，是中央政府在該省的主要代理人。省政府由省長、副省長和負責各部門工作的官員組成。副省長和各部門官員由省長任命。這些省政府官員一方面服從省長的領導，同時對中央政府各業務部門負責。在地方各級政府也設有立法機構，它們在其職權範圍內行使其立法權。

根據憲法，菲律賓地方政府享有較多的地方自治權。地方政府有權開發自己的財政資源，有權根據國會的規定和自治的基本政策決定徵稅和其他收費標準。自治區有更加廣泛的立法權，涉及有關行政機構、歲入、先祖領地和自然資源開發、個人家庭等財產關係、本地區城鄉發展計畫、社會經濟和旅遊發展、教育政策、文物遺產的保護和發掘，以及本地區人民福利等方面。

第四節　新加坡的議會共和制

新加坡的政府制度採用議會共和制。議會共和制與君主立憲制在本質上無多大差別，因此，新加坡和泰國的政府制度基本相同。它們都類似於英國的政府制度，只是新加坡的國家元首不是國王而是總統，議會不是採用兩院制而是一院制。

新加坡的立法機構由議會（Parliament）和總統組成。他們共同行使立法權。

總統是共和國元首和國家武裝部隊最高統帥。1991年以前，

根據原憲法，總統由議會選舉產生，任期四年，可以連選連任。任職期間，總統不得在任何法院被起訴。罷免總統的決議必須有至少全體議員的2/3多數通過。總統不得擔任任何營利性職務，不得從事任何商業性活動。

總統居於立法、行政、司法三大權力機構之上。其主要職權是：任命總理，根據總理提名任命內閣部長、最高法院院長、法官、總檢察長；召開或解釋國會；批准國會通過的法案等。

但在1991年以前，總統實際上是一個榮譽性職位，不掌握實權。1984年，李光耀總理首次提出民選總統的主張。1988年，政府開始討論修改憲法，以擴大總統的權力。同年7月，議會通過白皮書，提出總統應由人民直接選舉，對政府的預算和主要任免事項享有否決權。白皮書的通過是考慮到在李光耀放棄總理職務以後，有可能被人民選為總統，這樣讓他享有更大的權力來制約權力極大的總理，防止繼任的總理濫用職權。

1991年1月3日，新加坡國會正式通過了民選總統法令，其中規定，總統由全體合法公民直接選舉產生，任期六年。其職權包括：監督管理新加坡的金融資產和國家儲備金，維護公共服務的廉潔正直；批准和否決政府的常年財政預算案；監督政府執行「內部安全法」(Internal Security Act)、「維護宗教和諧法」(Religion Harmony Act) 和反貪污調查局 (Corrupt Practices Investigation Bureau) 的工作；批准和否決政府部門、主要法定機構和國營公司重要職位的人選。同時，法令還規定總統權力受總統顧問理事會 (Council of Presidential Advisors) 的制約。

透過全體選民直接選舉有一定實權的總統的新制度標誌著新

加坡在政府機構的民主化道路上又前進了一大步。1993年8月28日，新加坡舉行了首次總統直接選舉。結果，前副總理、五十七歲的王鼎昌當選為新加坡第一位民選總統。

　　新加坡議會實行一院制，由八十一個議席組成。議員必須是年滿二十一歲以上的新加坡公民，任期五年。全國共四十二個選區，每個選區選舉一名議員，其他議員由十三個團體選出，每個團體選出三名。其中至少有一名馬來人、印度人或其他少數民族。這一規定反映了新加坡多元種族的社會結構。根據1984年的選舉法修正案，如果反對黨在大選中不能贏得至少三個席位，可以增加三個非選區議員，而非選區議員必須來自在大選中獲得選票最多的幾個反對黨。當選的非選區議員在大選中所獲得的選票不得少於總票數的15%。這一規定反映了新加坡在一黨優勢制的情況下，執政的人民行動黨希望在議會中聽到不同的聲音。

　　議會設議長和副議長各一人。由議會選舉產生，由議員或擁有議員候選人資格的非議員擔任。議長主持議會的所有會議。議長因故不能履行其職務時則由副議長代理其職權。如正副議長均不能履行其職權，由議會另選一人主持議會會議。非議員議長無投票權，擁有議員身分的議長有他自己的一票，但不能投決定性票。在一項議案表決時，如贊成票或反對票票數相等，應被視為否決，議長或其他主持會議的人無權裁決。議會議員享有法律所規定的特權與豁免權。如果總理勸告總統解散議會，總統得在任何時候在政府公報中發布通知解散議會，但總理的勸告需擁有過半數議員的信任。議會如提前解散或任期屆滿，應在解散或任期屆滿後三個月內舉行大選。

　　新加坡議會的主要職責是制定、修改和廢止法律，但須經總

統履行批准手續，始爲正式法律。

吳作棟接任總理後，決定提前進行大選以正式獲得人民的授權。總統黃金輝（Wee Kim Wee）接受了總理提議解散了第七屆議會，提前兩年於1991年8月舉行議會大選。選舉結果，人民行動黨獲八十一個議席中的七十七席，反對黨民主黨獲得三席，工人黨獲得一席。

新加坡的行政權力屬於總統，但最高執行機構爲內閣，內閣由總理、幾名副總理和十多名部長以及政務次長組成。總理爲政府首腦。根據憲法規定，內閣成員不得擔任營利性職務，不得從事商業活動。總統任命一名當選議員爲總理，但後者必須獲得議會多數議員的信任，所以總理一般是議會多數黨的領袖。同時總統依照總理的建議從議會議員中任命各部部長。內閣應對政府進行總體領導和控制，並集體向議會負責。內閣會議由總理主持，總理不在時，由總理指定的部長主持。總理有權向總統提請任命和撤消各部部長和政務次長的職務。總理還有權自己直接掌管某部的工作。內閣每週舉行一、二次會議，會議通常秘密舉行。

總理下設總理公署（Prime Minister's Office），其成員包括政務部長、政治秘書、總理秘書、內閣秘書各一名。總理公署主要負責協調和監督政府各部和其他政府機構的活動，同時也負責領導和監督反貪污調查局、公民諮詢委員會（Citizens' Consultative Committee）等機構的活動。

自1959年新加坡自治政府成立以來，李光耀一直擔任總理職務，直到1990年11月吳作棟接任總理。本屆內閣於1991年8月正式宣誓就職。

新加坡沒有地方政府。

新加坡的最高司法權屬於最高法院，由大法官和其他法官組成。大法官由總統根據總理的建議任命。其他法官根據大法官的建議由總統任命。大法官爲終身職。司法機關的主要職能是保證憲法和法律的實施。1969年的高等法院和其他有關法律保證了司法獨立和完整。司法機構包括最高法院和初級法院 (Subordinate Courts)。初級法院包括地方法庭、區法庭、未成年人法庭等。最高法院由高級法庭、上訴法庭、刑事上訴法庭組成。高等法庭對刑事和民事案件有無限的司法權，審理來自初級法庭的上訴案件。上訴法庭和刑事上訴法庭審理來自高等法庭的上訴案件。最終受理上訴法庭是設在倫敦的英國議會樞密院司法委員會 (Judicial Committee of the Privy Council)。新加坡的司法程序除取消陪審團制度以外，其他基本與英國類似。

作爲政府機構的一部分，新加坡還沒有總檢察廳。和法院一樣，它也是一個獨立的部門，由立法、民事、刑事三處組成。總檢察廳設正副總檢察長、法律起草專員、高級政府律師和政府律師等。總檢察廳獨立行使職權，其職責是：擔任議會法律顧問、政府法律顧問和公訴人，負責起草憲法和法律草案。

從新加坡的整個法律和政府制度來看，整體而言，新加坡是一個權力較爲集中的國家，儘管採取了某些步驟向民主化方向過渡。它的所有法律和制度都保證了這種權力的集中。首先，選舉法規定實行單名制選區制法庭 (Single-member Constituencies)（即小選區制）。這種制度不是按照選民的數量來分配議員名額，而是不分選區大小只選出一名議員，這樣對大黨特別有利。這就使人民行動黨在選區選舉中處於絕對優勢地位，保證了人民行動黨的議會壟斷地位。其次，由於議會議員總數不多，

總理和內閣成員又都是議員，因而內閣成員在議會中所占比重較大，這就造成立法和行政機構的高度重疊。這樣就削弱了立法機構對行政機構的監督，相反，行政易於影響立法。最後，在新加坡，黨政沒有嚴格分離，黨的領袖又多是政府高級官員，所以更加有利於權力的集中。

然而，儘管權力的高度集中卻未造成權力濫用和政治腐敗。這首先得益於最高領導人和領導層的潔身自好。其次則應歸功於嚴格的法治，其中司法獨立起了突出的作用。在新加坡，基本上消除了人治。最後，還應強調政府運行的民主程序。憲法規定，所有主要的國家領導人均須是國會議員，要求他們必須獲得人民的授權，也就是說，人民對他們有選擇權。在新加坡確實實行了以競選爲基礎的自由選舉，這保證了人民能把他們最了解的、最信任的、最合格的人選拔出來參與國家的管理。新加坡的政府制度既防止了一些第三世界國家民主政治軟弱無力的弊端，也避免了某些國家的專橫獨裁和濫用職權。其秘訣大概就在這裡。

第五節　汶萊的絕對君主制

汶萊是東南亞唯一的絕對君主制國家。

1984年以前，汶萊爲英國的一個保護國。1888年英國和汶萊的正式保護協定和1905年英國在汶萊設置駐紮官的協定保證了汶萊是一個完整的政治實體，從而使王朝世系的延續及其統治得以維持。1959年，汶萊蘇丹與英國再次簽訂協定，規定國防、治安和外交由英國管理。1971年5月重新簽約，規定汶萊除外交事務由英國管理外實行自治。1984年1月1日，汶萊正式宣布獨立。

獨立後，汶萊成為一個絕對君主制國家。這一制度的主要特點是君主擁有絕對的權力。有時汶萊也自稱君主立憲制。但它與泰國、馬來西亞的君主立憲制完全不同。實際上，君主立憲制（或立憲君主制）是一個內涵複雜的政體概念，往往以君主和議會所享有的權力大小而分成不同的類型。汶萊曾於1959年9月29日頒布了第一部憲法。憲法規定蘇丹擁有行政權。立法議會由三十三人組成，其中十六人由民選產生。在1962年8月29日舉行的第一次選舉中，由阿扎哈里（Ahmad Azahari）領導的第一個政黨人民黨（Brunei People's Party）在立法議會選舉中獲勝。立法議會三十三個議席中的十六個民選議席全部由人民黨奪得。1962年由於人民黨舉行了爭取民族獨立的起義，導致了緊急狀態法令的頒布。這使憲法的實施成為泡影，蘇丹又重新控制了一切權力。六〇年代末，英國工黨執政要求汶萊蘇丹實行政治改革，修改和實施憲法，並以取消1959年協定和撤走駐在詩里亞地區的廓爾喀人部隊相威脅。在這種情況下，蘇丹被迫將王位讓給他的兒子，即現任蘇丹哈桑納爾‧博爾基亞（Haji Hassanal Bolkiah Muizzaddin Waddaulah）。1971年和1984年曾對憲法進行重大修改。根據憲法，汶萊實行君主立憲制；蘇丹擁有廣泛的權力，在樞密院、內閣、立法議會、繼承委員會和宗教委員會的協助和諮詢下行使職權。汶萊始終未建立起有效的民選立法機構。1986年9月，汶萊又頒布了「緊急狀態的延續與確認法令」，從而在法律上將「緊急狀態法令」合法化和永久化。僅從憲法的條文來看，汶萊也不可能不是一個絕對君主制國家，因為立法議會和其他機構僅僅是蘇丹的協助和諮詢機構。

　　汶萊政府體制的現狀也證明了它的絕對君主制性質。

汶萊國家元首是世襲的蘇丹。蘇丹行使立法行使大權，有權任命中央國家機構的所有成員。

目前立法議會有三十三名議員，並非由民選產生，完全由蘇丹任命。因此，立法議會不可能對蘇丹有任何約束力。它的職責主要限於負責國家稅法和預算。

內閣並非獨立的行政機構，只是蘇丹的行政工具，其職責是協助蘇丹執掌政權。1984年獨立後，內閣由七人組成。1988年12月，增為十二人。蘇丹本人任首相兼國防大臣。內閣的其他主要職位均控制在蘇丹家族成員和親信手中。如現任蘇丹哈桑納爾‧博爾基亞的父親曾被任命為國防大臣、蘇丹的兄弟穆罕默德（Mohamed Bolkiah）親王任外交大臣、杰弗里（Jefri Bolkiah）親王任財政大臣、蘇丹的親信與特別顧問達圖‧哈吉‧伊薩（Pehin Dato Haji Isa）任內政大臣。

樞密院為諮詢機構，蘇丹本人擔任主席，其他成員包括首席部長、五名當然委員以及蘇丹指定的其他委員。憲法規定樞密院的職責是在修改、補充和取消憲法條文、任免職務、封賜稱號等方面為蘇丹提供諮詢。

司法機構有最高法院、地方法院、土著法院及宗教法院等。最高法院由高級法院和上訴法庭組成。最高法院包括一名大法官及若干名推事，大法官直接擔任高級法院院長和上訴法庭庭長。上訴法庭受理民事、刑事上訴案件。高級法院則受理一切民事刑事訴訟案件。地方法院分為兩級。一級地方法院可審理訴訟罰金不超過一千汶萊元的民事案件或最高處刑不超過七年的刑事案件，同時受理二級地方法院的上訴案。二級地方法院則審理不超過在一百汶萊元罰款的民事案件及不超過三年徒刑或罰款一百汶

萊元以下的刑事案件。土著法院僅審理馬來人之間或馬來人對其他亞洲人的案件。宗教法院，即卡地法院，負責審理穆斯林的宗教、婚姻案件，並在汶萊穆斯林中行使司法權。

第六節　文官制度

㈠泰國

泰國的文官制度始於1928年。這一年，泰國王頒布了文官規章法令，其基本原則是：第一，全國文官編制必須一致；第二，選用賢能之士出任文官之職；第三,出任文官者,當以之爲職業；第四，出任文官者，當嚴守紀律。⓬此後，該法令進行過十多次修改，但此四項原則基本未變。後來，又在文官的考試、訓練、出國深造、晉升、退休等方面形成了一整套日臻完備的文官制度。1932年，又成立了一個文官管理機構「文官委員會」（Public Service Commission）。該委員會由總理和副總理分別任主席和副主席，另設不得少於五位相當於部長的委員。此外，中央各部和地方主管機關設附屬文官委員會。文官委員會的主要職責爲：保管公務員的個案記錄；制定考選法規及實施留學獎學金制度；根據規章法令，制定有關法規和負責這些法規的實施和監督。實際上，政府各部在文官的招聘、委派、晉升、培訓等方面均有指導和實施的權力。文官委員會在文官制度的管理方面基本上側重於宏觀指導、協調和監督。

加入文官行列，一般要經過一系列的程序。首先，報考文官必須具備一定的資格。文官規章法令規定：必須是健康的，年滿

十八歲的泰籍公民，擁護泰國憲法規定的君主立憲民主制度。然後要參加招聘單位舉行的考試；特殊情況下，只接受一般的選拔。凡通過考試和選拔的候選人，還要經過一年的試用期。試用期滿後，再由直屬的主管部門考核，通過考核後，則成為正式的文官。

納入泰國文官體系的幾乎包括除軍人以外的一切政治的和職業的公務員，其主要是政府機關、皇室宮廷、警察、學校、省區的行政機構和獨立的法定機構的公職人員。軍人、法官、檢察官以及村鎮一級的雇員列為單獨管理。

泰國的文官共分十一級，第十一級為最高級。第一級文官必須有高中文憑；第二級須有專科畢業學位、副學士學位；第三級須有學士學位；第四級須有碩士學位；第五級以上須有博士學位。第一至四級文官為基層工作者；第五至七級為中層工作者；第八級以上為中高層領導者，可充任縣長以上的中高級官員。

隨著時代的發展，文官隊伍在知識素質結構方面有很大的變化。1983年共有文官人數九十萬九千六百七十人。第一至三級的低層文官所占比例最大，達70.2%。第四至六級的中層文官占27.5%。第七、八級的較高文官占2.0%。第九至十一級最高層的文官只有0.3%。而十年後的1993年，在總數為九十萬六千四百八十的文官中，低層文官比例下降到19.8%，中層文官比例上升到73.6%，較高層的比例上升到6.0%，最高層的比例提高到了0.6%。

泰國文官的薪俸也按照十一級劃分成十一個等級的不同系列。在每一等級系列中，根據服務的年限，又有不同的工資檔次。如果一個文官不能通過晉級考試，其工資充其量只能維持在原等級的最高工資檔次限額上。如能不斷通過晉級考試，其工資就在

相應的級別上不斷上升。根據1995年公布的工資帳目表，第一級的最低工資為四萬二千一百二十銖，而最高為五萬九千零九十銖。

除了工資以外，文官還可享有醫療保健和子女教育福利。文官本人及其配偶、父母和子女均可在公立醫院免費就醫。文官本人可享受退休金和養老金。子女從小學到高中可享受免費教育。從總體來說，文官的工資水準要低於在企業的同類人員。但由於收入穩定，生活有保障，文官職位仍有較大的吸引力。

泰國文官隊伍是一個相對獨立於政府內閣的官僚體系。從理論上說，官僚體系應該與政治領袖和政府內閣保持密切的關係，前者要保證後者的大政方針政策得以貫徹實施，同時要接受後者的政治領導。但是，實際上，由於泰國內閣和政治領袖變更頻繁，而且他們在治國方針政策上又無根本性區別，這就致使整個官僚體系缺乏和政治領導集團穩定持續的聯繫，缺乏對政治領導的信任和忠誠。造成這一情況的另一個原因是，根據規定，泰國文官必須在政治上保持中立，不參與和依附於任何政黨和政治勢力。他們的職責僅僅是執行政策，履行公務。

這種相對獨立和比較穩定的文官體系，對泰國來說，確實不是件壞事，尤其是政府內閣和政治領導集團像走馬燈一樣更迭的時候。正是這一文官隊伍的存在和忠於職守，才使得泰國在政局不斷動盪的形勢下，其經濟乃至整個社會始終保持發展和穩定。

但是從另一方面講，由於官僚系統的獨立性和穩定性，又培植了一種消極因素。這就是官僚系統中的腐敗。政府領袖的頻繁更換使得整個文官不可能長期對他們保持效忠，然而在官僚系統中的上下等級之間卻形成了一個穩定的、持久的依附與庇護關

係。這種關係又由於泰國傳統社會中的保護與被保護關係而得到了加強。這種關係助長了賄賂貪污之風的滋長和蔓延。每當下級文官得到提拔或升遷，他們往往要對其上級主管感恩圖報，作爲報答的酬謝物往往是重金或重禮。官僚腐敗問題在泰國是比較嚴重的。

爲了對付文官的腐敗問題，泰國採取了一系列的監督措施。首先是「公務員調查委員會」。這是對文官進行懲戒的審查機關。該委員會具有刑法所規定的地位，且具有刑事訴訟法規定的各項調查權利和義務，同時具有其他各項權力，如有要求各機關提供資料、文件證據或證人之權；要求各機關提供資料、文件證據或證人之權；要求各機關官員出席陳述和答詢之權；對任何有關之個人，要求列席作證或提出文件及證據之權。

關於文官的行賄罪，刑法規定，凡爲了他人的利益，收受財產和其他利益的，或者爲了自己和他人利益而向公務員提供財物的文官將處以五年的徒刑並科以一萬銖的罰金。如果公務員爲了自己和他人利益違背職務，強迫或誘使他人提供財物和其他利益的則處以死刑、無期徒刑或五至二十年的有期徒刑，並科以二千至四萬銖的罰款。

除此以外，泰國還有「反貪污委員會」、「關於國家官員申報資產和負債的王室法令」、「審計長公署」等監督文官的政務官員的機構和法規。

儘管有這些監督和懲治機構和法律，然而，官僚腐敗在泰國仍是一個問題。

㈡馬來西亞

馬來西亞的文官制度是從英國殖民時期演變來的。英國殖民時代的「馬來亞文官機構」(Malayan Civil Service) 規模雖小，但權力很大，許多重要職位，如駐紮官、殖民部長和顧問均為文官。這時，幾乎沒有馬來人能染指文官機構。到1902年，英國決定向馬來人開放官僚機構。1910年頒布了一個公共部門僱用馬來人的方案。這時，馬來人只能進入一個低級官僚機構「馬來行政機構」(Malay Administrative Service)。這是一個僱用低級辦事員和行政公務人員的機構。它承擔著向高級的馬來亞文官機構輸送人才的職責。進入馬來行政機構的均為馬來人的上層份子或有貴族和皇家背景的馬來青年。很長一個時期，這個機構的大門一直不對非馬來人開放。直到1950年，英國人考慮到將要承認這個國家的獨立，才開始接納非馬來人，但仍必須保證馬來人占統治地位，至少要使馬來人占有80％的行政職位。獨立以前，真正從「馬來行政機構」進入高級的文官隊伍為數極少。

獨立以後，在整個官僚體系中的行政部門，英國人的統治地位被馬來人所取代了。隨著各級政府機構的健全和完善，行政管理人才奇缺，文官隊伍極需補充，僅僅馬來人是遠遠不夠的。特別是在許多專業或技術部門，馬來人更遠遠滿足不了需要，於是大量非馬來人，特別是經過專業訓練的華人進入了官僚機構。考慮到要維持自己的統治地位，馬來亞政府以憲法的形式規定了按1：4的比例聘用非馬來人和馬來人。

馬來西亞的文官管理制度，獨立前後有較大的變化。1954年，負責國家人事問題的聯邦編制局從財政部分離出來，成為一個獨

立的中央文官管理機構。1970年，聯邦編制局改爲「文官部」 (Public Service Department)。後來，又成立了一個「文官委員會」以及其他四個有關司法人員、敎學人員、鐵路員工和警察的委員會。文官部和文官委員會均爲文官的領導和管理機關。二者並非隷屬關係，而是同屬總理辦公室領導，直接對總理負責。

文官部主要職責是制定文官制度的各種法令、法規和條例，監督有關政策的執行，以保證官僚機構有效地擔負起執行國家各項政策的責任。而文官委員會是執行、操作機關，負責實施有關法規、法令、條例，具體組織安排各部門文官的招聘、任命，從事安置、晉升、調動等工作。

馬來西亞的文官共分爲四類。A類爲行政官和高級專業人員系列，主要服務於聯邦管理和外交部門、高等敎育部門和科研部門。B類爲管理人員和中級專業人員系列，主要包括政府機構中的中級管理人員、稅務官員、交通部門管理人員和工程技術部門的助理人員。C類爲辦事員系列。D類爲從事手工和體力勞動的勤雜員工。

馬來西亞文官隊伍在七○年代發展很快。就「行政和外交文官機構」 (Administrative and Diplomatic Service，或Perkhidmatan Tadhir dan Diplomatik，簡稱DTD，即原來的「馬來亞文官機構」) 來說，在七○年代發展很快。由於實施「新經濟政策」需要大量的行政官員，文官數量增加迅速。1970年，屬於「行政和外交文官機構」的文官只有六百九十六人，而五年後增到一千五百六十八人。到1984年達二千五百人。八○年代初，幾乎每年要招聘二百至二百五十人。

種族構成問題始終是馬來西亞文官隊伍建設的敏感問題。七

○年代，在「行政和外交文官機構」中，馬來人比例一直保持在85％以上。八○年代初，每年增加的二百至二百五十人幾乎全是馬來人。馬來人占據著官僚機構中高級職位。聯邦政府的首席秘書是馬來人，其他大多數部的秘書長（部的常務首長）是馬來人。1980年，有二十二個部的秘書長，其中有十八個爲馬來人，三個爲華人，一個爲印度人。到1989年，有十九個是馬來人，二個是華人，一個印度人。此外，88％的副秘書長爲馬來人。

儘管馬來人控制著高層的行政職務，但在其他專業和技術管理部門，非馬來人都超過了馬來人。在1970年，在這類部門當中，共有四千七百四十四名文官，其中馬來人只占了39.4％，華人占34.5％，印度人占20.3％，其他非馬來人占5.9％。到1978年，A類文官總數達三萬四千人，其中馬來人的比例上升到49％。在所有文官總數中，在聯邦機構中，1969年，馬來人的比例爲6％；1985年達62％。但在低級的辦事員和從事體力工作的人中，基本上均爲馬來人。

馬來西亞的文官制度是從英國沿襲下來的，但並未嚴格實行英國「諾思科特—特里威廉（Northcote-Trevelyan）報告」所主張的政治中立的原則。雖然文官條例禁止A類的文官從事政治活動，但仍可以加入政黨，只不過是不得參加競選和在黨內擔任職務。低級文官可以徵得許可參加政黨的政治活動。實際上，執政的巫統常常號召政府雇員參加該黨。儘管有某種限制，仍有不少高級文官成爲政治組織的領導人。如哥打丁宜（Kota Ting-gi）區的官員被選爲他所在的單位的巫統青年組織（UMNO Youth）的主席。另一個例子是雪蘭莪州的副秘書當上了彭亨州淡馬魯（Temerloh）巫統青年組織的處級領導職位。到八○年

代，文官競爭巫統和其他執政黨職位的現象越來越普遍。八〇年代晚些時候，政府不得不採取某些措施制止這種違犯文官條例的傾向。1989年，據揭露，有二百七十二位A類高級文官（其中二百四十七名受僱於教育部）在政黨組織中任有領導職務，其中，在巫統中有一百八十四人，馬華公會四十八人，印度人國大黨十八人，「馬來西亞人民運動」（Malaysian People's Movement）有十人，還有十二人在反對黨「泛馬來西亞伊斯蘭黨」（Pan-Malaysian Islamic Party）中很活躍。❸政府的措施並不得力，到1989年，只有六人辭去了政府文官職務；另有九人放棄了政黨職務。

實際上，在馬來西亞，文官和政治領袖有著傳統的聯繫。在馬來亞獨立過程中，許多民族主義領袖都來自英國殖民時代的官僚機構。作為馬來人最重要的民族主義政黨巫統的主要領導人就來自官僚機構。如巫統的第一位領導人拿督翁・丁・賈阿法爾（Dato Onn din Ja'afar）就是原柔佛州的司法大臣。1946年，巫統執行委員會的十一名成員中七名也是前殖民機構中的文官。1955年，第一次全國大選時，巫統的三十五名候選人中有二十八人是前文官。當1957年馬來亞取得獨立時，內閣中七個馬來人成員中有六人為前文官，包括第一任總理阿卜杜・拉赫曼。獨立以後，官僚隊伍實際上是巫統骨幹力量的主要來源。很多高級領導人都是從文官機構開始他們的政治生涯的。據調查，到1969年為止，巫統全國執行委員會中近半數都有文官的背景。1980年，聯邦內閣的十三名巫統成員有七人，包括總理，都一度在行政或法律部門服務過。不過，到1987年，前文官在政黨機構中的比例下降了。在巫統十四名部長中只有三人有文官的經歷。❹

另一方面，高級文官和很多政治領袖有同一種族、同一階層甚至同一家族的背景，這使政治領袖對高級文官產生高度的信任。由於政治領袖與文官的這種傳統聯繫，導致了文官在馬來西亞政治中的作用之突出。歷來人們認為馬來西亞的高級文官是該國政治精英的一部分。政府的決策常常受到文官們的觀點和願望的影響。常任秘書和部長秘書通常對政府機構的運作有全面的了解，高級助理們有豐富的實踐經驗，因此，他們往往可以提出許多合理的政策建議。這些政策建議往往能成為政府的最後政策決定。一位馬來西亞文官公開承認這種作用。他說，「國家決策方式的顯著特點是官僚機構在決策過程中發揮了決定性的政治作用。行政精英和政治領袖共同享有透過制定長遠政策描繪馬來西亞歷史發展道路的責任」。❶在聯邦一級的官僚機構中，文官統治著中央控制機構，如總理辦公室、財政部、文官部等。其次，在國有企業部和其他工業部門，文官也控制著重要職位。由於文官在馬來西亞政治中占有如此突出的地位和發揮著如此重大的作用，馬來西亞被稱作一個「行政國家」就不足為怪了。❶

除新加坡以外，馬來西亞的文官隊伍在東南亞相對說來是清廉的。歷屆政府都十分重視官僚機構的廉政建設。現已建立了一整套對文官貪污受賄行為進行監督、舉報和查處的機構。政府公布的反貪污法對文官的貪污受賄案的查處均有嚴格的規定。1982年，馬哈廸以建立「廉潔、有效及可信賴的政府」的口號當選馬來西亞總理後，決心刷新政風。他強化了官僚機構的管理制度，實行個人財產登記，禁止以權謀私，打擊貪污受賄，嚴肅政府機關的紀律作風。這一系列措施大大改善了馬來西亞整個官僚機構的形象，提高了各級政府的工作效率。

㈢新加坡

　　由於新加坡和馬來西亞同屬英國殖民地，這兩國的文官制度有共同的淵源。在殖民時代，最高殖民地政府機關中，基本上僱用的是殖民官員。後來由於管理人才短缺，1910年，英國殖民當局才同時在馬來西亞和新加坡實施「任用馬來官員方案」，開始從當地上層人物子弟中選拔文官，使他們從事低級技術和管理工作。1951年，新加坡正式成立了「文官委員會」，以便規範整個文官制度。1965年，新加坡從馬來西亞分離出來而獨立，才使文官制度在獨立自主的基礎上建立起來。根據1965年憲法，文官委員會為新加坡文官制度中最高權力機構。此外，還有一些與文官制度有關的機構，如「文官署」（Public Service Division）、總理辦公室公務員「編制處」（Establishment Unite）、「審計總審」（Auditor-General's Office）、「反貪污調查局」（Corrupt Practices Investigation Bureau）、「中央舉報局」（Central Complaint Bureau）。

　　文官委員會是由總統直接管理的獨立機構。它由一名主席和不少於五名、不超過十一名的其他委員組成。他們均由總統根據總理的建議進行任命。該委員會的成員均為有成就的商界人士、金融界人士、大學教授和醫院醫生等專業人員。他們不得是政治家和工會領袖。委員會主要負責各政府機關公務員的編制、任用、晉升、調遷、培訓、免職和懲處。此外，還負責安排關於海外進修獎學金事宜。文官署是附屬於財政部的機構。其主要職責是制定人事發展政策，負責行政管理官員和法定機構中高級官員的管理，制定公務員的培訓政策、工資標準和福利待遇。總理辦公室

編制處負責文官職位的設置，下達文官招聘計畫以及制定有關條例。審計總署、反貪污調查局和中央舉報局則是負責對文官監督、檢舉和處理文官貪污案件的機構。

新加坡的公職人員有兩種稱謂。一種是文官（Civil Servants），約七萬人（1987年），僅指在政府各部門任職的任務官和辦事員。另一種叫公務員（Public Servants），其範圍較廣，除文官外還包括在國營企業單位任職的雇員，總共十五萬人（1987年）。按照職務和工資級別，全部文官分爲四類，其中每一類還有若干等級。第一類爲最高級別的文官，約占15.8％，包括高級行政官員和在各職能部門的高級專業人員。第二類占32.8％，主要是中下級行政管理人員。第三類占31.4％，主要是各類辦事員和技術人員。第四類主要是從事體力勞動的工作人員。

公務員的月薪從一千新元到一萬新元以上不等，與他們的工作績效密切相關。工作優秀者可以晉級、加薪、獲獎。

新加坡私營企業部門薪水一般較文官高，所以爲避免人才外流或吸引人才，新加坡公務員享有較優厚的福利待遇。公務員和男性公務員的眷屬可在政府的醫院和診所免費就醫。在住院時，公務員本人只須付相當於應付費用的20％，其男性公務員的眷屬則須付50％；公務員在購屋、購車等方面享受貸款的優惠，政府以成本價向公務員出售。凡六十歲以下的公務員都可參加一個集體保險，所繳費用低廉，每一萬新元的收入每月只須付九角，最高保險金每人可達二十萬新元。此外，在公務員的度假、旅行、康樂活動方面均有優惠政策。

由於新加坡在公務員的錄用和晉升方面有嚴格、公正的考試制度，同時又注重公務員的培訓，這保證了新加坡有一支高素質

的文官隊伍。新加坡整個文官機構的效率之高是聞名於世的。例如，在新加坡申請投資項目，只須「一站批准」；在這裡設廠，三個月內即可開工。有一個外國廠家要在新加坡設廠，從簽約到出產品，只用了四十九天，被稱爲「四十九天奇蹟」。新加坡進出口報關手續須經二十多個政府部門，但只須二十分鐘即可全部完成。在樟宜機場，從下飛機到辦完全部手續離開機場，只須十五分鐘。

新加坡公務員的忠於職守、清正廉潔也是舉世公認。爲了保證這一點，新加坡政府採取了一整套監督自律的法規、制度和機構。

公務員必須嚴格履行道德自律規定。任職前公務員必須宣誓忠於職守。每人每天必須做工作和活動日記，定期由上級主管檢查。他們必須遵守「公務員指導手冊」。該手冊規定，公務員必須熟悉「反貪污法」，不得接受各種額外報酬，不得從事商業活動，不得參與政治活動，必須遵守財產申報制度。該手冊還規定，官員不得向下屬借款，向親友借款也不得超過本人三個月工資，以防其負債過多，無力償還，從而造成貪污的可能性。凡觸犯「公務員指導手冊」者要受民事紀律法庭審判。根據情節輕重，分別給予革職、降級、警告、強制退休等處罰。

新加坡還有一系列反腐敗的法律和法令，其中最重要的是1960年頒布的「反貪污法」，後又經過多次修改。該法共三十五條，對各種貪污行爲的懲罰做了詳盡的規定；對於有關執行機關的權力也有明確的規定。例如，條款中規定，公務人員如行賄受賄或利用公職爲自己或他人謀利將受到不超過十萬新元的罰款，或判處不超過五年的監禁，或兩項並罰。反貪污調查局長或任何

特別調查官員可以在沒有逮捕證的情況下，逮捕涉嫌違犯「反貪污法」的人。調查局長有權調查任何銀行帳戶、股份帳戶、費用帳戶或其他帳戶。

在反貪污的執法機構中，反貪污調查局是最重要的一個。根據反貪污法規定，反貪污調查局局長由總理任命，直屬總理公署，只對總理負責。反貪污調查局是一個精幹、高效、獨立、秉公執法的專職反貪污機關。它獨立行使權力，不受任何其他權力的管轄。該局的主要任務是調查檢舉貪污嫌疑人；偵察符合逮捕條件的反貪污罪犯。對於證據屬實的犯罪向法院提出訴訟。1988年，全局只有四十九名正式調查人員，每人每天平均要查證三十多條線索。

隨著商業犯罪的增多，新加坡政府又於1985年在財政部下設專門機構「商業事務局」。該局具有與反貪污調查局相當的權力。全局有二十多名調查人員，包括會計師、經濟師、律師等。該局可擁有警察的各種調查權；不需逮捕證即可逮捕任何涉嫌人員。它還可根據公衆投訴，進行調查，一旦證據確鑿，便向法院提起訴訟。

新加坡在對公務員的監督過程中，「嚴」字當頭，實行從嚴治吏的原則，做到鐵面無私，不徇私情。不論職務多高，貢獻多大，一旦觸犯法律，與庶民同罪。前發展部部長鄭章遠曾協助李光耀爭取國家獨立，後來又政績卓著，並與李有很深的私交。當他因貪污罪而面臨法律審判時，曾向李光耀求情，但李不徇私情。他終於因畏懼法律的審判而自殺身亡。另一個例證是商業事務局局長格林奈（Glen Knight）。他在反商業犯罪的鬥爭中，戰績輝煌，曾被譽爲「商業犯罪的剋星」和「傑出公務員」，但是僅僅

因為兩項說謊罪，而被判處三個月的監禁，同時還失去了月薪一萬二千新元的公職和二十年積累起來的五十萬新元的公積金和三十萬新元的退休金。根據法律，新加坡公務員一旦被開除公職，不僅意味著失掉穩定豐厚的薪金，也要丟掉公務員各項福利待遇，特別是積累了多年的高達幾萬、幾十萬新元的公積金也要被沒收。這一嚴厲的規定，必然使絕大多數公務員小心謹慎，嚴以律己，克己奉公，忠於職守。這種從嚴治吏原則是新加坡整個文官制度達到高水準高效率的關鍵。

㈣印度尼西亞

1950年，印尼實現了國家統一獨立之後，便開始建立國家的文官制度。這年，成立了一個人事局，這是管理文官的最初機構。1961年公布的第18號法律規定了印尼文官制度的主要條款。新秩序政權開始以後，印尼的文官制度有較大變動。1972年，取消了人事局，設立了作為中央文官管理機構的「公務人員行政院」 (Institute of Public Personnel Administration) 。1974年，政府公布了「第8號法律」，規定了文官的職責、任務、權力以及招聘原則。

公務人員行政院為印尼文官系統中最高權力機構，直屬總統領導，其基本職責是「改進、維持和發展國家的文官管理，以保證政府機器正常運轉」。其具體職責是擬定文官的指導原則；制定文官制度的有關法規條例；監督、協調和指導各級政府機構執行文官制度的各種條例和法規。

印尼所有政府公務員共分十七級。最高級為一級，稱作高級管理人員，最低級為第十七級，稱作初級辦事員。所有公務員分

為兩大類，即結構性文官（Structure Function），也稱政務官，和職能性文官（Functional Function），也稱事務官。政務官中又分為五級。第一級包括內閣部長、將軍、總局長等；第二級包括局長、主任等；第三級包括分局長等；第四級包括處長等；第五級包括科長等。事務官也有相應的級別。**⑰**

印尼的官僚系統是一支龐大的隊伍。建國以後，這類隊伍不斷擴張和膨脹。1953年，印尼有一百七十萬公務員（軍人除外）。其中二十七萬為中央政府員工，二十二萬九千人為省市縣級政府員工，四十六萬二千為鄉村官員，另有八萬六千四百人不具正式公務員資格的政府雇員。六〇年代中期以後，印尼文官隊伍無大幅度增加。9•30事件以後，為了清除官僚機構中親共產黨勢力，蘇哈托政府將大批公務員解職，僅從1965年至1967年間，就有二萬三千人被免職。從七〇年代開始，官僚隊伍開始急劇膨脹。1969年末，全國公務員人數約五十一萬六千，但到1984年已發展到二百七十九萬。如果加上二十八萬一千軍人和十二萬警察，國家公務員總人數已達三百一十九萬一千，幾乎占全國總人口的2%。後來，公務員隊伍還繼續擴大。到1993年，公務員總數達到了四百萬。**⑱**

根據印尼的政治文化，印尼人樂於接受並習慣於等級制度。他們崇尚在這個社會等級中的官職。成為政府某一級的雇員意味著自己享有一定的社會地位。所以相當多的印尼人都希望步入仕途。

印尼公務員的工薪並不高，但是，根據規定，公務員除薪水以外，還可享受其他福利待遇，如被提供宿舍，配給口糧，交通補助，還享受廣泛的醫療保健服務。這種穩定的收入和優厚的福

利往往對新畢業的年輕人具有較大的吸引力。

印尼的文官系統在蘇加諾時期和蘇哈托時期有很大的不同。

在蘇加諾時代，由於實行多黨自由競爭的政黨制度，各個政黨爲了擴大自己的勢力和對政府的影響力，都積極向官僚機構中滲透。每個黨都向政府的各個部門安插自己的親信，或者在各個部門招募黨員。結果，一些政府部門變成了一些政黨的封地、堡壘和據點。例如，印尼民族黨（P.N.I.或Indonesian National Party）勢力基本控制了「內務和情報部」（Ministry of Home Affairs and Information）。該部成了民族黨在官僚機構中的大本營。各黨透過本黨在官僚系統中的勢力培養和強化文官們對政黨的忠誠。這樣，整個文官隊伍就成了四分五裂，並服務於各政黨私利的工具。爲了解決這種官僚系統分裂和低效的局面，蘇加諾試圖透過「經濟宣言」（Dekon或Economic Declaration）和納沙貢（Nasakom，即Nasionalis〔民族主權〕、Agama〔宗教〕和Komunis〔共產主義〕）原則統一和團結官僚系統，但毫無成效。1959年，又頒布了「第2號總統條例」（Presidential Regulation No.2），以禁止高級文官參加政黨。然而該條例從未認眞實行過。

新秩序政權開始以後，蘇哈托決心使官僚機構成爲他的統治工具。爲此，他對印尼文官隊伍採取了一系列重大舉措。

首先是清洗。蘇哈托認爲印尼共產黨勢力已廣泛滲透到了文官機構，所以，強烈反共的新秩序政權對官僚體系中的一切親共的左派份子統統清除。1967年，發布了「第110號內閣常委會指示」，要求將捲入「9·30事件」的公務員解職。僅從1965至1967年，就有二萬三千五百二十名左派或親共公務員被解職。❶與此

同時，對現任和新任公務員實行「非捲入證明書」（Certificate of Non-Involvement）制度。對於查明確未捲入「9·30事件」以及與左派無關的公務員頒發此證，以純潔官僚體系。

其次是非政黨化。這是蘇加諾想做而沒有做到的。蘇哈托首先是恢復實行蘇加諾1959年的第2號總理條例，但由於來自各政黨的壓力過大而被擱置，代之以「1970年第6號法令」。該法令禁止下述人員加入政黨：所有武裝部隊成員、法官、檢察官、國防和安全部的雇員、財政部長及官員、印尼銀行行長、副行長以及總統後來指定的任何官員。後來，這個法令實際上應用到了一切公務員，包括基層的村長。與此同時，蘇哈托宣布解散了一些與政黨有聯繫的文官組織。

其三，是專業集團化。把政黨勢力清除出去之後，新秩序政權便著手將所有文官統一起來。1966年2月，政府決定把內務部管轄的所有文官統一編成一個專業員工團，稱作「內務部雇員團」（Department of Internal Affairs Employees Corps.）。1970年內務部雇員團召開了一次全國代表大會，打算將所有文官組成執政的「專業集團」（Golkar）中一個單獨的「基本組織單位」，但後來，只被批准作為「印度尼西亞專業集團同盟（League of Functional Groups of Indonesia）的一部分。該同盟是專業集團中七大基本組織之一。由於內務雇員團成了專業集團的組成部分，因而，也自然成了政府控制下的工具。根據這種組織上的改組，凡是政府的雇員甚至對領袖都必須加入內務部雇員團，而且要簽署一個正式聲明，承認是專業集團的成員；如有拒絕，將被解除文官職務。內務部長阿米爾·馬哈茂德（Amir Machmud）宣布，所有文官必須忠於潘查希拉（Pancasila）、

1945年憲法和政府綱領。在新秩序政權看來，把文官體系納入專業集團，並非違反非政黨化原則。政府認為，政府控制的專業集團並非政黨，只是社會各界人民群眾組成的政治組織。然而，在印尼政治實踐中，專業集團確實在行使一個政黨的職能，是一個不折不扣的政府黨。實際上，蘇哈托真實意圖是，只許政府黨對官僚系統政黨化，而不允許任何其他黨將其政黨化。

最後是軍人化。對官僚隊伍的軍人化體現在兩個方面，一是直接任命軍官充實文官隊伍；二是加強軍人對官僚機構的控制和監督。至1970年末，半數內閣成員以及2/3以上省長均為軍方所任命；在地方，56%的地方官員為軍人；在官僚體系中，78%的局長（Director-generals）及84%的各部會的秘書長皆為軍方所任命。[20]很多外交官職位也多為現役或退役軍人。據一位印尼駐美外交官估計，至1980年代初期，整體而言，約有一半的「高級中央官僚職位由退役或現役軍人出任。八〇年代以後，蘇哈托極力淡化新秩序政權的軍人色彩，逐步降低了軍人在官僚系統中的比例，然而，軍人比例仍相當高。1983年，在三十二席的內閣閣員中，軍方仍占有十三席；1988年，在三十八席的內閣閣員中，軍人占有十一席；到了1993年，在四十一席的內閣閣員中，軍人仍有十席。此外，到1992年，40%的地方首長仍由軍人出任，況且絕大多數省長仍皆為退役軍人。[21]除了直接派遣軍人充實文官隊伍，軍隊還可透過各種渠道控制和監督文官系統。一方面，軍隊可以利用其在專業集團的主導地位控制和影響官僚系統；另一方面，各地駐軍司令部也對各地方政府文官系統行使著監督和指導作用。此外，軍隊還擔負著訓練地方文官的責任，這使文官們效忠軍人而不是上級文官。例如，在1970年代，軍隊從事次區區

長（Sub-district heads）的訓練工作，其目的是要控制三千零五十名次區區長。在印尼，整個官僚系統受控於軍隊，而軍隊又受控於蘇哈托。這就是印尼的軍人官僚體制。

印尼文官體系腐敗問題極爲嚴重。例如，中央政府下達給地方的建議經費以及其他基金或補助款，常常是只有一半眞正到達了基層，用於一些建設項目。另一半則在途中被各級官員所侵吞。腐敗的原因是，沒有強有力的法治。另一方面，官僚系統有如此之多的軍人也是一個原因。這些軍事強人往往利用職權之便肆無忌憚地爲自己謀利。

㈤菲律賓

獨立以後很長一個階段，菲律賓沒有嚴格的文官管理制度。1973年以前，菲律賓一直執行的是美屬「菲律賓自治憲法」（即1935年憲法）。該憲法規定，一切政府機構納入官僚體系，但沒有設立任何專門機構以管理文官隊伍。獨立以後隨著政府機構的擴大，文官隊伍也在日趨壯大。但由於無健全的管理制度，而致使官僚機構的貪污、低效和混亂等問題蔓延和惡化。五〇至六〇年代，有幾屆總統曾對文官制度進行改革，以強化管理和提高效率，但成效甚微。

1965年，馬可仕繼任總統以後，決心實現整個官僚體系的重組。1968年，國會批准成立了一個代表政府行政和立法兩大機構的「重組委員會」（Commission of Reorganization）。該委員會向國會提交了重組計畫。國會還未正式研究此計畫，馬可仕總統便於1972年宣布軍管法，在全國實行軍管。在軍法管制下，馬可仕發布了第1號總統法令，宣布實施那個重組計畫。

根據這個計畫，菲律賓實行統一的行政模式；在政府有關各部附設獨立的委員會；透過設立地區中心和機構實現權力分散；在每一個職業行政機構中建立一個職業行政人才庫。根據該計畫，撤消合併、轉變一批政府機關部門，同時組建一些新的機構和部門，重新確定各機關的權力、職能、責任及其相互關係。但是，這個計畫在執行過程中出了不少問題，如在廣大公務員中造成了動盪不安，很多人擔心被免職；實施該計畫的資金來源也是個問題。

　　1973年1月，菲律賓頒布了新憲法，把建立文官制度寫進了憲法條款。後來，又頒布了稱作「文官法」的第807號總統法令。根據該法令，建立了菲律賓「文官委員會」（Civil Service Commission）。以後又建立了「審計委員會」（Commission on Audit）和「反貪污法院」（Sandigangbayan）。

　　文官委員會是全國最高的人事機構，由總統任命的一名主席和二名高級專員組成。主席任期爲七年，第一專員任期爲五年，第二專員任期爲三年。主席相當於政府部長級別，一經任命，便獨立行使權力，不再受總統監督。文官委員會的職責是制定有關文官制度的政策、準則；貫徹實施文官法律、法規；監督各級文官組織和個人遵守法律和法規情況；向總統提交關於國家人事管理的意見和建議；受理文官機構和個人的重大上訴案件。

　　中央文官委員會在地區設立文官分會，以處理各地區政府機關的人事業務。文官分會的主管由文官委員會主席任命，並執行主席所授權處理之事項。

　　審計委員會由總統任命的一名主席和兩名委員組成，任期爲七年，不得連任。其職權是檢查、審計和淸查政府或其他任何政

府下屬部門、代理機關及政府所屬公司之稅收和收益帳目；對憲法授權的財政自治單位、大專院校以及受政府控制或由政府投資的單位進行事後財政事務審核；規定審計和檢查的範圍、方法；制定審計規則和條例；向總統和國會提交有關政府各部門及其職權範圍的各企、事業單位財務情況的年度報告。

反貪污法院由九名法官組成，它是一個專門審理國家機關工作人員貪污腐敗案件的特別法院。

除了上述機構以外，涉及對文官監督的機構還有「獨立調查處」（Tanodbayan）。該處有調查官和助理各一名，均由總統任命，其他雇員由調查官根據文官法任命。調查官及其助理必須正直、廉潔、獨立。調查處主要職責是主動或根據指控調查公職人員的任何不法和失職行為。

文官委員會、審計委員會等所有這些獨立機構的成員除遵守普通文官應遵守的規範外，還必須遵守一些特殊規定，如不得在任期內兼任其他職位或職務；不得參與任何與其職務有關的私人企業經營；不得與政府所屬及控制的企業發生經濟利益關係。

菲律賓文官隊伍發展很快。1961年只有三十六萬一千三百一十二名政府雇員，而1984年則發展到一百三十一萬七百八十九人。菲律賓文官分為兩類：「職業文官」（Career Service）和「非職業文官」（Non-Career Service）。職業文官包括：專業技術性較強的人員，如國立大學和科研機構中的教學、科研人員、政府職能部門中的常務長官，為副部長、部長助理、局長、處長、科長等以及外交、司法、警察和國營企業的工作人員。總之，這部分文官一般透過競爭考試擇優錄用。對於專門技術人員，則依其資歷、學歷直接任用，職務常任。所以這類文官非過失不得免

職。非職業文官主要包括選舉產生，並有一定任期的官員及其隨從人員，包括政府部長和其他內閣成員、各委員會首長及其隨從。此外，還有根據合同僱用的臨時員工。

　　所有公務員必須遵守公務員從政準則。從政準則主要內容有：不得直接或間接從事私人事業、職業和業務；不得利用官方權力或影響力強迫他人或團體從事某種政治活動；不得直接或間接從事任何政治活動；非選舉官員沒有選舉權和被選舉權，如要參加選舉須先辭去非選舉之一切文官職務。

　　儘管菲律賓有較健全的文官管理制度，但在實踐中，仍存在著不少問題，主要是效率低下和貪汙腐敗。政府公文旅行程序緩慢耗時；機關辦事手續繁瑣複雜；文書檔案系統雜亂無章。許多機關部門的文件、報表和待處理事務堆積如山。許多申請、報告、請示長期沒有結果，如石沈大海。機關工作人員每天忙於繁文縟節的官樣文章和形式主義。在馬可仕時代，人們不斷抱怨政府機關的官僚主義作風。菲律賓的工商協會曾對一千家大公司和六十三家工業協會進行了一次問卷調查。回答中，反應最強烈的是各政府機關的規章條例複雜繁瑣，手續麻煩緩慢。這種行政工作方式為公務員的腐敗提供了機會。一個典型的例子是，有一個皮貨進出口商人，要向馬尼拉幾家百貨商店提供貨源。當他在市政府申請執照時，商業許可證辦公室的一職員向他靠近，對他許諾，他可加快幫他辦理營業執照和許可證手續，但需要回報二千五百披索。儘管代價很高，該商人還是同意了，因為這比正常管道要快。兩個月過去了，他仍未收到那兩個證件，於是他向另一位和市政府有聯繫的官員了解情況。結果發現，由於他已在「全國家庭手工業發展署」註冊，因而根本不必申請執照，而只須花一點

錢申請一個許可證即可。可見，辦事手續之混亂，職員之腐敗。

　　菲律賓官僚機構長期爲貪污腐敗問題所困擾。前工業和公路部長維森特·帕特爾諾（Vicente Paterno）曾揭露，「一些官員對他們任職時所作的效忠宣誓毫不負責，厚顏無恥，麻木不仁。他們還炫耀可能是非法獲得的財富；他們對他們曾宣誓效忠的社區之態度就像一個封建領主」。❷前議員維森特·P·米羅（Vicente P. Millorn）的一項研究估計，每年因貪污腐敗給國家造成的損失達全國國民生產總值的10%。根據審計委員會統計，從1980至1985年，貪污使政府的損失超過十一億七千五百萬披索。反貪污法院也指出，從1979至1981年，三年中所發現的三千三百九十五起貪污案使政府損失了十三億四百萬披索。❷嚴重的貪污問題導致了人民對官僚機構和政府的不信任。

　　1986年，阿奎諾政府上台以後，開始對官僚機構進行整頓。首先，阿奎諾重整反貪污機關，增加經費和人員，同時大力號召人民檢舉不法官員。此項措施收到了一定效果。到1988年10月，菲律賓特別檢察官宣布，反貪污機關已收到三萬二千件涉及文官貪污的資料。其次，清理文官隊伍。1986年5月，她發布了「第17號政令」，授權各級行政機構拓聘合格、忠誠、有奉獻精神的公務員。但這一政令執行得過於倉促和草率，致使大批公務員被解僱，其中包括一些無大過失的人。這樣就違反了「無過失不得解僱」的文官僱用原則，曾一度在菲律賓文官隊伍中造成了一片緊張和驚慌。

　　羅慕斯上台後，重視官僚機構的廉政建設。但至今，反對公務員腐敗和提高文官隊伍工作效率仍是羅慕斯政府的要務之一。

第3章

政治權力結構

　　一國政治權力的基本載體是該國政府，但這種權力的實際行使和享有則由該國的各主要政治勢力來體現。政治權力在各政治勢力中的分配以及政治勢力對政治權力所產生的影響形成了該國的政治權力結構。決定政治權力結構的主要社會勢力有：政治精英階層、政黨組織、武裝部隊、宗教勢力、民眾團體等，本章選擇最具代表性的三大社會勢力因素進行討論。

　　政黨是決定和影響權力結構最首要的因素。政治領袖和精英階層也往往帶有政黨的背景，或者說以政黨爲其獲取權力的基礎。在東南亞，整體來說，政黨制度仍處在成長發展過程之中，在許多方面還不夠成熟，尤其表現在組織機構和意識形態方面。獨立以來，多數國家的政黨在政治中的地位並不穩固，許多國家都經歷過多黨制、兩黨制、一黨制等相互交替演變的過程。從目前來看，一黨制和一黨優勢制的發展趨勢比較明顯。這在越南、寮國、新加坡、印度尼西亞、馬來西亞等國表現得比較明顯。另外多黨合作制也占有一定地位，例如在泰國和柬埔寨。

　　軍隊始終是第三世界國家政治權力結構中的主要角色。同樣，在東南亞，軍隊也發揮著重要的政治作用。這裡先後出現過

三個長期處於軍人政權統治的國家。目前，這種現象仍未消除。另外，在有的國家，軍隊曾對政治發展產生過重大影響。然而，這裡也有軍隊從不干預政治的典型，這倒是值得研究的有趣現象。

　　東南亞是世界宗教文化最複雜的地區之一，它是世界各種文化的匯合交融點，世界各大宗教都分別在這裡享有過自己顯赫的地位。緬甸、柬埔寨、寮國、泰國的佛教，馬來西亞和印度尼西亞的伊斯蘭教，菲律賓的天主教，新加坡的佛教和道教都不同程度地影響著各自國家的政治。各宗教勢力都在一定程度上帶有政治色彩或發揮著某種政治功能。

第一節　政黨制度

㈠越南、寮國和柬埔寨

　　歷史上，越、寮、柬三國的共產黨有著共同的淵源。三〇年代，越南的共產主義者創建了「印度支那共產黨」（Indochinese Communist Party），其成分包含寮國和柬埔寨的共產主義革命者。在該黨中，越南共產主義者始終起著領導作用。1951年，在印支共產黨「二大」上，決定將黨的名稱改為「越南勞動黨」（Vietnam Working Party）。之後，越南共產黨人協助原印支共產黨中的寮籍、柬籍黨員分別建立了這兩個國家自己的共產主義政黨。1955年3月，在柬埔寨成立了以凱山·豐威漢為總書記的「寮國人民黨」（Lao People's Party）。1951年6月，在柬埔寨成立了「高棉人民革命黨」（Khmer People's Revolutionary

Party)。從此,這三個共產主義政黨分別在三國政治舞台上扮演了重要角色。

越南勞動黨獨立地領導了民族獨立和統一的鬥爭。1976年,越南國家統一以後,又將黨的名稱改為「越南共產黨」 (Vietnamese Communist Party)。從此,越南共產黨就成了統一的越南社會主義共和國唯一的執政黨。

1988年以前,除越南共產黨以外,還存在著其他一些合法政黨。主要有「越南社會黨」 (Dang Xa Hoi Viet Nam) 和「越南民主黨」 (Dang Dan Chu Viet Nam)。前者代表進步知識份子利益,其綱領是反帝、反封建和發展人民民主制度,擁護社會主義和馬克思列寧主義,接受越南共產黨的領導。越南民主黨主要由進步愛國知識份子和民族資產階級組成,在民族解放和國家建設方面發揮過作用。該黨接受共產黨的領導,執行越共提出的社會主義建設的路線、方針和政策。

1980年的憲法明確規定,「越南共產黨是領導國家和社會的唯一力量,是決定越南革命勝利的主要因素」。❷1992年的憲法也規定越南共產黨是國家和社會的領導力量。越南政黨制度的基本特點是,在共產黨領導下,實行與其他民主黨派的合作。執政的共產黨保障各民主黨派參政、議政的權利,聽取和採納他們的合理建議。共產黨透過民主黨派最大程度地團結和教育人民大眾。共產黨與民主黨派的主要合作形式是由共產黨領導的統一戰線組織「越南祖國戰線」 (Vietnam Fartherland Front)。祖國戰線於1977年1月由原「越南祖國戰線」、「越南南方民族解放陣線」 (National Front for the Liberation of South Vietnam) 和「越南民族民主和平力量聯盟」 (League for

National, Democratic and Peaceful Strength of Vietnam)
三個統一戰線組織合併而成。該戰線宣布信奉馬克思列寧主義，
接受共產黨的領導。實際上，它只能對執政黨和政府產生某種諮
詢作用。1988年，越南社會黨和越南民主黨宣布解散。從此，越
南便成了名副其實的一黨統治的國家。

越南共產黨至今開過八次全國代表大會，黨章也多次修改，
但其組織機構的框架變化不大，和其他國家的共產黨基本相同。
黨的全國代表大會 (National Party Congress) 為最高權力機
構，每五年舉行一次。但實際上，真正的決策權集中在它選出的
中央委員會，特別是中央政治局 (Political Bureau) 。黨代表大
會主要職能是討論上屆中央委員會的政治報告，審訂黨的大政方
針和選舉中央委員會。代表大會開會期間，中央委員會將行使代
表大會通過的方針政策。

中央委員會通常每年舉行兩次會議。中央委員會的全體會議
實際上也是一個表決機構。真正的決策機構是從中央委員會中選
出的政治局。它代表中央委員會行使最高決策權。政治局由黨的
最高級成員組成。1996年7月，越共「八大」選舉產生的政治局成
員由十九人組成。在政治局的指導下，由三個機構負責處理中央
的管轄權。中央書記處 (Secretariar) 是三者中最為重要。它負
責貫徹政治局政策的日常工作，同時監督中央各部的工作。第二
個機構是由中央委員會任命的中央控制委員會 (Central Con-
trol Commission) ，其職責是負責紀律檢查工作。還有一個機
構，即中央軍事委員會 (Central Military Commission) ，負責
黨的軍事事務。1996年八大新設立的政治局常委 (Standing
Committee of Politic Bureau) 代替了書記處。它與中共的政

治局常委的地位不同，不是最高權力核心。政治局常委由五名成員組成。他們並非由中央委員會選舉和任命，而是由政治局內部選舉和分工產生的。現任總書記是黎可漂。

越共有嚴密的從中央到地方以及基層單位的組織系統，對各級政府行使指導和監督職責。

1972年二大時，寮國人民黨更名為寮國人民革命黨。1975年12月，寮國人民革命黨奪取了全國政權，隨後，正式公開，成為執政黨。與其他共產黨國家一樣，寮國也是一黨制國家。憲法規定，寮國人民革命黨為國家的領導核心。

除寮國人民革命黨以外，還有一些處於從屬地位的社團組織。這些團體接受人民革命黨的領導。人民革命黨通過「寮國建國戰線」（Neo Lao Sangsat）對各社會階層實行指導和影響。該戰線為人民革命黨的統一戰線組織。

人民革命黨的組織機構和其他共產黨類似。黨的最高權力機關為黨的全國代表大會，每五年舉行一次。大會聽取上屆黨中央委員會的政治報告，審議中央的其他重大決策和選舉新一屆中央委員會。代表大會閉會期間，黨中央委員會行使中央領導權力。1975年，黨公開以後，它的中央委員只有二十一名，另有六名候補委員。到1991年五大時，中央委員增加到五十九人。人民革命黨權力核心是政治局，其成員來自中央委員會，政治局成員由1975年的七人，增加到1993年的十一人。五大撤消了中央秘書處，將黨的最高領導職位從總書記改為主席。從1992年起，坎代·西潘敦成為中央主席。

寮國人民革命黨在各級地方政府和基層單位設立黨的委員會和支部，這些委員會的書記均為地方各級政府的實權人物。

柬埔寨的政黨制度由於政治動盪而比較複雜。高棉人民革命黨成立不久便出現了激烈的派系鬥爭。最後，於1963年2月，以波爾布特爲首的反越激進派奪取了黨的領導權。他們將黨的名稱改爲柬埔寨勞動黨，1996年又改爲柬埔寨共產黨。1975年4月，該黨奪取了全國政權，建立了民主柬埔寨。在民主柬埔寨時期，柬共實行一黨專制，推行極左的政治經濟政策，從而導致了柬共政權的垮台。1978年，越軍大規模入侵柬埔寨，波爾布特的赤棉被迫逃往邊境的山村地區。1981年12月柬共宣布解散。1993年，在聯合國的主持下，柬埔寨舉行大選，赤棉實行抵制。1997年7月，赤棉又發生分化，波爾布特遭逮捕和監禁。目前，這股勢力的殘餘仍然存在，但已不成氣候。

　　隨著越南的入侵，面臨波爾布特清洗威脅的柬共成員以及前親越的高棉人民革命黨人成立了柬埔寨人民革命黨。他們自稱是高棉人民革命黨的正統繼承者。該黨於1979年10月在金邊宣布建立「柬埔寨人民共和國」（People's Republic of Cambodia）。1991年10月，黨的名稱改爲「柬埔寨人民黨」，並修改了黨的綱領，主張實行自由民主的多黨制和自由市場經濟制度。

　　1979年到1990年代初柬埔寨問題的和平解決，儘管越南的支持，金邊政府仍一直面臨著民柬聯合政府的武裝抵抗。除赤棉以外，民柬聯合政府還包括以拉那里德王子爲首的「爭取柬埔寨獨立、中立、穩定與合作民族團結陣線黨」（簡稱奉辛比克黨）。該黨前身是施亞努於1981年3月在平壤宣布成立的民族團結陣線，1992年2月，改稱政黨。民柬聯合政府中的另一個政黨是高棉自由民主佛教黨，成立於1979年10月，主張建立一個民主、中立的政府。該黨勢力較小。宋申擔任黨主席。

1993年柬埔寨舉行多黨自由選舉。後組成以奉辛比克黨和人民黨的聯合政府。根據現行柬埔寨王國政府憲法，柬埔寨實行多黨民主制。但事實上，自1993年以來，奉辛比克黨愈來愈遭致人民黨的排擠。終於在1997年7月，第二首相韓先廢黜了奉辛比克黨的領袖拉那里德和鏟除了親拉那里德的武裝力量。目前，雖然奉辛比克黨仍然存在，但它已很難成為人民黨的競爭對手。

㈡緬甸

獨立以來，緬甸的政治發展分成兩個截然不同的階段，它的政黨制度自然也呈現出涇渭分明的兩種不同類型。1962年軍人執政以前為多黨自由競爭下的一黨優勢制，軍人上台以後則是一黨制。

從獨立到1962年，緬甸的政治制度基本上是西方式的民主制。在這種制度下，允許各種政黨的存在，各政黨自由平等地進行競爭。透過大選取得議會多數席位的黨組成內閣政府。這個時期緬甸存在著幾十個合法政黨，❷但處於統治地位的是一個政黨聯盟組織，即「反法西斯人民自由同盟」。該組織誕生於1944年8月。最初是一個抗日的統一戰線組織。在透過和平方式從英國獲得獨立的過程中，該同盟在昂山領導下發揮了決定性作用。獨立後該同盟作為議會中的多數黨執政。

在1948至1958年自由同盟執政期間，它仍然是一個各種政黨、集團和個人的聯盟組織。在1958年的第三次全國代表大會時，其成員達一百三十萬。參加該同盟的成員有緬甸穆斯林國民大會（Burma Muslim Congress）、克倫族國民大會（Karen National Congress）、克倫族聯合同盟（Union Karen

League)、欽族國民大會 (Chin Congress)、山地民族統一國民大會 (United Hill People's Congress)、全緬教師組織 (All-Burma Teacher's Organization)、全緬婦女自由同盟 (All-Burma Women's Freedom League)、全緬貿易組織聯盟 (All-Burma Federation of Trade Organization)。社會黨 (Socialist Party) 及其所屬工會組織國民大會 (Trade Union Congress) 和全緬農民組織 (All-Burma Peasants Organization) 是自由同盟的核心組成部分。

社會黨最初是昂山、德欽妙 (Thakin Mya)、吳巴瑞 (U Ba Swe)、吳覺迎 (U Kyaw Nyein) 在1939年成立的 (當時稱緬甸人民革命黨)，該黨吸收了不少馬克思主義的思想成分，主張社會主義，但反對共產主義；同時也接受了佛教的哲學。從後來的表現來看，該黨和社會黨國際的思想體系是一脈相承的，主張民主社會主義。在自由同盟執政時期，實際上是社會黨當政。雖然吳努不是社會黨成員，只是自由同盟的主席，但他的主張基本上與社會黨相同。在自由同盟和政府中，社會黨領袖都占據著重要的領導職務，如社會黨主席吳巴瑞和總書記吳覺迎分別任自由同盟的副主席和總書記，同時也都是吳努內閣成員。

1956年大選時，自由同盟遇到一個馬克思主義傾向更強烈的社會主義組織的挑戰。這個組織就是緬甸工人農民黨 (Burma Workers' and Peasants Party) (也稱紅色社會主義者)，是從社會黨中分裂出來的。競選結果，自由同盟仍然獲勝，但緬甸工農黨獲得五十五個席位，成為議會中最大的反對黨。吳努暫時辭去總理職務，致力於自由同盟的整頓，使之成為一個統一的、強有力的單一政黨。在1958年1月自由同盟的全國代表大會上，當

吳努倡議建立一個社會主義的而不是共產主義的統一政黨時，社會黨的領導人吳巴瑞和吳覺迎認爲吳努要奪取他們的領導權，取代社會黨的統治地位，於是與吳努分庭抗禮，結果導致了自由同盟的大分裂，形成了以吳努爲首的廉潔派（Clean）和以吳巴瑞、吳覺迎爲首的鞏固派（Stable）。1960年大選，廉潔派獲勝，鞏固派成爲反對黨。這樣，緬甸政壇就出現了兩黨制的趨勢，廉潔派和從鞏固派分化出來的德欽丁、德欽覺頓派組成聯邦黨（Pyidaunysu Party）。鞏固派仍沿用自由同盟的名稱。正當兩黨制正在形成的時候，軍人政變發生了。從此結束了緬甸自由競爭的政黨制度。

軍人政變以後，實行了長達十二年之久的軍政府直接統治。後來實行了名義上的憲政制度。軍事當局爲了實現這一過渡，同時又不失去對權力的控制，奈溫曾打算邀請其他政黨組成一個由軍事當局控制的執政黨，但這一努力遭到失敗，於是奈溫決定建立自己的政黨，即緬甸社會主義綱領黨。爲了確保綱領黨對權力的壟斷，先後通過了兩個法律，一是1964年的「維護國家團結法」（Law to Protect National Solidarity），該法取締了其他一切政黨；二是1974年的「國家黨保護法」（State Party Protection Law），該法禁止一切個人和組織旨在推翻和削弱社會主義綱領黨的煽動和陰謀活動，否則處以三至十四年的監禁。這兩個法律確保了緬甸長達二十餘年的一黨專制。

社會主義綱領黨的建立和發展採取了非常獨特的形式。它的整個發展過程分兩個階段。從1962年4月黨的成立到1971年6月召開黨的第一次全國代表大會爲第一階段。這個階段被稱爲「幹部黨」（Cadre Party）時期，這期間黨的主要任務是建立中央領

導核心，培養訓練發展黨的幹部和骨幹，不發展普通黨員。最初，黨的中央領導核心實際上就是革命委員會的十七名主要成員。到1969年底，正式黨員仍只有二十四名。1969年末，決定擴大黨的基礎。到1970年7月，正式黨員達八百七十九名。到1971年6月黨的「一大」時，正式黨員發展到七萬三千人，候補黨員二十六萬人。正式黨員大部分為軍人，占全部黨員的60%。

「一大」的召開標誌著綱領黨從「幹部黨」階段過渡到了「群眾黨」（mass party）（人民黨）階段。在這個階段的初期，黨員的發展對象仍主要是軍人。1977年黨員達到十八萬，候補黨員為八十八萬，其中半數以上是現役、退役軍人和警察。到1981年「四大」時，黨員達一百五十萬。這時軍人黨員在黨員總數中占的比例已大大下降，只占9.6%，但占現役軍人總數的80%。黨中央領導和其他各級領導職位仍掌握在軍人手裡。

緬甸綱領黨的基本政治主張是推行「緬甸式社會主義」。實際上，緬甸式社會主義是蘇聯僵化的「傳統社會主義模式」外加自己封閉隔絕的特色。其特點是：第一，高度集中的計畫經濟體制；第二，全面的高度國有化；第三，單一的按勞分配形式；第四，片面強調自力更生，排斥外援和對外封閉；第五，軍人集團控制著整個經濟生活。這種社會主義實質上是一種代表軍人集團的國家資本主義。這種社會主義綱領和路線給國家經濟造成了極大危害，從而迫使綱領黨從1973年開始政策調整和經濟改革，但均未獲得明顯成效，最後導致民主運動的興起。

緬甸綱領黨有較完備嚴密的組織系統。黨的最高權力機構是黨的全國代表大會，它的執行機構是中央委員會，在中央委員會閉會期間由中央執行委員會行使黨的最高權力。在中央，還有兩

個監督機構，即附屬於黨代會的中央檢察委員會（Central Inspection Committee）和附屬於中央委員會的中央紀律委員會（Central Discipline Committee）。黨和政府的各級機關基本上並行設置，並且各級政府機構接受同級黨委的領導。在每個村、鎮、工廠、企業、學校、連隊以及政府機關均設有黨的基層組織。黨章規定，黨員不得退黨。

綱領黨的最高領導職位是黨中央委員會主席。從1965年綱領黨「一大」到1988年7月黨的特別代表大會，奈溫始終擔任這一職務。奈溫在特別代表大會上辭職後，由吳盛倫接任黨主席一職。同年8月，吳盛倫被迫辭職後，又由貌貌接任，直到軍人再次接管權力

1988年9月重新建立軍人政權後，宣布解除黨禁，實行多黨選舉，原執政的綱領黨改名為民族團結黨，其綱領是團結全國各族人民，實現國家的和平、穩定和現代化。黨禁解除後，全國出現了許多政黨，有二百三十五個黨獲准登記。其中最主要的反對黨就是翁山蘇姬領導的「緬甸全國民主聯盟」。1990年5月舉行了1960年以來第一次多黨議會選舉。結果，執政的民族團結黨慘敗，全國民主聯盟大獲全勝。然而軍政府以種種理由拒絕交權。1991年以後，軍政府又以清理整頓為名，對已登記的政黨進行清理整頓，使原先二百多個黨只剩下二十多個。目前主要反對黨全國民主聯盟已大大削弱，其他政黨也對軍政府構不成威脅。緬甸政黨政治的恢復和建立看來還需要時日。

(三)泰國

泰國沒有貫徹始終的政黨制度。政黨第一次在泰國出現是在

1932年革命過程中。第一個政黨是由比里‧帕儂榮建立的民黨。1932年政變後，建立了一黨專政的新政府。但後來，黨內分裂，力量削弱。一年後，由於拉瑪七世宣布解散政黨，該黨遂停止活動。

泰國政黨制度的正式實施開始於1946年憲法的頒布。當時出現了三個主要政黨，其中有兩個是處於執政地位，亦即「憲法陣線黨」（Constitution Front）以及「職聯黨」（Cooperation Party）。二者雖然都支持執政的比里，但前者贊成自由主義的經濟政策，後者則更加強調以社會主義的方式來發展經濟。當時的主要反對黨是以寬‧阿派旺（Khuang Aphaiwong）、社尼‧巴莫（Mom Rajawongse Seni Pramoj）為首的民主黨（Democratic Party）。該黨較為保守，主張實行資本主義的自由民主。民主黨是泰國幾經黨禁後唯一保持其連續性的政黨。因此也是歷史最久的政黨。

1951年11月披汶發動了「自我政變」，宣布廢除憲法，取締一切政黨，禁止政治活動。這是自1946年實行政黨制以來，第二次宣布黨禁。四年後，披汶實行所謂的民主化改革，又頒布了政黨條例，恢復了政黨制度。披汶成立了一個以他為首的「瑪蘭卡西拉自由黨」（Seri Manangkhasila）為執政黨，民主黨仍為反對黨，還有其他小黨共二十多個。

1958年10月，沙立發動了第二次政變，再次宣布取締政黨。這次黨禁持續了十年。當他儂正式頒布了拖了十一年的永久憲法之後，1968年的政黨法又重開黨禁。他儂組成了以他為首的「統一泰國人黨」（United Thai People's Party），民主黨等老黨也得以恢復，此外，還成立了一些新黨，以便參加1969年的全國

大選。但1971年11月，即政黨恢復後僅三年，他儂發動了自我政變，又廢除了政黨。他儂新的軍事獨裁導致了1973年大規模的學生和民衆抗議示威，迫使他儂下台，從而開始了1973至1976年的民主開放時期。這期間是泰國政黨制度的高潮。1974年10月頒布了政黨法，先後出現了五十六個政黨。

1976年10月的軍人政變再次中斷了政黨的存在。兩年後，頒布了新憲法，政黨制度重新恢復。主要政黨有社會行動黨（Social Action Party）、泰國民族黨（Chat Thai Party）、民主黨等。進入八〇年代後，泰國的政黨沒有被再次中斷。儘管1991年發生了十三年來第一次成功的政變，但政黨制度基本上維持下來了。

在差猜執政時期，泰國的主要政黨有泰國民族黨、社會行動黨、民主黨、統一黨等。

泰國民族黨，成立於1974年10月。創始人是巴曼·阿滴列汕（Praman Adireksarn）和差猜·春哈旺。1986年6月巴曼由該黨主席改任顧問團主席，由差猜接任主席。在同年的大選中，該黨成爲炳聯合政府中的主要成員黨。差猜本人成爲炳內閣中的副總理。在1988年大選中，該黨聯合其他五黨組成聯合政府，差猜本人被推舉爲總理。他成爲十二年來第一位民選的總理。直到1991年2月的軍人政變推翻他的政府爲止，該黨一直是主要的執政黨之一。

該黨主要成員爲工商界實業家和政界人士。1988年大選後，該黨在下院中的八十七名議員中有五十四名是企業家，占下院議員中一百名企業家的一半以上。該黨控制了內閣中的六個部。

該黨在政治上主張維護國王的神聖地位，經濟上強調發展私人經濟，反對國有化，縮小貧富差距。對外主張實行獨立的外交

政策，促進與各國的友好關係，提出在印支「變戰場爲市場」的口號。

社會行動黨是第二大執政黨，成立於1974年11月。締造者是克立‧巴莫。該黨實際上是從民主黨分裂出來的一派。1945年克立曾創建進步黨，後併入民主黨，不久又退出了民主黨。1974年成立社會行動黨後，在第二年的大選中獲十八席。他聯合其他黨通過了對政府的不信任案，迫使社尼內閣辭職，成立了以社會行動黨爲核心的聯合政府，克立‧巴莫任總理。1980年以後，該黨又成爲炳各屆內閣的主要執政黨，該黨副主席任副總理。在差猜政府中，社會行動黨爲第二大執政黨。該黨主席西提‧沙衛西拉任外交部長，此外還控制了商業部和交通部。該黨成員多爲實業界巨頭、政界人士和知識份子。該黨主張在實行議會民主的基礎上，實行溫和的改革，贊成自由企業經濟，鼓勵外國投資，強調農村發展計畫，提高貧困階層的福利。

民主黨是目前泰國政黨中歷史最久的政黨。該黨於1946年由寬‧阿派旺、杜尼‧巴莫創立以後，多次執政。先是在比里的支持下於1946年執政，寬曾任總理。1947年軍事政變後，該黨在1948年的大選中獲勝。寬又組成民主黨內閣，但三個月之後，他被迫辭職。在五○至六○年代允許政黨存在的幾個時期，該黨均爲政府的反對黨。直到1975年至1976年，該黨才成爲主要執政黨。黨主席社尼‧巴莫先後三次組閣。在1979年4月大選中，該黨被新成立的泰國人民黨擊敗，遭受了嚴重挫折。在炳執政時期，曾作爲執政黨參與內閣。在差猜政府中，該黨也是執政黨之一。民主黨的主要成員多爲政界上層官員、律師、知識份子，還有少數中小企業主。他們主張以「民族—宗教—國王」三位一體爲核心的國

家團結，反對軍人干預政治；實行社會民主，強調扶植中小工商企業的發展，縮小貧富差距。在外交上主張與不同制度的國家建立友好關係，實行中立政策。

1991年2月軍人政變後，民族黨、社會行動黨、民主黨和統一黨四個聯合執政黨遭到了沉重打擊，這些黨的領導人成為軍方主要攻擊目標，他們被指控有貪污受賄行為。其中遭受打擊最嚴重的是民族黨和社會行動黨。在後來的大選中，兩黨的力量都大大削弱了。與此相反，由前軍隊首腦差瓦立於1990年建立的「新希望黨」卻迅速崛起。政變後該黨發展很快，自稱有二十三萬黨員，主要成員為退休的軍政官員。1992年9月大選後，新希望黨和民主黨、正義力量黨、統一黨一起成為聯合執政黨。

泰國政黨和政黨制度最突出的特點就是軟弱性和不成熟性，實際上並未實現制度化，沒有成為政治社會化和廣大民眾實現政治參與的工具。正因為這一特點，泰國的政黨成為軍人蔑視的對象，這也常常是軍人干預政治的主要根源之一。由於政黨制度的不成熟，不可能建立起穩定的政府。不論在文人或軍人當政時期，在所有議會大選中，幾乎沒有一個政黨能單獨贏得議會的絕對多數。泰國很多屆政府均為多黨聯合政府。由於內閣由利益相互衝突的多個政黨組成，因而造成政府的不斷更迭。在炳當政的八年中，內閣更迭了五次。在差猜的兩年任期中，內閣更迭了三次。

泰國政黨的軟弱性和不成熟性的主要根源在於下述幾個方面。

一是政黨缺乏長期連續的發展建設歷史。1932年以來，泰國曾出現過幾十個乃至近百個大小政黨。但絕大多數是短命的。到目前為止，只有民主黨歷史最長（1947年建立），具有一定的連

續性，而其他大多數政黨基本上是七〇年代或八〇年代以後建立的。造成政黨短命和無法延續的主要原因是軍人政變。在許多情況下軍人政變，尤其是「自我政變」，往往宣布解散政黨或實行黨禁。這就使政黨不得不中止活動或自行解體。黨禁解除重新恢復政黨時，一般都另起爐灶，重建新黨。從1946年以來，有四個時期禁止政黨存在，最長的一次達十年之久。這種間斷性不可能使政黨在長期自我完善的發展過程中建設成一個強大的政黨。

二是缺乏明確的政治綱領和主張。除了極個別政黨外，大多數政黨缺乏意識形態的基礎，提不出明確的切合實際的政治綱領。黨員團結聯合的基礎不是綱領、主張、意識形態，而往往取決於該黨的領導人是誰，取決於這個黨能給他們帶來多大利益。許多政黨的建黨宗旨實際上只是為了使某些人贏得大選，大選之後便自行解體。

三是缺少群眾基礎，帶有明顯的利益集團性質。泰國大多數政黨一般都代表某個或某些經濟集團，黨的領導人多數是與某個或某些經濟集團有聯繫的退役將軍、議員和職業黨魁，成員則是有共同利益的工商界大小頭目。這樣的政黨缺乏廣泛的社會聯繫，沒有廣大民眾的支持和參與。因此這些黨的社會權力基礎極其薄弱，社會動員能力也極低。

四是組織程度低，游離性強。一般來說，泰國的政黨缺乏嚴密且強有力的從中央到基層的組織機構和領導系統。民主黨是唯一在各個選區建立了自己分支機構的政黨。其他政黨基本上沒有黨的基層組織，只有中央領導機構。決定重大問題，如推選黨的議會候選人，只在中央領導機構進行，沒有普通黨員的參與。這樣，下層黨員往往處於渙散和不穩定狀態中。從而大大削弱了黨

的戰鬥力。

五是黨內矛盾尖銳，常常造成內訌和分裂。由於大多數黨不是建立在共同的政治綱領上，而是建立在集團利益和人身依附關係上，所以黨內矛盾特別尖銳，常常在競選過程中全黨是團結的，而一旦獲得了議會的相對多數取得組閣或入閣權後，黨的領導人之間便明爭暗鬥，爭奪內閣政府職位，使政黨或分裂或解體。民主黨是幾經分裂的一個黨。1986年大選後，該黨獲得議會席位最多。在爭奪內閣位置時發生分裂，沒有得到重要位置的該黨副主席差林攀率領一批反對者表示強烈抗議。他們後來另組新黨人民黨，成為政府一個強大的反對黨。泰國的許多政黨中都有幾個派別。在民主黨中，1976年分裂成右派、中派和其他兩個進步組織。社會行動黨劃分成議員派和專家派。後者只參加黨而不參加競選。新力量黨分裂成自由派、進步派和社會主義派。

㈣馬來西亞

馬來西亞的政黨制度在東南亞國家中極為特殊。其特點是，第一，非典型化的一黨制或多黨制，也就是說，在馬來西亞政治中，實行的既不是典型意義上的一黨制，也不是典型意義上的多黨制，而是一種特殊形式的一黨制或多黨制。它的執政黨並不是一個單一政黨，而是由幾個獨立政黨組成的聯合體。然而又不是暫時性的鬆散的簡單聚合，而是存在著一定組織形式的統一政治實體。1969年「5・13事件」以前，這個政治聯合體叫聯盟黨，1974年以後稱作國民陣線。在聯盟黨時期，成員較少，只包括巫統、馬華公會和馬印國大黨。這三個黨一方面擁有各自的中央機構，保持相對獨立；另一方面又是聯盟黨中央組織中的一員。聯盟黨

於1958年作爲政黨正式註冊。聯盟黨有自己的章程，但並不要求召開聯盟黨的全國代表大會。它有兩個最高領導機構：全國委員會（由巫統、馬華公會領導人各十六名和馬印國大黨領袖六名組成）和全國執行委員員（巫統、馬華公會各六名，馬印國大黨三名）。後者的成員由全國委員會從各黨中挑選。原設想兩委員會主席每年由各黨輪流擔任，但一年後由一個非正式決定使巫統主席成爲該委員會的常任主席。全國執行委員會是主要決策機構，有權選擇議員候選人，提出政策動議，選擇黨的主要行政領導。

國民陣線取代聯盟黨之後，它所包含的政黨數目大大增加了，從三個擴大到十四個。在1974年大選以前，根據國民陣線的章程，國民陣線只存在中央一級。在州和區一級，國民陣線透過聯合協調委員會和前聯盟黨的組織形式進行活動。只是到1974年11月6日國民陣線舉行的第一次最高委員會（Supreme Council）上，才正式宣布以州、區一級的國民陣線協調委員會代替以前的聯合協調委員會和類似前聯盟黨的機構。1975年1月批准的國民陣線新章程對之作了一些修改，但基本結構沒有改變。國陣的最高領導機關是最高執行委員會（Supreme Executive Committee），每個成員黨至少有三個代表。主席是巫統主席，也是聯邦總理。該委員會的職權與聯盟黨全國執行委員會相類似。同樣，各成員黨仍維持相對的獨立性。

第二，政黨的種族性質突出。一般來說，政黨的分野分爲兩類，一是以社會階級爲基礎，二是以政治意識形態（包括宗教文化信仰）爲基礎，而馬來西亞的主要幾個政黨則是以種族爲基礎的（當然也包含有一定的文化因素）。在聯盟黨和國陣中的三大政黨巫統、馬華公會、馬印國大黨均以種族爲基礎。它們是各自

種族的代言人和利益的保護者，是他們的政治代表和權力的載體和工具。在各政黨的綱領中最首要的政治目標往往都帶有濃厚的種族色彩。在馬來西亞也曾有過建立多種族的政黨的嘗試，以模糊種族界線，淡化種族偏見，但都失敗了。巫統的締造者、首任巫統主席拿督翁·丁·賈阿法爾曾為這一目標退出巫統，於1951年9月建立了一個多種族的「馬來西亞獨立黨」（IMP），開始時得到華人和印度人的支持，但不久非馬來人支持的熱情便減弱了，兩年後該黨被解散。1968年成立的「馬來西亞人民運動黨」（Gerakan Rakyat Malaysia）也有同樣的目的，想建成一個真正的非種族的政黨。儘管最初，該黨領導集團有三大種族的領袖，但後來，該黨還是逐步變成一個華人政黨。至於其他的執政的或在野的大小政黨基本上都不是多種族政黨。分別代表馬來人和華人的泛馬伊斯蘭黨和民主行動黨是兩個種族傾向最突出的反對黨。多種族政黨嘗試的失敗證明，在馬來西亞這種多元種族社會，其政治和政黨不可能不具有濃烈的種族色彩。這裡有著深刻的歷史的、文化的和經濟的根源。有些是客觀的種族疏遠，有些則是人為的種族隔閡和偏見。殖民主義的分而治之政策使馬來人和非馬來人長期處於隔離狀態，從而使他們之間產生了相互猜疑。主要集中在城鎮從事工商業的非馬來人在經濟上的優勢地位，往往引起處在落後農村的馬來人的忿忿不平；文化上的巨大差距更使得馬來人與非馬來人相互不信任的鴻溝愈來愈深。尤其是馬來人和非馬來人在人口比重上如此接近，更使得種族問題成為關係著本種族安危的敏感問題。這樣，種族的觀念就超越了階級和其他的一切政治觀念。種族利益成為一切政治活動至高無上的原則。這就是馬來西亞政黨的種族性質如此突出的根本原因。

第三，政黨權力地位的不平衡。正如第二章所述，巫統、馬華公會、馬印國大黨雖然同為執政黨聯合體的成員，但它們享有的權力地位實際上是不平等的。巫統透過某種交易和默契，享有更多的政治特權。在聯盟黨時期，非馬來人黨和巫統在討價還價時似乎還有較多的籌碼，而在國陣時期，非馬來人黨的地位就進一步下降了。造成這種情況自然主要是由於「馬來人的馬來西亞」觀念在馬來人的上層中有著廣泛的影響。他們擔心非馬來人奪得政治上的統治權，因此主張透過法律手段和巫統控制的暴力機器確保巫統的中心統治地位。另一方面，「5‧13事件」是對非馬來人爭取平等權利的一次沉重的打擊，使相當一部分非馬來人黨的成員對政治失去熱情，甘心容忍巫統的盟主地位。特別是，那次事件給馬華公會的上層領導人留下了可怕的記憶，他們深深意識到繼續謀求那種平等權力會帶來何等可怕的後果。所以在國陣時期，馬華公會的領導人寧可採取較溫和的委屈求全的政策，承認巫統的主宰地位，以換取巫統對非馬來人更加寬容大度的政策。儘管也有民主行動黨這樣強烈地爭取種族平等的反對黨在不斷進行鬥爭，但在大多數非馬來人看來，在現階段馬來人的經濟地位遠遠低於非馬來人，以及巫統領導人的種族偏見遠未消除的情況下，公開的、大規模的爭取種族平等的鬥爭只能產生相反的後果。

　　第四，遵循「高層」、「秘密」、「妥協」的政治運作方式。在包括多政黨的執政黨聯盟中，有一種獨特的政治運作方式，這一方式保證了馬來西亞執政黨聯盟的鞏固和有效。首先，強調精英政治，反對大眾政治，尤其禁止公眾對敏感政治問題進行公開討論。決策過程只限於政黨聯盟中各政黨的領袖之間。對於各政

黨的相互關係問題，黨的中層、基層領導人無權處理，必須由各黨領袖在執政黨聯盟的最高決策機構中進行解決。其次，嚴格保守精英們決策過程中的機密，不得將它黨領袖的觀點在本黨擴散，更不得在本黨和群眾中進行煽動，對最高決策機構及其決議施加壓力。其三，在高層決策中不是採用少數服從多數的投票方式，而是透過說服、協商和討價還價，達成最後的妥協。這一過程當然是在以巫統爲中心的基礎上進行的，各政黨都在這一基礎上爭取儘可能多的權益。

關於馬來西亞主要政黨的性質在第二章已經有所述及，這裡我們著重討論它們的組織機構。

從馬來人政黨來說，首選是巫統。它是一個有著廣泛群眾基礎的政黨。在西馬，每州都有它的組織。從本質上講，它是一個執政黨，而執政黨聯盟中的其他黨充其量不過是參政黨。巫統的最高權力機構爲最高委員會，設主席、署理主席和五個副主席，均由每三年舉行一次的全國黨代表大會選舉產生。此外每年召開一次代表會議。通常最高理事會成員也是聯邦內閣成員。他們在大選中負責挑選本黨的議會候選人，在國陣內部分配內閣席位時也享有主要發言權。決策機構和權力中心是最高執行委員會。委員由主席任命和代表大會選舉，二名副主席由「巫統青年」組織主席和「巫統婦女」組織主席兼任，其他三名副主席由代表大會選舉產生。黨的地方機構分別爲州聯絡委員會、區部（按議會選區劃分）和支部三級。附屬於該黨的青年組織和婦女組織是兩個半自治的團體。前者較後者的影響更大，往往對巫統產生壓力集團的作用。

馬來族的第二個主要政黨是泛馬伊斯蘭黨。該黨是一個政治

化了的宗教組織，將在本章第三節專門討論。

　　華人政黨主要有三個：馬華公會、馬來西亞人民運動黨和反對黨民主行動黨。馬華公會的最高權力機構是中央委員會，每兩年舉行一次黨代表大會，選舉主席、一名署理主席和六名副主席以及中央委員會委員（部分委員由主席任命）。在地方組織中，分設州聯絡委員會、區會和分會三級。州聯絡委員會比巫統的同級組織權力大。馬華公會由於在政策上對巫統的依附性較大，所以黨內屢屢發生「新血」向「老戰士」的挑戰；黨內派系活動頻繁，不斷進行領導層改組。該黨在華人中的號召力不斷下降，然而由於巫統的庇護，特別是依靠參加國陣，該黨仍享有執政地位。另一個華人執政黨人民運動黨實際上是一個地方性的華人黨，其勢力主要集中在檳榔嶼。1969年因在州選舉中獲勝，在該州建立了馬來西亞第一個以華人爲州務大臣（或首席部長）的州政府。這個參加國陣的執政黨在爭取華人選民的過程中受到很大的限制，它不能不顧及到與巫統達成的默契和妥協，不能大張旗鼓地爭取和捍衛華人的利益。於是它在競選過程中，在避免強化自己的種族性質同時，極力把自己建成一個專家黨，從而謀求華人的支持。

　　如果說這兩個華人黨在爭取華人的支持時受到牽制的話，那麼民主行動黨在這方面就取得了很大的成功。它的「建立一個非種族的民主社會主義的馬來西亞」的綱領以及它的「馬來西亞人的馬來西亞」的口號，對非馬來人有強大的吸引力。目前它是非馬來人的主要政治代表。黨的最高權力機構是中央執行委員會，由每三年一次的全國代表大會選舉產生。權力最大的是黨的總書記，其他主要領導人是主席、二名副主席和二名副總書記。與巫

統一樣，該黨也有兩個外圍組織：青年組織和婦女組織。青年組織發揮著愈來愈重要的作用。

馬印國大黨是三大種族政黨中最弱的一個，它在印度人勞工中缺乏基礎，很少從巫統得到更多的讓步。它對馬來人在語言和教育上的特權從不提出反對意見。其基本要求就是維持自己在國陣中的地位。該黨內部派系鬥爭不斷，黨的會議常常以兩派的拳鬥而中斷。它的組織機構基本上和其他主要政黨類似。

(五)新加坡

新加坡政黨制度最明顯的特點之一是人民行動黨的「一黨優勢」，即在允許多黨並存的情況下，人民行動黨處於絕對優勢地位，長期壟斷政權。這不同於嚴格意義上的一黨制，因為國家憲法並未明文規定人民行動黨為唯一執政黨。除共產黨外，其他一切政黨均享有合法地位，並且至少在表面上可以與人民行動黨進行平等的競爭。但也不同於典型的兩黨制或多黨制，因為目前存在的十幾個其他政黨都過於弱小，常常只有幾個政黨有能力參加競選，真正能在競選中獲得席位的反對黨則更少。

這種「一黨優勢」的狀況並非與生俱來。1959年行動黨以獲得五十一個議席中的四十三席取得了執政黨的地位，和其他黨相比獲得了比較大的優勢。但是不久，黨內以李光耀為首的溫和派和以林清祥（Lim Chin Siong）為首的左派分裂（後者另組社會主義陣線），該黨力量大減。因此，在1963年的大選中，雖然保持了執政黨的地位，但它在議會中的地位下降了。它只獲得五十一個議席中的三十七個，得票率也從1959年的53.4%下降到46.5%。社陣成為議會中最大的反對黨，獲得十三個席位。這時，人

們普遍認為新加坡已處於「兩黨制的門檻」，將會出現兩黨政治。但實際上這次選舉結果根本不是兩黨在實力穩定的基礎上的較量，而是兩黨力量正在沿著相反方向急遽變化過程中的一次暫時的對比。在左派從行動黨中分裂出來另組社陣之初，社陣力量和影響遠遠大於行動黨。但是後來，一方面，行動黨加緊發展自己的力量；另一方面，行動黨政府指控社陣是一個親共組織，並利用國內安全法，對它實行「冷藏手術」，逮捕了它的領導人，解散了它所領導的工會和群眾組織，這樣，該陣線的力量急遽下降。在1963年大選中社陣獲得十三個議席充其量不過是一次回光返照，以後隨著進一步鎮壓和逮捕，社陣完全走向了沒落。相反，行動黨卻聲威大振，蓬勃發展。到1968年大選時，行動黨以不可抗拒之勢席捲了議會全部五十八個議席，得票率高達84.4％，這是迄今人民行動黨得票率最高的一次。正是這次大選開創了行動黨「一黨獨大」的局面。在此後的三次大選（1972、1976、1980）中，行動黨都獨霸全部議席。

　　1981年情況有所變化。在這年補缺選舉中，工黨（Singapore Workers' Party）領袖J.B.賈雅拉南（Jeyaretnam）戰勝行動黨候選人進入議會，這是自1968年以來在議會裡第一次出現的反對黨。在1984年大選中，又增加了一個民主黨（Singapore Democratic Party）議員詹時中（Chiam See Tong）。不過，到1991年新加坡第九次大選以前，反對黨議員始終未超過兩人。

　　1991年大選，情況發生了進一步的變化。這一次，反對黨竟意外地獲得四個席位，雖然行動黨仍贏得八十一席中的七十七席，但得票率卻下降到二十三年來的最低點，即61％。這使行動黨領袖第一次感到震驚。這是不是新加坡從一黨優勢局面走向多

黨競爭的開始呢？目前還不得而知。即使是這樣，也肯定會是一個相當長的過程。這主要是因爲行動黨在它三十多年統治中創造的經濟奇蹟和建設成就，已經在大多數新加坡人中樹立了一座巨大的豐碑。其次，新加坡實行單名制選區和一人一票制，有利於大黨候選人的當選。

在建黨初期，行動黨的綱領目標有兩條，一是結束殖民主義統治；二是建立一個獨立的、民主的、非共產黨的社會主義的馬來亞。從馬來西亞分離出來後，該黨便強調建立一個民主社會主義的新加坡。在政治上，它主張透過建立民主制度來實現社會主義；在經濟上，主張透過資本主義的經濟模式實現社會主義的目標。

行動黨堅決反對共產主義，禁止共產黨的存在，它認爲共產黨的社會主義制度是一種「殘酷」的制度。但新加坡的民主社會主義也與西歐的民主社會主義不同。它反對建立福利國家，強調「秩序第一」，公開貶低反對黨的作用，鎮壓反對派勢力。正因爲這一點，1976年，因爲行動黨以「共產黨陰謀暴動」爲由拘禁數十名新加坡公民而被社會黨國際除名。對此，李光耀反唇相譏，嘲諷某些西歐黨和一些「年輕的社會主義者」對東南亞的政治實際視而不見。

行動黨並非一個十分重視理論和意識形態建設的黨，其綱領帶有濃厚的實用主義色彩，比較推崇務實路線，它特別注重一個個具體目標的實現。正是這種風格，才使行動黨擺脫空洞的意識形態的爭論，集中精力於實現宏大藍圖的實際指導活動。

行動黨的中央領導機構是由十二人組成的中央執行委員會，設主席、秘書長、副秘書長。1957年以前，中央執行委員會由黨

員大會直接選舉產生。但在1957年黨的第三次大會上，親共產黨的左派奪取了十二個中執委的六個席位，對溫和派構成了嚴重威脅。使溫和派感到幸運的是，不久殖民政府就逮捕了五名左派中執委。這樣，溫和派立即修改黨章，將黨員直接選擇中執委改爲只限於黨員幹部參加選舉，以加強溫和派對選舉的控制。由於剝奪了普通黨員在黨內的民主權利，權力集中於幹部黨員，該黨被稱爲「幹部黨」，每兩年選舉一次中執委，在全國每個選區設一個支部。由於中央領導主要從事政府工作，所以中央和支部的聯繫並不緊密。行動黨把支部看作一個相對獨立的「游擊隊」，只要各支部能執行中央的政策，它們就可享有一定的自治權；鼓勵支部在財政上自力更生，支持和維護黨的利益。支部在本區議員的主持下，每週舉行與人民的「見面會」，以幫助解決一些具體問題。中央對支部的忽視，使普通黨員減弱了對黨組織的熱情。1976年中央執委會開始重視與基層支部的聯繫，採取了兩個措施，一是成立了一個由八個議員組成的工作隊，加強對支部工作的指導和政治教育；二是在選區支部之上又成立了八個區委員會，作爲中央和支部的橋樑，同時也加強了支部間的橫向聯繫。中央每月召開一次支部書記會議，以便黨的幹部參與黨的政策的討論和學習。

在新加坡基本上實行黨政一體化。其主要表現是，黨的中央執行委員會和政府的內閣部長幾乎完全重疊，如1980年十四個中執委就有十三個是內閣部長。由於這種情況，黨的決策中心實際上轉移到了政府，而黨中央只不過是一個橡皮圖章。因此，在新加坡，人們常常把行動黨和政府看作一回事。

新加坡的反對黨有二十個左右，其中主要的有三個：一個是

社陣，它是由林清祥於1961年7月成立的，也是最早的主要反對黨。在剛剛從行動黨分離出來時，力量相當強大，但不久後，由於該陣線領袖不斷遭逮捕，黨的力量急遽下降。加之黨內的派別鬥爭，該黨的影響進一步衰落。自七○年代以來，社陣一直未能在議會中占有席位。

取代社陣成爲主要反對黨的是工人黨，由前殖民政府首席部長馬歇爾（David Saul Marshall）於1959年成立。該黨綱領是自由、民主和社會主義（merdeka, democracy and socialism）。1963年，馬歇爾和其他領導人在新馬合併問題上因意見分歧而關係破裂，從而導致該黨力量下降。但1971年，賈雅拉南接管了黨的領導，重新修改了黨的綱領，主張「實現完全的民主社會主義」，提出了「走向福利社會」的口號。❷⑥它並不反對人民行動黨的社會經濟政策，兩黨的根本區別在於政治領域。工人黨認爲人民行動黨實行獨裁統治，「在過去十五年裡，政府沒有對人民負責，在代表人民的決策過程中，公民沒有發言權」。❷⑦它反對總理任命最高法院法官的法律規定，主張恢復陪審團制度。該黨約有一千多名黨員，主要是工人。在1981年的議會補缺選舉中，黨的秘書長賈雅拉南獲勝，成爲十多年來議會中第一個反對黨議員。

民主黨是新興的一個主要反對黨。它成立於1980年7月，詹時中爲該黨秘書長。他在1984和1988年兩屆國會大選中當選爲議員，是繼賈雅拉南之後第二位進入國會的反對派議員。後賈雅拉南因被指控誣蔑李光耀和濫用議員特權而被剝奪議員資格，民主黨因此成爲國會中唯一的反對黨。近幾年來，隨著新加坡國內要求擴大民主的呼聲日高，主張民主改革、反對一黨獨霸的民主黨

日益顯示出它的號召力。果然，在1991年的大選中，民主黨在國會中的席位有了顯著增加，從原來的一席增至四席。

總之，在新加坡，反對黨勢力雖然存在並不斷發展，但在相當長的一個時期內，人民行動黨的一黨優勢制是難以改變的。

㈥印度尼西亞

印尼獨立以後政黨制度的實踐可分爲三個階段：「自由民主」階段、「有領導的民主」階段和「新秩序」階段。

在1959年以前的自由民主階段，實行的是西方式的多黨制，即各黨競爭議會的多數黨地位，由多數黨組織內閣執掌政權。但是這種制度並不成功。由於政黨林立，選票分散，幾乎沒有一次大選有一個單獨的政黨獲得議會的絕對多數，因此不得不組成聯合政府。由於政府中各政黨利益相互衝突，政治傾向對立，因此政府軟弱無力，不能就重大問題達成協議，不能有效地履行政府的職能，內閣像走馬燈一樣不斷更迭。

蘇加諾正是從這一弊端出發，決心要對政治制度進行改革。他激烈抨擊這種自由競爭的政黨制度。他說在這種制度下，印尼成了「四十六個政黨的決鬥場」。他把政黨之間相互傾軋、爭吵不休的現象稱作「政黨病魔」，由此他提出「埋葬政黨」的口號。在遭到一些政黨的反對後，他又改口說，他的意圖是減少政黨的數目。

在實行有領導的民主階段，按照蘇加諾的設想實行了一種新的政黨制度。這一制度的核心是強調各政黨按議會的席位比例共享權力。根據這個原則，蘇加諾任命的互助內閣中包含了議會中所有主要的政黨組織的代表，使議會中的第四大黨共產黨的代表

進入內閣。蘇加諾試圖以這種政黨制度避免出現反對黨，使各政黨在議會和內閣中形成一個團結和睦的大家庭。然而，這種政黨制度遭到了慘敗。這主要是因為以軍隊專業集團為核心的右翼勢力和以共產黨為首的左翼勢力之間的尖銳對立。實際上，蘇加諾的政黨制度並未真正實行，因為在有領導的民主時期，並沒有舉行過以政黨為基礎的大選。

新秩序政權建立後，蘇哈托在政黨制度的改革方面有兩個主要指導思想：一是和蘇加諾一樣，他否定五〇年代那種多黨自由競爭，主張貫徹「潘查希拉」，不允許有西方式的反對派，尤其強調「協商一致」原則；二是確保政府有一個超強大的政黨或組織，在所有政黨中處於絕對優勢，使其他政黨處於對政府的依附地位。

為了實現這些目標和原則，蘇哈托首先以暴力手段消滅共產黨及其他左翼勢力，然後立即著手組建他自己的政黨——專業集團。專業集團最早出現於「有領導的民主」時期。蘇加諾主張非政黨的專業集團有權選派自己的代表參加國會。1964年，在蘇加諾的國民陣線中的陸軍專業集團為了聯合、控制其他專業集團與共產黨競爭，成立了「專業集團聯合書記處」。蘇哈托執政後便利用這個機構繼續拉攏和聯合其他專業集團，以便形成一個統一的專業集團。與此同時，他還透過內務部和地方各級行政機構把所有的政府公務人員、國營企業人員拉入專業集團。這樣就形成了覆蓋面最廣、人數最多的政府權力基礎。這之後，便是對剩下的中間的和右翼的政黨實行合併。他把政黨比作車輛，說印尼不需要那麼多車輛，兩三輛就夠了，把多餘的車輛放在車庫裡，讓「我們大家都圍繞一個軸心運轉，不要爾虞我詐」。❷❸合併對於

政治觀點不同的各政黨來說不是一件容易的事。為了實現合併，蘇哈托巧妙地避開政治觀點的分歧，只強調在世界觀上最基本的哲學傾向。他向各政黨領袖劃了一條最基本的界限。他說，「你們是站在突出精神的一邊呢，還是站在突出物質的一邊，換句話說：你們的綱領是先精神，後物質呢，還是先物質後精神？」❷在兩者之間不得不作出選擇的情況下，九個政黨合併成了兩大政黨。民族黨、天主教黨等作了「突出物質」的選擇，組成了印尼民主黨。而伊斯蘭教師聯合會、穆斯林黨等選擇「突出精神」的綱領，從而組成了印尼建設團結黨。從此，在印尼的政治舞台上出現了一個專業集團和兩個政黨三駕馬車的局面。然而從政治地位和作用來看，實際上是一駕馬車，那就是專業集團。兩大政黨只不過時而拉拉幫套而已。

專業集團的主宰地位是顯而易見的。首先在於它的社會成分廣泛，人數眾多。它不僅包括各行業組織，如勞工、農民、漁民、商人、職員、公務員、軍人、學生等，還包括跨行業組織，如青年、婦女、退伍軍人、知識份子等，共計二百七十個組織。其次，在於它的核心是軍人，而軍人是新秩序政權的柱石。印尼軍隊的雙重作用決定了它在政治中的領導作用。其三，由於專業集團基本上包括了從村長到總統的所有政府公務員，這就使它在拉攏吸引群眾方面享有得天獨厚的優勢。它透過所有政府機構優惠地向人們提供貸款、肥料等物質利益以及提供政治保護，吸引選民。在大選時，專業集團可以享有政府無限制的競選經費，而兩大政黨只能從政府那裡得到極有限的資助。其四，對政黨的限制反過來加強了專業集團的優勢。1975年8月的政黨法規定，一切未經允許的政黨活動均為反對國家、「潘查希拉」和國家憲法。這是對

兩個政黨的控制和限制。該法還規定，沒有書面批准，一切政府官員不得參加任何其他政黨，這就保證兩黨從組織成分上很難接近政權，同時也阻止高級政府官員支持兩個政黨。此外，政黨法還有關於在縣以下的基層實行非政治化的規定，即根據「浮民」❸❶的概念，禁止政黨在非大選期間到縣級以下的鄉村進行政治活動，這樣兩黨就不可能在廣大農村建立基層支部。相反，鄉長和村長領導的行政機構卻可以代表專業集團隨時對農民群眾施加影響。

與西方政黨制度中的自由競爭原則完全不同，新秩序時期的政黨制度實行的是「潘查希拉的民主」原則。這個原則的核心是「協商一致」原則。蘇哈托不承認反對黨，儘管在1978年以後專業集團成了唯一的執政黨。在議會，對於政府的議案，尤其是重大問題，只要建設團結黨和民主黨持不同意見時，就繼續討論下去，直到它們被迫同意，達成一致，而不是透過投票來解決分歧。這種一致局面往往伴隨著政府和專業集團的壓力或影響。

這種「一致」還得益於蘇哈托在政黨制度方面實施的統一意識形態的重大措施。根據1985年通過的「選舉法」、「政黨和專業集團法修正案」以及「群眾組織法」，在選舉過程中，各黨的競選標誌必須符合「潘查希拉」，這使建設團結黨將帶有伊斯蘭色彩的「麥加聖殿」標誌換成五角星，其目的是使該黨減少宗教色彩。政黨和專業集團修正案頒布後，兩大政黨不得不修改自己的意識形態基礎。原來兩大政黨都有自己的基本信仰，民主黨的是民族主義和「潘查希拉」；建設團結黨的是伊斯蘭教和「潘查希拉」，而現在，都只能保留一個，即「潘查希拉」。同樣，群眾組織法也要求所有群眾組織必須以「潘查希拉」作為唯一的意

識形態。這種強行統一各政黨的意識形態的做法引起了政黨的不滿，尤其是建設團結黨，因爲這樣一來，該黨失去了與專業集團的區別，失去了對穆斯林的號召力和吸引力。它加強了「一致性」，從而加強了專業集團的統治。

由於蘇哈托採取了種種措施以保證以軍隊爲核心的專業集團的統治地位，所以在至今爲止的五次人民協商會議大選中，專業集團都贏得壓倒優勢。在1987年大選中，曾獲得最高紀錄的選票，達73.16％。而第二大黨建設團結黨的得票率不斷下降，從1977年的最高點29.29％下降到1987年的15.97％，1992年略有回升。

關於專業集團的性質問題，曾引起學者們的廣泛興趣。在新秩序政權的初期或前期，專業集團並不是一個完全意義上的政黨，而是一個鬆散的各社會組織的聯合體，各組織的成員主要對本組織的領導保持忠誠，整個專業集團沒有自己的個人成員。1978年以前該集團的性質並不明確，直到這一年的專業集團第二次全國代表大會，大會的規章才明確規定「專業集團是一個社會政治力量」，是「各行各業復興發展的同行業中志同道合的人們組成的一個社會集團」。❸在八〇年代以前，它的主要作用是作爲以蘇哈托爲首的軍人勢力的選舉機器。這個機器每五年開動一次，爲政府高級官僚階層和軍方贏得選票，從而維持其統治地位。

1983年10月，專業集團舉行了第三次代表大會，對章程作了修改。一是專業集團幹部化，使之成爲國家的幹部庫；二是專業集團成員個人化，將原來的組織成員變成個人成員，即把原各專業組織的個人成員變成專業集團的個人成員。這一措施的目的在於提高集團的組織集中程度，取得個人成員對集團中央領導的忠誠。「三大」後，開始了個人成員的登記工作。蘇哈托夫婦帶頭

登記的。登記原則上是自願的，但實際上，很多人是被迫登記。多數登記者是因爲加入政府黨會有好處。由組織成員向個人成員的過渡，意味著專業集團向政黨的過渡。到1987年，專業集團登記的成員達二千八百萬，其中九百萬是幹部，占總人數的1/3。

專業集團有一套完整的組織機構。處在最上層的機構是監督委員會，由蘇哈托領導，它負責對專業集團的中央領導機構——中央執行委員會進行指導、建議。中央執行委員是決策和執行機構，但實際決策權在監督委員會。在省一級設有執行委員會和評估委員會。評估委員會對省執行委員會起指導、評估和建議作用，實際上享有控制權。同樣，在縣一級，設有縣執行委員會和顧問委員會，執委會受控於顧問委員會。軍隊在專業集團中的核心作用就是透過監督委員會——評估委員會——顧問委員會的作用體現出來的。軍隊有一整套從中央到省，到縣的指揮機構。在中央是國防和安全部，該部的軍人領袖和部分文職官員組成監督委員會，軍人在其中起主導作用。專業集團眞正的決策者是蘇哈托和該委員會的軍人領袖。在省一級，評估委員會基本由省軍區司令部控制。縣一級的顧問委員會由當地駐軍指揮官控制。這就保證了軍隊對專業集團的控制，從而也保證了對各級政權的控制。

目前印尼的第二大黨是建設團結黨。這是一個穆斯林黨，有關該黨情況將在本章第三節予以介紹，這裡簡要介紹一下第三大黨印尼民主黨的情況。該黨是在1973年由印尼民族黨（PNI）、印尼基督教黨（Parkindo）、天主教黨（Catholic Party）、印尼獨立支持者協會（IPKI）和大衆黨（Murba）合併而成，其主要成分是親蘇加諾的民族主義勢力。該黨是各個政黨的聯合體，各黨仍維持其獨立性，只是在大選時以統一政黨的名義進行競選。

由於各黨的背景不同、主張各異，所以沒有具體明確的統一綱領和有效的領導。該黨的渙散狀態，尤其是其中最大政黨民族黨內部領導人之間的相互衝突致使整個印尼民主黨軟弱無力。1978年11月，印尼民主黨領袖哈查迪納塔（Hardjadinata）把民族黨領導人之一蘇科瓦蒂（Sukowati）趕出了民主黨的中央領導集團，原因是後者建立了省級的民主黨反對派支部。民主黨內的衝突一直持續到1981年黨的全國代表大會選舉了新領導。會上蘇科瓦蒂被選爲黨的總主席。他表示完全贊成把「潘查希拉」作爲該黨指導原則，並保證了對蘇哈托總統的支持。這一主張冒犯了其他仍忠於蘇加諾「馬爾哈恩主義」的民族主義者。以堅定的蘇加諾份子馬迪德爲首的民族主義者激烈譴責新領導集團的叛賣。黨內鬥爭的長期存在使該黨在群衆中的基礎極其薄弱，在歷次大選中均成績不佳。1982年大選使該黨獲得選票的紀錄達到最低點，只有全部選票的7.88%。後來，蘇哈托爲了借民族主義勢力來平衡穆斯林勢力，有意放寬了對蘇加諾頌揚的禁令，重修蘇加諾墓，部分地恢復他的聲譽。這樣，民主黨的地位才開始有所提高，支持者也有所增加，不過在1992年大選時也只獲得14.98%的選票，仍落後於建設團結黨的聲望。目前，該黨大力宣傳蘇加諾的子女以提高黨的威望，獨立傾向有所發展。該黨反對蘇哈托1993年以後連任，他們還提出了自己的總統候選人。這種情況自蘇哈托上台以來還從未發生過。

㈦菲律賓

獨立以來，菲律賓的政黨制度有一個演變過程，大致經歷了三個階段。1946至1972年的二十六年實行的是兩黨制；軍法管制

的後期，即1978至1986年實行一黨制，1986年以後則是多黨制。

在第一階段，人們一般認為菲律賓的政黨制度是美國式的兩黨制。因為像美國一樣，這裡存在著兩個最主要的政黨國民黨（Nacionalista Party）和自由黨（Liberal Party），而且這兩個黨在獨立後的最初十六年中交替上台執政。然而，它與美國的兩黨制有很大的不同。其特點是，首先，菲律賓的國民黨和自由黨在綱領上沒有明顯的區別，更準確地說，兩黨似乎沒有明確的政治綱領。國民黨在1907年成立的時候，其基本政治目標是爭取菲律賓的獨立。在菲律賓獨立的前夕，以羅哈斯為首的自由黨才從國民黨分離出來。自由黨的分離並不是由於政綱上與原國民黨發生了重大分歧，而純粹是羅哈斯的一批追隨者出於擁戴他與原國民黨領袖奧斯敏納爭奪第一任菲律賓共和國總統職位的目的。獨立後，不論是國民黨還是自由黨，都沒有統一明確的政治綱領和意識形態。

其次，黨的組織鬆散，缺乏穩固性和凝聚力。由於沒有統一的章程、綱領和意志，黨內分裂頻繁，派系鬥爭激烈。分裂和鬥爭的結果往往是叛黨和轉黨。叛黨在菲律賓政治中並不是一種恥辱。黨的領導人轉黨現象更是屢見不鮮，其頻繁程度為世界罕見。黨的領導人跳槽往往是因為與本黨其他領導人爭權奪利，或者爭搶黨的最高領導地位，或者爭當本黨總統候選人。一旦形勢對自己不利，處於劣勢的一方就投向反對黨，反戈一擊，轉敗為勝。1953年的麥格賽賽和1965年的馬可仕都是這樣做的。兩大政黨沒有從中央到地方基層的組織系統，沒有正式的黨員名冊。黨的中央執行機構主要由那些職業政治家，如議員和政府官員兼任。儘管沒有嚴格的組織系統，黨仍能形成全國性的網絡，主要是透過

錯綜複雜的主從關係紐帶。這兩大政黨實際上是一些實力雄厚的大家族財閥的聯盟。黨的領袖往往是和這些大家族有聯繫的、散居在各地的政治經濟巨頭。這些人又在各地組成一個個地方性的政治王國。這些大大小小的政治王國又有一批來自各階層的追隨者。這種根狀垂直關係網就是兩黨賴以存在的社會基礎。黨的強弱、勢力的大小取決於該黨由上到下逐級施予恩惠的能力。下級僕從從上級保護人那裡獲得的政治經濟好處愈多，黨的追隨者就愈多，追隨者的忠誠程度也就愈高。否則，就會發生大量的叛黨和轉黨現象。這裡不存在對黨的忠誠，只存在對個人的忠誠。如果黨內某權勢人物判離，那麼在地下面的整個根系便隨之判離。

既然兩黨沒有區別，為什麼會出現兩黨交替執政呢？為什麼選民會作出不同的選擇呢？正因為沒有政見上的區別，所以兩黨在競選時相互抨擊的主要內容往往是貪污腐敗問題。然而這不是吸引選民的主要因素，也不是選舉獲勝的主要原因。政黨在選舉中獲勝的真正秘訣在於後台老板美國的向背。常常有這樣的情況：一個黨的候選人為了取得美國的支持，往往在競選時私下表現得十分親美，而一旦當上總統後，尤其是到了後期，為了緩和國內的民族主義情結，鞏固自己的統治，便採取某些有損於美國利益的民族主義政策。於是美國便採取換馬政策，從反對黨中物色新的候選人，把原來的反對黨變成執政黨，把原執政黨變成反對黨。

政黨調動選民的主要武器是金錢。這些金錢主要來自美國、菲律賓國庫和黨內大財閥。對選票出價愈高的黨，收買的選票就愈多。美國常常在這方面不惜代價。在菲律賓的兩黨競選中，其骯髒程度令人咋舌。賄賂、流血、暴力威脅、選民登記和計票作

弊應有盡有。這使人們認為菲律賓政黨競選能否成功主要取決於3G（即Guns〔私人武裝〕，Gold〔金錢〕，Goons〔刺客〕）。

　　從1972年到1978年，菲律賓的政黨制度是一片空白。馬可仕廢除了憲法，禁止一切政黨活動。到1978年選舉臨時國民議會時，才解除黨禁。1978至1986年菲律賓實際上是一黨制，是馬可仕自己的黨一黨獨霸。

　　由於軍管對反對派的殘酷打擊，馬可仕的政敵，或流亡國外，或下獄治罪，或屈服歸順。原反對黨勢力和組織已分化瓦解殆盡。1978年，當馬可仕宣布成立一個政府黨「新社會運動黨」（KBL）準備參加臨時國民議會選舉時，其他反對派勢力幾乎都沒能立即組織起來，形成自己強大的政黨。這種一黨獨大的局面完全代替了以前兩黨旗鼓相當、相互競爭的局面。

　　「新社會運動黨」是馬可仕控制下的執政黨，在臨時國民議會中占絕對優勢。雖然它的成員來源廣泛，包括前國民黨、自由黨和其他黨派，但有一個共同點是親馬可仕和支持軍管法。它和以往任何政黨有著明顯的區別，一是有系統完整的政治綱領和意識形態。這就是透過馬可仕所說的「來自中央的」「民主革命」，在菲律賓建立一個他所描繪的「新社會」（參見第五章），但並未認真加以實踐。二是有一整套從中央到最基層的組織機構。它除了依靠傳統的庇護依附關係外，還靠各種組織手段控制著黨徒和群眾，如巴朗圭制度、國民生活貸款制度等。透過這些方式使黨與群眾保持聯繫，同時也以此來發動群眾支持政府。三是對行政、立法、司法、軍隊實行壟斷控制。菲律賓唯一的決策機構是馬可仕主持的「新社會運動黨」秘密核心會議。內閣、議會，甚至整個黨都是馬可仕用來實現自己目的的工具。

該黨從執政黨地位上享受到優惠利益，各級黨徒都從自己的上級保護人那裡得到恩惠、庇護和政治分肥，從而維繫著黨的統一和統治。

在這種形勢下，反對黨的發展是緩慢而困難的，然而畢竟還是形成了，並有所發展。最主要的反對黨是還在獄中的阿奎諾成立的「國家力量黨」（Strength of the Nation），後來以「戰鬥黨」（Laban）而著稱。

到了1980年地方選舉時，又出現了一些政黨。這年八月，有八個反對黨的領導人簽署了一個「爭取自由盟約」，要求結束馬可仕獨裁統治、解除軍管、保護人權和恢復民族和解。同時，組成了一個反對黨聯盟「統一民族民主組織」（UNIDO），包括原自由黨、戰鬥黨和從新社會黨分離出來的國民黨勞雷爾（Sotero Laurel）派。這個組織決定參加1981年6月的總統競選，但由於選舉委員會拒絕關於延長競選期的要求而抵制了這次選舉。

1982年，先前從「民答那峨聯盟」分裂出來的「菲律賓民主黨」（PDP）與戰鬥黨合併組成菲律賓民主黨—戰鬥黨聯盟（PDP-LABAN），由柯拉蓉·阿奎諾的弟弟小何塞·科胡昂科（Jose Cojuangco）領導。該聯盟主張實行民主社會主義，要求撤走美國軍事基地，建立聯邦政府，實行多黨制。

不久，「統一民族民主組織」又進一步擴大，組成「大聯盟」，並參加了1984年正式的議會選舉，但只獲得六十個席位。新社會運動黨則獲得一百一十六席，仍占絕對優勢。

在1986年2月的總統選舉中，反對黨實現了最大限度的聯合。為了與新社會運動黨抗衡，反對黨不得不聯合起來推選反馬可仕的總統候選人。柯拉蓉·阿奎諾並不是某一個黨的總統候選人，

最初她是由一個群眾運動（「柯麗‧阿奎諾競選總統運動」）推舉爲候選人的。之後，首先得到了她的弟弟小何塞‧科胡昂科領導的「菲律賓民主黨—戰鬥黨聯盟」的支持，最後又獲得了勞雷爾領導的「統一民族民主組織」的支持。在人民革命的支持下，反對黨聯盟取得了勝利，這是菲律賓政黨史上的一個奇蹟。

在柯‧阿奎諾政府時期，菲律賓政黨制度出現了新的變化，首先是多黨制的出現。柯‧阿奎諾新政府是一個多黨聯合的政府，它不同於軍管以前兩黨制下的一黨執政，也不同於馬可仕政權後期的一黨專制。最初，新政府幾乎包括所有反馬可仕的政黨，但基本勢力只有四種：兩個是政黨勢力，即「菲律賓民主黨—戰鬥黨聯盟」和「統一民族民主組織」，另外兩個勢力是軍方勢力和財經界。這個時期各個政黨都不太鞏固，力量還不夠強大，因此，還不可能形成一黨獨大或兩大黨對峙的局面。而且，柯‧阿奎諾總統也避免一邊倒，避免只依靠某一派勢力。她的政府是由各主要勢力的代表組成的，這樣做不只是因爲她在競選時並不是作爲某政黨的總統候選人，更重要的是爲了保證新政府的穩定。

其次是政黨政治空前活躍，各政黨聯盟和各政黨內部劇烈分化組合。最初支持柯‧阿奎諾政府的是一個非正式的政黨聯盟，它們聯合的唯一基礎是擊敗馬可仕，所以馬可仕一旦垮台，內部分裂立即顯現出來。首先，勞雷爾的統一民族民主組織發生分裂，勞雷爾和一部分成員從執政黨聯盟中分離出來。不久，勞雷爾就與脫離政府的恩里萊重振菲律賓老政黨「國民黨」，成爲政府的反對黨。仍留在執政黨聯盟中的黨，也進行了重新組合。

第三個特點是政黨的意識形態色彩明顯加重，各黨有較明確的政治綱領。例如菲律賓民主黨—戰鬥黨聯盟主張實行民主社會

主義，注意人權，加速私有化以促進經濟發展，維護民族利益。這是一個持中左立場的政黨。以自由黨爲主的聯盟，主張建立多黨制的民主國家，批評柯·阿奎諾的親屬在政壇上的角逐，反對再次出現家族王朝的獨裁統治。該黨有明顯的民族主義傾向，主張收回外國企業和美國在菲律賓的軍事基地。「全國行動聯盟」則主張國民經濟進一步對外開放，改總統制爲議會制。該聯盟反政府意識強烈，是菲律賓政壇上主要的右翼勢力。

　　新的政黨制度沒有完全擺脫舊的政黨制度中的許多痼疾，但一個新的局面正在形成。作爲舊政黨組織紐帶的保護—被保護關係正被意識形態這條紐帶所代替；以精英政治爲特徵的政黨制度正在向擴大社會各界參與的群衆性政黨制度轉變。在柯·阿奎諾政府期間，雖幾經努力，政府與菲共和摩洛民族解放陣線仍未達成和解，這兩黨仍未納入菲律賓政黨制度的正常活動範圍。這仍將是菲律賓政黨制度發展中的大難題。到了羅慕斯時期，雖然這兩個組織開始與政府和談，但眞正實現民族和解還需要時日。

第二節　軍隊與政治

㈠緬甸

　　緬甸的現代軍隊從一開始就是一種政治勢力。這支軍隊的創立就是爲民族獨立這一政治目的服務的。軍隊的締造者們本身都是民族主義的領袖。軍隊最初的核心就是在中國的海南島由日本培訓的「三十志士」（Thirty Comrades）。1941年，他們在泰國招募了一些緬甸僑民組成了以昂山爲首的「緬甸獨立軍」

(Burma Independence Army)，隨日軍進入緬甸並配合日軍趕走英國殖民軍隊。日軍完全占領緬甸後，沒有兌現它給予緬甸獨立的諾言。這支軍隊後來又聯合英軍反擊日軍。在與英國政府就緬甸獨立問題進行談判的過程中，這支軍隊保留下來了，但進行了大幅度的縮編，只剩下了五個緬人營和四個少數民族營以及由奈溫領導的步槍隊。然而軍權掌握在英國人手裡。其餘人員並未復員，而是組成了一個準軍事力量「人民志願軍組織」(People's Volunteer Organization)，由昂山的民族主義組織「反法西斯人民自由同盟」領導。獨立以後，共產黨自由同盟的分離和少數民族獨立勢力的反叛導致了武裝力量的分裂，爆發了內戰。到了1949年2月，60％的政府軍隊參與了反叛。政府主要依靠的是奈溫領導的軍隊。這時奈溫成了吳努政府的副總理兼內務部長和國防部長，同時又是軍隊總司令，統管軍隊和警察。在奈溫的領導下，軍隊的凝聚力加強了，戰鬥力提高了，人數也在擴大。共產黨和少數民族的反叛武裝被迫退到了緬甸邊遠地區。到1952年，全國的政治形勢得到了控制。這是獨立以來軍隊第一次在國內政治中發揮作用。軍隊對反叛勢力的勝利不僅提高了他們的經濟待遇，同時也提高了軍隊在政治中的地位。政府更加倚重軍隊，反過來軍隊增加了對爭權奪利的政治家的輕蔑感。

儘管如此，在1962年以前，軍隊還從未打算干預政治。雖然他們也參加恢復經濟的活動，但並未滲透到經濟部門和直接控制企業。軍隊仍然認為發展經濟的責任屬於政府，而由政府保障對軍隊的供給。奈溫在加強軍隊建設過程中仍堅持軍隊的非政治化，向士兵灌輸的基本準則是合作團結，服從中央政府的控制。他強調軍隊的非種族化和非政黨化。但是，奈溫並不是沒有政治

眼光。他一刻也沒有停止在軍隊中培植自己的勢力，建立自己的權力基礎的努力。這為後來軍隊發揮政治領導作用準備了條件。

　　1958年，緬甸政局再次發生危機，執政的反法西斯人民自由同盟發生了分裂，這導致了從上層領導到基層群眾的對立。這種分裂危及到軍隊的團結。由於吳努總理採取了與共產黨妥協的策略，赦免了親共的「白帶人民志願軍」（White Band PVO），與共產黨進行談判，特別是聽說「人民同志黨」（People's Comrade Party）收藏武器準備繼續革命後，軍隊感到了一種威脅，於是開始向仰光集結。吳努得知此消息後，從曼德勒調來聯邦武裝警察對軍隊進行反包圍。在這種情況下，貌貌上校和昂季（Aung Gyi）准將建議吳努邀請奈溫接管政權以防軍事衝突。吳努接受了這一建議，很快就組成了以奈溫為總理的看守內閣。奈溫保證在六個月內將權力交給新的民選政府，後來又延長了十二個月。

　　看守政府完全由文官組成，但實際權力操在昂季和貌貌領導的軍事參謀委員會手裡。內閣只是奈溫和軍事參謀委員會的橡皮圖章。十八個月的看守政府使軍隊第一次處於執政地位。這期間，軍隊在經濟和政治中的地位和權力空前膨脹起來。以昂季為首的「經濟顧問委員會」（Economic Advisory Committee）負責國家的經濟事務。原來專門為軍人提供優惠商品的「國防後勤協會」（Defense Services Institute）迅速擴大。在幾個內，它的勢力就擴大到包括銀行、商店、建築、海運、捕魚等在內的各種行業，很快，就變成了全國最強大的經濟組織。在政治領域，軍隊在全國建起各級「安全委員會」（Security Council），地方軍官第一次被授權負責地方的治安工作。同時還建立了由各級政

守官員組成的各級「團結委員會」（Solidarity Council）。在軍事參謀委員會的領導下，各級安全委員會和團結委員會密切合作，一方面維持社會治安，一方面監督政治家的活動，特別是防止共產黨進入各級政府。

當1960年2月吳努的文官政府重新上台時，一部分軍官不願意放棄權力，他們甚至向奈溫施加壓力，要他再次接管權力。但他拒絕了，可能認為時機還未到。

1962年3月，時機成熟了。當吳努的宗教政策引起了宗教衝突，他打算擴大少數民族邦的權力時，軍隊認為，這危及到國家的穩定和統一，於是奈溫發動了軍事政變，建立了軍政府。如果說看守政府的十八個月僅是軍隊執政的一個嘗試的話，那麼這一次，軍隊將正式長期地行使政治統治權。

奈溫的軍人政權可以劃分為兩個階段。從1962年到1974年頒布新憲法是完全的、公開的軍人政權；憲法頒布以後，是隱蔽的、實質上的軍人政權。兩個階段並沒有本質上的區別，只是表面上軍人在國家權力機構中的數量有所減少而已，這並未影響軍人在政治中的領導地位和作用。

政變後，成立了以奈溫為主席的革命委員會，除一名文職官員以外，其他全部成員均為高級將領。在1973年軍政府改組以後的十五名成員中，現役軍官占十一名。新憲法頒布後，奈溫宣布還政於民，在新成立的國務委員會二十九名成員中，有二十六名現役和退役軍官。在人民議會四百六十四名議員中，有現役和退役軍官二百八十一名，占總人數的61%。在十八名內閣成員中，除兩名文職官員外，其他全部為現役和退役軍官。到1983年，軍人在國家政府機構中的數量基本無大變化，十七名內閣成員中仍

只有二人是文職人員。四百七十四名人民議會議員中，現役和退役軍官仍達二百五十七人，占55%。在二十九名國務委員中現役和退役軍官仍有二十人，占61%。

為了適應政治統治的需要，軍事當局建立了自己的政黨社會主義綱領黨。在幹部黨時期，二十名左右核心領導成員全部為高級軍官。到了群眾黨時期，非軍人黨員不斷增加，但軍人黨員仍是該黨的支柱和核心。1972年該黨七萬三千四百五十九名黨員的58%是現役軍人。1981年一百五十萬九百零二名黨員的9.6%來自武裝部隊。在黨的中央領導機關，軍人的比例始終很高。1971年綱領黨一百五十名中央委員中有一百二十九人是軍人，占86%；在十二名執行委員會委員中只有一人是文職人員。1977年二百四十二名中央委員中至少有一百四十四名現役和退役軍官，占59%；二十二名執行委員中只有一名文職人員。到1983年，十五名執行委員中仍有十一名是軍人。

在地方各級黨政領導機構中，由上至下，文職人員的數量逐漸增加。從1971年到1974年，軍政府進行了行政改革，以「安全和行政委員會」取代了邦區、鄉、鎮的行政機構。在邦區一級的安全和行政委員會基本上由軍官控制，在鄉鎮一級，該委員會的主席、綱領黨和群眾組織的基層領導均為軍官。

軍隊的領導地位不僅體現在政治機構方面，它還透過自己的政治工具社會主義綱領黨將自己的勢力滲透到各個領域，尤其是在經濟領域。為了實現軍隊對經濟的控制，奈溫首先在他的建軍思想方面準備了理論基礎。1968年，他宣布軍隊必須更密切地靠近人民，要直接為社會主義建設作出貢獻。他重新把軍隊命名為「人民武裝部隊」，並且向軍隊提出了一個新口號：「生產不忘

戰鬥，戰鬥不忘生產」。同時，他還提出了發動「人民戰爭」的理論。此後，軍隊便參加到各項非軍事活動之中，如修路、開渠、架橋、收割等。但更爲重要的是，派遣大批軍官充當廠長、經理，去管理已經國有化的大量工商企業。在國家經濟部門，絕大多數由軍人把持。在七〇年代，政府的計畫部和工業部共有十三個局以上幹部，除二人外，其餘均爲少校級以上軍官。

1988年民主運動以來，緬甸的政局幾經反覆，軍隊元老奈溫辭去綱領黨主席職務以後，吳盛倫、貌貌先後上台，但最終又建立了以蘇貌將軍爲首的軍政府。不久，蘇貌又被另一位軍人領袖丹瑞取代。目前，緬甸尚處在軍人的絕對統治之下。

㈡泰國

泰國現代政治史是一部軍人政變史。從1932年以來的六十年中，軍事政變和軍人政權構成了泰國政治生活的主要組成部分。其間，偶爾被短暫的文人政權所打斷，但充其量，也只不過是漫漫長夜中偶爾一道閃電而已。它雖是泰國政治進程中的希望之光，但極不長久。軍隊在政治中的特殊作用使泰國成爲世界上軍事政變最多、權力交替最頻繁的國家之一。自1932年第一次軍事政變以來，泰國共發生了十六次軍事政變，頒布過十四部憲法，舉行過十五次大選，有十八人當過總理，大約組成過五十屆內閣。這期間，約4/5的時間由軍人執政。

從政權的實際性質來看，六十多年來，泰國的政治發展清晰地呈現出一個歷史循環：政變──軍人政權──大選──文人政權──危機──政變……。這是六十多年來泰國政治發展的基本軌跡。1932年至1993年的六十一年中，遵循著上述五步曲出現了

四個週期，即1932年至1947年；1947年至1976年；1976年至1991
年；1991年至1993年。很明顯，在每一個週期中，軍人統治的時
間一般都遠遠超過文人政權的數倍（見表二）。在這六十一年
中，軍人統治了五十一年，而真正的文人政權只有十年的時間。
由此看來，泰國軍人政權最顯著的特點是它的週期性和長期性。

　　泰國軍政權的另一個特點是軍人與文人的分權制。泰國的軍
人政權毫無疑問是一種集權制，但它有自己的特點。與印尼和緬
甸的軍人政權不同，泰國軍人並沒有壟斷中央到地方以及一切領
域的權力。他們往往在一定程度上願意與文人政治家分享權力。
這主要有三種表現形式，一是選擇文人政治家充當政府總理，維
持一個文人政府的形象。軍人儘量不直接占據內閣職位，而只充
當幕後操縱人，實權仍掌握在軍事當局手中。例如1976年政變以
後，代表軍事當局的國家行政改革委員會選擇了一個文人他寧法
官充任總理和組織政府。但採取這種形式的條件是文人政治家必
須接受軍人的控制。第二種表現形式是，軍人控制少數關鍵職位，
如總理、國防部長、內務部長等，而其他較專業化的職位仍由政

表二　泰國軍人和文人政權的時間比較

	軍人政權	文人政權
第一週期	1931—1944（12年）	1944—1947（3年）
第二週期	1947—1973（26年）	1973—1976（3年）
第三週期	1976—1988（12年）	1988—1991（3年）
第四週期	1991—1992（1年）	1992—1998（6年）

治家和專家擔任。江薩政府和炳政府在這一點上表現得更為明顯。第三種表現形式是泰國軍人只限於控制中央最高權力，很少控制府、區級的政權機構。

　　泰國軍事政變本身的特點也是顯而易見的。首先，政變的頻率之高實屬罕見。平均大約每三年半發生一次軍人政變。不過從發展的眼光看，政變的頻率呈下降趨勢。從1932年到1958年的二十六年間發生了十次政變，平均每兩年半一次；而從1959年到1991年的三十二年中只發生過七次政變，平均每六年一次。其次，政變的成功率較高。這與菲律賓的軍人政變形成鮮明對照。泰國總共發生了十七次政變（包括1932年政變），只有七次失敗。其三，政變針對對象的非單一化。一般來說，常見的軍人政變總是針對文人政權。推翻文人政權，由軍人取而代之。但泰國的政變既有針對文人政權的，如1947、1976、1991年政變，也有針對軍人政權的，如1957、1958、1981年政變。後一類的政變多數不成功，而且多為軍隊內部派系鬥爭所引起。還有一種特殊對象，即針對它自己的政府本身，稱作自我政變。這種政變的特點是，一般不更換政府的主要領導人，只是軍事當局宣布廢除憲法，解散國會，實行軍管，其目的是削弱政黨在政治中的影響，加強軍隊對政權的控制，或者打擊排斥某一具有威脅性的軍事派別。1951年和1971年政變均屬此類。

　　軍事政變的發生總是與該國的社會經濟狀況、政治權力結構、歷史文化傳統以及軍隊本身的特點相聯繫的。泰國的情況也是如此。這裡我們著重從軍隊外部和軍隊本身來分析泰國軍事政變頻繁的原因。

　　從外部原因來說，首先是文人政府和公眾參與的政治觀念在

人民心目中沒有得到確立，對軍隊干政態度冷淡。儘管從西方引進了諸如選舉、議會、政黨等民主機制，然而這些對泰國百姓來說始終是陌生的，從來未成為泰國人政治觀念的一部分而為人們所接受。人們也從未認真地理解和運用過這些民主權利和手段。他們歷來把這些民主形式看成是少數政治權貴、巨商富豪和軍事強人之間的政治把戲。他們對大選投票一般無積極性。據統計，從1933年到1983年十三次大選中，只有1958年2月和1983年4月的大選參加投票的人數超過了合法選民人數的50％（分別為57.5％和50.7％）。在1957年12月的選舉中僅有13％的合格選民參加了投票。這反映了人民參與意識的淡薄。這種情況直接導致了對政府變故的淡漠。在他們看來，政府這輛馬車由誰趕和走向何處都無關緊要，因為他們坐在車上的感覺始終是一樣的。這就是泰國軍事政變如此頻繁而人民不僅不感到驚奇和反感，反而能保持異常平靜的真正原因。人民的這種心理因素實際上降低了文人政府所應有的法律地位和尊嚴，為軍人政變提供了某種程度的適當氣候。

其次，文人政府軟弱無力或腐敗無能，不能克服政治或經濟危機以保持社會的穩定。這一點普遍適用於第三世界大多數的軍人政變。就泰國三次文人政府的垮台情況來看，無一不屬於這一原因。1947年自由泰政府被軍人取代是由阿難陀國王之死這一政治危機所引起的。1976年的軍事政變更是由於政治經濟危機、社會動亂所引起。至於政府官員的腐敗，幾乎成為每次政變的主要理由之一。

其三，政黨制度的不成熟導致了軍人對政黨和政治領袖的輕視和不信任。有關泰國政黨制度方面的弱點已在上一節述及，這

裡不再贅述。

　　所有這些外部條件實際上只是為軍人政變和軍人政權提供了土壤、水分和空氣，而政變的種子則在軍隊本身。

　　泰國軍隊有凌駕於政治之上的傳統。十九世紀中期，尤其是朱拉隆功國王時期，泰國的軍隊開始現代化，實行了普遍兵役制，實現了訓練、軍銜、職別的標準化。尤其值得注意的是國王把這個組織嚴密、訓練有素的暴力工具置於行政機關之上。朱拉隆功把他的五個兒子送往西方接受陸海軍訓練。國王任最高司令直接控制著軍隊，其他王室成員控制軍隊的高級職務。1932年政體改變以後，王權和軍隊分離了，國王和王室的實際權力地位下降了，而軍隊的威望和地位仍然處於頂峰。軍隊的這種歷史上保留下來的優勢地位很自然使它凌駕於政治之上，干預政治成了順理成章的事。

　　泰國軍隊享有廣泛的群眾基礎、社會政治職能和物質力量，這些成為軍隊問鼎政權的絕對優勢。六〇至七〇年代，剿共成為陸軍的主要軍事和政治任務。為了完成這一任務，軍隊決定動員群眾。為此，在廣大農村建立了三個由陸軍領導的群眾組織。一是「國民防務志願隊」（National Defence Volunteers），其主要任務是協助軍隊打擊和消滅泰共武裝力量，平息其他騷亂和維持治安，為救災和農村經濟發展提供服務。此外他們還從軍隊接受政治教育和軍事訓練。到1984年，該組織成員達一百萬人。二是「發展與自衛志願村」（Volunteer Development and Self-Defence Villages），其任務是在軍方的幫助下阻止泰共的滲透，提高自己的自衛能力。三是「國家安全後備軍」（Organization of Military Reservists for National Security），完全

由預備役人員組成。他們除了促進農村經濟和文化事業發展以外，特別注意發揮政治作用。他們在各地設立活動中心「民主會館」，向村民傳播民主概念，鼓勵村民投票，講解選舉程序和政黨知識。到1985年，該組織達六十萬人，所有這些組織都直接由陸軍管轄。這樣，軍隊就和群眾建立起了某種聯繫，這些組織的成員則成為軍隊在農村的支持者。

陸軍在長期從事組織和發動群眾的過程中，還建立了龐大的大眾傳播媒介，如陸軍擁有電台和電視台。陸軍常常利用這些宣傳工具宣傳陸軍對政治、經濟和社會問題的觀點和主張，加強軍隊和人民的相互理解和聯繫。有時軍隊還利用這些輿論工具和政治家展開宣傳戰，組織和發動各種帶有政治目的的群眾運動和政治攻勢。

陸軍的這些優勢是任何政黨都無可比擬的。正是這種壓倒優勢的地位使陸軍毫無顧忌地干預政治乃至發動政變。

軍內的派系鬥爭也常常成為政變的主要原因。泰國陸軍中派系林立，它們的形成方式多種多樣，有些是軍事學校的同屆學員，有些是由於共同經歷（如在朝鮮、寮國和越南並肩戰鬥），有些透過聯姻關係，有些則是與同一個經濟集團有聯繫。但在更多數情況下，軍內的派系是透過保護—被保護關係建立的。每一個接近權力頂峰的軍事強人一般都要拉幫結派，以建立自己的權力基礎；而中下層軍官要打通自己的進身道路一般也要在高層將領中尋找自己的保護人。這樣，在陸軍司令部和武裝部隊最高司令部往往可以發現不同派系的將軍們在進行權力角逐。這種角逐有時以政變而告結束。

七○年代以前，以各個軍事強人為山頭的派系鬥爭所引起的

政變比較常見，例如1957年9月沙立發動政變就是為了與披汶及其同夥炮為首的派系爭權奪位。進入七○年代以後，出現了兩個非正式的軍官組織，一是「少壯派軍官組織」（Yount Turks），它以1960年軍事學院第七屆畢業生為核心。二是「民主戰士派」（Democratic Soldiers），這派的成員主要由陸軍總部的參謀人員組成。此外還有一個派別形成於八○年代，主要以1958年軍事學院第五屆畢業生為核心，稱作「第五屆學員派」（Class 5）。這一派與「少壯派」矛盾較深。1981年2月少壯派發動的未遂政變就存在著「少壯派」和「第五屆學員派」矛盾的背景。

泰國軍隊的意識形態也是導致干政的重要因素之一。泰國軍隊從未接受西方「文官至上」的軍人價值觀，相反認為軍隊是政治的參與者。在長期的剿共過程中，他們認識到泰共之所以能夠存在就在於政治不民主和經濟不公正。而要改變這種狀況必須建立民主的群眾運動機構，擴大人民參政和革新政治。要實現這一點只能依靠軍隊。陸軍在農村建立的三大群眾組織都是出於此項目的。當時的軍人領袖阿鐵（Arthit Kamlang-ek）和差瓦立（Chavalit Yongehaiyudh）都強調，只要是國家的制度未實現完全的民主，陸軍就應該成為民主的建設者，而不僅是一個守衛者。

泰國軍人政變最直接、最實際性的根源往往與軍隊本身的權益、地位和作用受到威脅有關。有時是因為軍隊的政治權力和地位遭到遏制和剝奪，如三年民主實驗時期，軍隊在政權的地位降到了最低點，導致了軍隊的強烈不滿。有時表現為軍隊的經濟利益遭到損害。如1951年6月的海軍政變，就是因為披汶政府把海軍軍費削減了75%。有時還表現為軍隊對政府的政策和人事安排不

滿，如1991年2月的政變就是如此。

軍隊和政府的這些矛盾往往不是單獨表現出來的，而是相互交織在一起的。正是由於多種矛盾的共同作用才把對抗推向爆炸點。

從泰國政治發展的總趨勢看，雖然不能排除軍人重新上台的可能性，但軍人集團在政治中的作用及影響將會逐步減弱，軍人政治最終將讓位於政黨政治。

㈢馬來西亞

馬來西亞是東南亞從未經歷過軍事政變和軍人政府的少數國家之一。在它的鄰國先後發生軍人政變的時候，馬來西亞卻仍然維持著它的文人政權。這的確是耐人尋味的。

作為前殖民地國家的軍隊，它所產生的背景大致可分為兩大類。一類誕生在民族獨立運動之中，是由民族主義領袖創造和領導的反殖民主義的武裝力量。它肩負著明確的政治任務，即奪取國家主權，建立自己的民族政府。從它誕生的一開始就扮演著一個重要的政治角色。獨立以後，由於它在民族獨立過程中所起的決定性作用，很容易成為政權的監護人。一旦政府偏離了軍隊所認定的正確軌道，那麼軍人接管政權就極有可能。印尼、緬甸的軍隊就是如此。另一類是由前殖民者建立的舊軍隊演化而成。如馬來西亞的軍隊。這種歷史背景就使得馬來西亞軍隊具有某些不同特點，從而遏制了軍隊干預政治的傾向。

首先，馬來西亞軍隊歷史短、力量弱，從未成為一種政治勢力。馬來西亞最初的軍隊是1933年在土著統治者的要求下，英國人建立的由二十五名馬來人組成的「皇家馬來團實驗連」

(Royal Malay Regiment Experimental Company)，它是殖民軍隊的一部分。實驗成功後，於1935年1月擴建成「皇家馬來團第一營」。1941年建第二營。戰後，英殖民當局又召集倖存下來的該團成員重建了皇家馬來團。在1948至1960年剿共時期，這支軍隊有一定發展，達到八個營。但整體而言，直到六〇年代後期，馬來人的軍隊力量仍十分有限。其原因是，獨立以後，根據英馬防務條約，英國軍隊繼續承擔馬來（西）亞的對外防務。在剿共的緊急狀態時期，仍由英軍承擔主要任務。馬政府只是加強警察建設，因為剿共只被認為是一場「警察戰爭」。直到1963至1966年與印尼對抗時期，馬政府仍依靠英國和英聯邦的軍事力量。這期間，馬政府的主要精力放在經濟建設上。只是到了1967年，英國宣布到七〇年代要撤回蘇伊士運河以東的英國軍隊，再考慮到1971年英馬防務條約期滿，特別是1969年的「5‧13事件」使馬政府突然加快了軍隊建設的步伐。六〇年代中期軍隊總數是三萬三千人，到1971年就增加到五萬人。1978年越南侵柬戰爭爆發後，又加速了軍隊的發展。直到八〇年代，馬軍隊人數才超過警察，但到1984年還只是一支有八萬人的輕型部隊。因此，馬來西亞軍隊真正得到發展也只有短短的二十多年。而這期間，除了「5‧13事件」時產生過輔助作用外，軍隊從未對馬來西亞政治發展作過任何大的貢獻，所以它根本沒有資格成為政權的監護人。

馬來西亞軍隊基本上繼承了英國軍隊的傳統，其中最根本的就是軍隊的「非政治化」原則，即在政黨政治中，軍隊嚴守中立，保持對中央政府的忠誠，只承擔職業性的職能，永遠成為文人政府的工具。對於這一原則，馬來西亞的憲法作了規定：馬來西亞武裝部隊是「聯邦的公共部門」。軍隊的法典禁止士兵涉足政

治。軍人必須接受職業性和非政治性課程教育，從而樹立起非政治性的職業化觀念。馬來西亞軍人均以超脫政治而感到自豪。凡是試圖參與政治的軍官都被認為不是一個真正出色的軍人。軍隊的這種觀念決定了它不大可能成為干預政治的力量。

軍隊的種族成分也有助於政治的穩定。馬來人在軍隊中占絕對優勢。1981年大約有75％的軍官和85％的士兵是馬來人。在作戰部隊，馬來人的比例更高，而在技術部隊，非馬來人比例較高。皇家馬來團是陸軍最精銳的部隊，全部是馬來人。軍隊和警察部隊的高級軍官也全部為馬來人。這樣，在馬來人和非馬來人種族矛盾大於階級矛盾的情況下，馬來人軍隊是絕不會推翻馬來人政府的，甚至不允許破壞馬來人政權的穩定。尤其值得注意的是，軍隊的高級領袖均和政府總理有密切的親緣關係。如第一任總理拉赫曼是當時國防部長的叔叔。前總理侯賽因的堂弟是武裝部隊的參謀長，他的兄弟是陸軍副參謀長。馬哈迪上台後，在軍隊的高級職位上又安插了自己的親信，這種關係進一步確保了軍隊對政府的忠誠。

軍隊權力機關的構成也保證了政府對軍隊的控制。根據憲法，武裝部隊的指揮權屬於國家元首（最高統治者），但實際上控制在國家安全委員會手裡。該委員會由總理主持，成員包括部分內閣閣員、武裝部隊參謀長、警察總監。國防部是武裝部隊的總部，它必須服從國家安全委員會的決定和指示。國防部完全是一個文職機關。國防部長（有時由總理兼任）擔任統管軍隊事務的「武裝部隊委員會」的主席。三軍司令都必須接受委員會的領導。可見，軍隊完全被置於文人政府的領導和監督之下。

除了上述原因以外，馬軍隊不干預政治還有一個重要的原

因，就是馬來西亞政府在各方面的成功。獨立以來，馬政府在經濟發展、行政效率、政風建設方面都取得了令人矚目的成就，在整個東南亞樹立了一個良好的形象。它的經濟發展水準僅次於四小龍；議會選舉也很少有舞弊行為；馬哈廸以身作則，注意整肅政府紀律作風。在東南亞，除新加坡以外，馬來西亞政府是一個比較廉潔高效的政府。一般來說，軍隊奪權往往是發生在下述幾種情況下：或者政府無能，導致經濟危機，或者政府軟弱無力，無法克服各種政治危機，或者政府極端專橫、殘暴、腐敗等，造成嚴重的社會動亂。而這些情況在馬來西亞均未發生。因此，軍隊即使有可能干預政治，也很難找到適當的機會和理由。

㈣新加坡

自1965年獨立以來，新加坡的軍隊從未發展到與政府相抗衡的地步，它始終是政府的從屬機構和忠實的工具，從未對新加坡的政治秩序造成任何麻煩。

新加坡軍隊是一個歷史短、力量弱、缺乏戰鬥經驗的武裝力量，在歷史上從未擔任過任何政治角色。嚴格地說，作為獨立的新加坡共和國的軍隊，它的歷史只有二十多年。在殖民地時期，只有一個由英國人建立的「志願軍團」(Volunteer Rifle Corps)，用以維護社會秩序。在1952年，英國頒布了「國民兵役制法令」(National Service Ordinance)，建立了新加坡武裝力量，成員只限於英國和殖民地的公民。在實行自治時，也只有兩個正規營的兵力。當時新加坡的對外防務實際上由英國駐軍承擔。

1965年從新加坡分離出來之後，新加坡政府才開始正式組建

自己的軍隊。新加坡沒有建軍的經驗，於是開始對世界各國的軍隊模式和經驗進行研究，最後決定採用比較適合新加坡情況的以色列軍隊「國民兵役制」模式，並聘請以色列軍事專家協助籌建新加坡軍隊。1967年通過了「國民兵役法」（National Service Act）。凡年滿18歲的男子有義務到部隊服役二至三年，服役期滿後，將成爲後備隊成員，直到四十歲。

這時恰逢英國發表了「關於防務的白皮書」（White Paper on Defence），宣布到七○年代（後提前到1971年以前）撤回英國駐軍，關閉在新加坡的軍事基地，這增加了新加坡政府建軍的緊迫感。爲了籌集軍隊建設的經費，政府成立了一個新加坡防務基金，從私人、公司和組織籌募經費，從而使軍隊建設有了保障。新加坡正式建軍是在1967年7月2日。到1979年，建成了完整的海陸空軍，總兵力達四萬五千人。目前總兵力達五萬五千人。

新加坡軍隊短暫的歷史表明，第一，它在新加坡獨立和國家建設中從未產生過政治作用。它沒有像印尼、緬甸軍隊那樣具有參加過民族解放戰爭的光榮歷史，因而沒有任何政治資本，也不具備任何資格充當政權的監護人。第二，一直處在自身建設過程中的新加坡軍隊沒有能力像泰國、菲律賓軍隊那樣，敢於向危害他們權益的政治領導進行干預或挑戰。

在新加坡大眾政治文化中，軍隊的地位始終處於次要地位。新加坡是一個移民社會。在建國初期，人民的國家觀念淺薄，缺乏公民的認同感、責任感。各種族移居到這裡都是爲了謀生、賺錢。殖民地歷史絲毫沒有培養出他們這塊土地的主人感。在絕大多數華人中，有「好鐵不打釘，好男不當兵」的傳統觀念。許多華人商人還把徵兵和徵稅看成是自己生意興旺的障礙，他們不願

讓自己的子弟拋棄經商致富之路。工商企業界也認爲，從大學生中招兵是不利於企業發展的人才競爭。

反對徵兵也成爲反對黨抨擊政府的武器。社陣攻擊政府時聲稱，軍隊是「鎮壓我們馬來人民兄弟姐妹的炮灰」，是爲了支撐「傀儡政權」。反對黨把國民兵役制看成是保衛美英利益而建立軍隊的計畫的一部分。

政府付出了很大努力進行宣傳，最終平息了反對國民兵役制的浪潮。雖然人們對軍隊漸漸地接受了，但軍隊在人們心目中的地位仍不算恭敬。正因爲如此，許多在軍隊服役的軍官士兵，並不以他們的職業爲榮，一有機會便想離開。這種離心力不可能使新加坡軍隊成爲內聚力強大的政治壓力集團。

新加坡實行的「學者軍官制度」（Scholar Officer）又加劇了軍官階層的離心傾向。這一制度是軍隊從社會上吸收人才的重大措施，實際上是一種獎學金制度。爲了吸引優秀人才充實軍隊的各級領導，政府頒發了三類獎學金。對成績最優秀的士官生授予頭等獎學金，他們可以進入海外第一流的大學學習，如進入英國牛津、劍橋大學等，攻讀各種自然科學專業，如海洋工程、系統工程、電子工程、數學統計和其他應用科學，以及行政管理科學。這些「海外學者」回國後至少要在軍隊作爲軍官服役八年。1971至1979年，共有六十四名「海外學者」進入牛津和劍橋。對於成績較爲優秀的士官生，並且在軍事科學方面有才華的人，授予第二類獎學金「海外訓練獎學金」。這些人被派往英、日、澳等接受軍事科學的教育，專門研究軍事技術，他們回國後主要從事職業軍事工作。1971至1981年共有一百三十八名這類學生出國學習。對於其餘士官生，他們都可以享受一筆軍隊獎學金，可

以在新加坡國立大學就學，攻讀人文科學、自然科學、商業管理和各工程學專業，獲得相應的學位。

　　透過這三個管道培養出來的學者軍官都年輕有爲，才華橫溢，對自己的前途充滿著理想和信心。但回到新加坡軍隊以後，不少人感到失望。除了一小部分以外，大部分軍官們感到晉升緩慢，特別是他們都有一技之長，在軍隊難以施展，於是愈來愈多的軍官產生離隊傾向，希望能到社會各專業部門一展宏圖。這些軍官並不願意成爲職業軍人，也不把軍隊看成理想的進身階梯。所以，一旦服役契約到期，他們就另謀高就。新加坡的許多私人企業以特別優厚的待遇引誘這些人才。1981年軍隊的一個報告說，軍隊四百六十八個高級軍官中只有19.6%大學畢業，而在國家行政機關大學畢業的高達97.9%，在新加坡發展銀行則高達99%。

　　學者軍官完全可以藉由他們的專長爲自己尋找一條通向權力、地位、金錢的道路。他們沒有必要，也不願意透過武裝政變冒著生命危險去實現同樣的目標。

　　新加坡軍隊「超政治」（above politics）的價值觀也大大限制了軍隊對政治的干預。新加坡軍隊並沒有強烈的政治意識形態。唯一能體現軍隊價值觀的是由以色列神父謝里登（Terrence J. Sheridan）主持制定的「武裝部隊行爲法典」（Code of Conduct for Armed Forces）。該文件規定了軍隊的地位和作用，強調軍隊的職業性和「超政治」原則，任何政黨不得干擾軍隊對政府的忠誠；認爲軍隊是政府的工具，只能在安全和防備方面發揮作用。這種行爲規範不大可能使軍官們產生干預政治的動機。假如眞有政治抱負，唯一的途徑是離開軍隊，就像李顯龍那樣。

新加坡軍隊的權力結構也使政府對軍隊有一種制約作用。海陸空軍的控制權掌握在武裝部隊委員會手裡，這個委員會由國防部長主持，由國防部的常務秘書、武裝部隊的最高級將領組成。國防部長對總理負責。因此軍隊是由文職官員控制的。

　　最後，除了軍隊本身的原因以外，新加坡得以避免軍人政變還有一個最大的外部因素，那就是新加坡有一個強大高效、頗得人心的文人政府。這個政府在領導新加坡工業化過程中所建樹的豐功偉績是其他任何政治力量都變得渺小的主要根源。面對這樣的政府，軍隊不得不退避三舍。

㈤印度尼西亞

　　從權力結構來看，印度尼西亞的軍人在新秩序時期始終在國家政治生活中占主導地位。因此，印度尼西亞的蘇哈托政權是一個不折不扣的軍人政權。

　　印尼軍隊是在日本投降以後的民族獨立戰爭中誕生的。它主要有下述三個組成部分：一是荷蘭殖民統治時期被招入皇家荷屬印尼軍隊的印尼人，這部分人極少（約三十名），受過正規的職業軍事訓練；二是日本占領時期日軍當局成立的「兵補」（Heiho），這是一個為日軍服務的準軍事後勤部隊；三是日軍當局為防止將來盟軍的反攻而成立的「衛國軍」（Peta），他們只接受過最初步的軍事訓練，這些人成為後來印尼軍隊的主力。1945年10月5日，正式成立了「人民安全軍」（People's Security Army），1947年改名為印尼國民軍（National Army of Indonesia）。後來在抗荷戰爭中，各地出現的獨立的非正規穆斯林游擊隊又加入了國民軍。與此同時，還徵募了一批青年充實了

軍隊。

軍隊軍官的社會背景各不相同，一小部分出身貴族，而另一小部分出身於農村家庭，大多數則出身於低級官員、職員、教師、小業主等中產階級家庭。因此，他們的政治傾向也各不相同。軍官中絕大多數是爪哇人，因爲這裡不僅是印尼的政治中心，也是抗荷戰爭的主要戰場。這些爪哇人基本上屬於名義穆斯林。這種成分來源的複雜性導致了軍內激烈的矛盾衝突。1948年的茉莉芬事件就是一個突出的例證。

在抗荷戰爭中，面對強大的敵人，印尼軍隊不得不發動人民進行游擊戰爭。在這個過程中，許多軍官的指揮權實際上擴大到非軍事領域，例如發動群衆，支持政治組織，甚至在他們的控制區擔負起地方政權的職能。這種狀況使一部分軍官感到他們同樣能勝任政治領導，而且更有能力決定國家的方向。在蘇加諾等政治領袖被捕，並被迫與荷軍舉行停火談判時，這些軍官認爲軍隊在與敵人戰鬥，政治領袖卻拋棄了國家。軍隊對1949年政府對荷蘭的讓步表示不滿。所有這一切都成爲後來印尼軍隊直接干預政治的資本。

1949年戰爭結束時，印尼政治軍共計五十萬人，包括一部分由地方軍事領袖控制的非正規軍。1950年整編成二十萬人的印尼共和國武裝部隊。爲了建成一支集中領導的軍隊，陸軍參謀長納蘇蒂安上校決定按西方的軍隊模式再行整編，其原則是減少兵員（從二十萬減至十二萬），加強軍事裝備，強調重用受過正規軍事訓練的職業軍官，削減未受過專門軍事訓練的非職業軍官。這一措施引起了未經正規訓練的前衛國軍軍官的強烈反對。他們認爲這一措施旨在削弱他們的地位，因此堅決維護地區性的非集中

的武裝力量。衛國軍軍官、萬隆軍事學院院長蘇佩諾因反對整編而被解職。這樣，軍內非職業派和職業派的矛盾激化了。非職業派向國會尋求支持。國會中不少議員支持非職業派，要求政府解除納蘇蒂安的職務，改組國防部，這激怒了納蘇蒂安及其支持者，他們認爲這是文職官員干預軍內事務。於是在1952年10月17日，職業派軍人煽動群衆遊行示威，軍隊出動坦克直逼總統府，要求蘇加諾解散國會。蘇加諾據理駁斥，說服了抗議的群衆和軍人。事後，納蘇蒂安等主要軍事領導人辭去了軍內職務。「10·17事件」實際上是一次不成功的兵變，也是統一的印尼共和國成立以來第一次軍人干政的嘗試。

阿里政府期間，由於削減軍費、打擊地方軍隊的走私活動以及對軍人參政的限制，使原來分裂的兩派爲維護共同利益重新接近起來。1955年2月，二百多名軍官集合在一起，消除了分歧，實現了統一。後來，當政府任命一名階級較低的軍官擔任陸軍參謀長時，陸軍一致反對。軍隊在國會中的右翼政黨的配合下，迫使阿里政府讓辭職的納蘇蒂安重新出任陸軍參謀長。在這次所謂的「陸軍事件」中，軍隊第一次成功地扮演了政治角色。

1955年以後，納蘇蒂安被晉升爲少將。他又進行了大規模高級軍官的調動，以建立自己對陸軍的集中控制。這又一次引起地方軍事集團領袖的反對，從而導致外島接二連三的軍事叛亂和分裂活動。軍隊平息叛亂、恢復秩序的使命爲它進一步滲入政治大開了方便之門。1957年3月，在政府面對分裂、反叛造成的動亂局面感到無能爲力時，蘇加諾被迫宣布全國軍事管制，授予軍隊比行政機構更大的權力。不久，又授權軍隊接管並管理荷蘭人的企業和種植園，從而使軍隊的非軍事作用擴大到了經濟領域。

在1959年實施「有領導的民主」的過程中，軍隊發揮了重要作用，給蘇加諾極大的支持和幫助。到了1963年，軍隊不僅基本上平息了地方叛亂和伊斯蘭教國運動（Islamic State Movement），還成功地從荷蘭人手裡收復了西伊里安。1964年，在對抗馬來西亞運動中，蘇加諾再次授予軍隊廣泛權力，使得軍隊直接參與了政府決策。在這個時期，軍隊領袖成爲蘇加諾決策核心最高指揮部的主要組成部分。內閣中有1/3的部長來自軍隊，政府各部的許多高級官員都有軍人背景。在所有二十四個省中，軍人省長從1960年的五名增加到1965年的十二名，而且均爲重要省份，如雅加達、西爪哇、東爪哇等。大批軍人被任命爲中央和省議會的議員。在蘇加諾的民族陣線中，軍人發揮著重要影響。這表明軍隊在政治中的地位急遽上升。

經濟權利是伴隨政治地位的提高而增長的。軍隊對經濟的大規模滲透是在軍事管制期間。軍隊獲得了直接管理和控制一部分國營企業和經濟部門的權力。許多軍官成爲企業的廠長和經理，蘇托沃管理的印尼國營石油公司（Pertamina）就是一個突出的例子。此外，各級軍官還可以利用他們在行政機構中的影響，使與其有關聯的公司獲得貸款、許可證、合同及其他優先權。

1958年在軍隊利用軍管法登上政治舞台的同時，納蘇蒂安提出了「中間道路」（middle way）的理論作爲軍隊干預政治的理論基礎。根據這一理論，印尼軍隊不像西方軍隊那樣成爲政府手中死的工具，也不像拉丁美洲的軍隊那樣熱衷於政變和反政變以及接管政府，而是走一條中間道路，參與政治和社會各個領域的事務，但又不取代政府。六〇年代前半期，軍隊力量的擴大和勢力的膨脹正是在這一理論指導下發生的。

面對軍隊在政治中的勢力的迅猛發展，蘇加諾感到受到威脅。爲了抗衡陸軍勢力，蘇加諾採取了扶植共產黨、軍隊納沙貢化、建立第五武裝 (fifth force) 等措施，結果導致了「9‧30事件」和蘇哈托軍人政權的建立。

新秩序政權是一個軍人政權。爲了說明軍人政權的合理性，蘇哈托進一步發展了納蘇蒂安的「中間道路」理論，提出了「雙重職能」 (dual functions) 理論。1966年，在陸軍第二次研討會上他明確闡述了這一思想。他說，「作爲獨立戰士的印尼國民軍，對民族發展方向、政權的性質、國家的安全與潘查希拉社會的安寧，不可能持中立態度。印尼國民軍不僅要在單純軍事技術方面，而且還要在其他所有社會生活方面擔負起主要責任。」❸❷ 1982年，國會通過了一個法律，稱軍隊不僅是一支軍事力量，也是一支社會力量。這樣，「雙重職能」的原則便以法律的形式固定下來了。

蘇哈托在建立軍人統治的過程中採取了多方面的措施。首先，對軍隊進行清洗和整頓。清洗的對象主要是軍隊中的左派勢力，也包括其他異己份子，如納蘇蒂安等一些能構成威脅的資深將領。同時提拔一些親信占據軍隊要職。其次，任命軍官出任各級政府要職。在政府內閣中，軍人始終占有較大的比例。1966的二十七名部長中有十二名爲軍人。1973年，二十三名部長中軍人下降爲四人，但到1978年又上升爲十一人。即使有的部長不是軍人，但該部的其他高級官員通常是軍人。軍隊也控制著地方行政權力。在有領導的民主時期，在二十七個省長中有二十二個是軍人，到1980年，雖然減爲十九個，但軍人省長控制著所有重要的省份。在縣一級，有2/3的縣長和鎮長爲軍人。再次，蘇哈托建立

了一整套嚴密的軍隊控制體系。除了透過軍隊專業集團來控制政治權力以外，還透過軍隊各級機構直接對行政權力進行控制和監督。全國共有十七個軍區，每個軍區司令部監控一個或幾個省。軍區以下的各級領導機構與各級政府機構平行。每個鎮甚至村都有軍隊。有些指揮官常常被任命爲同級行政首長。軍隊的各級機構也是權力很大的「恢復安全和秩序行動委員會」的代表機構，從事秘密警察的活動。國家安全情報機構和國防部的下屬機構也與之密切合作。其四，透過立法形式規定軍人在立法機構的比例，如規定1/3的人民協商會議議員由政府從軍人中任命。實際上，軍人在該機構中的比例比這還要高，因爲政府另外任命的一百名議員中有一部分是軍人，議會的專業集團內還有一部分軍人，在人民協商會議的省議員和地方官員中，也有一部分是軍人。所以在立法機構中，軍人數量遠遠超過兩大在野黨的議員，這足以保證立法權牢牢掌握在蘇哈托爲首的軍人手裡。

㈥菲律賓

　　菲律賓武裝部隊建於1936年。它是根據1935年的「國防法令」（National Defence Act）建立的。根據該法令，武裝部隊肩負兩項使命：一是對外抵抗外來入侵，保衛國家安全；二是對內維持法律和秩序，維護社會安全。第二項實際上是警察的職責，所以1936年菲律賓陸軍成立時，原來履行國內治安的保安部隊（警察）成爲菲律賓陸軍的核心。後來軍警曾兩度分離。但1950年，保安部隊重新併入菲武裝部隊，其主要目的是爲了共同剿滅「胡克」（Huk）游擊隊。也就是從這時起，菲軍隊的職能範圍開始向其他社會民事領域擴展。政府開始認識到，許多社會問題

是產生「胡克」問題的根源，於是菲軍隊開始透過「經濟建設隊」從事基礎建設，如無地家庭的安置、參與鑿井、建校、農村衛生計畫以及敕濟災民等活動。

1958年，軍隊的社會經濟職能達到了制度化的程度。「軍隊社會經濟計畫」得到國會的正式批准。根據這一計畫，1964年，在一些戰略地區成立了一些「民事活動中心」。到了馬可仕的第一任期時，軍隊成為推動政府經濟發展計畫的主要力量之一。軍隊在工程技術、交通運輸等方面都發揮了重要作用。1966年，武裝部隊參謀長在解釋軍隊在當代的作用時說，「軍隊只被認為是一個戰鬥組織的觀念太狹窄了，準確地說，軍隊的職責應該包括外部安全、內部安全、和平與秩序以及社會經濟發展……這是和平時期軍隊的新的職責範圍。」馬可仕也認為菲律賓武裝部隊是國民經濟發展的「先鋒隊」，它「必須透過直接地參與和創造有利於發展的環境，特別地和堅決地為加速發展目標的實現而作出貢獻」。❸❸

在1972年軍管以前，儘管軍隊的職能擴大到社會經濟範圍，然而這時軍隊還未滲透到政治中，還沒有對政府決策產生影響。1972年軍管法的頒布以及後來長達近十年的軍法統治，使菲律賓軍隊的地位發生了很大變化。馬可仕在頒布軍管法的同時，宣布軍隊「要維護整個菲律賓的法律和秩序，防止和鎮壓各種非法暴力以及各種反叛、暴亂行為，迫使人們服從我頒布的或根據我的指示所頒布的法律、法令、命令和條例」。❸❹這樣，軍隊的權力就擴大到搜繳民間武器、鎮壓集會遊行示威等政治領域。與此同時，各地政府的警察部隊也統編成「統一國民警察」，並置於一個軍隊司令的控制之下，從而加強了軍隊的勢力。

軍隊的權力進一步向司法方面擴展。根據總統的命令,參謀長有權建立軍事法庭、審理有關軍隊的案件和「其他案件」。「其他案件」的概念極其含糊,藉此,軍事法庭不斷擴大它的民事司法權。到1974年,共成立了二十個軍事法庭。這年底,雖然政府命令將許多案件轉歸民事法庭,但軍事法庭仍有權審理顛覆、暴亂、搶劫、謀殺等非軍事案件。

在軍管條件下,軍隊參與行政管理的作用日益增加。最初這種作用主要表現在管理全國的交通工具、各種公用事業、接管傑森托 (Jacinto) 集團公司的財產以及與軍工有關的埃利薩爾德 (Elizalde) 公司的財產。不久後,大部分大眾媒介和公用事業恢復了民營。然而傑森托集團公司仍被由軍官組成的董事會控制。此外,軍隊還成立了兩個和軍隊有關的投資公司,一個是「菲律賓赴朝老兵投資發展公司」 (Philippine Expeditionary Force to Korea-Investment and Development Corporation) (有七十萬美元資產) ,另一個是「菲律賓老兵發展公司」 (Philippine Veterans Investment Development Company) (有五十萬美元資產) 另外,還有愈來愈多的軍官進入了國營和私營公司的董事會。這表明,軍隊已經涉足了社會經濟的管理。

到七○年代末,軍隊對政治的介入愈來愈深。1974年,馬可仕指示,菲律賓的軍事學院要「訓練戰士不僅有作戰藝術,也有管理文人政府的能力」。㉟在政府的文職機構中出現了愈來愈多的軍官。許多軍官,特別是警官,被任命為穆斯林地區的省長,或麻煩較多的呂宋地區的市長。1978年政府任命了六名軍官為省市長,在當地地區發展問題上享有行政權,他們像該地的小總統

一樣。還有「南部菲律賓發展公署」(Southern Philippine Development Authority)、「內湖發展公署」(Laguna Lake Development Authority)、「監獄總局」(Bureau of Prisons)、「全國住房公署」(National Housing Authority)等均由現役或退役軍人領導。軍隊對國家行政管理的介入一方面使軍隊控制了一些經濟部門，更爲重要的是，它擴大了軍隊在社會中的影響，有助於軍隊建立自己的政治基礎。

儘管菲律賓軍隊在馬可仕軍管以後力量不斷增強，權力和影響不斷擴大，對政治的滲透也不斷加深，但它始終未能像在緬甸、印尼、泰國那樣，成爲強大的政治統治勢力，取代文人政府，建立軍人政權。那麼原因何在呢？

首先，軍隊的非政治化觀念。文官至上的原則在菲律賓軍隊中有一定影響。1935年菲律賓憲法規定了軍隊不得干預政治家的政治活動。1973年的憲法也有同樣規定。至於文官至上的原則可以追溯得更早。1898年的馬洛洛斯憲法以及埃米略‧哈辛托 (Emilio Jacinto) 和何塞‧黎薩 (José Rizal) 的思想對該原則都作過闡述。在美國統治時期，文官至上的原則已經制度化了。1935年國防法頒布後，這個原則便成爲軍政關係的最基本原則。在菲律賓的所有軍事院校，對軍官的教育也特別強調這一點。菲「武裝部隊行爲法典」(AFP Code of Conduct) 也規定了這一原則。另外，菲律賓相當大一部分軍官是在美國軍事學院訓練出來的，大多數將軍都在美國學習過一至三年。1950至1976年有一萬六千名軍官在美國軍校接受教育和訓練。這些軍官接受了美國軍人的傳統觀念，至少在理論上增強了他們忠於憲法政府的信念。

爲了經常提醒軍隊對政府的忠誠，菲政府規定了軍隊向政府表示忠心的「效忠日」（Loyalty Day）。軍官每年在「效忠日」要舉行儀式對總統、憲法表示忠誠。

　　軍隊服從文人政府，這一方面是由於法律的規定，另一方面，也是由於軍官們的職業自豪感。一般來說，軍官有比文官較高的地位和待遇。他們並不羨慕文職官員，相反，他們鄙視政治家，認爲政治家是骯髒的，不願因干預政治而玷污自己的手。

　　其次，馬可仕能牢牢控制和駕馭軍隊也是一個重要原因。在馬可仕統治的二十年中，他透過培植親信緊緊地把軍權抓在自己手裡。軍管以後，他對軍隊的高層領導進行了大幅度的改組，只要對馬可仕的忠誠表現出某些動搖就被撤換或調離。例如前武裝部隊參謀長拉斐爾·伊萊托將軍對軍管稍微表示了不同意見，立即被免去軍職，調任駐伊朗大使。在馬可仕執政後期，提拔了一批親馬的將官，撤換了一批年老資深的將軍。他挑選自己的親信擔任軍隊和保安部隊的高級職務，任命他堂兄弟貝爾（Fabian Ver）任武裝部隊總參謀長和國家情報安全署署長，任命另一個表弟羅慕斯先後任保安軍司令、國家警察部隊總監和武裝部隊副總參謀長。馬可仕把軍隊從六萬人擴充到二十七萬人，增加的大部分爲他家鄉依羅戈（Ilocos）的人。據說在三軍和保安部隊中，90%的將官是依羅戈人。在依羅戈省，幾乎每家都有人在武裝部隊服役。爲了加強對軍隊的控制，馬可仕在軍中建立了一整套監督體系。軍區司令和高級軍官每兩年調換一次。國防部下設一個「公民關係部」，連隊有「公民關係小組」，多由馬可仕的老鄉組成，用以監督各級軍官。

　　最後，軍隊內部的派系鬥爭和相互制約爲文人政府提供了仲

裁平衡的地位和空間。在馬可仕時代，軍官階層主要有兩派，一是軍事院校畢業生，其首領是羅慕斯；另一派是其他大學的畢業生，代表人物是貝爾。馬可仕同時重用這兩個人，其目的在於使這兩派相互牽制和制約，從而確保自己的仲裁地位。

儘管馬可仕採取了種種措施控制軍隊，但他的獨裁統治終究愈來愈喪失民心和軍心，這就不可避免地導致他的政權在人民革命和軍隊的反叛中徹底垮台。

在1986年的二月革命中，部分軍隊的倒戈成為馬可仕垮台的關鍵因素之一。在馬可仕統治後期，軍隊中悄悄興起了軍隊改革運動，為首的是國防部長恩里萊，其成員也多是親羅慕斯的軍事學院派的中下層軍官。正是由於改革派勢力在關鍵時刻站到了馬可仕的對立面，才使菲律賓的歷史揭開了新的一頁。

支持菲律賓二月革命的畢竟是軍人的一部分，因此，柯‧阿奎諾上台後，對軍隊進行了整頓，特別是對高層軍隊領導進行了改組撤換，提拔了上千名年輕的、親政府的軍官，試圖清除馬可仕的勢力。但菲軍隊畢竟由馬可仕經營了二十多年，柯‧阿奎諾政府不可避免地要面臨來自軍隊的挑戰。事實正是如此，在柯‧阿奎諾執政的六年裡，菲律賓共發生了七次兵變，僅最初的十八個月內就爆發了五次。其中1989年12月的第六次兵變規模最大，捲入的軍隊達六千人之多，這是獨立以來所未有過的。

在柯‧阿奎諾政權期間出現如此頻繁的兵變其原因是複雜的。首先，柯‧阿奎諾總統對軍隊的整肅引起了部分有劣跡的軍官的不滿。她撤換了一大批馬可仕親信，但馬的勢力仍然存在，這些人對他們的失勢耿耿於懷。新政府曾聲稱要對過去軍隊侵犯人權的行為進行清查，這使不少軍官對新政府懷恨在心。據說，

多次參與發動兵變的頭目霍納桑（Gregorio Honasan）在七〇年代曾親手把許多民族解放摩洛陣線俘虜的耳朵割掉。他當然反對新政府的清查政策。新政府對軍隊特權的限制也引起了一部分在馬可仕時代橫行無阻的軍官們的不滿。

其次，柯‧阿奎諾執政期間，政府的某些政策引起軍隊中部分軍人的不滿。新政府曾對菲共和新人民軍採取和解態度，釋放大批政治犯，這遭到軍隊中右派勢力的強烈反對。

其三，柯‧阿奎諾政府未能眞正兌現她上台時的諾言。她未能遏制和清除政府官員的腐敗，沒能進行有效的土改，物價飛漲等經濟問題也未得到解決，這引起了軍隊改革派勢力的不滿，也成爲右派發動兵變的口實。

最後，軍內派系林立、山頭主義傾向嚴重也是兵變頻繁的一個重要因素。柯拉蓉政府時期，軍內派系更加複雜。除了親馬可仕的餘黨以外，還有一股以霍納桑爲首的右翼勢力，他們自稱「軍隊改革派」（Reform the Armed Forces Movement）和「青年軍官同盟」（Young Officers Union）。另外還有一些地方派系，例如1990年10月的第七次兵變就是駐紮在菲律賓南部民答那峨島武端市的陸軍第四師的一部分軍人發動的，叛軍宣布成立一個「自由與獨立的民答那峨聯邦共和國」（Free and Independent Federal Republic of Mindanao）。當然，在菲律賓軍隊中，勢力最強大的一派自然是以國防部長羅慕斯和武裝部隊參謀長德比利亞爲首的主流派。正因爲存在著這個主流派，所以七次兵變均被粉碎。

1992年6月羅慕斯上台以來，菲軍隊日趨穩定。這不僅是因爲羅慕斯本人是軍人出身，在軍隊中獲得廣泛的支持，還由於他採

取了一些改革、穩定軍隊的措施。他首先提拔了一批效忠政府的各級軍官，國防部長德比利亞和武裝部隊總參謀長阿巴迪均爲羅慕斯的好友和主要支持者。他還改善了軍人的待遇，增加了薪水和住房補貼。他還加強了軍隊的紀律，嚴懲了不法軍人。此外，對軍內的右派叛軍集團採取和解姿態，雙方已開始停火談判。1992年9月，羅慕斯給叛軍首領霍納桑陸軍中校簽發通行證。由此可見，菲律賓軍隊將繼續趨於穩定和統一。

第三節　宗教勢力與政治

㈠緬甸

　　緬甸是東南亞信奉上座部佛教的主要國家之一。佛教徒占全國總人口的85%。古代的緬甸文化是以佛教爲基礎的。在今天的社會生活中，佛教仍占有相當重要的地位。

　　按照緬甸的傳統，男子年滿十二至十三歲就有資格出家爲僧。他們有的一世爲僧，也有的出家一段時間後再還俗。但緬甸男子的一生中應有一次遁跡空門。緬甸的僧侶由兩部分人組成，一是終身僧人。青年在寺院修行到二十歲便牒度爲比丘，成爲職業僧人。他們終生在寺院修身養性，學習研究，弘揚佛法。另一部分是還俗以後從事世俗職業的人，這些僧侶稱爲家僧。

　　佛教的活動場所是寺廟。緬甸的鄉村城鎮遍布寺廟佛堂。寺廟在社會生活中起著重要的作用，特別是在農村。它是文化教育的中心。六至十歲的學童多在這裡接受教育，主要教兒童唱讀背誦經文，講解佛教義理。這種宗教教育保證了緬甸較高的識字率。

同時，寺廟又是社區活動的中心，因為寺廟僧侶為當地居民提供各種社會宗教服務，如舉行布薩日儀式、民間佛教儀式、國際日儀式以及其他命名、遷居、喪葬等儀式。

在緬甸，僧侶備受人們尊重，即使母親也要向她初入寺廟為僧的兒子鞠躬。僧侶穿的黃袍被認為是佛陀的象徵。僧侶享有較高的社會威望，這一點連軍政權貴都不能輕視或失禮。這種威望來自於人們對僧侶的崇敬。人們認為他們恪守戒律，割捨欲望，是人間聖潔的象徵；同時認為，他們研究聖典，弘揚佛法，傳經授業，是人們精神上的導師。佛教僧侶這種社會威望和地位成為他們作用於社會政治的基本要素。

在王國時代，緬甸是一個政教合一的國家。佛教僧侶的最高領袖為僧王，由國王直接任命，掌管全國的宗教事務，同時對國王和政務也有很大的影響力。

獨立以後，宗教勢力在政治中的地位大大下降了，但仍然是緬甸政治生活中不可忽視的力量。從它發揮的作用來看，大致可分成兩個階段。1962年軍人接管政權以前，佛教對政治影響較大；在軍隊統治時期，其作用大大受到限制。

在前一時期，雖然緬甸不再是一個政教合一的國家，但佛教仍享有較突出的地位。緬甸獨立後的第一部憲法規定，「國家承認聯邦公民絕大多數所信奉的佛教的特殊地位」。❸❻1950年政府設立了宗教部，以統管全國的宗教事務。同時還頒布了「佛教組織法」以及有關佛教大學和培養佛教教師的法規。這年，還頒布了「佛教評議會條例」。翌年，又設立了全國性的佛教組織「佛教評議會」。吳努指出，該機構的目的「是弘揚和勵行教義，在國內確立佛教的鞏固基礎，保持佛教的神聖地位，同時也要向世

界傳播佛教」。❸當時的宗教部長奈溫在評議會成立大會上說，政府「不能對佛教的組織機構漠不關心。政府已目睹僧伽的團結和對佛教的知識和實踐的熱情。爲了佛教的傳播，政府將在可能的範圍內盡力給予援助」。❸評議會由執行部和地區代表部的八十多名委員組成，爲政府宗教部的諮詢性機構。其具體任務是：負責組織和推動國內外的佛教思想的發展與傳播；設立國內外佛教傳播中心，並爲此目的創設講習會以及必要的研究設施；實行對佛教經典的筆試和口試等，執行爲振興佛教聖典的工作計畫；獎勵對佛教聖典的傳播等。

評議會對佛教在國內外的發展確實產生了推動作用。在它的主持下，發行了緬文譯本的佛教聖典，實行了巴利語聖典的考試，擴大了佛教向少數民族地區的傳播，設立了專門培養傳教師的大學。這些傳教師主要擔負向海外傳教的職責。吳努總理本人在向外宣傳佛教中起了不小的作用。他曾出訪印度、英國、美國，多次發表有關佛教思想的演講。緬甸還接受外國留學生到這裡研究佛教。

五〇年代中期，佛教在緬甸社會政治生活中的地位進一步提高，特別是在國際上也產生了巨大影響。這突出地表現在1954年5月至1956年5月長達兩年的佛教史上的「第六次結集」，即紀念佛陀涅槃二千五百週年大祭慶典（第五次結集是由緬甸曼同王於1871年舉行的）。第六次結集規模宏大。爲了這一佛教史上的盛事，緬甸政府仿照第一次結集的七葉窟，耗資二百萬美元建造了大聖洞，同時還建造了一個「世界和平佛塔」，以收藏薩利佛陀和穆加羅那兩大弟子的遺骨。爲了這一慶典，邀請了斯里蘭卡、泰國、柬埔寨、印度、巴基斯坦、尼泊爾等國共二千五百名高僧

編纂和審訂聖典。1956年5月24日，結集正式閉幕。這天成爲緬甸的盛大節日，全國上下普天同慶，政府首腦、各國使節和數千名比丘和成千上萬的群衆聚集在仰光大聖洞歡慶結集的成功。結集期間，合誦了全部巴利語聖典，並最後完成佛典的編纂和審訂。爲了紀念這次結集，全國放假六天，實行大赦，發行特種郵票、車票和機票。

這次結集在國內外產生了巨大影響。就國際意義來說，第六次結集使緬甸成爲在世界範圍內振興佛敎的先鋒。這促使世界佛敎徒國際組織「世界佛敎徒聯誼會」於1958年將總部遷至仰光。緬甸佛敎評議會主席吳千呑被選爲該聯誼會的主席。緬甸成爲世界佛敎的活動中心。就國內來說，直接後果是將佛敎在緬甸社會中的地位推到了頂點，其主要標誌是在1961年議會通過的憲法修正案中，佛敎獲得了國敎的地位。憲法正式承認「聯邦的大多數公民信奉的宗敎——佛敎是國敎」。爲了保證這項規定的落實，憲法還進一步規定政府應努力推進佛敎的敎學和研究，維護佛敎的崇高地位和尊嚴，維修佛塔，爲僧侶興建醫院等。政府還制定了「國敎推進條例」，要求大學、師範和一切國立學校講授佛敎經典。可見，這時佛敎勢力已經影響到緬甸政治、經濟、文化和社會生活的各個領域，這是緬甸獨立以來佛敎勢力擴張的頂峰。

這個時期，佛敎勢力的勃興絕不是單純的宗敎問題，這種勃興主要是因爲政府的推動。那麼爲什麼政府要大張旗鼓地振興佛敎呢？在很大程度上是出於政治方面的需要。

首先，政府利用宗敎達到政治目的。吳努總理原來並非一個虔誠的佛敎徒。他承認他「從來沒有在宗敎科目方面接受過任何敎師的敎導，儘管他讀過一些佛敎讀物和聆聽過傳敎士和僧侶們

的宣講」。他說他只有「可憐的知識」。❸但他當上總理後，面臨國內各種政治危機，特別是民族分裂、武裝叛亂、政局不穩，感到迫切需要一種武器，於是把目光轉向了佛教。他認為緬甸所有問題的癥結在於缺少宗教的熱情，人們過分追求物質利益。他說，如果我們深入到國家目前混亂的根本原因中去，就會發現80%的原因都源於對宗教的漠不關心。對於信奉佛教四諦的人來說，最為緊迫的責任便是在儘可能短的時間內實現涅槃……然而，人們卻以他們的生命投入了不斷的爭取諸如土地這樣的實物的戰爭……由於這種錯誤的物質觀點，他們也就忘記了自己的實現涅槃的首要任務。因此，「所有一切旨在緬甸聯邦的穩定與持久獨立的活動，都是趨向宗教弘揚的步驟」。❹為此，他積極倡導恢復佛教傳統。他每天四點起床進行兩個小時的冥想，然後開始進餐和工作。他還經常到冥想中心，經常向人們講解佛典、傳播教義。他身體力行，試圖感染民眾。他把宗教作為實現其政治目標的工具。為了實現他的社會主義目標，他大力宣傳佛教和社會主義甚至和馬克思主義的一致性。他認為，「只有你首先改變了人們的心，才能改變經濟制度。」❶

　　吳努復興佛教的另一個動機是提高自己的威望和加強自己的地位。他希望自己成為二十世紀的雍籍牙國王，把緬甸再次變成佛教世界的領袖。他渴望像緬甸古代的佛教國王那樣把自己變成一個舉國崇敬的菩薩，而這種崇高的宗教威望又能促進政治領袖地位的鞏固。這就是他為什麼熱衷於把佛教立為國教的根本原因。他在1960年競選中把佛教立為國教的問題作為向選民的許諾，就更清楚地反映了這一點。

　　吳努復興佛教還有一個政治目標，就是提高緬甸在國際上的

地位，與各國建立友好邦交。這一點，透過第六次結集確實達到了。緬甸和泰國雖然都是佛教國家，但在歷史上卻是宿敵。然而透過這次結集以及後來的佛事往來，兩國重新建立起友好關係。吳努說，「在以往歷史上兩國從來沒有這樣相互友好對待過。」❷

佛教在緬甸的復興並非僅僅是吳努及其政府利用佛教的結果，同時也是佛教勢力，特別是佛教僧伽的極端派利用政府、影響政治的結果。

吳努的佛教復興政策正好爲一些極端的佛教徒的崛起創造了良好的氣候。到五〇年代中，這股勢力開始干預政府的宗教政策。1954年他們要求禁止在國立學校教授伊斯蘭教和基督教。吳努認爲復興佛教不等於壓制和剝奪其他宗教的權利。吳努總理和奈溫宗教部長親赴佛教中心曼德勒，與僧侶們會談。但在那裡聚集的八千名僧侶態度強硬，堅持只能以佛教作爲教學科目，反對講授其他宗教。與此同時，各地僧侶也舉行集會，響應曼德勒僧侶的要求。面對極端派僧侶的壓力，起初吳努打算在國立學校取消一切宗教教學科目以解決爭端。但吳努的這一決定剛一公布就引起了佛教徒們的騷亂。當時有謠言說吳努的決定得到穆斯林的慫恿，於是仰光的穆斯林出於對自己安全的考慮進見吳努總理，主動要求他撤回那一決定，滿足佛教徒的要求。最後，吳努擔心1938年佛教徒和穆斯林之間的衝突再度發生便向極端派作了讓步，宣布只承認在國立學校講授佛教的合法性。吳努政府在教育政策上的修改是佛教極端派勢力利用政府擴大自己的社會地位的第一個勝利。

如果說在這次教育政策修改中，吳努充當佛教僧侶們的工具

時還顯得被動的話，那麼1961年通過佛教國教化修正案的時候，吳努就相當主動了。

根據1947年憲法，雖然規定了佛教的特殊地位，但同時也承認其他宗教的合法地位。第六次結集後，佛教徒提出了佛教國教化要求，但遭到吳努的拒絕。這曾引起極端派的不滿，不過這仍局限在宗教範圍內。但是到了五○年代末，吳努的執政黨反法西斯人民自由同盟發生分裂。1960年大選時，吳努的「廉潔派」為了戰勝「鞏固派」，把佛教國教化問題納入政治鬥爭。吳努因許諾要把佛教立為國教而再次當選為總理。1961年8月，議會果然通過了佛教國教化修正案。

但這引起了非佛教徒的不滿，而且很快引發了一場政治危機，因為非佛教的少數民族不僅把這看成是宗教問題，而且看成是民族歧視問題。一個全國性的非佛教的少數民族聯盟很快建立起來以保護自己利益。為了緩和矛盾，吳努政府又提出一個憲法修正案，確保了其他宗教在學校的講授權。這引起了佛教僧侶們的不滿，指責政府使「佛教國教化失去了原來的意義」，「政府也把所有其他宗教國教化了」。當議會通過該修正案後，佛教極端派，甚至較溫和的佛教團體，掀起了一場宗教狂熱運動，引起了流血衝突。衝突的結果是吳努政府被軍人所推翻。

很顯然，吳努政權的墳墓是他自己挖掘的，是他為佛教沙文主義萌芽的生長準備了空氣和土壤。在此過程中，吳努並非沒有意識到這種勢力的危險性。但是他又想讓佛教為己所用，於是他就不得不沿著這個錯誤方向走下去。總之，在宗教和政治之間，吳努的政策始終處在進退維谷的矛盾之中。這種矛盾導致了他的垮台。

奈溫軍人政權與吳努政權的宗教政策完全不同。奈溫認爲吳努的親佛教政策導致了國家的分裂和民族的不和。新政權的政策是嚴格實行政教分離，削弱佛教僧伽的社會地位和影響，將其作用嚴格限制在宗教的範圍內；同時把佛教勢力置於政府的控制之下。

根據這一政策，軍政府停止執行憲法中有關宗教的條款，因而也就取消了佛教的國教地位。政府解散了宗教評議會，對電台中的宗教節目也作了限制。1964年4月，政府對所有僧伽團體實行登記。1965年政府取消了給僧侶帶來利益的「僧伽關係法」，同年「宗教法庭法」也被廢除了。同時，政府對宗教活動的資助也中止了。1965年3月，來自全國各教派的二千多名佛教徒代表討論政府關於成立一個新的僧伽組織以管理佛教事務的建議。但是當政府建議該組織向所有僧侶發放身分卡時，引起了佛教界的廣泛抗議。在曼德勒，發生了群衆性的示威，結果有九十二名僧侶和一千多名世俗佛教徒被逮捕。這個新的僧伽組織雖然建立起來了，但對全國佛教勢力的影響甚微。

直到八〇年代初，政府和佛教勢力關係才有所緩和。1980年3月，政府又召開了一次全國性的佛教僧侶代表會議，即「全國佛教純潔、鞏固、發展各教派代表大會」。出席大會的共有一千二百二十六名代表。大會通過了「僧侶組織基本章程」、「僧侶法律糾紛案件審理裁決法」，實行僧侶身分證制度，選出了全國僧侶組織領導機構：「法律規範師組織」、「中央僧侶負責機構」和「僧侶大導師機構」。這次大會對增強各教派的交流和團結，緩和僧伽和政府的關係產生了積極作用。這時奈溫也重新採取了一些親佛教的措施，如他下令修建一個新的佛塔以收藏尼泊爾國

王捐贈的佛陀聖骨。

到了八〇年代後期,當民主運動高漲時,僧伽重新活躍起來。1988年,緬甸一萬五千名僧侶走上街頭為群眾示威遊行維持秩序。在仰光、曼德勒、毛淡棉等地組織起許多罷工中心,仰光的達耶陶（Thayetaw）寺廟幾乎成為民主運動的精神堡壘。但蘇貌重新建立軍人政權後,宗教勢力又被置於政府的嚴格控制之下。

然而,支持民主的僧侶並未得到控制。當軍事當局強迫政府控制的「最高僧伽委員會」聲明那些參加抗議的僧侶是冒牌和尚時,在佛敎聖城曼德勒引起了強烈反應。1990年8月8日七千名僧侶在曼德勒集會紀念民主運動兩週年時,遭到政府的攻擊。結果導致了一場波及全國的僧侶抵制運動。他們拒絕為軍人及其家屬舉行任何宗教禮儀。不能享有宗教禮儀,這在宗教傳統影響強大的緬甸是一種非常嚴重的現象。公眾也響應了僧侶們的抵制運動,他們也拒絕和軍人同乘一輛公共汽車,拒絕賣商品給軍人家屬。後來,政府封閉了數百座寺廟。有三百名僧侶逃往緬泰邊境,加入了上萬人的學生流亡者隊伍。在反軍人政府的運動中出現了一些支持民主的僧侶組織,其中最重要的是「全緬青年僧侶聯盟」。該組織聲稱,參加反對軍人當局的活動是佛敎僧侶的「歷史責任」。這種地下的僧侶組織目前仍在活動。

㈡泰國

泰國是一個佛敎國家。早在十三世紀的素可泰王朝時期,蘭甘亨國王就把佛敎定為泰國的國敎。立憲以來,憲法始終規定佛敎為國敎,同時也規定了宗教信仰自由。

佛教滲透到泰國社會的各個方面。它對人們的思想意識、道德觀念、生活方式和整個社會政治經濟活動都產生了巨大的影響。

泰國95%以上的人口信仰佛教。全國共有佛寺三萬零一百七十九所，遍布城鄉各地。各大公司、飯店、學校均設有佛堂。全國僧侶三十萬人，另有寺童數萬人，估計有一半以上的泰國男性在年滿二十歲時要出家爲僧，一般爲三個月。這被認爲是對父母盡孝道的一種積德方式，能夠使父母死後進入天國。按照宗教傳統，只有當過和尙的人才能受到社會的尊重。人們認爲他是受過教育的、完美的、成熟的人。這往往成爲娶妻認婿的重要條件。寺院也是免費接受初等教育的場所。不計家庭貧富，入寺爲僧就能獲得受教育的機會，爲將來進入中高等學府，甚至爲未來的經濟政治生涯的成功奠定基礎。當然，爲僧侶的最終目標是要達到涅槃，然而較實際的利益往往是主要的動機。

就傳統來說，佛教對泰國社會產生的影響是極其廣泛的。佛寺遍及每一個村鎮，每個寺廟有一個長僧和若干僧人。寺廟是全村團結的核心，也是全村進行社會活動的中心。村民在這裡舉行各種慶典、節日娛樂、各種儀式等。寺廟有著許多社會功能，如集會場所、村社的金庫和倉庫、娛樂中心、教育中心、就業代理處、福利管理處、免費客棧、信息和新聞中心、村衛生所，有時還是官方的行政辦公處。

寺廟的僧侶與俗人有著密切的相互依存關係。根據佛律的規定，僧人不從事經濟活動，其物質生活來源主要依靠俗人信徒的施捨。世俗信徒爲僧人提供食物、住房、衣服、藥品四種主要生活必需品，作爲積德行善的手段。而寺廟的僧伽則向俗民盡各種

宗教義務。他們參加並主持俗民的婚喪嫁娶和其他各種慶典儀式，以便給人們帶來吉祥、保護和祝福。他們向人們誦經講道，宣傳佛法以教化俗民。這樣僧伽和村民形成了相互服務的依存關係。俗民為僧伽提供物質服務，僧伽則為俗民提供精神上的服務。透過這種關係，寺廟僧伽把整個村民聚合成一個整體，形成社會的基層單位。

除了履行宗教義務外，寺廟僧伽還從事其他社會服務。一是教育服務。寺廟承擔著農村基礎教育的功能；此外，泰國佛教僧侶建有兩所佛教大學和一些佛教師範學院。二是諮詢服務。村民有關婚喪嫁娶、搬遷旅遊、生活難題都要向長僧、方丈徵求意見；大選時，村民有時就候選人問題向他們進行諮詢。三是仲裁和調解。有關矛盾糾紛和遺產繼承等問題常常請長僧和方丈出面裁決。此外，僧侶還參加各種有關鄉村建設的各項活動，如修路、架橋、建學校等。

由此可見，僧侶在村民社會生活中占有重要的地位。他們是凝聚力的核心，起著精神領袖的作用。泰國的寺廟和僧侶被認為是「民族安全的柱石，因為他們能帶來團結和統一」。❸

正因為佛教僧伽在泰國社會生活中的突出地位，所以歷來統治者都特別重視佛教僧伽，並借助僧伽加強自己的合法地位；同時利用佛教建立統一的民族精神，把它作為民族認同感的象徵和基礎。在泰國人看來，社會的安定和幸福取決於統治者和被統治者的道德，而道德來自於對佛法的信守。素可泰國王蘭甘亨曾說，「如果我們保持對佛教的堅信不移，信守佛法，從而具有了良好的道德和高尚的精神境界，那麼我們的國家就會穩定和繁榮。」❹他親自任命佛教最高教主（僧王），並授予傑出的僧人統治

權。後來的繼承者同樣奉行保護、推崇佛教的政策，使佛教僧侶和皇室政府建立了密切的關係。僧王備受尊敬，被國王召去諮詢有關國家大事。特別引人注意的是，曼谷王朝時期，國王拉瑪四世蒙固曾削髮爲僧二十五年。登基後，他對佛教進行了改革。他和他的繼承者朱拉隆功在保護和弘揚佛教方面作出了重要貢獻。

泰國政體改變以後，國王仍然是佛教的保護者，內閣政府也仍然重視僧伽。內閣政府設有專門機構負責佛教和僧伽事務，這就是宗教事務廳，其主要職能是爲僧伽最高委員會服務，執行政府對宗教的保護權，支持和鼓勵人們的佛教意識和良心，同時也對宗教實行控制。此外，政府的其他部門如教育部、地方行政部、內政部均與佛教有聯繫。

政府對佛教僧伽的保護和重視，歸根究底是爲了利用它爲政府服務，實現國家的穩定、安全和發展。

六〇年代初，沙立政府時期，泰國開始了現代化發展時期。當時面臨的主要問題是廣大農村的貧困化，泰共在農村的活動也對政府構成了威脅。爲了遏制和戰勝泰共在農村的發展，贏得農民對政府的忠誠，政府自1962年以後，發起了一項鄉村發展計畫。該計畫的宗旨是促進生產，提高農民的收入，擴大農村的公共事業，促進教育、衛生等事業。根據該計畫，政府向村民提供技術和物質援助，村民自力更生地開發本地資源，繁榮農村經濟。

爲了實現這一計畫，村長作爲政府最基層的代表理應擔負起領導責任。然而由於他總是受命於上級政府官員，而且往往以命令的方式強迫村民按照政府的意志行事，所以他在村民中的號召力和權威性均不如寺廟的方丈。因此，爲了有效地動員和組織村民實施發展計畫，在每村都成立了一個包括寺廟方丈在內的「社

會發展委員會」。雖然村長任該委員會主席，但實際上方丈作為精神領袖，起著重要的作用。

實施這一計畫，需要大量的訓練有素的宣傳組織人才。政府認為只有各級僧侶才能承擔起這一重任。於是在政府和佛教最高當局的支持下，由摩呵朱拉和摩呵蒙固聯合倡導了一項「鼓勵僧侶參與社會發展計畫的訓練項目」。該訓練項目的主要目標是，經過訓練的僧侶向人民傳授有關社會發展的一般知識，鼓勵僧侶參加社會建設，促進人民之間的團結，保障民族、宗教的安全。

接受訓練的僧侶分為兩部分：一部分是從各省選派來的僧侶，其中大部分從事過僧伽的行政工作；另一部分是佛教大學畢業生，他們必須有履行宗教職責的能力，有五年以上僧侶經歷並志願到被分配的地方去工作。這些受訓人員畢業後被派往所需要的地方。他們一方面向俗人宣傳佛教教義，號召村民為社會利益服務，效忠國家、宗教、國王，從而促進國家的穩定和統一；同時在農村的現代化過程中起領導作用，實施鄉村發展計畫。此外，還要在政府、地方官員和村民之間起協調作用，把政府的政策不是透過命令而是透過傳道的方式灌輸給村民。

在北部和東北部泰共活動地區，政府擔心鄉村發展計畫不能有效實施以抵銷共產黨的影響，便於1964年提出了一項「加速農村發展計畫」。該計畫的主要內容是加速城鄉之間的道路建設，促進農業發展，興建水利工程，開設康樂中心和學校。為了取得僧伽對該計畫的配合，政府又專門制定了一個僧伽和政府合作的計畫。

政府利用佛教要達到的另一個重要目的是透過堅定對佛教的信仰，抵制共產黨主義和其他有害思想的侵襲，提高人民的道德

水準，從而維護民族的團結和穩定。爲此，政府又發起了兩項計畫：一是帕‧探瑪圖陀計畫；另一是帕‧迪薩瓦特計畫。這兩個計畫都由政府和僧伽聯合發起，派遣一些最優秀的僧侶到各地，甚至是最落後的山區傳播佛教，說服人們信仰佛教，透過對佛教的皈依，達到全民族的相互理解、全國的統一和穩定。

佛教發揮的最大的政治作用表現在與泰共的對抗上。早在五〇年代，政府便利用宗教爲其反共政策服務。1950年3月，披汶譴責共產黨在僧侶中製造不和。這是政府第二次打算利用和尚對抗共產主義。在政府的蠱惑下，僧侶在全國展開了反共宣傳，散發標語和傳單，稱共產黨是凶殘的惡魔，在野蠻地破壞寺院和毒打和尚。他們聲稱，「如果共產黨來了，佛教、寺院和和尚就會毀滅」。1976年學生運動和泰共武裝鬥爭高漲時，一些佛教僧侶的反共政治傾向達到了頂點，出現了一股反共的宗教狂熱。以反共著稱的和尚吉滴烏斗成爲當時反共僧伽的代言人。他稱，「殺害共產黨並不是過失」，儘管殺生是佛教的戒律之一。當時的僧伽最高當局竟沒有阻止這種反共傾向的發展。

佛教在反共中的政治作用並不意味著佛教與政府始終是協調一致的。五〇年代佛教領袖帕披母探對沙立政府的批評就是一例。因此，政府在利用佛教的同時絲毫沒有放鬆對它的控制和監督。這種控制主要是從組織上實現的。

1902年以前，泰國不存在佛教的全國性組織機構，只有一個最高教主。國王對宗教的控制主要是透過任命親信甚至王室成員爲教主來實現。1902年以後，全國性的僧伽行政機構逐步建立起來。1941年，政府通過了一個僧伽法，把民主原則引入了僧伽行政。根據該法，按照國家機構三權分立的原則將僧伽機構也分成

立法、行政、司法三部分。最上層是僧伽的首腦即最高教主，由國王任命，終身任職，相當於僧伽中的國王。下設宗教議會、宗教內閣、宗教法院。地方各級，如府、縣、分縣、村各設相應的宗教行政機構，最基層的機構則是由方丈領導的寺廟。政府對僧伽的控制主要透過教育部和宗教事務廳。教育部負責審批宗教議會議長和副議長的人選以及宗教內閣成員，參加宗教議會的會議並向該議會提出建設、審批宗教的出版物等。

儘管如此，僧伽的自治程度一般來說還是較高的。但1958年最高教主逝世以及兩起和尚涉嫌共產黨的案件使政府加強了對僧伽的控制。一起是1956年三個博學的僧侶在北京出席佛教研討會期間發表了有關讚揚中國的佛教政策和中國發展的進步言論，回國後又寫了關於中國繁榮的文章，因此被指控為共產黨而被捕。另一起是著名的佛教領袖、政府的宗教廳長帕披母探支持三名被捕的僧侶，並且批評沙立總理腐敗和獨裁，因而也被指控為共產黨而被捕。後雖因證據不足而獲釋，但這一事件本身為政府加強對佛教組織的控制和監督提供了藉口。政府於1962年通過了新的僧伽法。該法以中央集權原則取代了民主原則，建立了一套和政府行政機構平行的單一垂直的機構。最上層的最高教主和內閣平行，他領導一個「長老委員會」（Council of Elders）與政府的教育部和宗教事務廳平行，但要接受這兩個政府機構的監督，以下各級僧伽也要接受同級政府首腦的監督。僧伽權力主要集中在由最高教主任主席的長老委員會手裡。宗教事務廳的廳長為長老委員會的當然秘書長，由他代表政府對僧伽實行嚴密的控制和監督。宗教事務廳有權審查宗教官員的任命，接受各地宗教活動的報告。政府內務部負責為宗教組織註冊登記。除此之外，政府還

制定了僧侶證書條例。根據此條例，每個和尚必須在寺廟註冊登記，新和尚須由宗教事務廳發給證書。

政府對僧伽的控制和監督主要目的有三：一是防止他們的鬆懈腐化的傾向，失去對社會的精神指導作用；二是防止成爲不法份子或反政府勢力的庇護所；三是防止直接干預政治，使之成爲政府的工具。

㈢馬來西亞

馬來西亞是一個多元種族的社會，同時也是個多元文化的社會。據1980年的人口普查，馬來西亞人有53%是穆斯林，其他人則信佛教、孔教、印度教和基督教。在馬來西亞，宗教信仰與種族分野有密切關係，幾乎所有的馬來人都信仰伊斯蘭教。宗教和種族劃分基本重疊的情況更增加了這個多元種族社會中矛盾的複雜性和尖銳性，從而也使宗教成爲考察馬來西亞政治不可缺少的重要因素。

伊斯蘭教曾在二〇年代的民族主義啓蒙時期產生過重要的作用。許多穆斯林也參加了戰後爭取民族獨立的鬥爭。一些著名的穆斯林領袖曾經是第一個馬來人政黨巫統的重要成員，但當巫統主張授予非馬來人公民權時，意見發生了分歧，以伯哈努丁爲首的穆斯林激進份子從巫統分離出來，成立了一個宗教領導機構「全國最高伊斯蘭理事會」。在這個基礎上，1951年8月，正式建立了第一個宗教性政黨「泛馬來亞伊斯蘭黨」（Pan-Malayan Islamic Party）。該黨堅持「馬來人的馬來亞」的主張。它的黨章強調：第一，爭取馬來語成爲唯一官方語言；第二，建立一個以馬來文化爲核心的、不與伊斯蘭教義相牴觸的民族文化；第

三，在實現內部種族和諧的過程中保持馬來人的權利。

獨立以後，該黨是最大的反對黨，但與執政的馬來人政黨巫統的矛盾並不尖銳，因為當時政府的主要精力集中在更急迫的問題上，即馬來亞的安全問題，也就是後來的馬來西亞計畫問題。巫統對它的忽視使泛馬伊斯蘭黨乘機發展勢力並取得了一定成功。1959年，在州議會選舉中，它一舉在吉蘭丹和丁加奴兩州獲得議會多數，奪得這兩州的行政領導權，成立了僅有的兩個反對黨領導的州政府。但該黨的政治地位並不鞏固。到1964年大選時，由於黨的領導人朱爾基夫利突然死於車禍，出現了領導危機。這使該黨失去了丁加奴。在吉蘭丹，雖然統治權得以維持，但影響力也下降了。1964年以後，巫統和聯邦政府開始對該黨施加壓力，指控該黨把吉蘭丹的一部分土地低價出售給華商，從而進一步削弱了它的威信。這樣，直到1969年「5·13事件」前，泛馬伊斯蘭黨的影響始終十分有限。

1969年以前，除泛馬伊斯蘭黨以外，還有其他伊斯蘭教組織，如「全馬來亞穆斯林福利組織」。該組織實際上是一個親官方的宗教組織。它的主席是聯邦總理東姑·拉赫曼，它的宗旨只是傳播伊斯蘭教義和參與國家的社會福利活動。因此，在1969年以前，伊斯蘭勢力對政府始終沒有構成任何威脅。

但是「5·13事件」後，特別是進入七〇年代以後，馬來西亞出現了一個伊斯蘭復興運動，其主要標誌是興起了一些新的伊斯蘭組織。規模最大的一個組織是「達克瓦」（Dakwah），即「馬來西亞青年穆斯林運動」。它是在原來大學校園內的學生組織基礎上建立起來的，成立於1969年8月，是一個組織程度很高的全國性宗教組織。第一任主席是安瓦爾·易卜拉欣（Anwar bin Ibrahim)。它的綱領是努力「建立一個基於伊斯蘭原則的社會」，主張在全國實行伊斯蘭法；透過伊斯蘭教實現馬來人的認同感，最終建立一個伊斯蘭政教合一的國家。1974年伊斯蘭教黨（1971年泛馬伊斯蘭黨改為現名）加入執政的國民陣線以後，該組織就成為穆斯林的主要代表。它批評政府對伊斯蘭教的忽視和非伊斯蘭教化政策，譴責政府的「國內安全法」（Internal Security Act）、「社團法」（Societies Act）、「新聞出版法」（Printing Press and Publication Act）、「大學和學院法」（Universities and Colleges Act）等一系列違反伊斯蘭精神的法律；同時也反對政府的新經濟政策，認為解決種族問題正確的道路不是新經濟政策，也不是「向東看」（Look East）政策，而是伊斯蘭化。

另一個新興伊斯蘭組織是稱作「達魯爾之家」（Darul Arqan）的組織，成立於1969年，創始人是尤斯塔利·阿沙阿利·穆罕默德（Ustaari Ashaari Muhammad）。他曾加入過泛馬伊斯蘭黨、青年穆斯林運動，後來，他成立了自己的組織。由於狂熱的宗教宣傳活動，他的組織在穆斯林中聲威大振。但該組織並不直接干預政府的政策，而是主張自力更生地實踐伊斯蘭的信仰，從而為政府樹立一個榜樣。例如，他們建起了一些自給自足的農村公社，村民們過著平等的集體生活。因此，該組織對馬來西亞政府未產生任何影響。

在七〇年代，伊斯蘭教黨的影響始終沒有恢復，其主要原因是接連不斷地出現黨內領導人的分歧和鬥爭。1971年，穆罕默德·阿斯里（Mohamad Asri bin Muda）當選為該黨主席以後不久，領導層便發生了一次危機，這主要是由該黨加入政府引起的。

為了加強馬來人的團結，阿斯里和他領導的黨加入了執政的國民陣線，成為執政黨，但黨內的另一些領導人認為這是叛黨，退出了黨。1977年，當聯邦政府提名親政府的穆罕默德·納西爾 (Mohammad Nasir) 為伊斯蘭教黨大本營吉蘭丹的首席部長時，又引起黨內領導層的分裂。中央執行委員的多數成員反對這一提名，結果該州被置於聯邦政府的直接控制之下。這使得阿斯里和他的黨退出國民陣線，撤出政府。已在政府任職的黨的領導人由於拒絕辭職，而被開除出黨。

政府為了徹底擊垮伊斯蘭教黨，乘該黨領導層發生危機之機，突然宣布提前舉行聯邦和州議會選舉。在拉扎克的支持下，納西爾組成了一個新的穆斯林政黨「馬來西亞伊斯蘭陣線」 (Malaysian Islam Front)，並加入了國民陣線。

為了重振伊斯蘭教黨，參加大選，穆斯林領袖們進行了重新組合。青年穆斯林運動的兩個主要領導人署理主席尤斯塔茲·法德希爾·諾 (Ustadz Fadhil Nor) 和副主席尤斯塔茲·納科哈伊·阿馬德 (Ustadz Nakha'ie Ahmad) 加入了伊斯蘭教黨，他們與黨內的青年領袖們雄心勃勃地參加了大選。但結果還是失敗了，連掌握了近二十年的吉蘭丹的統治權也喪失了。這次大選的失敗使黨內的青年領袖們認識到，要想獲得更大的支持必須對黨的組織和路線進行徹底的改革。於是在1981年黨的年會上，少壯派向以阿斯里為首的元老派發起了挑戰。經過激烈的鬥爭，元老派被趕出領導層，阿斯里也被開除出黨。伊斯蘭教黨的權力完全控制在新一代穆斯林領袖手中。

新領袖對黨的綱領作了大幅度的調整。該黨不再突出強調馬來人的利益，糾正了自己原來的「馬來人第一」的種族主義傾

向，而只強調伊斯蘭的利益，主張建立一個伊斯蘭國家，統治權歸整個穆斯林社會，不分種族或階級，但同時也保護其他宗教的平等權利。

根據新綱領，該黨確定了新的行動策略：第一，樹立非種族的形象，擴大對非穆斯林的影響，從非穆斯林和非馬來人中，特別是從華人中尋求支持以對付巫統。於是，他們把宣傳的重點放在伊斯蘭教中的公正、平等和正義的原則上。果然，1984年以後，該黨與非馬來人的關係逐步好轉。第二，集中火力攻擊巫統的兩個要害問題：一是新經濟政策，公開譴責巫統推行馬來人優先的種族沙文主義和排外主義；二是世俗化，批評巫統是個不信宗教的非伊斯蘭黨，憲法中沒有古蘭經的基本內容，世俗經濟政策導致了盲目追求物質利益，致使道德淪喪。在一個穆斯林國家，這種宣傳是最能煽動起宗教情緒的，很容易從這方面擊倒政府。

面對這種進攻，政府一方面進行反擊，指責伊斯蘭教黨是一個只說不幹的黨，是由狂熱份子和極端份子組成的離經叛道的黨，其目的是要把伊斯蘭教法強加於所有馬來西亞人。政府還依照內部安全法逮捕了該黨一些成員。

但另一方面，政府也開始大幅度地調整自己的宗教政策，即加重政府的伊斯蘭色彩，奪取伊斯蘭這面旗幟，掌握弘揚伊斯蘭教的主動權，從而使伊斯蘭教黨對政府的進攻失去效力。於是政府採取了一系列重大行動。第一，吸收著名的伊斯蘭教領袖加入政府。馬哈廸上任之後便開始大力宣傳古蘭經，呼籲伊斯蘭教黨重新加入聯合政府，但這一努力失敗了。不過在對青年穆斯林運動領袖施展同一手法時卻成功了。儘管引起了爭論和分裂，該組織的主席安瓦爾還是成了內閣成員，任總理辦公廳次長。副主席

賽努西・朱尼德（Sanusi Junid）當上了巫統的秘書長和內閣部長。這樣，政府就使自己減少了一個主要對手。

第二，擴大和加強官方伊斯蘭機構的地位和作用。早在「5・13事件」後不久，政府就開始建立官方伊斯蘭教機構，如「全國伊斯蘭教事務委員會」（National Council for Islamic Affairs）、「馬來西亞伊斯蘭研究中心」（Islamic Research Center of Malaysia）。到八〇年代，類似的機構又增加了，如「古蘭經研究所」（Qur'an Institute）、「伊斯蘭傳教和訓練研究所」（Islamic Missionary and Training Institute）、「伊斯蘭傳播基金會」（Islamic Missionary Foundation）等。這些機構的作用也進一步擴大了。

第三，在價值觀念、傳統習慣、規章制度以及方針政策方面鼓勵和倡導伊斯蘭化。馬哈迪宣稱國家經濟發展計畫不能犧牲伊斯蘭的原則。他建立一個「伊斯蘭資源集團」（思想庫）和一個「特別執行組織」專門研究伊斯蘭經濟制度問題，準備以伊斯蘭經濟制度代替現行的西方經濟制度。政府大力興建宗教設施，舉辦各種伊斯蘭慶典儀式；主辦國內國際古蘭經背誦大賽等宗教活動；向政府工作人員灌輸伊斯蘭的價值觀，要求他們進修伊斯蘭法律課程；允許政府部門的所有穆斯林於每星期五12：30至2：30進行集體祈禱等。

第四，推進親伊斯蘭世界的外交。馬哈迪在1981年伊斯蘭組織會議上呼籲加強伊斯蘭國家的合作，號召伊斯蘭國家加強對阿富汗穆斯林的援助以抵抗蘇聯的占領。對巴勒斯坦的支持，馬來西亞政府更是不遺餘力。

儘管馬哈迪政府在伊斯蘭化方面作了很大的努力，但他仍然

不主張使整個政治伊斯蘭化，使馬來西亞成為一個政教合一的伊斯蘭國家。他所堅持的仍然是一個世俗政府。因此，他在伊斯蘭化過程中，始終是有節制的。首先，他在談到政府伊斯蘭化時，強調的是貫徹伊斯蘭的精神，是要人們接受伊斯蘭的價值觀，而不主張在整個馬來西亞實行伊斯蘭教法律，不主張對非穆斯林強迫實行伊斯蘭教法，因為伊斯蘭教反對強迫。其次，對伊斯蘭極端份子和狂熱行動加以管束和制止。對於超過了政府的伊斯蘭化限度的現象，政府毫不寬容和遷就。1982年12月，對刑法和犯罪程序法作了修改，目的是「使政府有權對那些利用宗教製造敵視和破壞團結以及非法傳教的人採取行動」。❹1983年，政府依法逮捕了伊斯蘭教黨基層的一些極端份子。1985年，政府派軍隊鎮壓了一個極端的伊斯蘭教師領導的運動。其三，抵制國外激進的伊斯蘭勢力的影響。對於來自利比亞、敘利亞，特別是來自伊朗伊斯蘭革命的影響，馬哈廸政府是極為小心嚴厲的。他擔心伊朗的伊斯蘭革命情緒傳入馬來西亞，公開宣稱「伊朗的伊斯蘭革命不適合這個國家（指馬來西亞）」。❹

馬哈廸政府對待伊斯蘭教的策略充分反映了馬哈廸根據馬來西亞國情正確處理宗教與政治的高超技巧。馬來西亞歷屆政府在穆斯林和非穆斯林人數相當的社會中始終存在著兩難選擇。馬哈廸十分清楚，不論偏向哪一方，都可能造成悲劇。他也清楚，伊斯蘭教並非盡善盡美，它有積極的一面，如強調平等、公正、和諧；它也有消極的一面，如鄙視物質利益，崇尚節制欲望，相信宿命論等。後者導致馬來人安於現狀，不求進取，從而阻礙了馬來社會的發展。

總而言之，馬哈廸的伊斯蘭化是維護社會穩定和現行政治統

治秩序的工具。

㈣印度尼西亞

和馬來西亞一樣，印度尼西亞也是一個多種族、多宗教的國家，然而這裡的種族和宗教問題帶有明顯的地區性，因而宗教在政治中的地位以及它和政府的關係更加複雜。

根據統計資料，印尼總人口的84%是穆斯林，其他人則信仰天主教、新教、印度教和佛教。可見，真正對印尼社會產生影響的是伊斯蘭教。印尼的穆斯林由於種族和地域因素而呈現出明顯的差別。印尼最大的民族是爪哇人，約占人口的一半，主要居住在爪哇的中部和東部。這裡處在印尼政治舞台的中心。在早期伊斯蘭教向爪哇傳播的時候，由於滲透程度的不同，造成了爪哇人信仰上的差別。在沿海地區，伊斯蘭的影響較深，因而產生了虔誠的穆斯林社會。他們反對印度教以及其他前伊斯蘭信仰，極力推動爪哇的伊斯蘭化。這些穆斯林被稱作「聖特里」(Santri)，即基本教義者，或虔誠的、正統的穆斯林。他們以從商居多。印尼歷史最長的政黨「伊斯蘭教師聯合會」(Nahdatul Ulama)就是這種人創建的。聖特里還分為兩大派系，一派是較保守溫和的傳統派，如伊斯蘭教師聯合會；還有一派是主張改革伊斯蘭教使其符合時代要求的現代派，其主要代表就是「默罕穆德協會」(Muhammadijah)。

對於內地的爪哇人，伊斯蘭教的影響則較為有限。因此，這些人雖絕大多數也為穆斯林，也信奉伊斯蘭的價值觀，遵循伊斯蘭的傳統道德，但他們的信仰更具有多元化傾向，除了伊斯蘭教成分之外，還受印度教的影響。例如，他們除了信仰阿拉以外，

還信仰印度教的諸神，如死亡和時間之神（Batara Kala）、大米之神（Dewosri），他們還崇拜精神和魔力等。這些穆斯林人數較多，被稱爲「阿班甘」（Abangan），即名義上的穆斯林。他們往往把伊斯蘭敎只看作一種精神活動，反對國家伊斯蘭化。這些人對政治更感興趣。印度尼西亞各級政府官員和公務人員，特別是軍隊，主要是這部分穆斯林。蘇加諾、蘇哈托以及大權在握的高級將領也都是這類人。蘇加諾創建的印尼民族黨主要成分就是這部分人。

除了爪哇人之外，還有巽他人，占總人口的14%，居住在爪哇西部。此外還有居住在蘇門答臘等外島的少數民族。爪哇領土只有印尼總面積的7%，人口卻占65%。爪哇被稱作印尼的消費者，而外島被稱作生產者。爪哇人又幾乎壟斷著國家的政治權力。這就形成了歷史上爪哇人和外島人的矛盾與不和。宗敎問題又加劇了這種裂痕。出身於蘇門答臘的哈達和爪哇人蘇加諾的隔閡，除了政治上的分歧，也有這方面的因素。外島人多爲正統的穆斯林，他們與爪哇的名義穆斯林有明顯的差別。他們熱衷於伊斯蘭化，反對名義穆斯林的世俗傾向。日本占領時期成立的馬斯友美黨（Masyumi）基本上是由來自外島的虔誠穆斯林組成的。在這派穆斯林中，一批極端主義者在戰後掀起了「伊斯蘭敎國運動」，主張以暴力推翻蘇加諾的世俗政府，建立伊斯蘭敎國。在五〇年代，東西爪哇、亞齊等地發生的叛亂和獨立運動也都與這些穆斯林極端份子有關。

在蘇加諾時期，代表正統穆斯林勢力的兩個政黨是穆斯林敎師聯合會和馬斯友美黨。後來，因馬斯友美黨和地方叛亂有牽連而被蘇加諾取締。在有領導的民主時期，雖然蘇加諾的納沙貢原

則上主張民族主義、宗教（主要是指伊斯蘭教）和共產主義三大政治勢力的團結和聯合，但實際上蘇加諾的目的之一是防止伊斯蘭勢力的膨脹以維持國家的世俗政權。在1945年建國時，三者就進行過公開的較量。蘇加諾編製了潘查希拉的籠筐，才勉強調和了矛盾，把他們裝到了一起。正統伊斯蘭勢力本來就對此不滿，而蘇加諾後來又有意扶植共產黨，更加劇了他們對蘇加諾政權的憎恨，因為共產黨在農村的土改政策和在城市的反資本主義傾向威脅和損害了這部分穆斯林上層的利益。「9•30事件」以後，在軍隊鎮壓共產黨和推翻蘇加諾領導的時候，他們成為反共和反蘇加諾的主要社會力量。儘管他們清楚地知道軍隊及其領導集團也是和蘇加諾一樣的名義穆斯林，但他們認為，蘇加諾和左派勢力垮台之後，正統的伊斯蘭教就可以處於印尼政治和道德的中心地位。

然而蘇哈托取得政權之後，並沒有使正統的伊斯蘭勢力如願以償。他有意無意地沿用了蘇加諾的抑制政策。這首先表現在是否恢復馬斯友美黨的問題上。

正統的穆斯林勢力在幫助蘇哈托推翻蘇加諾和左派的運動中是立了汗馬功勞的，因此，蘇哈托上台後恢復這派伊斯蘭勢力的政治代表之一馬斯友美黨應是順理成章的事。但蘇哈托有自己的考慮。和較溫和的正統伊斯蘭組織伊斯蘭教師聯合會不同，前馬斯友美黨的大多數成員是外島人。他們和爪哇人的軍人集團之間存在著固有的成見，而且軍人集團對該黨與地方分裂勢力的聯繫還記憶猶新。和蘇加諾一樣，作為名義穆斯林的蘇哈托也反對國家政權的伊斯蘭化。此外，軍隊集團中還存著以王牌軍西里萬吉師為代表的「現代派」軍人勢力。他們主張務實的現代化路線，

反對建立伊斯蘭國家。所有這些因素決定了蘇哈托對恢復馬斯友美黨持反對態度。

然而，許多穆斯林和親馬斯友美黨的勢力強烈要求恢復馬斯友美黨。蘇門答臘的穆斯林領袖沙里弗曼（Sjarifusman）首先建立了一個馬斯友美黨恢復委員會。這個委員會與後來被釋放出來的前馬斯友美黨領導人協商成立了「七人委員會」，其中六人是前馬斯友美黨領袖。1976年6月，該委員會主席費基‧尤斯曼（Fakih Usman）宣告成立一個新的「穆斯林黨」。蘇哈托這時也意識到不可能阻擋新黨的建立，於是決定承認這個新黨作為一個「政治容器」以容納他們的政治願望。但他反對這個新黨成為改頭換面的馬斯友美黨，不讓原來的馬斯友美黨領袖充當主要領導人。他所採取的策略是支一派壓一派。當新的穆斯林黨將包含有前馬斯友美黨領導人的領導成員名單送交政府時，遭到拒絕。政府極力支持新黨中的另一大派別，即親政府的穆罕默德協會，縱容它來控制新黨。在穆斯林黨成立的初期，該黨實際上存在著二元制領導核心，一個是由政府批准的領導集團，另一個是由前馬斯友美黨領袖組成的領導集團，二者實行某種程度的合作。1970年，在政府的干預下，任命政府的一名部長明塔拉賈（Mintaradja）為該黨主席。

1973年蘇哈托簡化政黨的指導思想之一是透過政黨合併，使合併後的各黨黨內有多個相互衝突的政治集團或派別，從而削弱政黨的力量，減少對政府的威脅。這當然包括穆斯林勢力。蘇哈托把所有未參加專業集團的穆斯林政黨和組織合併成一個政黨，即「建設團結黨」。該黨包括四個穆斯林政黨組織，其中最主要的就是伊斯蘭教師聯合會和穆斯林黨。建設團結黨是個鬆散的政

黨聚合體，各成員黨仍維持自己的組織系統，有相對的獨立性。它有自己的中央機構，但作用極其軟弱，缺乏具體明確的行動綱領，沒有公認的領袖。由於宗教派系鬥爭和對中央權力的爭奪，該黨處於四分五裂的狀態。在政府的干預下，黨的主要領導權始終控制在親政府的人手裡。

1975年以後，穆斯林勢力和政府的關係開始緊張起來。七〇年代前半期，由於社會貧富的兩極分化和政府的腐敗，學生運動掀起了高潮。趁此機會，一些極端的穆斯林份子和派別再次掀起暴力的宗教狂熱和反政府運動。無論學生運動，還是反政府的宗教運動都在很大程度上得到了建設團結黨的同情和支持，都對政府構成了威脅。為此，政府進一步加強對該黨的控制。其主要手段是透過政黨法等法令來限制該黨的影響力。這主要表現在政府提出的兩項要求：一是要求該黨把潘查希拉作為黨的基本指導原則，從意識形態上淡化伊斯蘭因素；二是要求更換黨的標誌「麥加聖殿」，以模糊伊斯蘭的形象，使之混同於普通政黨，失去它在穆斯林中的號召力。經過談判，政府擔心激化矛盾而作了讓步，同意該黨把伊斯蘭原則和潘查希拉並列作為黨的基本指導思想。黨的標誌還未被正式取消。

在反政府運動呈現高潮的有利形勢下，建設團結黨在1977年大選中獲得了良好的成績，贏得總票數的29.29%，比另一個大黨民主黨高出20%以上。特別是在重要的雅加達選區，專業集團完全敗給了建設團結黨。以雅加達前市長薩迪金為首的許多專業集團成員投了建設團結黨的票。後來，前副總統哈達、退役將軍納蘇蒂安以及薩迪金也和該黨領導人魯比斯等穆斯林領袖建立了旨在弘揚1945年憲法和潘查希拉的基金會。這表明，一部分民族主

義勢力逐步和伊斯蘭勢力聯合起來反對專業集團。

這是一個危險的信號。於是政府決定對建設團結黨採取更加嚴厲的措施。一方面透過拉攏以印尼民主黨為首的民族主義勢力抗衡穆斯林勢力。最明顯的例子是蘇哈托於1978年重建了蘇加諾的墳墓，開放了不准對蘇加諾頌揚的禁令。這樣，在民主黨方面，掀起了一個「蘇加諾熱」。另一方面，從建設團結黨手中奪回宗教管理權。1978年，蘇哈托把由建設團結黨控制的宗教事務部部長一職交給一個軍人，該黨被擠出內閣，組成了完全由專業集團控制的政府。到了八〇年代中期，又以法令的形式最終迫使建設團結黨同意放棄雙重指導原則，把潘查希拉作為黨的唯一指導原則，黨徽也變成了一顆五角星，從而消滅了該黨的最後一點伊斯蘭痕跡。不過，對建設團結黨造成更嚴重打擊的是內部的分裂。1984年8月，建設團結黨召開了第一屆黨代表大會。印尼穆斯林黨把伊斯蘭教師聯合會排斥出主要領導地位，從而激化了兩黨間早已存在的權力之爭。於是在1984年12月舉行的伊斯蘭教師聯合會第二十七屆代表大會作出決定，該黨退出建設團結黨，不久後加入了政府的專業集團。這是蘇哈托政黨政策的一次極大成功。從此，印尼的伊斯蘭勢力對政府的威脅大大減弱了。建設團結黨在1987年大選中的得票率降到該黨歷史紀錄的最低點，只獲得15.97%的選票。

九〇年代初，蘇哈托和軍隊的關係有所疏遠。軍隊的獨立傾向有所抬頭。為了抑制軍人勢力及其影響，近來，蘇哈托一改過去壓制穆斯林勢力的政策，採取了幾項討好穆斯林的行動，如建立伊斯蘭法庭和伊斯蘭銀行；支持成立四個伊斯蘭知識份子組織；蘇哈托本人親自到麥加朝覲。這些頗得穆斯林好感，頓時在

穆斯林中掀起了一股擁護蘇哈托的浪潮。1992年2月,有三千多萬會員的穆斯林協會呼籲蘇哈托在1993年總統選舉時連任總統。伊斯蘭教師聯合會還舉行了十五萬人的集會支持蘇哈托連任。此外,三十七個組織(大多數是穆斯林組織)舉行了希望蘇哈托連任總統的「政治祈禱」,共有三千人參加。1993年蘇哈托順利地獲得連任,這是蘇哈托政治統治藝術的又一次成功。

(五)菲律賓

菲律賓是東南亞乃至整個亞洲唯一的天主教占統治地位的國家。在菲律賓的歷史上,天主教曾經占有突出的政治地位。在西班牙統治時期,菲律賓是一個政教合一的國家。國民中的93%信仰天主教和新教,教會的社會影響相當廣泛。在菲律賓獨立運動時期,菲律賓的獨立教會也對民族主義的興起產生過積極作用。在美國統治時期,教會的地位降低了。菲律賓獨立以後的前二十年,天主教會的作用仍然僅限於慈善事業,一般不參與政治,缺少對社會問題的關注。

到了六〇年代,情況開始發生變化。從1960年起,天主教和新教各派開始把關注和維護社會正義作為傳播福音的內容之一。1965年「第二屆梵蒂岡委員會」(Second Vatican Council)以及幾次國際天主教會議都強調教會要對維護人權、自由和社會正義承擔責任。1970年在菲律賓舉行的一次亞洲主教會議也表示決心「消除頑固的不公正,消除壓迫的社會結構」。毫無疑問,這對菲律賓教會作用的轉變產生了巨大影響。1971年,菲律賓的主教們聲稱在幫助那些飽受壓迫剝削的窮人方面要承擔更多的社會責任。1973年菲律賓主教們在致教友的公開信中重申了教會在

社會正義和發展方面的責任。

同樣地，菲律賓的新教教會也把注意力轉向社會公正問題。1960年，新教教會組織「菲律賓全國教會委員會」 (National Council of Churches in the Philippines) 也發表了各種文件，表示要消滅不公正的社會結構，改善菲律賓貧窮階層的生活條件。

為了適應教會的這種新職能，相應的組織機構建立起來了。在菲律賓的天主教中，有三大主要組織機構：一是「菲律賓天主教主教會議」 (CBCP) ，包括九十四名在職主教 (1983年) ；另外兩個是「菲律賓主要修道院長協會」 (AMRSP) 以及「菲律賓教士聯合社」 (PPI) 。1966年，「菲律賓天主教主教會議」建立了一個發揮教會社會職能的機構「全國社會活動秘書處」 (ANSSA) ，其宗旨是在全國每個主教管區設立一個社會活動中心，負責發起和執行社會活動項目。不久後，又設立了三個地區級的秘書處：「民答那峨—蘇祿社會活動秘書處」 (MISS-SA) 、「比薩場社會活動秘書處」 (VISSA) 和「呂宋社會活動秘書處」 (LUSSA) 。到1981年，全國已建起六十八個主教區社會活動中心。

繼「社會活動秘書處」後，菲律賓主教們又於1967年發起一個「農村發展全國代表大會」 (National Congress for Rural Development) ，目的在於解決農村地區的貧困問題。到1969年大約有二千個由教會發起的社會活動項目開始實施，有近90%的主教區有社會活動指導者。

教會的社會活動最初集中在貧窮地區的自助項目上，像信用社、農業建設項目、合作協會、農民協會、健康和衛生項目、村

辦企業等。但不久後，教會的注意力就從具體的社會公益事業轉向對人民進行思想覺悟的教育方面，教人民如何為爭取自己的自由而鬥爭。到1972年，對人民的思想教育和鼓動有了進一步的發展。教士們公開指出，菲律賓人民頭上的主要壓迫者是「外國帝國主義⋯⋯本地的地主所有制和官僚資本主義」。《菲律賓教士論壇》甚至發表文章鼓勵人們以共產黨的意識形態來分析菲律賓社會，以革命的方式實現社會解放。

在思想宣傳的同時，教會也積極幫助人民建立各種群眾組織，為爭取和捍衛自己的權益而鬥爭。其中較重要的組織有「自由農民聯盟」（FFF）、「菲律賓基督教青年運動」（KKKP）、「菲律賓基督徒社會主義者」（YCSP）等，一些著名的宗教領袖都參與了這些組織的創建工作。「自由農民聯盟」和一些青年組織也包括了一大批教士。到1972年，除了教會中的大量同情者以外，還有三十八名牧師和三十名修女充當了這些組織的顧問。「自由農民聯盟」和其他與教會有聯繫的改革團體在爭取正義和解放方面特別活躍。在馬可仕軍管法頒布之前，他們發動了一系列的靜坐和示威活動。這標誌著教會勢力與政府的關係發生了重大變化。

在六〇年代，教會與政府的關係是相對融洽的。教會的社會活動項目與政府的社會經濟發展計畫基本上是一致的。1968至1969年，菲律賓教會參加了馬可仕總統發起的「經濟發展年」（Economic Development Year）運動。但是，當教會發動群眾尋求貧困的根源、為自己的自由解放而鬥爭的時候，政府和教會之間的矛盾突出起來了。這時，馬可仕開始把打擊的矛頭轉向教會。1970年，何塞・布蘭科（Jose Blanco）神父以從事「革命」

活動的罪名被列入黑名單。一個群眾組織「精神力量」的顧問加西亞（Garcia）神父因參與抗議活動被捕入獄。1972年軍管法頒布以後，馬可仕的獨裁統治更激化了政教間的矛盾。菲律賓教會對政治的參與也進入了一個新階段。

　　軍管以後，由於馬可仕政權獨裁程度的加強，軍隊踐踏人權現象的增多，特別是政府對教會敵視的加深，教會內部的分裂加劇了。在菲律賓天主教主教會議中，有58%的主教傾向保守，他們仍支持馬可仕，保持與政府的合作；有10%的主教變成了激進派，他們主張積極推進社會改革，譴責馬可仕政府的獨裁和侵犯人權；有23%的主教保持溫和的中間立場。菲律賓主要修道院院長協會在1972年也變成了一個更激進的教會組織，他們熱衷於社會改革事業，不斷對政府和軍隊進行批評，因此，他們遭到了更多的來自政府和軍隊的打擊、鎮壓和迫害。菲律賓教士聯合社也曾積極參與社會發展和改革。但在軍管以後，他們變得更為謹慎了，愈來愈傾向於與政府進行溫和的對話。至於新教勢力，其內部也有分裂。但從整體趨勢看，菲律賓新教勢力基本上集於自身的利益，較少涉足政治。菲律賓的另一個教團「阿格利派教會」（Aglipayan Church）與馬可仕家族有聯繫，馬可仕本人就具有該教團的創始人阿格利的血統。這個教會支持馬可仕的軍管，即使對政府有批評，也十分謹慎小心。

　　毫無疑問，七〇年代以後，菲律賓宗教勢力能夠對馬可仕政權構成一定威脅的主要是菲天主教激進勢力，特別是他們的主要代表機構菲律賓主要修道院院長協會。在這些激進勢力中，還有一個宗教組織叫「爭取全國解放基督徒」（CNL）。該組織後來參加了菲共的統一戰線「全國民主陣線」的組建工作。儘管他們

不接受共產主義，但贊成共產黨的某些鬥爭目標和手段，包括使用武力實現菲律賓的解放。

在激進派勢力的推動下，實行軍法統治以後，教會在履行社會職能方面又採取了進一步的行動。首先，他們採取了兩項重大步驟，一是把維護正義與和平作為首要任務，反對政府隨意扣留政治犯和剝奪公民自由。為此，全國社會活動秘書處於1973年成立了「公民正義與和平委員會」（CCJP），同時，該秘書處和軍隊共同建立了「教會—軍隊聯絡委員會」（CMLC）以解決軍隊和教會之間的衝突。軍方承諾，在逮捕教士或教會工作人員時，要事先徵求修道院長的意見。同時秘書處還在各主教管區協助建立「維護正義與和平公民委員會」，以防止踐踏人權。菲律賓主要修道院長協會也成立了「正義與和平辦公室」，以配合社會活動秘書處正義與和平委員會。同時，該協會還成立了一個「被扣留者工作隊」，調查各種違反人權的事件。

其次，更加重視人民覺悟的提高，要人們認識自身的利益，採取各種形式增強自我保護能力。在這方面，全國社會活動秘書處發起了「基層基督徒社區組織」（BCCCO）運動，即把城鄉的貧苦人民組織起來，透過教育，讓他們自己管理自己，從而提高他們的獨立性。

菲律賓主要修道院長協會也開展了類似的工作，它在城市的貧民區成立了「城市覺悟啟發工作隊」，在貧窮的農村建立了「農村覺悟啟發工作隊」。

這些組織機構大大增加了抵禦地方政府和軍隊的各種不法行為的能力，大大提高了人民的覺悟。人民開始要求改革和更多的政治參與以及批評政府的權利。這導致了政府和教會矛盾的進一

步激化。

　　政府對付教會的主要手段是襲擊教會的機構，逮捕、扣留教會激進派領導人，封閉教會報紙電台。從1972年到1984年，對教會的組織機構至少進行了二十二次襲擊。政府先後關閉了兩座天主教電台DXCD和DXBB；之後，又封閉了菲律賓主要修道院長協會的報紙《時代標誌》（*Signs of the Times*）和菲律賓天主教主教會議全國大眾媒介辦公室辦的《傳播者》（*Communicator*）等報刊。在這個過程中，被捕的教會領袖和活動份子不計其數。其中包括外國宗教人士。1976年11和12兩個月，僅達沃一地就有七十多名教會工作者被捕。1982年1至9月就有三十名教士被捕。所有這些反教會活動都把教會和教會人士加上「反對政府」、「顛覆政府」、「勾結共產黨」的罪名。

　　政府的這種暴行引起了教會的強烈反應。1974年菲律賓全國教會委員會總部和一位美國傳教士保羅·威爾遜（Paul Wilson）遭到軍隊襲擊後，馬尼拉的紅衣大主教海梅·辛（Jaime Sin）向全體教徒發表了公開信，號召為被捕者舉行特別祈禱以抗議軍人的暴行。後來他主持了抗議守夜儀式，有五千人參加了這一活動，成為軍管以來規模最大的對政府的抗議活動。到了七〇年代後期，隨著軍隊襲擊教會和逮捕教會人士的加劇，教會和人民的抗議活動也急劇發展。這種形勢也進一步推動教會中溫和的中間派勢力迅速左轉。這一點充分表現在紅衣主教辛的態度轉變上。他作為菲天主教的最高領袖，在教會分裂成保守派和激進派之初，持中間立場以平衡各派勢力和維護教會的團結。軍管法頒布以後，他並不公開反對，而是採取「批評性的合作」態度。但到七〇年代末，特別是八〇年代初，他的態度轉變了。他似乎

完全站到了激進派一邊。他讚揚激進派說，「我很高興，還有這樣一批人，因為如果我們都默不作聲，這個國家將走向毀滅。」❹ 到了八○年代初，他公開譴責政府踐踏人權。要求解除軍管。1983年3月，他在一次講話中要求「第一世界國家」停止向馬可仕「獨裁」政府供應武器。

為了對政府的暴力表示抗議，教會撤回了在「教會─軍隊聯絡委員會」裡的代表，因為該機構成立以來軍隊從未履行它要承擔的責任。

天主教的政治作用在馬可仕政權垮台過程中達到了頂點。在1986年的「人民力量革命」中有兩個因素產生了決定性作用。一是一部分軍隊的反叛，二是人民對起義軍隊的支持。而號召和動員人民的是教會。恩里萊和羅慕斯在阿奎納多軍營起事後舉行記者招待會時，是天主教會的貝利塔斯電台在現場進行了報導。他們利用這家電台向人民宣布，他們不再支持馬可仕而效忠正式當選的柯·阿奎諾新總統。與此同時，辛大主教也在這個電台發表講話，呼籲牧師、修女和人民前往阿奎那多和克拉姆軍營去支持、聲援和保護反叛的軍隊。在辛的號召下，成千上萬的市民和牧師、修女湧向這兩個軍營。當馬可仕調遣軍隊前來鎮壓的時候，是一排排修女用自己的身體擋住了隆隆前進的裝甲車。在宗教精神的感召下，在人民的壓力下，前來鎮壓的軍隊撤退了。最後，人民勝利了。可見，教會在推翻馬可仕政權時發揮的作用之大。

第4章
國家意識形態和政治文化

　　對一個國家或一個地區政治的研究愈是深入，就愈發現一切政治現象都與該國或該地區民族和人民的思想和文化傳統有著密切的關係。從思想和文化的角度研究政治是現代政治學的主要研究方法之一。因此，本章主要討論與當代東南亞各國政治有關的政治思想和政治文化。

　　很顯然，政治思想，特別是領袖人物的政治思想對一國政治的影響更為直接和重大。它構成該國意識形態的主流或精髓，因此，領袖人物或領導集團的政治思想是我們這裡研究的主要對象。毫無疑問，任何國家的領袖都有他的思想、理論，然而，表現的方式卻各不相同。有些領袖具有較多的思想家的素質，其思想和理論以著作的形式展現出一種完整的體系，而有些領袖則更多地具有戰略家的性格，其思想往往體現於戰略決策和方針路線的制定中。由於篇幅所限，這裡只能挑選幾個典型國家的領袖人物的思想進行剖析。

　　政治文化是一個較新的概念，學者們對它有不同的界定，但基本意思大致相同。概括地說，政治文化是指在久遠的民族歷史中形成的、對政治產生影響的傳統習慣、民族風俗、行為規範、

人際關係、價值觀念等一切顯性和隱性的社會性文化因素。很明顯，沒有哪一個國家和民族沒有自己的政治文化。但是很遺憾，同樣由於篇幅的限制，這裡不能對東南亞所有國家的政治文化加以討論。

第一節　緬甸的社會主義和政治文化

㈠吳努的社會主義

緬甸是東南亞除印度支那以外唯一高舉社會主義旗幟的國家。

1948年獨立以後，緬甸便開始標榜自己爲社會主義。直到1988年9月蘇貌軍人政權正式放棄社會主義的口號，緬甸社會主義共持續了四十多年。這期間緬甸的社會主義又分吳努社會主義和奈溫社會主義兩個階段。

不論是吳努的社會主義還是奈溫的社會主義，它們都具有一個共同的特點，即都帶有濃厚的佛教色彩。爲什麼社會主義能與佛教結合起來呢？這有著深遠的社會和歷史原因。

本世紀初，當緬甸的民族獨立運動興起的時候，民族主義者急切需要思想武器。在佛教占統治地位的國家，最方便的精神武器只能到佛教中去尋找。結果，他們從佛教道德觀出發，發現英國之所以征服緬甸是由於英國人的貪欲所致，也由於這種貪欲導致了緬甸社會的崩潰。然而這種貪欲和物質利益至上的觀念恰恰違背了佛教的節欲觀和靈魂淨化的信條。因而，佛教就成爲動員人們反對殖民主義的精神武器之一。

進入三〇年代以後，西方的馬克思主義、英國費邊社會主義以及其他形形色色的社會主義傳入了緬甸。1931年，第一批馬克思主義的著作傳到了緬甸，這時民族主義者突然發現馬克思主義的批判矛頭也指向資本主義的剝削和資產階級的貪欲。另外，馬克思主義斷定資本主義必然滅亡，這又和佛教的輪迴說相吻合。在民族主義者看來，佛教與馬克思主義是完全一致的，而且認為馬克思主義是為佛教辯護的。這樣，馬克思主義不僅成為民族主義者的又一個主要思想武器，而且在佛教徒中找到了新的支持者和追隨者。後來，有不少佛教徒成了馬克思主義者。

　　但是馬克思主義和其他社會主義思想畢竟是舶來品，除了受過西方教育的知識份子以外，一般的緬甸人難以理解馬克思主義和社會主義的理論。為了使更多的緬甸人接受這種新思想，一些知識份子不得不用人們熟悉的佛教哲學概念和名詞來解釋馬克思主義。緬甸共產黨創始人之一德欽梭在接受馬克思主義之前研究過佛教哲學，他在從事馬克思主義傳播時從「維護佛經、掌握知識、以佛經指導行動」（Buddihist Abhidhamm's Priatti, Prapt, Prived）的角度來說明列寧的革命理論與實踐相統一的觀點；用佛教中「盡善盡美」的概念來說明革命領袖必須具有完美無缺的品質；用佛教中生死輪迴的概念說明辯證唯物主義中物質不斷運動的觀點；根據佛教的因果關係說，解釋一切事物都是暫時的，這種暫時性的被打破就叫「有」（bhave）。另一個早期的馬克思主義理論家吳巴瑞則用「有」這個佛教概念來描述社會革命的爆發。他把佛教中「人間天國」（Lokka Nibban）的概念等同於馬克思主義和其他社會主義所描述的人類理想社會。把馬克思主義佛教化不僅使它通俗易懂，而且對信奉佛教的緬甸人

來說更增加了他們對馬克思主義的親切感。

馬克思主義、其他社會主義、民族主義和佛教教義的這種結合，構成為一種雜色的思想混合體。這成了當代緬甸社會政治意識形態的基本特徵。

正由於這種混雜的特徵，緬甸的社會主義不可避免地分成多種流派。獨立前後，圍繞著獨立問題，這些受到馬克思主義和社會主義思想影響的民族主義陣營發生了分裂，首先分裂出的一派就是共產黨，被稱為共產主義者，其他的則稱為社會主義者。後來，共產黨又一分為二，即白旗共產黨和紅旗共產黨。奉行社會主義的一派實質上是由兩派組成的：一是學院派社會主義（或稱教育派）。這一派一般受過正規的大學教育，受西方思想影響較深，代表人物有昂山、吳覺迎、吳巴瑞。這派的代表性政黨是社會黨，主要代表城市勞工和知識階層。他們關心的重點是經濟現代化，他們受傳統文化影響較小，只是利用佛教的象徵和精神力量，為建立一個世俗的社會主義福利國家的目標服務。另一派是寺院派社會主義（或稱非教育派）。這派大部分是寺院學校培養出來的知識份子，受佛教傳統文化影響較深，主要代表人物是吳努。他們代表的主要社會勢力是農民，比較關注的是農業經濟的發展。他們主張建立一個佛教文化占統治地位的社會主義國家。他們把社會主義僅僅作為實現其傳統佛教文化目標的工具。

吳努是一個佛教傳統文化薰陶出來的政治領袖，因此，他的政治思想帶有濃厚的佛教色彩，他的社會主義思想的來源之一就是佛教。然而西方社會主義的影響畢竟是強大的，尤其是在知識階層。他曾與德欽丹東（Thakin Than Tun）等人創立「紅龍書社」（Nagani Sa Out Athin）宣傳西方進步思想。他還參加

了由英國人弗尼瓦爾（J.S. Furnivall）在緬甸建立的「費邊聯盟」，因此費邊社會主義的改良主義思想對吳努也有所影響。但眞正對吳努的社會主義思想以及政權起決定性影響的是戰後西方盛行的民主社會主義或稱福利社會主義。由吳巴瑞於1939年建立的緬甸人民革命黨於1946年12月改爲「緬甸社會黨」，成爲世界民主社會主義陣營的一部分。吳努雖然不是緬甸社會黨成員，但他的思想傾向和政策主張基本上是屬於社會黨的。在吳努執政時期，雖然執政黨一直是以吳努爲主席的「反法西斯人民自由同盟」，但在這個同盟中起領導作用的是緬甸社會黨，其成員在同盟和政府中占據著高級領導職位。該黨同時也充當著理論指導者的角色。即使在1958年以吳努爲首的寺院派社會主義和以社會黨爲核心的學院派社會主義分道揚鑣時，在社會主義問題上，吳努仍堅持與社會黨類似的立場。

吳努是從佛教的世界觀來描繪他的社會主義理想的，但同時他也借用了西方民主社會主義「福利國家」的口號。他說人類曾經有過一段非常美妙、和平、富足的社會。這就是巴底梯哈樹時代（Era of the Padeytha Tree）。這棵魔樹給人們提供了一切生活必需品。人們都按照自己的需要來索取這些必需品，從不多拿多占，也沒有人拿這些東西出去賣，從中謀利。那是一個理想富足的社會。但是後來人們開始把這棵樹上的東西占爲己有，接著便出現了貪婪、搶奪、欺詐，於是罪惡的制度就誕生了。在這個時候巴底梯哈樹也消失了，人們進入了苦難的時代，直到今天。他說，我們今天的任務就是重栽巴底梯哈樹。「所謂社會主義思想，簡單說，不是一個可怕的東西，不是令人憎惡和鄙視的東西。的確，這是一個偉大的意識形態。它有效地教導我們聯邦公民如

何成功地去尋回已消失了的巴底梯哈樹時代。現在，我相信，我已經說得夠清楚了，你們一定十分明白為什麼我們希望建立社會主義⋯⋯」❹⑧

吳努和其他佛敎社會主義者一樣，總是用佛敎中的「人間天國」來比喻他的社會主義社會。他說，「我們的福利國家很像nats的住所（理想國家的樣板）」。在這樣的社會裡，不存在壓迫和剝削，不需要統治機器，沒有資本主義和帝國主義。竭盡全力工作的人民努力把自然資源和土地上的物產轉變成人們的必需品。根據每個人的需要進行生活必需品的分配，沒有個人占有制。這是一個富足的社會。在這個社會裡，人們將擺脫三大災難：飢荒、戰爭和疾病。這裡沒有盜竊和犯罪。人們將擺脫對物質的欲望。

那麼如何實現社會主義理想呢？根據吳努的思想，地球上的自然資源是屬於所有人的，但實際上卻被一小部分人占有了。大多數人貧困的原因就在於公共財產轉變成了私有財產。因此他主張以國有經濟逐步代替私有經濟。根據這一主張，1948年，政府頒布了土地國有化法令。他認為發展國營經濟是「社會主義的目的之一」，他稱國營經濟為「人民經濟」或「社會主義經濟」。為了發展這種「社會主義經濟」必須對外國資本實行「國有化或半國有化」，「把資本主義經濟轉變為人民經濟」。但後來他的思想有所轉變。在他執政的後期，他又強調放手利用私人資本，保護和發展私人企業。

實際上，在實現社會主義的途徑問題上，吳努更大的注意力是放在精神道德的轉變上。他認為人們私有觀念的產生，主要是由於人們對財富的錯覺，沒有正確認識財富的暫時性。根據佛敎經典，只有涅槃是永恆的，是永遠追求的目標。而其他一切物品

都是暫時的，包括財富。財富是人們的身外之物，它只是暫時地存在於人們的身邊，它不可能隨著人的死亡而永遠伴隨著他的靈魂。因此，他認為之所以產生了占有欲、貪欲，就是由於人們過分地看重了財富。他說，「如果人們沒有認識到關於財產的正確觀點，人們就會憤怒。貪婪已經像烈火一樣熊熊燃燒……這個偉大世界正充滿著佛陀教導中所說的罪惡。」❹因此他認為在實現社會主義的過程中，主要任務是淨化人們的心靈，恢復人們的道德。那麼如何做到這一點呢？他認為，「最重要的任務就是使每個人達到涅槃。如果人們能夠正確地看待物質利益，就不會有剝削，不會有階級壓迫，也不會有戰爭。」❺正是在這種思想的指導下，吳努在他執政時期鼓勵緬甸佛教勢力的發展，弘揚佛教傳統，擴大佛教的傳播，主持佛教第六次結集，直到恢復佛教國教地位。

至於發展社會主義經濟，建立福利國家，吳努認為這是一項次要任務。在談到主要任務和次要任務的關係時，他認為發展經濟只不過是為了滿足人們在追求和實現涅槃時基本的物質需要。他說，「財富只是滿足人們在通向涅槃的旅途中在穿、吃、住方面的需要。」❺

由此可見，吳努的社會主義不僅在社會理想方面帶有濃厚的宗教色彩，而且它的社會經濟政策是為他的宗教目標服務的。後來他甚至把他所謂的整個社會主義制度都看作幫助人民實現其擺脫欲望的理想社會的工具。

吳努的社會主義在某種程度上接受了馬克思主義的經濟思想，但他反對馬克思主義的唯物主義思想和政治學說。他反對馬克思主義物質決定精神的唯物主義原則，認為這是一種宿命論觀

點，直接與佛教的因果報應創世說相矛盾。他否認獨立於意志以外的物質的存在，也否認運動和變化存在於物質本身。他認爲所有事物都只是一切不同的行爲的聚合，而這些行爲則是變化的、運動的。

同時吳努反對階級鬥爭的學說。他認爲與佛教不相容，他主張在佛教倫理道德的基礎上把相互對抗的集團團結起來。他激烈地批評共產主義和共產黨國家並與它們劃清界限。1958年，他在反法西斯人民自由同盟的會上說：「我們必須特別注意不允許剝削、專制和壓迫。而這些是共產主義的天生弊端，不允許國家資本主義成爲我們所要建立的社會主義國家的一部分。」❺❷ 1959年他又說，「在所有共產黨國家，沒有任何工業和生產企業的利潤是全部分配給工人的。他們只是以工資、住房和其他形式得到了他們的一部分。而這種形式與資本主義社會的工人沒有兩樣，沒有任何證據證明他們所得到的那份比在資本主義國家更多。唯一的區別是在資本主義社會利潤部分地歸資本所有者或股東，而在共產黨國家那部分利潤歸了國家。」❺❸ 他談到和蘇聯的社會主義的差別時說，緬甸「距離蘇聯至少有三千英里」。❺❹

吳努的政治學說也比較接近民主社會主義。他比較強調人民自由民主。他說，民主的理想來自兩個基本概念。一是「人生來是自由的，自由是最寶貴的遺產和財富」。二是「只要一個人在社會享有合法地位，只要他有權參與維護法律和社會秩序的政府機構，那他就享有自由和行使這種自由的權利」。❺❺ 同時也指出了民主國家的兩個主要特點，即權力的實施是「透過法治，而不是刺刀」；個人自由要服從法治。在他看來法治是民主制度運作的保障。他警告說，「當人們在最大限度地享有和行使自己的自

由權利時，你也必須尊重他人的權利和自由。」❻

　　根據吳努的思想，民主政府的目標是盡最大可能實現人民的願望，「權力不能全部授予某一個人」，要有「監督和制衡」。政府的權力受到議會的監督，而議會反過來「又要接受人民的監督和選擇」。他認爲議會制度是最好的政府形式，因爲它爲「維護民主的基本要素提供了機會」。但他又說，民主不存在於眞空裡，它必須以國民經濟爲基礎，如果不在經濟和技術方面加速發展，使人民的經濟福利得到保障，那麼人民對民主就會失去信心。他又駁斥了一種觀點，即一些國家還未作好民主的準備。他說：「民主是人們與生俱來的權利，不能說世界上有哪個人或社會還沒有作好實行民主的準備。民主在一些國家不成功的主要原因是沒有使民主的運作形式適應當地的條件。」他主張堅持民主的原則，實施這一原則應結合當地的條件，這顯然沒有錯，而他把「準備」和「條件」看成完全割裂的兩回事顯然有失偏頗。這也是吳努時期緬甸的議會民主失敗的原因。「準備」實際上是創造比較適應民主的「條件」，而否認準備，也就忽視了對條件的認識。因此吳努的議會民主制失敗的原因恰恰是他所說的沒有適應「當地的條件」。實際上，眞正明智的做法是，在實行民主時旣要積極準備，創造條件，又要使民主的形式與實際條件相適應。

㈡奈溫的社會主義

　　奈溫政變以後，立即宣布要「把緬甸建成一個資本主義國家」。一個月後，軍政權發表了一個被稱作「緬甸資本主義綱領」的文件「緬甸資本主義道路」。後來緬甸社會主義綱領黨又頒布了作爲黨的思想綱領的文件「人與環境相互關係的理論」，這成

為奈溫社會主義意識形態的哲學基礎。1974年1月,正式頒布了一部新憲法,將「緬甸聯邦」的國名改為「緬甸聯邦社會主義共和國」。

奈溫的社會主義是建築在綱領黨的哲學思想之上的。這集中反映在「人與環境相互關係的理論」這個文件裡。❺ 這是一個佛教教義和馬克思主義詞句的混合體。這個文件首先闡述了綱領黨的宇宙觀。它把自然界分為三個世界:物質世界、生物世界和現象世界。這種劃分實際來源於佛教。文件說宇宙間的一切都處在變化和運動中。「宇宙間的一切物質都是暫時的,宇宙間的每一時期都極為短暫」,一切都處於永無休止的「輪迴」過程中,有生就有死,有興就有衰,生死輪迴,興衰輪迴。我們知道,事物的變化根源於事物本身固有的、永無休止的矛盾鬥爭以及相互作用。事物矛盾對立統一的原則是辯證唯物主義的核心,也是馬克思主義的基本理論原則。而「輪迴」的原則是一個佛教的概念。該文件認為馬克思主義和佛教是一致的。然而文件忽視了辯證唯物主義的矛盾運動的原理和輪迴的本質區別。前者認為事物內部矛盾對立面之間的鬥爭導致從量變到質變、從低級到高級的發展過程,輪迴則認為變化只導致簡單的重複和循環。

根據這種宇宙觀,奈溫社會主義者們用佛教中的輪迴觀來解釋歷史,從而形成了他們獨特的社會歷史觀。文件認為人類社會也不是靜止的,而是在不停地運動和變化著的。例如人類社會經過了奴隸社會、封建主義社會、資本主義社會。這種發展變化的動力就是社會革命。資本主義會成為革命對象,因為資本主義也有它固有的「基本矛盾」,這就是由於大量工人群眾的社會勞動所驅動的大工業企業為一撮資本家所占有。只有在社會主義條件

下才能結束這種罪惡的經濟制度，因爲在這種社會，大多數人從事社會勞動，而生產資料也由大多數人占有，二者之間是相互適應的。這當然是馬列主義的觀點。

但是，他們不承認這種社會更替是從低級到高級的質變，只不過是輪迴過程中的一個環節。正因爲如此，他們不承認人類會進入一個更高級的共產主義社會。

關於奈溫的社會主義倫理道德觀，文件從佛敎的傳統道德和敎義來說明「人道主義」。它認爲，「貪欲和自私，邪念和暴力，無知和愚昧」都是人所固有的特性，人道主義就是要消滅這些不良品行，「必須削弱人類的惡性，努力發展人類的善性」。這裡，它把人壓迫人、人剝削人看作不人道現象，把佛敎中勸導人們棄惡從善、自我淨化的思想與馬克思主義的消滅剝削、人人平等的觀念混合起來使用了。

奈溫社會主義的政治綱領，集中到一點，就是廢除西方式的議會民主形式，建立與緬甸社會條件環境相適應的社會主義民主形式，即社會主義「民主集中制」。要實行這種民主集中制就要廢除原先的議會制和多黨制，建立一黨制。

爲什麼要廢除議會制和多黨制呢？奈溫社會主義者進行了全面闡述。他們認爲吳努政權偏離了緬甸社會主義方向，其根本原因之一就在於他實行了西方式的議會民主。「緬甸社會主義道路」的綱領性文件稱：議會制已在緬甸進行了試驗，「但緬甸的議會民主不僅沒有促進社會主義的發展，而且，由於它本身的缺點、弱點、漏洞、弊端以及缺乏成熟的公共輿論，背離了社會主義的目標，以至於漸漸地愈來愈明顯地走向了反面」，「到目前爲止，我們所試驗的那種議會民主形式並未實現國家的社會主義

目標」。❺⑧

　　奈溫曾對多黨制進行了激烈的批評。他爲多黨制羅織了許多罪名。首先，多黨制導致了對人民的空口許諾，而一黨制能夠避免對人民的不負責任。他說在多黨制下的議會競選中，各黨派爲了獲勝，常常給予人民一些空洞的許諾。對他們來說，權力就是一切，一旦獲得了權力就忘記了對人民的許諾，忘記了他們對人民所承擔的義務，而且還不受任何懲罰，這是不公正的。他比喻說，一個人簽訂一個民事合約，如果不履行其義務還要被告到法院；一個站崗的哨兵如果擅離職守，還要在軍事法庭受到審判，而不履行自己諾言的執政黨和議員卻不受任何制裁。競選者一旦成爲議員，選民就無法對他施加影響，他就可以隨心所欲，就可以爲了他個人的私利爲所欲爲。

　　其次，競選成了權力和金錢交易，犧牲了國家利益。在多黨制下，「競選需要有錢人提供經費，這成了一種交易」。「現在我們提供經費使你贏得選舉，反過來，你成了有影響和權力的部長，你就得給我們好處」，「這樣，爲了他們自己的利益相互服務，而我國人民就日益貧困」。❺⑨

　　其三，多黨制造成了民族分裂。「人民的分裂與緬甸的政黨數目成正比，而受害最大的是工人農民。」❻⓪由於人民對各政黨的從屬關係，他們也被捲入政黨的紛爭之中。例如，1956年選舉以後，在分別隸屬於民族團結陣線和反法西斯人民自由同盟的人民群眾之間就發生了衝突。在1960年選舉中，在分別支持反法西斯人民自由同盟廉潔派和鞏固派的群眾之間也發生了衝突。奈溫把這種政黨鬥爭看成是「同一家的兩隻公雞的搏鬥」。

　　其四，多黨制損害了政府政策的連續性。一個黨上台按它自

己的政策制定了一個計畫，當另一個黨上台以後，可能繼承前一個黨的政策，也可能不繼承。在後一情況下，前一個政府計畫就可能中斷。如果前一個黨的計畫對人民是有利的，而後一個黨的政府僅僅由於那個計畫是前一個黨制定的就拋棄這一計畫，這對人民是極其有害的。

為了克服上述缺點，奈溫極力主張一黨制。他也反問說，一黨制會不會導致獨裁和專制主義呢？他沒作更多的說明，只是說，要在憲法中採取適當的措施加以限制。什麼措施？如何限制，他沒有說。

關於奈溫社會主義的經濟綱領，主要反映在「緬甸社會主義道路」這一綱領性文性中。它宣布，「社會主義經濟的目標是為所有人建立一個經濟上安全，道德上美好，和平繁榮的新社會」，❻不是為一個集團、一個組織、一個階級或一個政黨的私利，目的在於最大限度地滿足全民族人民的物質的、精神的和文化的最大需要。社會主義經濟有計畫、按比例發展社會生產力。為了實施計畫經濟，工農業、交通運輸、對外貿易等重要的生產資料必須實行國有化。在社會主義的緬甸，實行國家、合作社或其他集體所有制。在這些所有制中，國家所有制構成社會主義經濟的主要基礎。同時，那些有助於生產力發展的民族私營企業也在適當的合理的限制下允許其存在。在社會主義經濟中，每一個有能力的個人都必須盡自己的能力進行工作。每個人將根據自己在社會生產中付出的勞動的質量和數量，領取物質上和文化上的報酬。

為了實踐緬甸社會主義，首先在政治上，徹底改變了西方議會民主的政治體制，實行了一黨制的中央集權體制；建立了唯一的執政黨社會主義綱領，取消其他一切政黨的合法地位；廢除了

1947年憲法,解散了國會;封閉了非官方的報館。在對外政策方面,過分地強調獨立,以致走到了閉關鎖國的孤立主義立場。

在經濟方面,實行了國有化政策。到1972年,大約有一萬五千個外國或私人企業被國有化。有十萬九千名在緬甸從事私營經濟活動的印度人和巴基斯坦人被迫離開了緬甸。軍方企業「國防後勤協會」滲透並控制了很多部門的經濟活動。國營的「人民商店企業」控制了所有零售商業。在土地改革方面,奈溫繼續了吳努政權的土地計畫,但成效不顯著。1962年緬甸有一百萬個佃戶,占全國農戶的44%。但到1970年,仍有36%的農戶是佃戶。奈溫政權的最初十年,緬甸經濟基本上處於停滯狀態。稻穀生產從六百七十萬噸增加到八百萬噸,但被人口的增長所抵銷了。

七〇年代初,緬甸開始全面政治經濟調整。在政治上試圖改變軍事獨裁的形象。1972年4月,奈溫政府宣布「還政於民」,奈溫本人也退出軍職。1974年頒布新憲法,召開人民議會。經濟上,也開始糾正過去政策上的錯誤。1971年6至7月,第一次緬甸社會綱領黨全國代表大會制定了「緬甸社會主義綱領黨長期經濟政策」,放棄了快速工業化政策,決定優先發展農業、輕工業和礦產業;放寬了對私人工商業的控制;注意吸收外援和外資。這些措施促進了緬甸經濟的恢復和發展。然而緬甸的經濟困難仍得不到根本性緩解。人民的生活水準仍沒有顯著提高,因而人民的不滿情緒時有表露。隨著人民對經濟改革、政治民主化的要求日益強烈,終於導致了1988年7月奈溫的辭職,這標誌著奈溫社會主義的失敗。

㈢緬甸的政治文化

在緬甸的政治文化中，對政策影響最直接的有三方面：在宗教和道德規範下人的社會地位關係的等級制；非政治傾向和宿命論；唯上和逢迎的行為準則。

緬甸有著八百多年的封建專制傳統，同時又是佛教占統治地位的社會。長期的封建宗教統治形成了一整套倫理道德規範。這些道德規範規定了人們的一定的社會地位和相互關係，以及他們在道德上應盡的職責和義務。

一個人處在某種社會地位是根據他的年齡、性別和職業來確定的。這種地位從家庭一直延伸到社會。在一個家庭，年長的成員有較大的權力和特權，成員之間是不平等的。從整個社會來說，按傳統的觀念，僧侶是最受人們尊重的，享有較高的社會地位；其餘依次是官吏、富人、律師、教師、商人、職員、工人和農民。在人們的相互關係中，有著不同的稱呼，從而標明他的身分和地位。緬甸人從不對他人直呼其名，這裡沒有西方人的那種「先生」、「小姐」等籠統的稱呼。如果兩個人有相似的地位和年齡，稱呼時名字前就要冠以哥（Ko，意為大哥）；如果地位高於或年齡大於自己，稱呼時，名字前則要冠以吳（U，意為叔叔）；如果地位和年齡均不如自己，則稱呼貌（Maung，意為弟弟）。同樣，對婦女的稱號則是嫂嫂、姐姐、妹妹。如果沒有這些稱呼則意味著對對方的侮辱。

佛教倫理規定了父母與子女、教師與學生、妻子與丈夫、主人與僕人的相互關係和各自的責任。例如兒子必須支持家長，維護家庭的榮譽，管理遺產，祭祀死去的親屬；而父母必須管教子

女，以防走上邪路，使他們接受教育，爲他們安排配偶。從道德上說，這些義務和責任大多數是可取的，但問題是對這些責任和義務的解釋權掌握在父母、老師、丈夫和主人手裡。這樣，原來雙方相互盡義務的關係變成了一方對另一方的支配和統治。在佛教徒看來，父母、教師享有佛陀、法律、僧伽的地位。子女、學生、僕人反對父母、教師、主人，即使前者是正確的，也只能被看成是大逆不道。當然，享有權威的人權力大小也受到他本身所盡職責的影響。如一個家庭家長的權威也受到他給家庭所帶來的物質利益等因素的影響。在緬甸人的家庭中，建築在這種嚴格的尊卑、上下、主次關係上的權威主義是根深蒂固的。

和印度不同，緬甸沒有嚴格複雜的種姓制度，因此緬甸社會也沒有複雜森嚴的等級制度。這不意味著緬甸沒有社會等級。前面提到的各種人享有不同的社會地位就說明了這一點。但就政治權力和政治地位來說，這裡只有兩個等級，即官吏和百姓。不論官位高低，一旦爲官，便加入官吏階層。在官史階層內部，儘管有主從、高低之分，但他們的利益是一致的。在漫長的君主時代，官史就是壓迫奴役的代名詞。他們的共同職能就是欺壓百姓，他們自己則官官相護。處在官吏階層對立面的則是百姓。他們承受著來自官吏的重重壓迫、剝削和奴役。在緬甸，官民的地位、權力界限是特別明顯的。但是奇怪的是，民成爲官並沒有嚴格的階級關卡，地位的變動較爲容易。一個農夫，如果他努力和勤勞可能成爲商人和工匠；如果他的才智被發現，也可能被招入官吏階層。但是一旦成爲官吏，他往往就忘記了他的過去，轉過來欺壓百姓。

在傳統的緬甸社會，官吏階層的結構比較穩固。這一方面由

於他們有共同的利益，另一方面則得益於相互依附關係和保護與被保護關係。一個新國王就位總要撤換一大批大臣，打破原來的依附保護關係，建立起新的依附保護關係。大臣對國王恭順服從，國王則為大臣提供保護和恩惠。以下各級官吏的關係也大體如此。下級對上級經常是唯命是從，百依百順，上級則給予下級以恩典與庇護。各級官吏沒有對社會和公眾的責任。他們的職責是對他們的頂頭上司的意志負責。這種依附保護關係在當代社會仍占據統治地位。

官貴民賤是緬甸社會最突出的傳統意識之一。在這樣的官本位社會，人們對官吏、權力、上司的行為方式和行為準則如何呢？概括說來，最突出的表現就是對權威的畏懼，對官吏的逢迎，對官位的渴求以及對國事的冷漠。

一個緬甸作家在分析緬甸人共同本質的時候寫道，「緬甸人的共同本質是，當身居官位握有權力享有權威的時候，他就飛揚跋扈，目中無人，狂妄自大；而當他失去官位權勢時，就變得怯懦而溫順。」❷ 同時這位作者又引用了一個英國官員的話說：「一個（緬甸）人或者很有權勢，人們都怕他，或者他很軟弱，從而被人們所蔑視。因此，正像我們想像的那樣，當面對權力超過自己的人時，他們就變得膽怯和恭順。」❸ 這種懼怕權威的特性在今天的緬甸人身上仍比較明顯。

懼怕權威和權力主要是由於害怕官吏的報復。人們公開反對地方官吏的橫徵暴斂和為非做歹，或者向更高一級官吏控訴之前，他們首先遭到的是地方官吏更加殘酷的打擊和迫害。這使人們最怕身邊的地方官吏。緬甸語中有這樣一種說法：「近處的劍比遠處的劍更鋒利。」即使他們能夠躲過地方官吏的報復，要在

公堂裡勝訴也是困難的，因為他們沒有足夠的金錢。另外，案件還不一定引起重視。特別是緬甸官吏階層的依附庇護關係和官官相護，很少可能作出有害於官吏本身的判決。因此，他們認為任何向權威的挑戰都是徒勞無益的。對於地方官吏尚且如此，對至高無上的國王和其他高級官吏就更不敢輕舉妄動了。

對權威、權力的懼怕迫使人們不得不接受殘酷、悲苦的現實，只能聽天由命地任權力和權威蹂躪。

甘心處於被奴役的地位當然不是唯一的選擇。對緬甸人來說，能夠求得生存和安全的最恰當的途徑是逢迎官吏，取悅上司，對官吏和上司唯命是從，從他們那裡獲得庇護。為逢迎官吏和取悅上司，人們不惜撒謊、奉承和諂媚。他們在當權者面前儘量不說那些令他不快的話，寧可說謊。在古代的緬甸，人們常常把「誠實」說成是「愚蠢」。在緬語中有一個說法，「沒有謊言，詩就沒有韻味。」說謊不認為是有損於緬甸人的良知，也不認為是違反公共道德準則，相反，認為這是運用語言技巧，以求在這個等級社會中維護和改善自己的地位。緬甸人並不把說謊本身看得多麼不道德，他們重視的只是意圖。「意圖，而不是事實本身決定責任……當命令緬甸的僕人去害死螞蟻的時候，他們會毫不猶豫，因為罪孽在於主人。」❻❹緬甸人常說，「佛陀只強調心境，即動機」，「高尚取決於心境，當人有了不良行為時，高尚能挽救他的良心。」這是說只要動機是好的，說謊並不可恥。緬甸人把說謊的動機解釋為不願冒犯他人或傷害他人的感情，不願使別人處於難堪的境地，所以不認為這是一種罪過。

實際上，說謊不僅僅是為了避免冒犯他人，而且有一種非常主動的動機，即取悅官吏和上司，使自己得寵，取得信任，從而

長久地獲得保護和安全。為了達到這一目的，僅僅阿諛奉承、獻媚取寵、投其所好是不夠的，還需要另一種手段，即行賄。在緬甸的傳統社會，下級官員看望上級官員無不攜帶重禮。這種遺風一直延續至今。這是由舊時貢稅制度演變而來的。這標誌著對上級權力的承認和尊重，也標誌著下級對上級的服從和依附。後來，這種禮品就變成了請求寬恕的賄品和尋求恩惠的武器。

在緬甸的政治文化中，有一種普遍接受的觀念，即政治是一種罪惡和禍害，是五大敵人之首（其他四種為水、火、賊和惡人）。❻這當然是舊時政府的劣跡所致。在現代緬甸社會，因為各級政府官員沒有擺脫那些劣跡，因而人們對政府的觀念也基本依舊。然而緬甸人又強烈地渴望官位，希望自己能成為某級政府中的一員，這是一個令人奇怪的矛盾。但就緬甸的社會環境和緬甸人來說，這並不矛盾。如前所述，在緬甸，官貴民賤的界限相當明確，一旦為官便成了人上人，一旦丟官還民，便受人宰割。作為百姓，他們憎恨官府，但他更怕官府的欺壓。要擺脫這種受欺壓的地位，他們可以反抗，但他們的政治文化中缺乏這種因素。那麼剩下的唯一出路就是當官，進入既安全又享有特權的階層。

如果說渴望官位僅僅是一小部分人角逐的目標的話，那麼大多數人似乎更傾向於另一個極端，即逃避政治，避免麻煩，至少對政治和國事採取冷漠的態度。在古代緬甸，國王和官吏壟斷了一切權力，庶民百姓的唯一職責是服從。在鄉村的最基層曾經存在過形式上的大眾參與，村裡的長者和助理常常得到村民的信任，他們代表村民和領袖會商村裡的事務。但這種形式從未形成固定的和具有政治意義的參與機制，它常常被國王和地方官員的獨裁所代替。普通百姓不懂得政治參與為何物，他們的視野只限

於自己的村莊和他們周圍的事務，他們認為其餘一切事務應由政府承擔。

在當代緬甸社會，人民仍然缺乏參與觀念，不願參與和關心社會事務，將一切拋給政府，聽命於政府。他們拒絕協助警察調查案情，不願出庭作證，懼怕提供事實真相。正如一位前緬甸內務部長說，「如果城內廣場發生了什麼事，人們常常說，『不要到那兒，你會成為證人的。』國人仍然喜歡這樣做。沒人能否定這個事實……這是我們民族的弱點。」❻❻ 吳努總理也承認「把一切事情推給政府，對周圍的事物保持冷漠的老毛病」，仍在影響著緬甸人。❻❼

不論是對權威的畏懼、對官吏的逢迎，還是對官位的渴求、對政治參與的冷漠，集中到一點，產生了一個共同的社會後果，即創造了個人權威主義的生存環境。顯然，這成了權威主義合理性的依據。人們對權力、權威的懼怕和崇拜給權威主義的存在提供了可能性，而人民對政府的依賴為權威主義提供了必要性。正因為如此，昂山在1942年起草的緬甸獨立計畫中寫道：「在緬甸人的觀念中，如果領袖領導得好，一切皆好；但如果領袖領導得不好或不能領導，則一切皆糟……」他認為緬甸人的性格「總是要求有一個強有力的領導，不需要傀儡……只有一個民族、一個國家、一個黨、一個領袖，不存在議會反對派，不要個人主義的胡說八道，每一個人必須服從高於個人的至高無上的國家」。❻❽後來奈溫也承認這個文件完全符合奈溫的「緬甸式社會主義道路的調子和精神」。❻❾ 可見軍人集權政治能在緬甸存在三十多年並不奇怪。

第二節 泰國的政治文化

一個國家的政治文化主要根源於它的歷史傳統，因此研究它的政治文化必須追溯其歷史。

泰國的大眾政治化有幾個突出方面。首先是權威主義。泰國的專制制度持續了七個世紀四個朝代。在這漫長的歷史長河中，在泰國的政治制文化中形成了兩個基本觀念，一是家長制原則。國家被看成家庭的擴大。在家庭中，父親是一家之長，若干家庭組成一個村落，而在這個村落中位居家譜最高位置的長者又是村落的家長。若干村落組成一個鎮邦，又由一個父親角色的人物統治。這樣，國王也就是全國人民的父親。在家庭中，家長必須樂善好施，關心愛護他的家庭成員；家庭成員必須尊重家長的權威。因此，國王也把人民看成他的子民，而把自己看成人民的保護者、主宰者。所以他要求他的地位和權威不能受到侵害。這種家長制傳統被現代統治者繼承下來了。沙立總理曾要求村社首領扮演好父親的角色。自然，人民習慣於這種統治方式了，甘願成為被保護者、被支配者，甚至被奴役者。

這種家長制在阿瑜陀耶王朝時期被另一種政治觀念加強了。這就是神權觀念。這個觀念來自宗教。國王被看成是毗濕奴、濕婆和梵天在凡世的化身。對神的崇拜變成了對國王的崇拜；國王被看成擁有絕對權力的神，主宰著人們的命運。家長制原則和神權原則的結合，在統治者和被統治者中形成了現代的權威主義和獨裁主義。

伴隨著這種家長制的形成，社會權力的等級制也就形成了。

家庭成員要服從家長，小家長要服從大家長。在這個權力階梯的頂層是國王。在這種等級制的權威主義觀念統治下，泰國人形成了兩個突出的行為準則：一是必須服從，二是只服從上級。在泰國社會，恭敬和服從常常被特別強調。大多數泰國人覺得男人和女人應該謙和、彬彬有禮，尊敬長者和一切應該尊敬的人。在家庭、學校特別是在寺廟，從小就向人們灌輸服從和尊敬的習慣，要服從父母、兄長、教父、老師。官職、年齡、出身、地位、財富、資格都是享有尊嚴的依據。這在政治等級方面表現得尤為突出。任何一級官員絕不能用對待同級和下級的態度對待他的上級，而是要絕對尊敬、恭順和服從。他們所做的一切只是為他們的上級負責而不是同時對人民負責。

這種恭順和服從的價值觀在1932革命以後遭到來自西方的民主價值觀的衝擊，但並沒有從根本上動搖它在社會、政治中和在人們觀念中的統治地位。這一方面是統治者維護自己的統治需要這種價值觀；另一方面在佛教信仰中存在著它得以繼續存在的社會思想基礎。例如佛教的因果輪迴說告誡人們今世的痛苦、不幸、貧窮是由於自己前世沒有積德行善，不能責怪他人。所以身居高位、擁有財富和權力的人是他們積德行善的結果，理應得到尊敬，而不得進行批評和反對。

在這種文化氛圍之中，政治制度很容易帶有專制和獨裁的特徵，人民卻很少抵抗。這是泰國長期經受軍人獨裁統治，而人民往往又甘於忍受的主要原因之一。對上級和統治者的恭順和服從及不批評態度自然導致了人們對政治的冷漠和消極。這是泰國人政治參與水準極低的主要原因。在一般平民看來，政治是統治者們的事。

由等級制度派生出來的泰國政治文化的另一個特徵是人際依附關係，即在地位不同的人之間形成的保護和被保護關係。泰國人不大可能反對來自上面的權力，而他們又要力求不受到這種權力的傷害，於是他們就要在擁有權力的人中尋求保護人。這種保護和被保護關係，實際上也是一種交易。處於較高地位的人利用他的權力、財產和影響給地位較低的人帶來安全和利益；而後者透過他的依從、效勞為前者提供力量源泉、權力基礎。

這種依附關係在官僚體制中、政黨制度中和種族關係中表現得尤為明顯。在文職官僚機構中，下級官員總是把他的上級首腦作為他們的效忠對象，以維繫他在整個官僚機構中的地位和既得利益。他們很少發生橫向的聯繫，儘管他們有著共同的地位和命運。這就使得泰國很難產生階級或階層的凝聚和團結。在政黨制度中，社會中不同派別的議員以政黨領袖的身分充當保護人，黨員則是他們的追隨者和被保護人。在種族方面的附依關係主要表現在泰人政治統治核心和華人的工商企業階層之間，後者為前者提供財力支持，前者則為後者提供政治上的保護。

泰國的這種依附關係並不牢固，常常因保護者權位的丟失而中斷。泰國頻繁的政變導致了保護者的不斷更換。因此被保護人也常常從一個保護人轉向另一個保護人。

這種極不穩固的依附關係使泰國不可能形成穩定、強大的社會集團，也很難形成強有力的壓力集團。這也直接導致了泰國政黨制度的不成熟。許多政黨沒有固定的政治綱領，而只有暫時的相互利益。這使泰國的政黨更像利益集團。保護人的頻繁變換導致了政黨的不斷分裂或解體。

在泰國的大眾政治文化中還有其他一些因素，如傳統主義，

消極保守，比較迷信超自然力量，屈從於命運，缺乏理性和實際目標以及容易滿足現狀，甘於接受較低的地位，過多地責怪自己過去的行爲等。所有這一切都妨礙了大衆的政治參與。由於佛教和平主義的影響，他們反對衝突、流血，強調溫良恭儉讓，與人爲善，避免爲難他人和損害其尊嚴。這些妨礙了對政府的批評。凡此種種，都或多或少地延緩了泰國的政治現代化進程。

泰國上層精英的政治文化有一定程度的西化。但更大程度上是形式上的，或者說這種西化是爲了抵制來自國內外現代政治文化的衝擊所造成的壓力，維護其傳統文化。

泰國精英政治文化沒有明確的政治意識形態，只提出過一些有代表性的口號。「民族、宗教、國王」是本世紀初拉瑪六世提出來的。後來被歷屆當權者所沿用，作爲國家團結的精神支柱。到了沙立時代，他把這個口號提到了更突出的地位，作了新的解釋，並摻和了一些西方思想因素。「民族」除了維護民族獨立和安全外，還包含了政府和人民的團結。「宗教」的口號一方面是要借助統一文化維護民族的團結，同時它還包含兩層意思：一是要利用佛教的社會組織和精神影響，服務於政府的各種社會動員；二是繼續維護佛教消極保守的一面，用以維持政治精英們的權力。至於強調「國王」的口號，仍旨在把國王作爲民族團結的象徵。

在現代上層精英政治文化中不可否認地注入了現代政治意識，如憲政主義，但是他們從來沒有認眞考慮過有效地運用，僅僅是裝潢一下門面以抵制來自各方面的攻擊，從而維護自己的權力地位。實際上，泰國上層精英的政治文化的核心仍然是獨裁主義。他們仍然認爲他們的權力是不可侵奪的，大衆政治參與是不

必要的。有時，他們甚至認為大眾的政治參與和民主的擴大對泰國的發展並無好處。沙立是七〇年代以前唯一致力於國家現代化的軍人領袖。他認為民主在泰國並不急需，最需要的是調動一切力量發展經濟，在民主制度下，這不可能做到。

從發展的趨勢看，精英政治文化中的現代民主意識在不斷加強。炳八年溫和的政治統治實踐是一個例證。更能說明問題的是，1992年，泰國一部分上層精英和下層大眾共同抵制了軍人控制的新政府。這反映一部分上層權貴的政治文化意識正在發生變化。

第三節　具新加坡特色的民主社會主義

新加坡的社會發展成就和經濟發展速度令世界震驚。當我們全面研究了它的實踐經驗之後，不能不把目光轉向它的意識形態，進行更深層次的透視。結果，我們發現，新加坡有一整套非常獨特的思想理論，姑且稱之為「有新加坡特色的民主社會主義」吧。

有新加坡特色的民主社會主義的主要創立者李光耀、吳慶瑞、杜進才、拉賈拉南早年均就學於倫敦，受英國工黨和費邊社 (Fabian Society) 的民主社會主義思想影響較深。回國以後，這些人便投身於祖國的獨立事業，同時也在構思著新國家的藍圖。這一政治藍圖在人民行動黨初期的綱領中反映得十分明確：黨在獨立後的目標是「建立一個獨立的、民主的、非共產主義的社會主義馬來亞」。1959年人民行動黨執政後，李光耀多次重申這一目標，這種社會主義就是他公開宣稱的「民主社會主義」。後來，人民行動黨加入了社會黨國際。

儘管民主社會主義的綱領十分明確，但在1964年以前，人民行動黨和李本人都未對它加以突出的宣傳。只是在新馬合併期間，新加坡人民行動黨在整個馬來西亞擴張影響受挫、新馬矛盾加劇之後，李光耀才開始大張旗鼓地向巫統展開意識形態攻勢，大力宣傳民主社會主義，試圖以此來喚起下層馬來人對人民行動黨的支持。但是他失敗了。分離以後，新加坡便開始有條不紊地實踐它的民主社會主義的理想。

　　然而，李光耀和他的同事並不是一個唯意識形態主義者和僵死的教條主義者，而是一個現實主義者和實用主義者。他們沒有把西歐民主社會主義理論奉爲金科玉律，也沒有恪守歐洲社會民主黨所奉行的發展模式。他們不太關心理論的系統性和完整性，而特別注重政策的可行性和實用性。正由於這一點，才使新加坡擺脫了意識形態的束縛，開闢了一條探索創新的道路。的確，這一條道路找到了，走通了，至少在新加坡是成功的。正因爲這是一條新道路，所以新加坡人就不願意再冠之以什麼民主社會主義的招牌。如果還要稱之爲民主社會主義的話，那最好冠之以「有新加坡特色」幾個字。

　　新加坡在開闢自己別具特色的道路時不是沒有阻力的。在此過程中，李光耀及其同僚顯示了創造者和開拓者的勇氣和魄力。與國際共產主義運動中的意識形態鬥爭一樣，在社會黨國際也存在著不許變革、不准越雷池一步的僵死勢力。當李光耀實踐他的新模式而觸犯了社會黨國際某些禁忌的時候，他被視爲離經叛道。終於在1976年5月，以違反民主等原則爲由，人民行動黨被開除出社會黨國際。被革出教門後，人民行動黨仍然從容地走自己的路。今天，面對它的成功，新加坡道路模式的魅力更是有增無

減。

　　李光耀熟悉民主社會主義理論，同時也研究過共產主義理論，那麼爲什麼他最終選擇了前者而不是後者呢？他承認「中國的共產主義革命是中國歷史上曾經發生的最偉大的革命之一」，❼但這種革命只有在大陸才是適合的。馬來亞和新加坡情況不同。馬來亞社會沒有「根深蒂固的封建制度」，也沒有「根深蒂固的資產階級」，❼因此共產主義不適合於馬來亞和新加坡。同時，他也看到，共產主義對華人有廣泛的影響，而構成人口多數的馬來人不接受共產主義，在這種情況下推行共產主義就只能破壞民族團結。而且，他認爲，共產主義在實現自己的目標過程中不夠民主，而採取「殘酷無情」的手段。他說，這種殘酷無情的手段對馬來亞的發展是不需要的，他要以民主的手段實現社會主義的目標。他指責馬來亞共產黨在新加坡推行共產主義本身違反了馬列主義關於革命理論與當地情況相結合的原則。

　　李光耀和共產黨在這個問題上的分歧成爲他推行民主社會主義的強大動力。他決心以他的民主社會主義和共產黨的共產主義進行一場競爭。他看到共產主義在亞洲有廣泛的影響，因此他決心以實實在在的發展成就和人民富裕的物質生活「來迎擊共產主義的挑戰」，和共產黨爭奪對人民的領導權。爲此，李的民主社會主義的第一個目標便是「更加努力去發展生產力」。他說人民不關心你如何說，而是如何做，「他們只要求生活過得好點，要求一個較爲平等和公正的社會。誰能在這點上滿足他們，（誰）就是他們的救世主」。❼

　　李對發展生產力重要性的認識可以說是刻骨銘心的。他強調，要實現發展「首先必須有希望發展的意志，意志要如此強烈，

因此所作的努力是百折不回的」。**73** 談到發展生產力的意義時，他說，「生產力是決定我們前途的最重要的因素」，「我們的生產力增長將決定我們未來的社會是一個怎樣的社會」。李不但在口頭上說，而且實實在在地做。從1981年開始，政府設立生產力局，將每年的11月定為「生產力月」，開展「生產力運動」。國家透過生產力局培養高級經濟管理人員，建立起勞資集體合作精神，推動生產力的增長。李借用日本人的話說，「生產力運動是一項沒有終點的馬拉松賽跑」，他又借用美國人的話說，「生產力運動是進入下一個世紀的通道」。**74**

如何創造更高的生產力，這是李光耀民主社會主義理論中富有創造性的內容之一。根據社會黨國際的綱領性文件「成立宣言」，民主社會主義承認私有制，同時主張逐步擴大國有化，建立「混合經濟」或「多元經濟」。李的思想與這一觀念是一脈相承的，但李比較強調維護資本主義的經濟形態和體制。他主張「要努力地在一個完全是資本主義的制度下建立社會主義的標準」，**75**「在一個十分資本主義化的制度中為確定社會主義的價值而鬥爭」。**76** 根據何在呢？他認為，對於一個經濟落後，生存問題沒有解決的國家最首要的問題是發展生產、增加社會財富，而不是產品分配。沒有充足的社會財富，分配得再公平也沒有意義。李光耀說，「在不發達的情況下，所有基礎工業的國家所有制簡直沒有什麼意義」。**77** 因此，他的結論是「增加我們的財富比縮小貧富懸殊重要得多」。**78**

那麼增加社會財富最快捷的辦法和途徑是什麼呢？李認為是資本主義。根據他的思想，透過提高工人的覺悟和公共服務意識來提高人們的生產積極性固然好，但「要把公共義務的崇高價值

和服務的意識灌輸給社會，需要很長時間，只有對工人的成就給予高度刺激才能得到最好的效果」。在分配問題上，李認為，不能過早地實行完全的「按勞分配」。他說，我們反對按資分配，「我們認為擁有財產就應該剝削別人是不道德的。但是，為了取得經濟增長，我們已經不得不把我們的政策建立於這樣的原則上『各盡其經濟所能，各取其經濟所值』」。**㉙**這樣做，一方面彌補了國家發展經濟缺乏資本的問題；另一方面也調動了資本所有者為社會創造財富的積極性，因而社會生產力得到了較快的發展，社會財富也得到了較快的增加。相反，如果透過破壞資本主義經濟來實現社會主義經濟，只能為整個社會帶來「災難性的後果」。

但李光耀並沒有因此而忘記或忽視資本主義所產生的分配不公和貧富懸殊的惡果。他仍宣稱，他的社會主義目標是建立一個平等、公正、合理、機會均等的社會。如何實現這一目標呢？唯一有效的手段就是由政府對迅速積累起來的社會財富進行再分配。透過再分配形式，如發展教育、改善住房、建立公共福利設施，從而提高全社會的生活水準，為所有的人創造機會。李在談到這一點時說，「我們沒有在新加坡把資本家趕跑，我們相處得很好，但是我們已經把新加坡工業和經濟活動的收益用一種公平得多的方式重新加以分配。」**㉚**

建立完善的福利制度是民主社會主義的主要特徵之一。新加坡在實踐它的民主社會主義時卻拒絕全盤照搬西方高度發達國家的經驗。李不贊成「福利國家」的口號，反對搞什麼糧食補貼、免費教育、免費醫療、失業救濟等福利制度。他說，如果社會能擔負得起的話，免費醫療和免費教育是無可挑剔的，「但這對於

渴望發展的發展中國家來說,它是負擔不起人口的大量增長的。」
❽那種政策必然「鼓勵人們對社會不負責任」,「鼓勵人們增加
家庭人口。」其最終後果是「產生人口過剩,缺乏教育,經濟增
長幅度很小,大規模失業,最終導致社會動亂」。❽他還認為,
這種福利制度會助長人們的懶惰和對國家的依靠,不利於生產率
的提高。

　　李反對搞「福利國家」的福利制度不等於他反對人民的福利
事業。相反,新加坡在國民財富再分配的時候拿出相當大的部分
用於人民福利事業的建設,如住宅、教育、醫療等。但李的指導
原則是:第一,國家只提供幫助而不是包辦;第二,在國家的指
導下,儘量體現自助精神;第三,國家關心的是國民的「造血功
能」,而不是直接向他們輸血。新加坡政府不做「送貨人」,而
只是給你工具和教你技能,讓你自己為自己創造福利。新加坡的
住房制度、中央公積金制度等都是本著這種精神建立起來的。

　　儘管李光耀主張維持資本主義的經濟體制,但絕不是不加任
何限制。他主張建立在國家干預下的資本主義市場經濟,這一點
和正統的民主社會主義的理論相一致。他在談到解決國家的經濟
問題時說,這些問題「只能在社會主義計畫的基礎上,而絕不是
在自由企業的基礎上解決這個問題。自由企業儘管在城市工業化
發展的初期,是合適的……但是它不可能減輕農村的貧困」。❽因
此,新加坡在維持資本主義自由市場經濟的前提下,特別強調政
府對經濟的調控能力。在這個過程中,政府充當決策者、干預者、
生產組織者的角色。所謂決策,主要涉及發展策略、法規和制度
等;干預,主要限於稅收、物價、利率、分配等的宏觀調控;組
織生產,指全國性基礎設施的開發和使用等。新加坡經濟上的成

功在很大程度上取決於這些政府職能的發揮。

政治民主是正統的民主社會主義的突出標誌之一。在六○年代以前，李光耀比較強調政治民主原則。但後來，在新加坡發生種族衝突、親共勢力活躍起來後，他愈來愈感到政治穩定問題已成為國民經濟發展的關鍵。因此，新加坡政府透過內部安全法、新聞出版法等措施來維持社會政治的穩定。同時對民主和人權進行了新的解釋。這成為新加坡民主社會主義中最具特色的內容之一。

李光耀和新加坡其他領袖在四個方面對政治民主進行了重新認識和解釋。

第一，政治民主必須服從於政治穩定，即必須在維護政治穩定的範圍內實行民主。李特別關心政治穩定問題，因為穩定關係到經濟的發展，而發展又關係到新加坡的存亡。社會的穩定往往由於不適當地推行政治民主而遭到破壞。因此，李在處理這一關係時首先考慮的是政治穩定。李光耀說，「在發展成為現代國家的過渡時期，政治穩定受到大的壓力。但政治穩定是成功的基本先決條件。」❸ 他認為，亞洲各國面臨的主要問題不是「該怎樣或要怎樣才能模仿美國、英國或西歐的憲法，來制定一種制度」，而是「如何保持政治穩定」。新一代領袖吳作棟也把維持政治穩定作為壓倒一切的首要任務，他認為這不僅是為吸引外資創造一個良好環境，也是由新加坡特殊的國情決定的。在一個多元種族、多元文化的社會裡既要實行「一人一票的民主制」，也要維持政治穩定，民主政治必須服從於政治穩定。

第二，民主政治不等於反對黨制度。在新加坡，儘管不禁止多黨競爭，定期實行民主、自由的大選，但李光耀及其他領袖並

不主張實行反對黨制度。針對青年人對西方反對黨政治的崇拜，李指出，那種反對黨政治「就是爲反對而反對」，並沒有實質意義，反對黨在倫敦、坎培拉、威靈頓、新加坡和可倫坡，都不可能改變政府的政策。如果反對黨得到國會外的示威（如罷工或遊行）的大力支持，他們最多只是製造不穩定的氣氛，「反對黨所能做到的只是在國會中製造不同的聲音和裝模作樣的憤怒情形……英國人民已經對這種制度感到厭倦，對它感到無能爲力」。⑧⑤談到其他第三世界國家由反對黨制度引起的接連不斷的暴力，他告誡青年人「必須要懂得反對黨政治的代價」。吳作棟也看到了反對黨制度的危害性，他說，請試想一下，如果新加坡的幾個主要政黨都不相上下，每個都想要執政，再試想一下，新加坡出現一個聯合政府，聯合政府內部爭吵不休，不斷作出反覆無常的妥協，那你們就可以想像這個國家的命運了，「那將是一場大動亂」。他認爲新加坡目前這種一黨優勢制很適合新加坡的國情。他說，新加坡這種一個主要政黨和幾個小黨的模式行得通，「因爲有限的人才都被集攏在一起了，共同爲國家服務，而不是分散在兩個或更多的政黨內。新加坡不同於美國，我們的政治人才太少，無法讓兩黨平均分配。把我們有限的人才集中在一個主要政黨內，並確保這個主要政黨代表大部分人口，這樣對我們今天更好……因此，我們的政治制度必須穩固地建立在全國一致的基礎上，在可以預見的將來，這意味只有一個主要的政黨以及好幾個小黨……這種政治哲學最能符合新加坡人的利益」。⑧⑥

第三，民主既包括政治民主又包括經濟民主。新加坡承認言論自由、結社自由、選舉自由、秘密投票等。但這些在李光耀等人看來只是民主的一個方面，更重要的是使人民在經濟發展上有

更多的自由和權利，使人民享有過幸福生活的權利。經濟發展並不總是與民主政治聯繫在一起的，相反，在第三世界有些較民主的國家經濟發展常常不如一些不那麼民主的國家。因此李光耀說，「我相信一個國家在進行發展時所需要的是紀律多於民主。」❸李還認為，民主政治的開放程度必須與國家的物質文化條件相適應，必須隨著國家的經濟發展、人民的教育和修養程度的提高而逐步擴大。

第四，民主原則必須民族化。李光耀反對全盤照搬西方民主制度。他認為，那種制度完全適用於西方；而東方民族有著完全不同的文化背景，因此東方國家在實踐民主原則時，必須把它融進東方文化之中。他認為，西方民主的核心是強調監督與制衡、個人自由和權利；東方民主應該強調個人對集體和國家的服從、凝聚力和團隊精神。在深受儒家文化影響的新加坡，需要一種「帶有家長制傾向的東方式民主主義」。在李光耀執政時期，他既像一個仁慈賢明的君主，又像一個現代民主的衛士；他既像一個充滿父愛的家長，也像一個鐵面無私的法官。可以說，李光耀在新加坡這個東方社會樹立了一個獨特的民主政治的典範。

第四節　印度尼西亞的國家意識形態和政治文化

㈠蘇加諾的「潘查希拉」和「納沙貢」

文化的多元是印度尼西亞最基本的社會特徵之一。早在本世紀二〇年代民族運動剛剛興起的時候，就出現了多種社會思潮的基本分野。作為現代民族運動的奠基人，蘇加諾最先看到了這種

分野。他試圖將各種思潮統一起來匯成一股民族獨立的洪流。正是這一點推動他於1926年發表了一篇著名的論文。這篇題為〈民族主義、伊斯蘭教、馬克思主義〉的論文構成了蘇加諾政治思想的主要基礎之一。在這篇論文中，他首次提出這三大思想體系和政治勢力有可能而且有必要實行聯合，以實現未來的民族獨立。這篇論文為他後來的三位一體、兼容並蓄、互助合作的思想理論的形成準備了基本框架，從而使蘇加諾的整個政治思想獨具特色。三大思想體系互助合作的思想經過不斷豐富和發展，最終形成建國的指導原則和國家意識形態的主要組成部分。

如果說那篇論文是蘇加諾互助合作理論的起點，那麼「潘查希拉」就是這種理論發展史上的第一個里程碑。1945年6月太平洋戰爭即將結束時，印度尼西亞面臨著團結建國的急迫任務。然而，在「獨立準備調查會」 (Committee for the Investigation of Indonesian Independence) 中卻存在著尖銳的分歧：正統的穆斯林主張建立伊斯蘭國，其他民族主義者則主張建立世俗國家。當兩派對於建國原則爭論不休的時候，蘇加諾發表了潘查希拉的重要講話。潘查希拉是印尼建國五原則的譯音 (Pantja Sila或Pancasila) ，其內容是：一、民族主義；二、國際主義 (或人道主義) ；三、協商一致 (或民主) ；四、社會繁榮；五、神道，即在信仰神的基礎上建立獨立的印度尼西亞。蘇加諾認為，這五項原則就像孫逸仙為中國提出的三民主義世界觀一樣，是獨立以後印尼「國家的世界觀」，是印尼「新國家的哲學基礎」。在他看來，這五條原則包括了各主要政治勢力的意識形態，既包括了民族主義者強調的民族主義；也包括了社會主義者所強調的社會正義；還包括了穆斯林所堅持的宗教信仰。他分別論述了五原則

的內容之後，將這些原則歸結爲一項核心原則，即「互助合作」。

　　最初，蘇加諾的潘查希拉對緩和各派間的意識形態矛盾產生了暫時的作用。後來當他要把這五項原則寫進憲法的時候，矛盾又激化了。正統的穆斯林堅決主張「國家建立在神道的基礎上，國家有義務保證對伊斯蘭教徒實行伊斯蘭教法」，而且要求印尼總統必須是一個穆斯林。民族主義者和其他非正統穆斯林則堅決反對正統穆斯林的要求，主張宗教信仰自由。鬥爭結果，達成了妥協。民族主義者和非正統穆斯林同意將第五項原則的「神道」提升到首位，作爲其他各條的統帥；而正統的穆斯林也放棄了自己的其他要求。1945年憲法序言中潘查希拉的排列順序爲：第一，信仰神道；第二，正義和文明的人道；第三，印尼的統一；第四，協商一致的民主；第五，社會正義。同時，在憲法的其他條款中也照顧了雙方的利益，一方面規定國家以信仰神道爲基礎，另一方面國家保證每個人的宗教信仰自由。1950年8月統一的印度尼西亞成立後頒布的一個臨時憲法又將潘查希拉的個別措詞作了修改，將第三條改爲民族主義，將第二條改爲人道主義。這個臨時憲法有待於將來大選之後由制憲議會修改和通過。

　　然而在1956年11月制憲議會正式討論潘查希拉時，又出現了意見分歧。這時出現了三派：正統穆斯林主張以伊斯蘭取代潘查希拉作爲國家的基礎；共產黨主張以國家經濟爲社會的基礎，民族主義者和其他教徒則堅持以潘查希拉爲國家的基礎。後來，爲了共同對付穆斯林集團，共產黨放棄了自己的主張，倒向民族主義集團，形成了兩個針鋒相對的陣營。結果，雙方都不能達到2/3多數，致使制憲議會出現了長達兩年的僵局。這時蘇加諾早已對現行的混亂的議會民主政治深惡痛絕，伺機廢除這一制度，恢復

總統的特權地位。憲法危機爲蘇加諾提供了良機，於是在軍隊的支持下，他於1959年7月頒布法令恢復1945年憲法。

1959年8月，蘇加諾發表了一個後來被稱作「政治宣言──烏斯德克」（USDEK，意爲實現五個目標：1945年憲法、印尼社會主義、有領導的民主、有領導的經濟、印尼的統一）的講話。「政治宣言──烏斯德克」被認爲是付諸實施的潘查希拉，其核心精神仍是他的「互助合作」思想，其目的仍是爲了實現印尼國內民族主義者、共產主義者和穆斯林的聯合與團結，以解決印尼的政治經濟危機。不過，這一次蘇加諾不是簡單地重複潘查希拉的口號，而是提出了新的概念「納沙貢」。蘇加諾說，潘查希拉精神就是納沙貢精神，每一個「潘查希拉份子」就是「納沙貢份子」。納沙貢不僅意味著三大政治勢力的合作，還意味著三大意識形態的融合。

從字面上看，儘管蘇加諾的著眼點仍是三大政治勢力和思潮的融合，但在納沙貢的實踐中，他所強調的團結聯合對象卻有所側重。在爭取獨立的過程中和建國初期，他基本上是一視同仁地向各方發出團結的呼籲。然而，從五〇年代末起，在向「有領導的民主」過渡的時候，國內各政治力量的相互關係發生了很大變化。首先，由於伊斯蘭教師聯合會退出馬斯友美黨以及後者的最終被取締，使穆斯林集團不再是具有威脅性的政治勢力了。與此同時，一個新的政治勢力登上政治舞台，這就是右翼政治勢力陸軍。陸軍是在與蘇加諾總統相互利用的關係中步入政壇的。他看到陸軍的威脅之後，開始以抬高共產黨的地位來抵銷和平衡陸軍勢力。實際上，這時蘇加諾大講「納沙貢」已不再是指民族主義者、穆斯林和共產黨人，而是民族主義激進派（以蘇加諾爲代

表）、右派（以陸軍為代表）和左派（以共產黨為代表）。這時他強調納沙貢，重點是要團結共產黨，使其上升到與右派陸軍旗鼓相當的地位，實現雙方力量的平衡，從而使自己成為天秤平衡的支點，或者形成一個以他自己為中心的、永遠環繞他運轉著的政治星系。

實踐證明了這一點。蘇加諾利用演說大加讚揚共產黨，吸收共產黨領袖進入國家領導機構，甚至主張成立有共產黨參加的納沙貢政府。但應該指出的是，蘇加諾從來沒有允許共產黨對政權握有更大的影響力。當共產黨在納沙貢的口號下要求軍隊納沙貢化，即共產黨參與對軍隊的領導時，蘇加諾支持陸軍反對共產黨說，納沙貢指一般的合作精神，並不是一種機械的平衡，使各派享有同等軍官職位，而只是要求軍隊「堅決擁護納沙貢的團結一致精神」。❽❽很顯然，這時的納沙貢精神實質上已不再是真誠的「互助合作、團結融合」，而是一種拉攏各敵對勢力使之相互制約的手段，一種為實現個人控制而玩弄政治平衡的策略。

縱觀蘇加諾潘查希拉、納沙貢所包含的互助合作、團結融合思想的發展過程，有一個十分值得注意的現象，即民族主義始終處於三大思潮的首位。這首先是因為，民族主義是穆斯林和馬克思主義都可以接受的，是兩大思潮的匯合點，可以作為共同鬥爭的最低綱領和團結聯合的基礎。他認為民族主義是一種中性的意識形態，「它絕不反對伊斯蘭主義，不反對共產主義，不反對任何意識形態」。❽❾其次，蘇加諾希望透過強調民族主義把自己擺在政治權力的中心位置。蘇加諾充分估計到他作為民族主義的領袖所能產生的特殊作用。他以為他不僅僅是一個民族主義者，而且還兼有其他各種角色。他不厭其煩地宣稱，「我是一個虔誠的

民族主義者，一個虔誠的穆斯林，一個虔誠的馬克思主義者，我的心就是這三種潮流的綜合體」，**⑩**「我就是納沙貢」。這樣，蘇加諾就理所當然地居於各種勢力的中心。

蘇加諾互助合作、團結融合的思想在民族獨立運動中確實發揮了不可磨滅的作用，它把相互衝突和矛盾的政治勢力匯聚成一股不可阻擋的民族解放運動洪流，實現了民族獨立。然而獨立以後，革命任務、階級關係、主要矛盾都發生了很大變化。而蘇加諾沒有看到這些變化，仍然鼓吹互助合作的老調。儘管潘查希拉的提出對新生國家的統一產生了一定的積極作用，但是，在矛盾進一步發展和加劇之後，潘查希拉就愈來愈顯得軟弱無力了。儘管後來又在概念上作了翻新，提出了納沙貢，仍然徒勞無益，無濟於事。事實上，這種一度非常革命的戰略思想，到這時已經變成了帶有濃厚理想主義色彩的階級調和主義和階級合作主義。曾經以維護民族利益爲目標的精神武器最終變成維持蘇加諾本人權力的策略手段。

㈡蘇加諾的「民族革命和社會革命」論

革命是蘇加諾政治思想中一個重要的主題。他受到馬克思主義革命階段論的啓發，把印尼革命分成兩個階段。第一是「民族革命」，其主要目標是推翻殖民主義統治，建立獨立的民族國家。第二是「社會革命」，其目標是消滅資本主義，建立公正繁榮的社會主義國家。

他認爲兩個階段的革命不是截然分開的，而是相互聯繫和交錯的。在民族革命階段會孕育新國家、新政府、新法律等新的社會因素。這些新因素將成爲社會革命階段的條件，而且在社會革

命階段將得以繼續發展。鏟除舊社會和建立新社會的任務橫跨在這兩個革命階段之間，因此他說，「這兩個階段不會像水陸相分那樣截然劃開，而是密切相連的，正像人或動物的生命從青少年進入成年一樣」。❾

蘇加諾的革命階段論和馬克思主義的革命階段論（亦稱「不斷革命論」）有根本區別，其中之一是後者強調必須有無產階級的領導。但無論如何，他把革命分成兩個階段，並規定了不同的革命任務，這在戰略和策略上畢竟有一定積極意義。

民族獨立是民族革命的首要目標，也是最終目標。蘇加諾深刻地論述了民族獨立運動產生的根源、民族獨立的意義以及實現民族獨立的革命道路。在如何實現民族獨立的問題上，蘇加諾有許多獨特的見解。

蘇加諾不是一個純粹的非暴力主義者，也不是一個極端的暴力主義者。他在談到這個問題時說，「我們接受和平的原則，甚至我們接受這樣的原則：和平比武力更好。這是一個原則……但是還有另一個原則，如果對方使用武力，我們也有權使用武力。甚至為了從帝國主義手裡解放我們的祖國，我們有充分的權利使用武力。這就是原則。」❾他的這種論斷是值得肯定的。

但是蘇加諾更加強調的是「群眾鬥爭」、「群眾運動」。如何理解他的這些概念呢？這裡的群眾就是蘇加諾所謂的「馬爾哈恩」（Marhaen）。這本來是一個印尼貧苦農民的名字，後來成為他用來專指印尼所有窮苦人的專用名詞，成為他政治思想中的階級概念。最初，他常用無產階級這一概念，但在進一步認識了印尼社會之後，他創造了這個他認為更切合印尼社會實際的階級概念。他說，「印度尼西亞黨使用馬爾哈恩，而不用無產階級，

是因為無產階級包括在馬爾哈恩之中。因為無產階級不包括農民和其他窮人」。❸蘇加諾創造這一新概念並非毫無道理。他認為無產階級的概念不太適合印尼這樣的農業社會。他的確抓住了印尼社會階級結構的特點，看到了印尼絕大多數人民群眾極度貧困，但確實擁有自己的耕犁、鋤頭或街頭小貨攤的「小百姓」。印尼社會在很大程度上是由小農民、小工人、小商人、小船夫等構成的馬爾哈恩社會。在這樣的社會中進行革命，只能依靠他們。

蘇加諾把包括無產階級在內的整個馬爾哈恩看成是民族革命的動力和基礎，把它看成一個民族統一戰線，這無疑都是正確的。但把社會各階層不加區別地一股腦兒包容在內，把它看成一個超階級的階級，這就難免在理論上成為一個模糊的和非科學的概念。有時他也提到「在馬爾哈恩的鬥爭中……無產階級充當最重要的角色」，因為他們的思想更現代化，受資本主義剝削最直接。但他仍然只把無產階級看作重要力量之一，從來不把它擺到中心的位置。事實上，馬爾哈恩概念仍然是他團結融合、納沙貢思想的派生物。

蘇加諾所謂的「鬥爭」、「運動」實際上就是大規模的、激烈的、群眾性的「不合作」運動。但他的不合作思想不同於甘地的「非暴力不合作」主義。他激烈地指責甘地沒有創造出一種使「不合作」充滿活力的激進主義精神。他說，「我們的不合作不是基於『不傷生』的信仰，不是基於『不反抗邪惡』的說教……我們的不合作需要主動性和激進主義」，❹不合作運動包括集會、遊行、示威、罷工，甚至更激烈的行為。顯然蘇加諾的不合作突破了甘地的非暴力的界限。

如前所述，民族獨立的實現標誌著民族革命的結束、社會革

命的開始。但如何進行這種社會革命，蘇加諾在實現獨立以前從未具體論及過，只是指出大致方向和任務。他把民族獨立比作「金橋」。他說，一旦跨過金橋，道路就岔開為兩個方向，一個是通向無階級的馬爾哈恩社會的歡樂世界；另一條通向悲慘的血淚世界。如果走上第二條道路，即資產階級道路，「你們就悲慘了，馬爾哈恩！千萬警惕啊！馬爾哈恩！注意把勝利之車的韁繩牢牢地抓在你們的手裡」。⑨⑤

　　這一階段革命的主要任務和目標是消滅資本主義。他認為資本主義必然導致人民的貧窮和全世界的毀滅，因此，「它理所當然地遭到每個人的拒絕」。他強調，不僅反對來自外國的資本主義，也反對本國的資本主義，「我們將反對有助於馬爾哈恩貧困的任何主義」。⑨⑥但他又補充說，這並不意味著敵視每一個印尼的富人，「我們不和這些人作鬥爭，而只是和這種制度作鬥爭，因為不是每一個富人都從事資本主義活動，都是靠剝削起家，都信奉資本主義意識形態」。他特別強調說，絕不搞階級鬥爭。在這個革命階段，作為民族革命戰士的馬爾哈恩必須成為「社會革命者」，承擔起社會革命的任務。

　　五〇年代初期，蘇加諾的社會革命的目標逐步有了清晰的藍圖。他說，這個革命目的「在於建立一個馬爾哈恩社會」。在這個社會裡，充滿著同情和幸福，大家相互合作和幫助，不存在人壓迫人的現象；每一個人都有參與決定國家事務的合法權利、義務和責任；政府是人民的政府並代表人民，特別是代表馬爾哈恩的利益；人人有信仰自由，有機會工作，充分發揮自己的聰明才智，並達到最大限度的自我發展。在這個社會裡，國家要控制所有大型企業和事業以確保其利潤不斷回到人民手中。對主要的私

人企業也要加以管理，以使它們不致成為剝削的工具。

　　到了五○年代末，蘇加諾就把這種馬爾哈恩社會直接稱為社會主義，後來，他又進一步定義了他的社會主義。他說，印尼誕生於兩種對立的社會制度之間，即資本主義和社會主義之間。「由於不願走舊世界的老路（資本主義），可是又還沒有條件走向新的道路（社會主義），於是印度尼西亞與其他民族主義國家開拓自己的道路：基於潘查希拉的公平與繁榮的社會，或稱印度尼西亞式的社會主義」。❾這顯然有別於共產黨國家的社會主義。他認為，列寧的社會主義只是各種社會主義的一種潮流。一個議會發言人在闡述蘇加諾的社會主義時說，印尼的社會主義只強調對經濟活動的控制以達到社會公正，並未規定所有制，它不同於完全國有制的共產黨國家的「極端的社會主義」。由此可見，蘇加諾要實現的是一種建築在有控制的私有制基礎上的、介於資本主義和共產主義之間的、中間形式的社會主義。

　　這裡，我們不難發現蘇加諾在社會革命思想上的微小變化。最初，他主張消滅一切資本主義因素，包括私有制在內。後來則承認私有制，只是主張對其加以限制和領導。蘇加諾的這種社會主義模式雖然在印尼沒有實現，但不應完全抹煞其理論意義。

　　蘇加諾關於革命的思想也經歷了一個類似納沙貢思想的發展變化過程。在民主革命階段，革命的目標、任務、動力和道路在蘇加諾的思想中都是明確的、具體的，是革命的綱領和指南，因而對革命實踐的指導頗有成效。它撥開了人民思想中的迷霧，掀起了波瀾壯闊的民族運動，最終實現了民族獨立。印尼民族革命的勝利是蘇加諾關於革命的思想所鑄成的一座豐碑。

　　然而到了社會革命階段，雖然他仍高舉革命旗幟，發表革命

演說，但革命的思想內容變得空洞了、抽象了、虛無縹渺了。他的思想在很大程度上僅限於為革命的前途描繪美麗動人的圖景。儘管提出建設印尼式社會主義的任務，但他沒有深入探討這方面的理論，沒能使之成為人民行動的指南。

的確，他對複雜的經濟建設遠沒有像對蓬勃的革命運動那樣熱衷，那樣富有激情與想像力。他的思想和興奮點不再集中於國內社會革命的目標和任務上，而是逐步轉向外部的、更容易激起人民民族情緒的外來威脅和西方帝國主義。先是高舉反帝反殖旗幟，舉辦亞非會議、新興力量運動會，發起反西方文化運動，爾後是反荷的收復西伊里安運動，最後是對抗馬來西亞運動以及反聯合國的宣傳。他的相當精力和時間轉移到了國際舞台，相當多的演說涉及到世界革命。

愈到後來，蘇加諾關於革命的思想就愈變得極端和空洞。似乎革命已不再具有什麼實際目標、任務和內容可言，好像運動本身就是一切。在他看來，「革命就是革命，因為它是滾滾的洪流，不是靜止的」。❾他強調，革命要「繼續、繼續、繼續、再繼續」。他把革命比作一匹脫了韁的馬，你無法很好地控制它，你不知道它會把你帶到哪裡，要緊的只是盡可能穩穩地騎在上面任它帶著跑。這時，他已經成為一個不折不扣的革命偏執狂。

他的這種思想轉變並不奇怪，除了他個人的階級屬性、精神特質等因素外，很重要的原因是蘇加諾本人的政治欲望和印尼國內政治的嚴峻形勢的相互作用。五〇年代以來，特別是六〇年代初以來，印尼的階級矛盾日趨惡化，為了避免把矛盾焦點集中到自己身上，維護革命領袖的崇高威望，蘇加諾透過革命演說把人們推向一個又一個的革命運動。為了緩和國內矛盾，轉移人民視

線，他掀起了一次又一次的對外鬥爭浪潮。然而，歷史的發展方向恰恰與他的願望相反。蘇加諾關於革命的思想曾拯救了整個印度尼西亞民族，然而最終，卻未能拯救創造它的革命領袖。

㈢蘇加諾的「有領導的民主」

有領導的民主的正式提出和實施是五〇年代後半期的事，但它作爲一個政治原則在蘇加諾思想中進行醞釀卻早在這以前就開始了。

1950年8月，統一的印度尼西亞共和國宣布成立以後，印尼在政治體制上實行的是西方式的議會民主制，內閣對議會負責，總統不掌握實權，只是榮譽上的國家元首。

隨著民族革命任務的完成，民族矛盾開始讓位於階級矛盾，民族團結也開始讓位於政治分裂。隨著這種矛盾和鬥爭的日益激化，新生的共和國面臨著種種嚴重考驗和挑戰。首先是政黨林立，派別紛爭激烈，內閣政府頻繁更迭；其次，地方分離主義勢力膨脹，軍事叛亂迭起；其三，國內經濟狀況惡化，人民怨聲載道。針對這些情況，蘇加諾認爲，根本原因是實行了錯誤的政治制度。他說，「我終於開始相信，是由於我們採用了錯誤的制度，錯誤的政府形式，這就是我們所謂的西方民主制。」❾❾他進一步指出，「這十一年的經驗使我相信，我們所採用的民主，是一種與印尼民族靈魂不相協調的民主……我愈來愈清楚地看到，我們行了十一年的民主是外來的民主，不是印尼的民主」，印尼人民已經嚐到了實踐這種民主所帶來的「全部惡果」。❿

他說他不要獨裁，也不要這種議會民主。在五〇年代初，蘇加諾對議會民主就已流露出不滿情緒，但還沒有進行激烈的批

評。到了五○年代中期，他開始對西方議會民主制進行猛烈抨擊。

　　他反覆論證這種議會民主的缺陷和危害。他列舉了議會民主的種種弊端。首先，西方議會民主並不是眞正的民主，或者說，它僅僅是政治上的民主而不經濟上的民主，它「肯定不是馬爾哈恩的幸福」。他考察了資產階級革命勝利以後的歐洲歷史後說，人民被允許派代表參加國會，獲得議會權力，但那裡的人民仍然沒有獲得幸福，仍處在貧困之中。他說，「我們的目的不能僅僅是議會民主，我們還必須建立經濟民主。不僅在政治領域而且也要在經濟領域實現平等。政治和經濟民主是並存的，這就是印尼民族黨所稱的社會民主。」❶

　　其次，西方議會民主是多數對少數的專政。他說，「民主不意味著多數統治」，因爲，「半數加一票並不總是正確的，不，根本不是……。」❷以多數票爲依據來決定路線的政府形式以及投票的方式不適合印尼的傳統。印尼的傳統是「有領導的一致通過」的形式。在傳統的村莊中，任何公共事務都由大家共同討論協商，只要還有少數人不同意，就要繼續協商，直到最後在一個長者的指導下達成一致意見。伊斯蘭教強調平等協商，爪哇人的處世哲學是在各種關係中尋找和諧，而只有意見一致才能達到和諧。議會民主則相反，它製造相互反對和對立，這「跟印尼的互助精神以及在一個大家庭和團結統一的願望基礎上來決定問題的精神不同」。❸

　　其三，議會民主是黨派鬥爭的根源。他把西方的自由主義稱之爲「自由鬥爭的自由主義」。他說，「不要讓我站在這種自由主義思想一邊。根據這種自由主義思想，每個人都有權隨意表達他的意見。我們從這自由主義的實踐中看到了什麼呢？……我們

看到了我們的祖國成了四十六個政黨的決鬥場。」⑩蘇加諾認爲正是這種議會民主，才使得印尼政黨林立，爭吵不休。他把這稱作「政黨病魔」。他說，「我們正忍受著政黨病魔的折磨，它使我們無休止地相互攻訐。」因此，他號召「埋葬政黨」，放棄自由主義的民主。

其四，議會民主對社會產生毒化作用。蘇加諾的一個官方文件說，自由主義是爲剝削、黑市交易以及其他禍害社會的弊病服務的。自由主義可以成爲用來賄賂人民手中的選票，服務於自己的一黨私利。在自由民主環境中，由於人們很少受到限制，「社會覺悟就被地方主義、集團主義、多黨主義、地區分裂政策毒化了，就被那些中飽私囊的人毒化了⋯⋯。」⑩

最後，他認爲議會民主制是爲資本主義服務的，是實現社會主義的障礙。蘇加諾認爲議會民主打有資本主義制度的印記，它是資本主義長期存在下去的有利條件。這種制度產生了帝國主義和殖民主義，還產生了法西斯主義。他認爲西方議會民主國家都不可能擺脫這種歷史命運。他說要透過議會民主的制度達到社會主義是不可能的。「因爲議會民主產生於自由主義哲學，而自由主義是社會主義的敵人⋯⋯。」⑩

由於上述原因，蘇加諾極力宣揚和推崇印尼的民主，即有領導的民主，認爲只有這種民主才是印尼的出路。

究竟什麼是有領導的民主呢？蘇加諾曾作了最詳盡的闡述，他列舉了十二個要點來說明它的內容和特點。根據這些要點歸納成如下幾個方面。

第一，有領導的民主是一種民主，不是獨裁，但它既不同於集中主義的民主，也不同於自由主義的民主。它主張各方面意識

形態的代表共同進行討論和協商，尋求意見的一致與和諧。

第二，有領導的民主不僅僅是政治上的民主，也包括經濟和其他領域內一切事務的民主。

第三，有領導的民主「承認思想和言論自由」，但要受到某種限制，即不得危及國家的安全和人民利益，必須接受「英明的指導」。

第四，有領導的民主「是手段而不是目的」，是達到公正和繁榮社會的工具和方法，實際上，它是「執行過程的民主，工作程序的民主」。⑩

在實行這一民主過程中，如果出現不同意見，由誰來進行這種英明的指導呢？蘇加諾認為，由他本人。他說他作為總統兼最高統帥，盡其所能，根據人們表達出來的意見作最後決定。他說，「用這種方式，我們能夠有效地工作……可以工作得像一個人民代表的大家庭一樣，這個家庭的確是實現社會主義的工具。」⑩

為了實踐這種民主，蘇加諾提出了一整套政府機構設置計畫。根據他的構想，國家政府機構應由三大機關組成：一是代表議會，二是互助內閣，三是民族委員會。

在蘇加諾看來，有領導的民主是拯救印尼共和國的靈丹妙藥，是一種理想的政治制度，既可以避免議會民主所造成的矛盾、分裂和政治動盪，又可以防止共產黨國家沒有言論自由的集中主義的民主。但是這種理想的政治制度沒能實行多久，便壽終正寢了。其原因何在呢？

蘇加諾對於民主的認識有著許多模糊的觀念。他所說的西方自由民主制給印尼的政治生活所造成的混亂是存在的，議會民主制在西方社會中表現出來的某些消極作用也是無可否認的。但是

他犯了一個錯誤，他把政府形式與政權性質等同起來了，也就是說，把國體和政體混爲一談。他所批評的議會民主的危害性，實質上是由政權性質決定的，而不是取決於政府形式。另外，他把議會民主說成是「多數專政」是錯誤的，他不了解作爲社會的人，其認識永遠是有差異的，不存在絕對的統一和一致。多數原則恰恰是基於這一社會客觀現實之上的正確原則。不過，蘇加諾的結論是正確的，即這種自由民主制不適合於印尼。的確，任何好的制度，如果脫離本國的實際條件和客觀情況，都將是一種災難。遺憾的是，蘇加諾的結論並不是從這一角度演繹出來的。他沒有認識到在前資本主義因素和色彩如此濃重的東方國家不具備議會民主制所要求的人民文化素質、法制意識以及自由平等觀念等，而片面地崇尙古老傳統的印尼村社中存在的和諧的家長制管理方式。這種制度表面上是團結的、合作的、和諧的，但在實際上，在其運作過程中必然伴隨著某些壓抑思想和屈從權威等因素，它是一種以人民群衆處於半愚昧狀態爲基礎的制度。因此，他把這種制度理想化、凝固化、永恆化，在政治思想發展史上是一種倒退。

不過，議會民主制在印尼的悲劇的眞正原因還不在於此。蘇加諾有領導的民主的思想實質和核心仍然是他的納沙貢思想。有領導的民主所強調的基本原則之一就是各種政治勢力的共處、互助和協商。這種思想原則要求建立「互助內閣」，即各種政治勢力共處的內閣。根據他的政治設計，以陸軍爲代表的右翼和以共產黨爲代表的左翼被拉在一起。然而，它們之間的矛盾終究是不可調和的，因而不可避免地會發生最後的悲劇。

其次，有領導的民主的另一個核心原則是「英明領導」。蘇

加諾不加掩飾地認爲他自己應該承擔這一領導責任。實際上，建立有領導的民主的主要目的之一就是恢復蘇加諾的實權地位。他不甘心於那種象徵性的領袖地位，他在自傳中說，「在有領導的民主中，關鍵的因素是領導……否則這種制度是不起作用的」。⑩有領導的民主的實行將使他自己重新回到各種政治勢力圍繞的權力中心位置，從而以一個至高無上的仲裁者、調解者的身分使最後的裁決權，維持權力平衡和虛假的政治和諧。

應該肯定，蘇加諾有領導的民主的初衷是要把新生的共和國從政治混沌和經濟危機中解救出來，這反映了他作爲偉大的民族主義革命家使命感的一面，無疑是積極的。但是從他晚年的政治意圖和行爲看，我們不無根據地認爲，他愈到後來，愈把有領導的民主看作恢復和維護其個人權力的一種工具的傾向。不幸的是，他沒有，也不可能永久地掌握和使用這一工具。

㈣「新秩序」下的國家意識形態

「9·30事件」後，蘇哈托奪取了政權，不久建立了「新秩序」政權。新秩序政權穩定後，蘇哈托便集中精力重新構築印度尼西亞的國家意識形態，重新確定政治方向。

蘇哈托沒有提出一套全新的意識形態理論。他仍然打出蘇加諾時代的精神旗幟「潘查希拉」，然而是重新加以解釋了的「潘查希拉」。他否定和糾正了在自由民主時期和有領導的民主時期對潘查希拉的所謂歪曲理解和錯誤傾向，主張恢復1945年憲法中規定的潘查希拉的本來面目，對其進行唯一正確的解釋，使國家意識形態回到潘查希拉所規定的正確軌道上來。新秩序政權認爲，過去由於偏離了潘查希拉的正確方向，在實踐上出現了兩個

極端的偏差。一是走向了右的極端，即五○年代前半期的自由民主，使國家處於混亂和動盪之中。二是走向了左的極端，即後來的「有領導的民主」時期，結果導致了「9·30運動」。而真正的潘查希拉應該是避免這兩種傾向的中間道路。

　　為了對潘查希拉進行重新解釋，1975年蘇哈托任命了一個由前副總統哈達博士等了解潘查希拉歷史的五位元老組成的五人委員會專門進行研究，以便對潘查希拉作出「唯一正確的解釋」。1978年人民協商會議根據五人委員會的研究報告通過了「1978年人協第二號法令」（Decree No. II/MPR/1978）。該法令題目是──「領會和實踐潘查希拉指南」，簡稱「四P」（Pedoman Penghayatan dan Pengamalan Pancasila）。不久蘇哈托在全國發起了一場「領會和實踐潘查希拉運動」（或稱「四P運動」）。其基本形式是在全國分期分批地對各類人員舉辦學習班，每期兩週。學習的主要內容是四P、1945年憲法和「國家大政方針」（Broad Outlines of Policy）。❿按要求，全體一級官員和駐外大使及國家公務員都必須參加學習。同時，在社會上也廣泛開展這類學習運動，參加的成員有各行業各階層人士。政府為了組織和領導好這次學習運動，專門成立了負責四P運動的總統顧問小組、各級輔導小組和組織教育機構。同時，還招聘、任命、培訓了大批輔導教師。可以說，四P運動是新秩序政權在印度尼西亞開展的規模空前的意識形態教育活動。

　　蘇哈托所確定的新的國家意識形態首先表現在他對潘查希拉核心精神的新的解釋上。如前所述，蘇加諾把潘查希拉的核心原則概括為「互助合作」。他認為，「互助合作是一個動態概念，比家庭原則更具活力……家庭原則是一個靜止的概念，而互助合

作則意味著一種努力、一種行動和一項任務……互助合作意味著同甘苦共患難，爲互相幫助而共同鬥爭。」⑪新秩序政權基本避免使用「互助合作」一詞，而代之以「家庭精神」。它們認爲家庭精神與個人主義是不相容的，要求自我約束，強調「協調」、「平衡」和「團結」。蘇哈托說：「我們的問題是如何協調穩定和前進，如何協調對安全的需要和高速發展運動的需要……我們務必協調理想和現實。」⑫在四Ｐ文件中也強調了這種精神，「當團結建築在協調和平衡的基礎上時，作爲潘查希拉的團結就能確保印尼國家和人民的生活幸福」。⑬五人委員會所起草的文件也稱「印度尼西亞人堅持生活團結的原則」。由此可見，新秩序政權把協調、平衡、團結作爲潘查希拉的核心精神。

實際上，蘇哈托的家庭精神與蘇加諾的互助合作並沒有原則上的衝突。那麼爲什麼新秩序政權極力避免互助的提法呢？原因很簡單，蘇加諾的互助合作的本意是強調民族主義者、伊斯蘭教徒和共產主義者三大政治勢力的合作。「9‧30」事件後，共產黨成爲新秩序政權的主要敵人，自然與共產黨互助合作的提法是決計不能接受的。這也是新秩序政權竭力詆毀蘇加諾「納沙貢」概念的根本原因。蘇哈托認爲蘇加諾的互助合作和納沙貢慫恿了共產黨，使它有了可乘之機，壯大起來，並發動政變。他說，蘇加諾「想把宗教和共產主義都融合到『建國五基』中去，這是不可能的，實際上也沒有搞成」。⑭

那麼，如何實現協調、平衡、團結呢？基本途徑是「自我控制」、「自我約束」。這又是蘇哈托對潘查希拉解釋中與蘇加諾不同的突出之點。蘇哈托說，「潘查希拉爲個人和社會之間的協調的實現和維持提供了哲學基礎。」爲了實現人類基本權利和義

務的協調、個人幸福和對他人與社會的貢獻的協調，最根本的是
「每個人要自我約束，自我適應，以便能與周圍的社會協調生
活」。⑮「Tepa-selira（因爲別人的緣故而約束自己的感情）
……保證了我們公正、安寧、和諧的社會的實現。」⑯他在解釋
潘查希拉的五條原則時，同樣貫穿了這種精神。信仰神道的原則
既保證了宗教自由，同時也限制了宗教自由。蘇哈托說，「在我
們潘查希拉社會，不允許有神學上和宗教上的衝突，也不允許有
反宗教的活動。」⑰第二條原則「人道主義」（Just and Civi-
lized Humanity）規定了人際關係。他認爲這加強了「我們的自
我感情約束，以及對別人感情的敏感程度，而且防止我們輕視他
人的態度」。⑱第三條原則是印尼統一，同樣對個人興趣作了一
些限制。「我們必須能控制我們自己以便我們能在國家和民族利
益需要的情況下停止尋求我們個人的利益。」⑲第四條，協商一
致的民主是對政治自由的限制。蘇哈托說，「在這個問題上，我
們的指導原則是遵守人民透過他們的代表而做出的決定……我們
必須自我控制，堅守紀律，尊重和遵守人民透過代表協商和民主
而作出的決定。」⑳第五條，社會公正的原則是對私人財產使用
的限制。「既然知道人是社會生物，就需把私人財產的利用與他
們的社會利益和作用一致起來，這不僅是爲了財產的所有者利
益，也是爲了他人的緣故。」㉑在蘇哈托看來，人要能夠做到「自
我控制」和「自我約束」，團結、和諧、平衡就能得以實現，整
個社會就能避免衝突。沒有自我控制和自我限制，人們就不可能
存在於一個社會體系之中。但是，如果有人不能自覺做到自我約
束和控制，怎麼辦呢？辦法就是清除之。新秩序政府主張，潘查
希拉國家包括所有潘查希拉主義者，清除那些非潘查希拉主義

者。對共產黨的政策就是這種清除。當然，蘇哈托不希望有更多非潘查希拉主義者被清除。於是他大力倡導全國性的潘查希拉教育運動。

在這方面一個更大的步驟是，統一各政黨和社會團體的意識形態，確立潘查希拉「唯一原則」的地位。這一過程是透過立法形式實現的。在這種情況下，印尼各在野黨只能奉行和政府黨專業集團完全相同的意識形態，從而失去了各黨獨特的號召力。如建設團結黨失去了伊斯蘭的吸引力；民主黨失去了它的民族主義感召力。社會各政黨和組織參與社會活動時不但要遵循潘查希拉唯一原則，而且，「政府對社會組織加以控制」。確立「唯一原則」的作法遭到了反對派的批評。他們認為「唯一原則」破壞了國家意識形態中的一些內容，如多元化和多樣化，以及憲法對結社和宗教自由的保證。但政府的立場是團結是至高無上的，「從多樣性達成統一」不能理解為允許其他意識形態，如共產主義和伊斯蘭極端主義與潘查希拉共處。

如果說「自我控制」、「自我約束」帶有自願的色彩的話，那麼「唯一原則」就帶有強制性。在這裡潘查希拉成為政府加強控制、軍事獨裁的工具。最初，新秩序概念中就強調強權政府。1966年8月陸軍第二次學術討論會的決議明確指出，「新秩序不反對強有力的領導和政權，相反在過渡和建設時期，需要具有這種性質的領導和政權。」❷這種強有力的領導和政權的後盾就是軍隊。在蘇哈托看來，軍隊是潘查希拉的捍衛者，是實現潘查希拉社會的可靠保證。為證明這一點，蘇哈托不僅提出了軍隊「雙重職能」的理論，同時還反覆論證軍隊和潘查希拉的關係。他說，「印尼共和國武裝部隊是我們立國思想的支持者和保衛者。它參

與推進建國五基民主，主張實行協商——代議制民主。」⓬他認為在印尼「真正能夠根據『建國五基民主』原則來維護『建國五基』和1945年憲法的具有巨大力量和發揮重大積極作用的職業集團就是印尼共和國武裝部隊」。⓬他號召「印尼共和國武裝部隊將時刻作好準備，堅決反對一切違背『建國五基』和1945年憲法的一切行為」。⓬這就是蘇哈托總統牢牢掌握軍隊和新秩序政權帶有明顯軍人性質的理論基礎。

對於這種強權政治，蘇哈托從來不認為是獨裁。相反，他反覆宣傳這種政權的民主性質，駁斥和回擊反對派的指責。和蘇加諾不同，他拒絕使用「有領導的民主」的概念而倡導「潘查希拉民主」（即建國五基民主）和「協商一致的民主」。從字面上看，這與潘查希拉的第四個原則是一致的。根據這個原則的印尼文來理解，該原則絕不是一般意義上的民主。它的準確含義為「透過協商和代表制在英明精神的監督下的人民性」（Peoplehood which is guarded by the spirit of wisdom in deliberation/representation）或者叫「透過協商和代表制在智慧和精明指導下的民主」（Democracy led by wisdom and prudence through consultation and representation）。在解釋潘查希拉民主時，與蘇加諾一樣，蘇哈托明確指出這不是西方的「自由民主」。他說，「我們實行『建國五基民主』，不允許有西方式的反對派」，⓬「我們主張實行這樣一種含義的民主，即經過協商，大家達成一致決議以後，儘管你還有不同意見，也應該遵守和服從已經作出的決議。這就是我們對協商一致的理解」。⓬在這裡，他特別強調了「統一意志，統一行動」的原則。他說「『建國五基民主』要求我們透過協商取得一致。只要存在分歧就應透過協

商加以解決。如果大家遵循『統一意志，統一行動』的原則，我們就可以透過協商求得一致」。⑫儘管蘇哈托也承認「建國五基」民主不是由武力強制建立起來的，絕不允許某一部分人頑固地把自己的意志或立場強加於他人，但是，這不過是一個不能自圓其說的辯解。因為這種民主的最終目的是達到「一致」、「統一」，即消除任何不同意見。然而在現實生活中，尤其是在政治見解方面，永遠不可能絕對一致和統一。結果必須是一部分人被迫放棄自己的主張，以實現所謂的「一致」。這種「被迫放棄」必然伴之以權威、壓力、威脅和強制，因為蘇哈托已明確聲言，武裝部隊是「建國五基」的支持者和保衛者，「它參與和推進『建國五基』」。從實踐上看，當政府和反對派發生意見分歧時，從來不是政府服從反對派，而是反對派在百般無奈的情況屈服於政府。由此可見，協商一致的民主實際上是政府獨裁的工具。

由於蘇哈托始終控制著軍隊實權，而且軍隊又在政治中享有特殊地位，所以「協商一致的民主」比蘇加諾的「有領導的民主」更具有強制性。

「新秩序」下的國家意識形態與舊秩序下的意識形態的最大不同要算是對經濟發展的認識和態度了。蘇加諾是印度尼西亞革命之父，是印尼民族革命的發動者、領導者，也是印度尼西亞共和國的締造者，是一個不折不扣的革命思想家和實踐家。然而，在國家獲得獨立、從革命轉向建設的重要關頭，這位革命之父沒能及時地適應這一轉變，仍然在他的新國家裡掀起一個又一個富有浪漫主義色彩的革命運動。儘管制定了規模宏大的八年發展計畫，但基本上是紙上談兵，沒有付諸實踐。因而「繁榮公正的社會」理想成了一句空話。

新秩序政權清楚地認識到了這一點。蘇哈托回顧了印尼建國以來的教訓後總結道，1966年以前發生的一系列全國性危機，除了違背「建國五基」和1945年憲法這兩個主要原因以外，「是忽視經濟建設所造成的。因此……『新秩序』應該把經濟建設放在首要的優先地位。在經濟建設取得成績的同時，應該開展廣義上的民族建設」。❿為表現這個決心，他把他的內閣命名為建設內閣，建立了以經濟專家、教授為主要成員的國家建設委員會。接著，他主持制定了第一個五年建設計畫（1969～1973）。該計畫主張開展農業建設，工業支持農業。該計畫的目標是：「足夠的糧食、足夠的衣著、足夠的住房、足夠的就業，並盡可能提高教育和文化水準」。❿蘇哈托強調：「只有開展各個領域的一系列建設，才能建立起公正和繁榮的社會」。❿蘇哈托突出強調經濟發展的思想後來成為印尼意識形態文件之一「國家大政方針」的基本內容。該方針規定了「三項建設任務」，即一是保持全國穩定的局面，二是保持經濟增長，三是進行各領域的建設，力爭實現社會公平。大政方針計畫在完成第六個五年建設計畫（1994～1999）後，開始實現以「建國五基」為原則的公正繁榮的社會。對於實現這個目標的基本途徑，蘇哈托也作了一般的闡述。他在這方面比較接近蘇加諾的思想。蘇哈托排除了純資本主義和純社會主義的道路，主張採取適合印尼情況的獨特道路，他說，「資本主義制度強調個人利益，強調自由競爭……而社會主義強調另一面，忽視個人利益，強調集體利益……這兩種制度都不適合我們印度尼西亞民族，都不適合於人類的生活特性」。他認為「『建國五基』比較偏重於社會主義，或者說，『建國五基』既重視集體利益，又重視個人利益」。在這個意義上說，他同意蘇加諾的

概念，即「建國五基」社會就是「宗教社會主義社會」。他認為宗教本身包含著社會主義。

　　為實踐這條道路，蘇哈托強調憲法規定的三種經濟運行方式，一是國營，二是私營，三是合作社。他認為這是實現經濟民主的主要手段。他強調「最終目的是為繁榮社會，而不是為個人致富。我們應該先考慮社會繁榮和廣大人民的生活。而合作社就是最恰當的經營形式」。❶❷但由於印尼合作社發展水準較低，他主張「在合作社未發揮重要作用之前，可以先發揮私人企業的潛力」，❶❸等到合作社達到一定經濟實力後，透過購買股份的形式，將私人企業納入到合作社經濟成分之中，從而實現公正、繁榮的社會。

　　蘇哈托把他的經濟發展模式稱為「潘查希拉經濟」。在優先發展經濟的指導思想下，新秩序下的印尼經濟確實有了前所未有的發展。蘇哈托在政治上的集權統治有助於這種發展。蘇哈托被稱作「發展之父」。儘管印尼目前遠未達到公平分配，到處存在著腐敗和貧富懸殊，但它的綜合國力和大多數人的生活水準比舊秩序時有了很大的提高。這大概就是蘇哈托比蘇加諾高明的最主要之處。

㈤印尼的政治文化

　　從意識形態的角度看，既然蘇加諾政權和蘇哈托政權有很大不同，為什麼他們都信奉潘查希拉呢？搞清印尼的政治文化以後，這個問題就不難回答了。

　　印尼有一萬三千六百六十七個大小島嶼，三百多個不同的種族群，使用著五十多種語言。這種地理環境和種族狀況決定了這

個國家在文化上的多元性。外來文化的傳播和影響又使情況更加複雜。

文化始終是印尼傳統文化的代表，這不僅是由於它的人口占有全國人口的多數，還由於這裡有印尼三大傳統文化的代表：「阿班甘」（又譯「紅派穆斯林」，爪哇名義上的穆斯林）、「聖特里」（虔誠的穆斯林）和「普里亞伊」（Priyayi，貴族官僚。）它們分別代表了不同的宗教信仰和價值觀。這三種文化類型的形成完全是由於伊斯蘭教、印度教、土著的泛靈論信仰融合程度的不同造成的。

「阿班甘」文化的主要代表者是爪哇內陸的農民。他們的社會經濟背景是農村和農業。他們受到印度教、伊斯蘭教文化的影響，但由於他們處於遙遠閉塞的鄉村，這些外來文化的影響並不深。他們仍然保留著固有的泛靈論信仰和其他混合信仰，同時他們也吸收了印度教和伊斯蘭教甚至西方文化。這種泛靈論、印度教、伊斯蘭教的均衡結合，構成了「阿班甘」文化的基礎。阿班甘的宗教文化傳統主要體現在它的稱作「斯拉馬坦」（Slametan）的節日儀式和各種慶典活動上。阿班甘文化的主要特點是，第一，在宗教信仰上，最大限度的包容性和最小程度的排他性，能使各種信仰的人平等相處；第二，比較注重宗教儀式，而忽視宗教教義；第三，以家庭爲宗教活動基層單位。雖然具有這種文化特性的人也自稱爲穆斯林，但往往被稱作「名義上」的穆斯林。

「聖特里」文化類型的主要代表者是爪哇沿海的商人。他們的社會經濟背景是市場和商業。他們受到外來文化，特別是伊斯蘭文化影響的時間最長，衝擊最直接，因此打下的烙印也最深。

這些人基本上失去了本地宗教文化傳統,完全伊斯蘭化了。聖特里宗教文化的主要特點是,第一,在宗教信仰方面,有較強的排他性,比較強調伊斯蘭教的純潔性。這主要表現在嚴格的伊斯蘭儀式上,如每天五次祈禱,星期五清眞寺的禮拜,一個月的齋戒,背誦古蘭經,如果可能,還到麥加朝覲。第二,宗教活動的基層單位不是家庭而是一個宗教社區的清眞寺。具有這類宗教文化特性的人往往被稱作正統的穆斯林。這些人的伊斯蘭教權主義觀念極強,比較強調伊斯蘭的統治地位。據爪哇文化研究權威學者克利福德・格爾茨的研究,聖特里文化還分出兩個支系,一是保守派,他們既忠於正統的伊斯蘭教義和信仰,也願意對本地習慣作某些讓步,但他們不願把現代化問題與伊斯蘭教相聯繫。二是改革派(或稱現代派),他們力求使伊斯蘭教更加純潔化,主張伊斯蘭教爲現代化服務。

「普里亞伊」文化帶有印度文化的痕跡。它的主要代表者是爪哇政治統治階層,獨立以前,主要是世襲的王公貴族階層;獨立後,則是官僚統治階層。他們的社會背景主要是城市的社會經濟集團。這種文化的特點,第一,宗教色彩和意識比較淡薄。主要表現形式是傳統的宮廷文化形式,包括一整套舞蹈、戲劇、音樂、詩歌以及各種爪哇神秘主義哲學。第二,比較注意政治地位和社會等級。第三,在宗教上的傾向不夠穩定,介乎阿班甘和聖特里之間。作爲這類文化的載體,官僚統治階層也不是一個一成不變的社會文化集團。它往往由於來自阿班甘和聖特里兩大背景的成員的加入而在宗教文化上變得更加複雜。但由於當代印尼政治統治集團成員多來自軍隊,而軍隊成員又多具有阿班甘的文化背景,因而,它與有聖特里文化背景的社會集團保持著較大的距

離。

　正是由於印尼這種社會文化的多樣性決定了它的政治勢力的多元性。目前印尼的政治權力結構就是以這種文化結構爲基礎的。三大政治勢力分別具有鮮明的文化色彩。由官僚統治集團控制的專業集團可看作是普里亞伊文化的代表，建設團結黨代表著聖特里文化，而民族黨是阿班甘的代表。

　這種文化多樣性所導致的政治多元化的現實就是造成印尼長期社會矛盾、分裂和衝突的主要根源，而最突出的矛盾就是伊斯蘭化和非伊斯蘭化兩大趨勢的對抗。然而社會的發展和國家的安全又要求包括各種族在內的全民族的統一和團結。這就構成了印尼社會處在矛盾中的現實：多元而統一，排斥而聚合。潘查希拉正是爲適應這個矛盾社會的需要而誕生的。它之所以有如此強大的生命力，就在於它包含了印尼社會矛盾的兩個方面。一是承認和保護印尼社會政治文化、政治勢力的多樣性。二是它又強調了各種政治文化和政治勢力的統一性。在印度尼西亞，只強調一個方面必然會導致社會悲劇。

　印尼政治文化的形成主要有三大來源：一是神話傳說，主要是爪哇皮影戲（wayang）；二是宗敎禮儀，主要是「斯拉馬坦」的傳統儀式；三是爪哇人處世待人的倫理道德觀。在從這三個方面形成的許多政治文化觀念中，有五個觀念特別重要。對印尼的政治產生了突出的影響。這些觀念是：和諧的大一統，對立中求平衡、自我克制與寬容、互助合作以及服從權威。

　和諧的大一統觀念是爪哇人世界觀的基本要素之一。它強調兼容並蓄、包羅萬象、廣而統之，進而形成一個和諧統一體。這個觀念的來源之一是皮影戲表演方式本身。皮影戲表演主要靠操

縱者的語言和動作。他既要操縱劇中人物的動作，又要模仿各種人物的語言和聲響，他必須手腳並用，全身動作。因此操縱者是整個表演的中心。對於爪哇人來說，這具有超自然的神秘的象徵意義。「萬能的神就是那位操縱者，幕就是整個可見的世界，那些被操縱的皮偶就是地球上的萬物……」❸表演的整個過程依賴於操縱者，就像人類依賴於上天。根據爪哇人的觀念，世界萬物被看作組合起來的單一整體，這個整體就是所謂的神。所有一切都來自於神，回歸於神。神主宰一切，又包容一切。這種超自然力的神為世界萬物規定了各自適當的相互依賴和共存的關係，於是一切都和諧地存在於一個共同體之中。這種神聖化了的包容一切的和諧大一統觀念就成了爪哇人價值取向的重要目標之一。蘇加諾政治思想體系的獨特之處以及該體系的形成過程最典型地反映了兼容並蓄、廣而統之的特點。由此看來，他把自己的思想說成是各種主義的「混合體」，提出「納沙貢」口號，主張三大政治勢力融為一體，都是毫不足怪的。

對立中求平衡產生於爪哇人世界觀中的二元論。在皮影戲故事中，美好與邪惡鬥爭，美好戰勝邪惡常常被理解為對立的雙方相互鬥爭，最後又達到統一。在爪哇人看來，要從不完善狀態過渡到完善狀態，即從對立過渡到統一，鬥爭是必要的。鬥爭、衝突可以接受，但它不能打破整體的平衡和秩序。對立中求平衡的觀念允許對立和鬥爭，但要求雙方在力量均等上相互對立，使雙方相互中立，從而達到平衡。這常常被稱作「衝突基礎上的穩定」。這種價值觀念被蘇加諾運用到了政治實踐中。他在共產黨左派勢力和陸軍右翼勢力之間玩弄的就是這種對立中的平衡。

自我克制和寬容在爪哇人的道德觀念中被特別加以讚賞。人

們的愛好、憎惡有可能損壞輕鬆的氣氛，因而即使不能消滅愛好和憎惡，也必須加以掩飾。不同意見可以存在，但必須十分謹慎地表達，不能使他人為難或引起衝突。也就是說，必須維護和諧。如何維護和諧？那就是自我克制和寬容忍耐。爪哇人有一句著名的諺語：「不同田裡有不同的蝗，不同塘裡有不同的魚」（lain ladang, lain belang, lain lubuk, lain ikannya），也就是說各人都有各人的傳統習慣，每個人要克制自己容忍他人，容許在一個共同體中保留各自的傳統習慣。進一步說，克制和寬容還意味著不能將自己的價值觀強加於他人，不能強行改變他人的價值觀。這種寬容感在爪哇人，尤其是阿班甘的傳統儀式「斯拉馬坦」中表現得尤為突出。斯拉馬坦是爪哇人在任何值得慶賀和紀念的事情上表達良好願望的宗教和習慣儀式，如逢生、老、病、死、豐收、改名、搬遷、開業等，都要舉行盛宴和慶典。這一活動的顯著特點是參加典禮的成員的廣泛性。居住在附近的所有人家，不論是否親朋好友，也不論在宗教信仰上有何差異都應邀參加。在這種場合，任何人都被同等看待，大家都平等相處。這時，宗教信仰、社會地位、政治觀點都不重要了，唯一重要的是大家生活在一個共同體之中。這充分表現了爪哇人對待差異、分歧的寬容處事方式。他們把寬宏大量、容忍克制看作爪哇人的一種美德，把心胸狹窄的人稱為「非爪哇人」（durung Jawa）。爪哇人對他人的感覺十分敏感，竭力避免損傷他人的感情，從不為難他人或使他人丟臉。因此，他們通常不說「不」，而說「是」，因為他們認為「不」會傷害他人感情，使他人發窘。這種觀念引入政治領域，突出的表現是儘量不去批評他人和政府。這種觀念是獨裁政治得以長期存在的精神溫床之一。

互助合作（gotong-ryong）是爪哇人處理人際關係或人與社會關係的重要價值觀。爪哇人把社會看作一個「幸福的大家庭」。這個家庭必須是和諧的、安寧的、有秩序的。要實現家庭乃至社會的和諧與安寧，除了自我克制、忍耐寬容，還需要互助合作。互助合作，傳統上被認為是一群人集體完成某項任務以實現大家共同利益的一種社會機制。互助合作最初通常指在建設社區公房，修築公共水壩的合作精神，它不同於私人事務的相互幫助。但後來它的含義擴展為在公共關係、私人關係兩個方面進行合作與幫助。當一個社區中某一人死亡或遇到其他災難時，或者社區公共工程需要時，本社區居民一般自發和自願地提供幫助和合作。互助合作體現了一種集體團結感和團隊精神，是增強印尼社會凝聚力的概念。正因為如此，互助合作被蘇加諾列為潘查希拉的核心內容，並成為納沙貢口號乃至他的整個政治思想的核心。

服從權威的價值觀源於皮影戲神話和等級社會。皮影戲中有著不同地位的人物，形成不同的階層，如萬能的神（bebara）、苦行僧（begawan/resi）、國王（brabu）、貴族（raden）、騎士（bambang）、僕人（panakawan）等。從某種意義上說，這些人物是平等的，因為他們都具有主人和僕人的雙重身分，即對他的上一等級而言是僕人，對他的下一等級而言則是主人。然而從另一個意義上看，他們又是不平等的，因為他們具有不同層次的雙重身分。這是由他們所處的不同地位決定的。這些上下尊卑關係是神安排好的。正是這種神話等級觀念使社會中的等級制具有了合法性。在爪哇人看來，社會各個等級都是上天安排好的，每個人必須嚴格履行和自己地位相應的義務和職責，從而達到社

會秩序的穩定與和諧。在這種等級制度中，存在著嚴格的上下、尊卑關係。在不同等級之間，用語的選擇和言談方式總是有差別的。在交談的雙方之間不顯示出社會或家庭方面的地位差別幾乎是不可能的。爲了維護秩序，每個人必須明確他在社會中所處的位置，而且要尊敬和服從比自己地位高的人。在等級關係中，除了尊卑、貴賤之別的精神道德因素以外，還存在著安全、權力和利益方面的因素。較低等級爲了安全，要尋求較高等級的保護，作爲回報，較高等級向較低等級索取利益和權力，這就形成了「庇護依附」（patron-client）關係。在這種關係中庇護者往往處於主動地位，而依附者處於被動地位。因此庇護者對依附者所顯示出的權威遠遠大於他所提供的保護，這種權威導致了依附者的服從。這種看來似乎是互惠的交換關逐步形成一種非契約性的、以感情相維繫的道德行爲規範。一旦這種權威和服從的關係形成以後，庇護者就毋須以威脅來行使其權威，而僅僅依靠依附者那種履行道德規範的自覺性。這種關係往往一代又一代地延續下去。

　　服從權威的觀念還與爪哇人的國家觀念有關。在爪哇人的傳統國家觀念中，國王是權力的中心、權力的頂峰。國王和人民的關係是主僕關係（kawula-gusti）。國王有保護人民的義務，而人民必須服從和服務於國王。如果國王不保護人民，人民則毫無辦法，他們只能等待或投靠其他王國。國王的合法性來自於神靈（Wahyu），懲罰國王的權利只能來自於神，而不是人民。國王的主要職責是維護國家的秩序、安寧、和諧，他的主要手段之一是「明智」（kawicaksanaan）。所謂「明智」，指的是「精心權衡一個決定可能出現的利弊的偉大技巧」，是「把握形勢的敏銳判別力」，「實際上，它是一種制衡政策，避免那些絕對不必

要的公開衝突」。**⑮**因此人民必須依賴和服從領導人的明智和明智的決定。這種明智並不體現在他的決定如何正確，而是如何恰當。恰當的標準就是能否避免衝突。

爪哇人還從皮影戲中得到啟發。皮影戲有一個一成不變的故事情節模式，人物、細節可以改編，但固定的三段式模式不變，而且每一段都有其象徵意義。第一階段象徵生命的初期階段即青少年。這一階段，透過「好人」和「壞人」的行為道德，教育青少年樹立好的倫理道德觀。第二階段是「好人」和「壞人」相互搏鬥。這象徵著成年人在充滿美好和邪惡的社會中的鬥爭。第三階段是圓滿歡樂的大結局。「好人」戰勝了「壞人」，美好戰勝了邪惡。這體現了生命的成熟和年高者的英明。因此在爪哇人觀念中，英明和成功常常和年老的長者聯繫在一起。只有這些年老的長者才能指示方向，對他們必須做到服從和尊敬。這是印尼傳統的村社民主方式的精神基礎，也是蘇加諾「有領導的民主」的政治文化淵源。毫無疑問，服從權威的價值觀是印尼獨裁政治的主要支柱之一。

第五節　馬可仕時代的菲律賓國家意識形態

㈠馬可仕的「民主革命」論

菲迪南德·馬可仕是菲律賓獨立以後的第六任總統。他在任二十年有餘，曾為菲律賓的經濟振興作出過一定貢獻，也為菲律賓在國際舞台上爭得了一定地位，但他又阻礙了菲律賓的政治發展，成為腐敗、戀權、獨裁的象徵，最終為人民所推翻，為世人

所指罵。他這種歷史作用的兩重性可以從他的思想中找到答案。

馬可仕不同於歷史上其他菲律賓總統，他在執政期間寫了多部思想理論著作，當然也不排除盜用他人的研究成果的可能性。

在馬可仕的思想理論中，有很大一部分是談論他的「民主革命」觀。對世界歷史上的革命進行了一番研究之後，他發現了某些規律。在這個基礎上，馬可仕建立了他自己的關於「民主革命」的思想體系。

他發現，歷史上發生的一切革命無非有兩類，一類以法國1793年雅各賓（Jacobins）革命為代表；一類以英國1688年自由的「光榮革命」為代表。雅各賓式革命的特點是以暴力為主要手段，推翻整個統治階級及其統治機構和秩序，代之以新的階級、機構和秩序。這類革命常常發生在壓迫的、不民主的社會。在不能透過憲政的手段進行變革的時候，「人民有天然權力使用暴力或發動起義驅逐他們的統治者」。⑬⑥在這種場合，雅各賓式革命是合理的。

相反，自由式革命則是和平的和非暴力的，是透過憲政手段使整個現有的社會秩序民主化、激進化。其具體作法是「同化革命階級，把它吸收到政權中來，在公眾中擴大權利分配範圍」。自由式革命要求必要的社會前提條件，即必須是一個憲制國家，有基本的法律制度，公眾享有一定的民主權利，也就是說，必須基本上是一個民主國家，儘管也還存在著不平等和不公正。這一條件保護了公眾能最低限度地表達自己的意志和行使自己的權利。

為什麼統治階級能容忍這種革命呢？馬可仕認為，第一，因為在這種社會環境中的政府是具備一定民主意識的民主政府，它

能感覺到人民的願望，並能作出相應的反應，它能「意識到社會變革的不可避免性」。⑬第二，統治者認識到讓步是明智的選擇，這能防止他們失掉得更多。正如十七世紀英國的君主在面臨革命威脅時所作出的抉擇一樣，「寧可丟掉他們的特權，也不願丟掉他們的頭顱」。⑱

　　在馬可仕看來，在一個民主社會裡，不像君主社會那樣存在著統治階級，政府向一切階級開放，代表一切階級，公衆透過自由的選舉制度消除了權力中的任何終身制。按理說，在這樣的社會，不應再出現革命。但是，他認為，這種公衆選擇權以及民主程序有可能受到一些謀取私利的人的控制、操縱和腐蝕，甚至被顛覆。在這種情況下，就可能發生革命。他還進而認為，即使不出現這種情況，民主社會仍會不斷出現革命的挑戰。這首先是因為，一個社會的政治秩序必須適應其經濟和社會的變化，而社會經濟狀況是不斷變化的。這種變化不僅會導致社會中一部分人生活條件的改善，也會提高這些人的政治意識。這些覺悟了的「革命階級」（如工人、農民）就會要求變革原來的政治秩序。其次，「透過權力去控制和改造環境是人的信條，革命是這種現代觀點的最終表現」。其三，一個民主社會更容易出現革命的挑戰。一個獨裁的政權不但能夠對反對派進行成功的鎮壓，而且也可以透過強力創造一個相當好的經濟環境，從而使革命得以避免；而在民主社會，反政府的觀點和態度都獲得容許和鼓勵，因而這樣的政府時時都面臨著革命的挑戰。「一個民主政權並不比一個獨裁政府更具有對革命的免疫力。」⑲因此，他認為，幾乎沒有哪一個社會能夠避免革命的挑戰。他向全世界發出警告，世界民主政權「現在必須正視一個現實，即如何改革和取代近些年來業已僵

化了的制度和傳統」，⑩使軟弱的政府和人民克服嚴峻的危機。他斷言，面臨這一挑戰，把社會的激進化確立為政府的方向是「我們時代的必然趨勢」。⑭

在民主社會進行革命，不應該也不必是暴力的，因為革命階級的要求可以透過憲政的管道去實現。同時，在這種場合使用暴力是無效的。因為一方面，暴力革命並不受人民的歡迎，缺乏群眾基礎；另一方面，暴力革命也是不能成功的，因為政府擁有強大的正規軍隊，在力量上占有絕對優勢。在反對暴力革命的過程中，政府必然取得勝利。同時，馬可仕認為，「暴力革命已經過時了，雅各賓革命不再屬於七○年代」。⑭由此，他告誡當權者們，不要以為只有發生了暴力反抗才標誌著革命的到來，而要把注意力集中在考察社會經濟的發展變化上，充分認識革命的現實性。

在革命形勢到來的時候，應該由誰來發動和領導這種革命呢？根據菲律賓的現實，馬可仕認為存在著政府與共產黨對領導權的競爭。他否定共產黨的領導權，反對共產主義制度，因為儘管共產黨的社會經濟制度有其長處，但一黨制的政治制度不可能是民主的；共產黨政府形式不承認人民有驅逐統治者、改變其政策的權利。在民主社會，政府建立在人民同意的基礎上，而在共產黨政體中，人民不只是同意，而且必須同意，他誣蔑共產黨政權只能是集權專制。因此，他主張政府要把革命的領導權奪過來。他說，「如果我們珍視我們的神聖權利和我們懷抱的自由，我們就必須從那些把民主革命最終轉為集權主義的人手中奪回革命的領導權。」⑭

在菲律賓，更需要政府來領導革命。根據馬可仕的分析，由

於菲律賓到處存在著部落主義、地區集團，人民的政府意識比較淡薄，所以在他們反叛的時候，一般反對的不是政府，而是某些人，加上他們本身沒有構成一個革命階級，因此在菲律賓，「唯一的革命就是由政府本身領導的革命」。⓮

英國的「自由式」革命就是由當時的貴族政府領導的。馬可仕把這個革命稱作「來自上層的革命」。有人反對說，一個政府不能製造革命，因爲政府不能反對它本身。他把這斥之爲「雅各賓式的偏見」。

馬可仕把當代民主社會中發生的由政府發動並領導的革命稱之爲「來自中央的革命」。他說，領導革命的政府「處在社會的中心，不是在人民之上。我們的革命既不是來自左邊，也不是來自右邊，既不是來自上邊，也不是來自下邊」，⓯是由充分代表人民利益、完全合法的政府發動的革命。這個政府聽取並回答人民的需要和要求，並爲他們指引方向。另一方面，「這個政府不把自己看成人民的首腦、君主和太上皇；它並不是高高在上，而是處在中央，它是人民圍繞著的權力中心。它站在人民的前邊，而不是上邊，向人民提出建議並領導他們」。⓰

爲了說明政府的這種地位和作用，馬可仕引出了「自立政府」的概念。他把這個概念當作他的「民主革命」理論的核心。他假定，一個社會可以劃分成兩個主要權力集團，即富人集團和窮人集團。而政府可以看作第三個實體。富人集團中的寡頭權貴控制政府時，政府就成爲富人集團的工具，政府就失去了它的自主地位和獨立特性。作爲民主政府，它可以意識到這一危害，而且會去履行道義上的職責避免之，維護窮人集團的利益，主動使自己從寡頭的控制下擺脫出來，使其自立和中性的地位得以維

護。他把這稱爲民主的「自我復原和糾正的能力」。在馬可仕看來，這種自立政府不偏不倚，眞誠地遵循正義和公正的原則。革命正是來自這一自立的政府。

馬可仕「民主革命」的目標是使政治經濟制度以及社會秩序民主化、激進化、合理化，實現政府和社會的重建。歸根究底，是要建立一個「新社會」。革命的手段是和平的、不流血的，是一場憲政的革命。這個由政府發動的革命完全是爲人民的利益服務的，因此是眞正的民主革命，或者稱「自我革命」。這就是馬可仕關於「民主革命」的完整概念。

在論述「民主革命」思想的過程中，特別值得注意的是，他反覆強調建立一個強有力的政府的意義。這個革命要打破舊的財產關係，不可避免地要觸及少數富人的利益，從而遭到他們的頑強抵抗。因此，必須有一個強大的政府和革命的立法制度以保證革命的成功。同時，爲了保護人民的利益，作爲唯一的自由堡壘，政府必須強大。政府是建立在公衆同意的基礎上的，如果這種權力受到削弱，社會就會分化瓦解。他強調，政府必須具有「自立性、靈活性、適應性和內聚性」。自立性要求政府具有高於它自身利益的願望和行動能力；靈活性和適應性要求政府能夠制定適當的政策和計畫；內聚性要求政府有一個堅固的機構。他把維護強大政府的思想歸納爲「政權的完整性原則」。當政府受到少數富人的篡奪和侵蝕時，政府的權力就受到削弱，人民主權的完整性就遭到破壞。在這種場合，政府面臨的選擇就是「要麼死亡，要麼自我解放」。如果選擇後者，「它就成了革命的發動者，它在使用軍隊時就是合法的，而不是鎮壓」。⑰

爲了保持強大的政府，「必須依靠一個強有力的最高行政官

進行領導和指示方向，這是絕對必要的」。⑭馬可仕認為，這是整個第三世界領袖們都應吸取的教訓，「只有真正的權威，才能指望領導一個有效的政府」。⑭

　　馬可仕在其著作中還用很大的篇幅論證他的「民主革命」在菲律賓的必要性、合法性。首先，他列舉了菲律賓所面臨的種種威脅：(1)共產黨革命，(2)抱有政變陰謀的右派，(3)民答那峨島和蘇祿的穆斯林分離運動，(4)私人武裝和政治軍閥，(5)犯罪份子，(6)與右派結盟的寡頭，(7)外國干涉份子。其次，他論述了菲律賓社會政治生活腐敗和經濟地位不平等的種種弊端罅漏。面對這一嚴峻形勢，他的最後結論是：「在多事的當今，革命是一個事實，不只是潛在的威脅」。他要利用總統的權力去摧毀共產黨的暴力革命，要以「真正的、自由的、憲政的、和平的革命來取代暴力革命」。⑮

　　馬可仕大講特講民主和民主革命，為什麼最終建立起獨裁統治呢？這必須從理論和實踐的結合上來回答。首先，馬可仕再三強調「民主革命」是一場和平的憲政革命，即透過調整憲政制度和修改憲法條文使制度民主化。這在理論上是極其動聽的，但實際上，這種憲政革命成了維護和鞏固馬可仕政權的保護傘，成為他當終身總統的法律依據。為了打破總統只能連任一次的限制，他頒布了軍管法，宣布「民主革命」的開始。在軍管法的保護下，他玩起了修憲遊戲。最後鏟除了對總統權力的任何限制，為他長期執政掃清了道路。這就是他所謂的「民主革命」。這個「革命」使馬可仕把持菲律賓統治權長達二十餘年。

　　其次，馬可仕假「來自中央的革命」來強化自己的權力。「來自中央的革命」理論有一個前提，即處於中央權力核心的領袖是

革命的。也就是說，作爲總統的馬可仕本人是革命的，只有他享有這種革命的權力。他反覆強調，在這個革命過程中，領袖的作用特別重要，必須有一個強有力的政府。特別是，他還主張用「紀律」規範整個社會秩序。這些思想集中體現了馬可仕的一個中心目標，即強化馬可仕個人的權力，實行個人的獨裁政治。宣布並長期實行軍法統治就是基於這一思想而獲得合法地位的。

最後，「民主革命」名爲打擊七種敵人，實爲鎮壓政治反對派。作爲左派的菲律賓共產黨及其新人民軍在1968年重建以後，力量還很弱小，實際上並未構成嚴重威脅。而馬可仕爲了掩蓋其主攻方向，虛張聲勢，大肆渲染所謂左派的威脅，聲稱「民主革命」就是要和共產黨爭奪革命的領導權。實際上，他把控制了一部分政治權力的經濟寡頭和政治反對派看成他的主要威脅，認爲只有消滅或削弱了這兩股勢力後，才能建立起他自己的獨裁統治。他的「革命實踐」證明了這一點。他利用軍管法的權力摧毀了一個個擁有私人武裝的權勢家族，打擊了各種政治權力集團，逮捕監禁了一大批政治反對派和異己份子。與此同時，他開始網羅親信，培植勢力，勾結財閥，建立他自己的獨家的專制王朝，形成新的寡頭政治。馬可仕正是在消滅「民主革命」敵人的幌子下，構築起自己的獨裁政治王國的。

(二)馬可仕的「新社會」論

馬可仕「民主革命」的目標是要建立一個「新社會」。他曾爲菲律賓人民描繪了這個「新社會」的藍圖。在這個「新社會」裡，有一個民主自由的政治制度：人人有參政的權利，享有政治上的平等地位；人權得到保障，個人的聰明才智也得以充分發

展；建立合理的經濟制度，發展經濟，改善人民的生活福利；人人機會均等，消滅貧富懸殊，杜絕貧困和飢餓。「新社會」不僅有一個廉潔高效、贏得人民信任的政府，還有充滿新精神的人民。他們是具有「創造性和堅定意志」的「新菲律賓人」。

在馬可仕看來，平等原則是「新社會」的基本原則，「平等原則及其公正的實施是我們正在形成的『新社會』的顯著特點」。❺

平等概念並不是說在一切方面每一個人都一律平等，不意味著「一個碼頭工人要住別墅、用瓷器、裝空調、送孩子進私立學校、穿進口西裝」，❺而只意味著「所有的人都是平等的，不分其階級、膚色和信仰。一個人並不只是一個工人、農民、教師或資本家，他應該享受和其他人同樣的待遇，並不是因為他的工作對社會所起的作用，而是因為他是一個人」。❺平等還意味著每個人享有與他人同樣的充分發展自己潛能、表現自己個性的機會。馬可仕明確指出，平等不是要貶低富人，抬高窮人；也不是財富的平均，而是要在「一些人更加富足之前，首先讓每個人都富足」。❺

如何實現社會平等是馬可仕注意的焦點。他著重從政治權利的民主化和社會財富的民主化兩個方面論證實現社會平等的基本條件。除了這些外部條件以外，他還注意到人們本身的、內在的、精神上的條件。

馬可仕說，實現社會平等「必須首先從政治領域開始」。❺在舊社會，普遍存在著政治權利上的不平等。例如，選舉過程中要付出的高額代價對窮人是不利的，選舉權中的文化測驗對文盲是一種歧視，二十一歲最低投票年齡的規定是對十八至二十一歲公

民的排斥。政治權利實際上是按照財富和經濟地位分配的。舊社會的代議制民主是為經濟寡頭服務的，民主權利成了他們的私有財產，「金錢成了通向政治高位的道路，政治職位又成了獲得更多金錢的手段」，❿「政治成了骯髒的字眼，成了權貴們的把戲」。❿相反，窮人始終被排斥在權利之外，充其量也只不過是權貴們的附屬物。菲律賓的政治已經成了一種「衝突政治」。在這種衝突政治中，沒有勝利者。人民是失敗者，因為他們屢屢遭到的是欺騙和失望；「勝利者」也是失敗者，因為他不能進行平穩的統治。代議制民主這種帶有病態的舶來貨在菲律賓最終是一個「夢幻」和「恥辱」，而且已經「奄奄一息」。這種政治腐敗已經成為「社會癌症」，使社會變成「被白蟻蛀滿窟窿的房子」，❿它的基礎正在土崩瓦解。

因此在「新社會」，必須重建政治民主制度。在這種制度下，要使人民有更多的自由，讓更多的人參政議政；要建立一個對人民負責、為人民服務的政府，把菲律賓建成一所真正的「代議民主制藝術的學校」。馬可仕反覆強調「新社會」的民主性質，因為民主「給我們提供了最基本的人的自由。這種自由對於充分實現我們作為個人和社會的潛力，實現我們個人和所有人的尊嚴是最基本的保證……只有民主才能保證言論自由……一個國家的公民才能透過公眾選舉選擇他們的領導人」。❿

為了實現「新社會」的民主，馬可仕提出了關於國民大會、制憲大會、政府組織等一系列改革方案。

馬可仕也看到了實行民主制度的危險性，即民主自由可能導致無政府狀態。他在界定民主概念時指出，「民主是一種透過自由和負責的討論，在指導性政策上達成全國一致的制度」。他強

調，這種討論不僅是自由的，而且是負責的，「光有自由只能導致混亂」。在菲律賓以個人主義為核心的政治文化條件下，「如果沒有管理規範，只能導致極端主義，無視任何權威領袖和制度」。⑯

為此，馬可仕提出了一個「新契約」論。這個「新契約」就是一整套懲戒性的「紀律」。透過實行這些紀律來規範大家的行為，使全國步調一致，整齊劃一，成為一個「有指揮的社會」，變「衝突政治」為「一體化政治」。他說，這種「新契約」的建立不是某一個人的意志，而是時代的必然，是民族的願望。作為「新契約」的「紀律」，表現為各種形式：總統法令、公告、命令、指示、規範、條例甚至包括軍法管制、動用武裝力量。他承認，這種紀律帶來強制性質。根據這個「新契約」，人們只能在規定的自由範圍內享有自由。他不認為這是對自由民主的破壞，馬可仕辯解說，「我們的政權是權力主義政權，但不是集權主義政權，因為它不侵害我們公民的個人生活。在這個自由的範圍內，公民可以不受限制地追求他個人的幸福」。⑯同時，人民也「有權驅逐不忠實於這種契約的政府」，⑯但他警告說，「如果人民自己破壞了這種契約，他們就要丟掉了統治自己的權利，那麼，公共生活的大廈就像亞利哥城牆一樣，一聲驚雷，就轟然倒塌了」。⑯與此同時，馬可仕也意識到，這種帶強制性的紀律不能永久化，是「有一定限度的」，「不是最理想的」，因為這可能引起多數人的不滿而遭受懲罰。因此，他主張儘快超越這一階段，建立一個「更強大的、更高級的、旨在實現社會和諧的契約」。

在「新社會」，人民要實現政治上的平等權利，單單依靠政治手段是不夠的，換言之，撇開經濟上的平等權利，純粹追求政

治上的權利是不可能的。馬可仕對這兩者互為條件的關係作了闡述。他寫道，「沒有政治權利，所謂的經濟權利是不可能實現的……但只強調一方面的權利而忽視另一方面的權利也是錯誤的。在犧牲經濟權利的基礎上強調政治權利，就是拋棄了使政治權利得以實現的條件。」⓮人必須先具備初步的經濟權利，才談得上其他權利。只有對有文化的人來說，言論自由的權利才有意義，如同旅行權利只對擁有旅行工具的人才有意義一樣。

沒有經濟上的平等權就不可能實現政治上的平等權的結論導源於菲律賓的社會現實。在舊社會，政治權力總是握在享在經濟權力的寡頭們手中，總是按照經濟實力進行分配的。在菲律賓社會，存在著形式上的民主政府，但由於財富集中在少數寡頭手裡，他們就可以在選舉過程中透過收買、賄賂等方式，獲得更多的政治權力和影響權力的機會，而人民被排斥在無權的地位。在這種場合，政治家不是權貴本人，便是他們的政治僕從。因此，這種寡頭政治嚴重破壞和阻撓了政治平等的實現。

除此之外，這種寡頭政治還是社會腐敗的主要淵藪。馬可仕認為「財富對政治的干預產生腐敗」。⓯金錢和權力的交易使社會墮落、道德淪喪、政治文化頹廢。財富對政治的滲透導致了社會腐敗，而腐敗又助長了財富的集中和貧富差距的擴大，從而導致對人民政治權利的進一步侵犯。

因此，馬可仕在他的「新社會」理論中提出財富民主化的思想，這就是他的經濟平等的思想。他認為，上述社會惡果根源於財富的集中，即財富的私人占有制。要消滅這個禍根，可以有兩種選擇，一是財富社會化，即採取共產主義革命的方式，消滅私人占有制，吸收其財富為全社會所有。二是財富的民主化。菲律

賓的「新社會」不能採取前者，因為消滅私有制是對私人積極性和人的進取精神的打擊，使人變成一群純粹的生物。正確的辦法是採取財富的民主化方式，正像權力可以透過公衆代議制、言論自由和其他機制實現民主化一樣，財富也可以民主化。這種民主化不是消滅私人占有制，也不是剝奪富人贈送窮人，而是對私人財產和財富實行有利於全社會目標的安排、管理和控制。他相信「只要存在著巨大的經濟鴻溝，就不可能有事實上的機會均等」。⑯

如何填平這道鴻溝以實現社會平等？他的結論是「發展經濟」，透過經濟的發展，降低人民的貧困，提高人民的生活。但關鍵在於如何達到經濟的發展，走何種道路。馬可仕承認，共產黨的社會主義經濟的優點是統一計畫，高度集中，可以合理使用勞動力，避免資源的浪費，從而達到經濟發展。但代價是缺乏民主和自由。資本主義道路也可能達到經濟發展。但資本主義的富裕是以一部分人的貧困為代價的，它不能消滅貧困。因此，他主張，應該根據自己的經驗選擇自己的道路。這就是一方面繼續堅持自由企業經濟，仍把它作為經濟增長的主要動力；另一方面，也要建立一部分公有經濟，如在有風險以及私人無力經營的經濟領域實行國營。私有和國有兩種經濟各有各的社會責任，不會妨礙兩者在共同事業中的聯合。馬可仕認為這種伙伴關係是創造社會繁榮的最有效最自由的方式，它既不是資本主義的，也不是社會主義的。這種制度最終可以消滅貧困。

同樣地，馬可仕十分強調政府在發展經濟、促進平等過程中的作用。在對財產進行民主化的過程中，政府必須行使自己的權威，透過國家的干涉實現財富民主化的目標。至於如何對私人財

富進行安排、管理和控制，完成其民主化過程，他並未論及。

　　根據馬可仕的「新社會」思想，建設「新社會」的任務分為兩個方面。一是物質方面，即社會經濟基礎的改造。二是精神方面，即重新確立和規範人們的價值觀。以人道主義為指導的精神革命是保證這場不流血的革命取得成功的關鍵。因此，他主張「當我們試圖改造我們的社會時，我們必須改造我們自己」。**⑯**

　　在舊社會，菲律賓政治文化極其愚昧、落後和腐敗。政治是權貴們的遊戲。人民大眾從未把自己看成是政治力量的組成部分，不存在任何主權意識和參政意識。最覺悟的政治意識充其量也只是對個別政治領導人的臣服和效忠。舊社會政治文化的核心是「平民主義、人格至上和個人主義」，這種以自我為中心的文化更加劇了社會關係自上而下的腐敗。菲律賓人保守的倫理道德是「財富只要不是來自偷盜和剝削，就值得頌揚和尊敬」。這種道德觀成為掩蓋政治巨頭和經濟巨頭相互利用進行財富分贓的煙幕。從這個意義上說，每個人對社會的腐敗都負有罪責，因為他們容忍了這種制度的存在。因此，馬可仕主張，對這種政治文化和社會道德，「必須進行徹底的改造」，進行一場精神上的「內在革命」。

　　「內在革命」，就是要從政治文化、道德觀念、精神素質等各方面都來一場深刻的變革。「我們的平民主義、人格至上主義和個人主義的文化不但必須讓位給集體責任感，而且要讓位給我們的歷史責任感」，**⑱**使人民成為自信、自尊、勤奮、無私、堅定、朝氣蓬勃的「新菲律賓人」。馬可仕把這種精神上的轉變稱作「新菲律賓主義」。「新菲律賓主義」將對「開創新世界產生巨大鼓舞」，它是菲律賓人「走向偉大民族的號角」。

為了實現人民精神世界的轉變，教育是一個重要手段。在教育過程中，要以人道主義為核心重新確立價值觀念。教育的目的是要使人民知道「應該成為什麼，而不是應該做什麼」。⑯如果物質上和精神上的革命任務完成了，菲律賓的「新社會」也就實現了。

　　就馬可仕「新社會」理論本身來說，不能說沒有積極的合理的成分。他關於菲律賓社會改造的思想在很大程度上是值得肯定的。「新社會」的目標基本上是符合人民的利益的。這在菲律賓思想發展史上是一個進步，它體現了1896年革命以來菲律賓社會的發展方向。作為資產階級政治家，他當然不可能運用馬克思主義階級分析的方法去透視社會現象。但他以直觀的覺察力大致真實地描述了菲律賓社會的基本狀況，看到了菲律賓面臨的種種隱性的和顯性的威脅和挑戰，意識到整個社會經濟秩序和制度行將崩潰的危險。透過分析，他從紛紜複雜的矛盾中基本上抓住了阻礙社會發展的主要矛盾和關鍵癥結，即菲律賓的財閥寡頭政治。其表現形式是財富聚斂在少數富人手裡。一方面，形成了壟斷整個民族經濟的家族財閥和經濟寡頭，他們透過財力控制了大部分政治權力。另一方面，造成了嚴重的貧富懸殊、兩極分化，把大多數人民推向了苦難的深淵和被奴役的地位。正是這一矛盾導致了整個社會生活的腐敗。因此，他才提出建立「新社會」的主張。但他沒有提出從根本制度上對社會進行改造，他強調的僅僅是縮小貧富之間的差距。足見，他的新社會目標並不是，也不可能是一個真正實現人人平等的社會。他所採取的政策性措施也只能是治標的，而非治本的，其效果也只能達到一定的限度。例如，他的土改運動只是使3％的佃農獲得土地。綠色革命使菲律賓的糧食

生產有了很大的發展，從大米進口國變成出口國，但貧困和不平等依然存在。

　　還應該肯定的是馬可仕關於人民精神道德進行自我改造的思想。在這方面，它的可取之處在於，第一，他看到了菲律賓政治文化和傳統意識中的利己主義、個人主義、自我中心主義對於社會腐敗所產生的惡劣作用。同時，他也正確地認識到，沒有這樣一個意識形態的革命和價值觀念的改造，任何新的社會經濟制度是不可能牢固確立的。因此，他提高了意識形態革命的重要性和歷史地位。作為「新社會」理論的重要組織部分，他所謂的「新菲律賓人」和「新菲律賓主義」的概念把1896年革命時期黎薩和馬比尼關於「內在革命」的思想提到了一個新的高度。第二，他的精神道德革命的目標不是一般的個人，而是整個民族。他要透過克服菲律賓人的懶惰、渙散、奴性、愚昧等一切民族劣根性，喚起人民的自尊心、自豪感、責任心，啓發他們的良知和覺悟，重鑄民族之魂，重振民族精神，最終實現菲律賓民族的整體性、內聚性和創造力，使菲律賓人成為亞洲一個值得自豪的民族。

　　遺憾的是馬可仕沒有實踐這種精神文化的改造和建設。更可悲的是，馬可仕不僅沒有鏟除產生財閥寡頭政治的制度，相反，他本人也變成了新的財閥政治寡頭。

第5章

民主和人權

　　從東南亞整體政治進程來看，基本上存在著兩種情況：一種是以戰爭為主線的政治發展，這主要涉及印度支那三國；另一種是以政治制度演變為主線的政治發展，這涉及大多數東南亞國家。在後一發展進程中，我們將發現一個十分有趣的現象，即這些國家政治制度的演變大致都沿著「西方民主制──軍人（或文人）集權制──民主化」的方向發展，儘管前進的步伐不一，有的已走到了第三階段，如菲律賓；有的正在向第三階段過渡，如新加坡；有的仍停留在第二階段，如緬甸。在這個過程中，唯獨泰國有些例外。戰後，泰國政治是以文人政權和軍人政權周期性交替的方式演進的。

　　不管東南亞國家的民主化進程多麼先後不一，所有國家向民主化發展的大趨勢是不可逆轉的。

　　東南亞未來的民主是否有別於西方，而具有自己的特點？這正在引起學者們的極大興趣。民主在東南亞的最終形式究竟如何，現在還很難預料，但至少從目前情況而論，東南亞的民主在相當長的歷史時期內將帶有它自己的特色。它必然打上該地區文化的烙印和帶有歷史的痕跡，必然要適應於它多元種族背景的複

雜社會。

第一節　民主政治的失敗與復興

㈠西方式民主政治的失敗

　　東南亞國家從西方殖民統治下獲得獨立以後，幾乎無一例外，都採用了西方式的自由民主制度作爲自己的政體形式，儘管這一制度在各國實行的時間長短各不相同。

　　菲律賓是本地區取得獨立最早的國家。1946年美國向這個新國家移交了政權。獨立後，菲律賓幾乎完全照搬了美國的政治制度，基本上照抄了美國的憲法。它採用了美國式的總統制；實行立法、行政、司法三權分立和制衡的原則；典型的兩黨制；言論、新聞、出版、結社和集會等廣泛的人權得以保護。在當時來說，菲律賓是該地區最民主自由的國家，被譽爲美國在亞洲的「民主櫥窗」。

　　但這一制度只持續了二十六年。1972年，菲律賓前總統馬可仕頒布了軍管法，中止了憲法，解散了國會，禁止了一切政黨活動。這標誌著菲律賓西方式民主制階段的結束。

　　緬甸是第二個贏得獨立的東南亞國家。1948年從英國統治下獨立以後，緬甸採用了類似英國的議會制民主模式。憲法保障言論、出版、集會自由，司法獨立和法律面前人人平等等原則。

　　然而，這一制度也只持續到1962年。這一年，奈溫將軍發動了政變，軍事當局接管了政權，從而文人的民主政權宣告破產。

　　統一的印度尼西亞建立於1950年，但早在1945年的「八月革

命」中，曾誕生了一個賦予國家元首總統較大權力的第一部憲法（稱「1945年憲法」）。但立國後，印尼卻又頒布了一個「臨時憲法」。根據此憲法，印尼同樣實行了西方的議會民主制。然而，這一制度同樣沒有持續多久。1959年蘇加諾總統在軍人的支持下廢除了臨時憲法，恢復了1945年憲法，以「有領導的民主」議會民主。這種制度具有更多的集權性質。

1954年的「日內瓦協議」最後確立了柬埔寨的獨立地位。獨立後的柬埔寨所實行的政治體制是四〇年代由法國人設計的，帶有一點美國式議會民主的色彩。這一制度一直持續到1970年由美國操縱的朗諾軍人政變。

1955年10月，在越南方保大皇帝手下任總理的吳庭艷廢黜了保大，宣布成立共和國，實行有美國色彩的總統制。儘管這一制度沒有多少實際民主成分，但它還是在1963年被軍人政權所取代了。

馬來亞聯合邦（Malayan Union）於1957年宣布獨立，後又於1963年與新加坡、沙巴、沙勞越合併為馬來西亞聯邦（Federation of Malaysia）。這期間，馬來西亞一直實行英國式的議會民主制，實行多黨競爭，定期進行議會選舉，公民享有較多的自由權利。但是，1969年的全國大選引發了一場嚴重的種族衝突，結果導致了緊急狀態的宣布，從而也結束了民主自由時期。

在東南亞，在政治制度演變方面，比較特殊的是泰國。歷史上，泰國是東南亞唯一沒有淪為西方殖民地的國家。日本占領時期，它也有較大的獨立性。泰國1932年革命試圖建立英國式的民主政體，但直到第二次世界大戰，這一制度始終未完全確立。戰後，泰國的政治制度演變呈現出文人民主政體與軍人集權政體相

互交替的局面。最初的文人民主政體階段是從1944年「自由泰」政府上台到1947年的軍人政變。和上述其他國家相比，戰後泰國實行的民主政體持續的時間最短，只有三年。

這個時期，大多數東南亞國家實行的民主與西方的相比，在民主的程度上還有不小的差距。就這些國家之間相比，也各有千秋，不盡相同。但整體而言，基本具備了西方式民主的主要特徵。首先，頒布了憲法，實行了憲制。其次，實行了代議制，透過普選產生了立法機構；其三，實行多黨或兩黨競爭。在這些國家中，有的是兩黨制，如菲律賓；有的是多黨制，如泰國。還有一種是一黨獨大制，如緬甸和馬來西亞。這也是多黨制的一種形式，一方面它允許多黨競爭，另一方面爲了在競爭中取得優勢，往往有若干政黨結成聯盟，以一個政治實體參與競選。最後，保障公民有較廣泛的言論、出版、集會、結社等自由和人權。

爲什麼東南亞國家獨立以後會普遍採用西方式民主制呢？

首先是前宗主國政治統治制度的延續和繼承。一般說來，西方在殖民地的統治均不具有任何民主性質，其實質均爲獨裁統治。從橫向比較，如果說各殖民地的政治制度有什麼不同的話，那只不過是各宗主國在民主外衣上的點綴有所不同。比較發達的資本主義宗主國自然要比落後的宗主國更善於美化它的殖民地政治制度。所以到了殖民時代的後期，作爲美國殖民地的緬甸的政治制度比作爲荷蘭殖民地的印尼、法國殖民地的印度支那民主色彩更爲濃厚一些。而作爲美國殖民地的菲律賓，其政治制度又比英屬緬甸更自由一些。

另一方面，從縱向來說，隨著各殖民地的反抗日益加劇，民族獨立運動日益高漲，宗主國出於殖民利益的維護，不得不在政

治統治方式上做出讓步，逐步擴大殖民地人民的民主自由權利。例如，英國在緬甸的統治，最初是「以印治緬」，使緬甸成了殖民地的殖民地。緬甸人基本沒有權利，後來是「二元政制」，緬人有了一部分權利。最後，又實行了「責任政府」制，緬人有了更多的權利。這種政府制度雖然仍是在英人控制之下，但形式上已很類似英國本土的政府形式。美國在菲律賓做得比英國更高明。從1901年到1935年，美國在菲律賓行直接統治，名曰對菲人進行「自治訓練」。1936年至1946年為菲律賓的自治期。這期間，實行了一個由美國國會批准的自治憲法。這部憲法基本上是美國憲法的翻版。菲律賓獨立後，直到馬可仕實行軍管，實行的就是這個憲法。

由此可見，獨立前，各殖民地已經程度不同地移植了一些宗主國的政治制度，儘管它們還沒有深深紮根。當這些殖民地獨立時，這種制度自然就成了現成的遺產，很容易地被繼承下來。另外，由於多數殖民地是透過談判的和平方式獲得獨立的，所以前宗主國都試圖與獨立國家維持較密切的，甚至特殊的關係。這種關係當然包括政治體制的一致性。可見，西方大國在新獨立國家選擇和採用西方民主制的過程中，起著順水推舟的作用。

其次，是西方政治思想對民族主義領袖的影響。多數東南亞民族主義領袖或第一代建國之父都以不同的方式在不同程度上接受了西方的民主思想的教育和薰陶。其中不少直接留學西方。如馬來西亞的建國之父東姑‧拉赫曼畢業於英國劍橋大學。印尼的民族主義領袖之一哈達留學荷蘭。菲律賓的民族主義之父黎薩留學西班牙。他領導了規模浩大的「宣傳運動」。透過這一運動在菲傳播了西方民主主義，這對後來的建國領袖們影響極大。

也有一些民族主義領袖沒有直接到西方留學，如緬甸的昂山、吳努，以及印尼的建國之父蘇加諾。但是，他們也接受了西方式的教育，他們都在西方人開辦的西方式現代大學中研究過西方的社會思想理論和政治制度。

一般說來，這些民族主義領袖崇尚西方政治制度。在他們看來，正是這種先進的政治制度才使西方國家成了現代文明發達的世界。因此，把這種制度移植到他們自己的國家便成了他們的政治抱負。這樣，西方的民主政治就成了這些新獨立國家建國的藍本。

㈡集權政治的盛行

如前所述，大多數東南亞國家在建國以後的第一階段均實行了西方式的民主政體。但是不久，便改弦易轍，有的發生了軍人政變，建立了軍人獨裁政權；有的雖仍是文人當政，但政權的民主色彩大大減弱了，中央控制大大加強了。政治上的集權成了一股主導潮流和普遍現象，集權政治代替了民主政治。

最先發生變化的是泰國。1947年發生了軍事政變。之後，雖然政局多有變動，但政治權力始終控制在軍人手裡。在這長達二十六年的時間裡軍人政權基本上實行的是獨裁統治。1973年至1976年，曾出現過一個文人民主試驗的間隙，但很快，這種試驗便告失敗，又出現了長達十二年的軍人統治時期。不過應該指出的是，這期間的軍人政權要溫和得多，在某種程度上還恢復了一些民主程序和形式。直到1988年軍人才開始退出政治權力的中心。

接著發生重大政治變動的是印度尼西亞。1959年，蘇加諾通

過緊急狀態恢復了賦予總統很大權力的1945年憲法，並宣布以「有領導的民主」，取代了自由民主。這成了印尼從西方式自由民主政治向集權政治轉變的開始。隨著國內矛盾和政治鬥爭的加劇，最終於1965年爆發了左派和右派的武裝衝突——「9·30事件」。作為該事件的結果，以蘇哈托為首的軍人勢力奪取了政權。從此開始印尼漫長的軍人集權統治時期。

緬甸政體的變化發生在1962年。這年，奈溫將軍發動了軍人政變，廢除了憲法，解散了國會和政黨，逮捕了政治領袖。從此，緬甸也開始了軍人統治時期。

馬來西亞較自由的議會民主是由於發生了一場大規模的種族衝突而被取代的。1969年5月13日在選舉過程中，由於華人在選舉中取得了重大勝利，從而導致了馬華兩族之間的暴力衝突。為了平息這一緊張事態，政府立即宣布了緊急狀態。同時，成立了由強硬的副總理兼國防部長拉扎克領導的，權力很大的「國家行動委員會」。在緊急狀態期間，國會和一切政黨中止活動，實行新聞檢查，「國家行動委員會」享有廣泛的行政權和立法權。緊急狀態取消以後，由於憲法以及其他一系列法律的修改，使國內的民主和人權受到了嚴格的限制。雖然在馬來西亞沒有出現軍人政權，但政治集權的傾向是顯而易見的。

在菲律賓，馬可仕總統於1972年宣布全國進入緊急狀態，頒布軍管法，中止憲法，解散國會，禁止一切政黨活動。這一狀態一直持續到1986年的「二月革命」。這期間，馬可仕實際上實行的是獨裁統治。

柬埔寨的情況較為複雜，1970年美國支持朗諾將軍發動政變。雖然朗諾宣布取消君主制，建立了共和國，並頒布了憲法和

舉行了大選，但該政權仍具有獨裁性質。與此同時，柬埔寨國內的另一個政治勢力，赤棉（柬埔寨共產黨）迅速崛起。1975年，以波爾布特為首的赤棉奪取了全國政權，實行更加獨裁的政治統治。這導致了1978年底越南的大規模入侵和長期戰爭狀態。

新加坡脫離馬來西亞以後，雖然定期舉行自由選舉，實行政黨競爭，但新加坡政府強調「秩序第一」，於是採取了一系列加強政治控制的措施。這使新加坡強人李光耀總理享有很大的權力。因此新加坡的政治權力帶有明顯的集權性質。

綜觀這個時期各國政治制度所發生的變化，我們發現有一個共同的傾向，即權力由分散趨向集中，政治由民主變為獨裁。這種權力的集中和獨裁的特點表現在：第一，普遍建立軍人政權，如泰國、緬甸、印尼。菲律賓不是赤裸裸的軍人政權，但馬可仕的政治統治在很長一段時期是在軍事管制下進行的。第二是強人統治，包括軍政強人。第三是代議制的民主程序遭到極大破壞。第四，人民的民主自由權利受到極大的限制。

這裡很自然地提出一個問題：為什麼大多數東南亞國家在實行了一個時期的民主政治之後突然政局會發生巨大變化，出現一個政治集權和獨裁的時期呢？這裡有深刻的歷史、文化、社會、政治、經濟等方面的原因。

首先，這裡存在著專制體制的經濟根源和階級基礎。根據歷史經驗，只有當一個社會成長起一個強大的中產階級的時候，分權和民主的要求才有可能由這個階級提出來；只有在這個時候，民主制度的建立才會有堅實的階級基礎。否則，這種制度是不可能建立的，即使建立了，也只能是沙灘上的樓閣，一遇風浪，即會倒塌。東南亞國家獨立以後，經濟仍十分落後，前資本主義的

生產關係仍占統治地位。這意味著民族資本主義很不發達。民族資產階級極其軟弱和不成熟，尚未形成一個強大的中產階級。西方民主制在東南亞的建立不是像在它的故鄉西歐產生時那樣，是社會經濟發展到一定階段的自然產物，而是一種脫離社會實際的移花接木。花枝再美，如果嫁接在枯朽的砧木上早晚要枯萎。

其次，政治家的政治素質和廣大民眾的民主意識均不適應民主政治的需要。建國初期，許多第三世界的領袖盲目照抄、照搬西方的政治制度模式，以為這樣就萬事大吉了，而對實行這一制度的機制、規則以及道德上的要求均不甚了了。如果不遵守遊戲規則，無論如何這個遊戲是玩不好的。不懂得機會均等、平等競爭、法律至上、尊重民意等民主制度的運作規則，任何選舉都會成為賄賂、謀殺、徇私舞弊的政治鬧劇。民主制的確是美味佳餚，但很難消化，它要求人們有一個消化和吸收能力極強的腸胃。然而，東南亞政治家們在建國初期，都缺乏這種腸胃。於是，這些國家的民主制運作過程中，會出現陋弊百出、面目全非的情況就毫不為怪了。

另一方面人民大眾的民主意識極低。由於低下的大眾文化教育水準，他們不知道民主為何物，更不知如何行使這一權利。在長期封閉落後的封建家長制的社會秩序中，他們習慣於聽命和服從，從未主宰過自己的命運，更不懂得用自己的意見去影響政府。因此，選民往往成為黨魁和政客們權力爭奪的工具和政治收買的對象。在大多數情況下，大眾並不關心選舉。這是造成投票率低下的主要原因之一。在這種情況下，民主制度成功地運作是不可能的。

最後，社會動亂和政治經濟危機是導致專制政體的直接原

因。從威力的角度看，專制是一個剛性的政體，而民主則是柔性的政體，因爲前者的運作是靠暴力，而後者則靠規則。如果不守規則，民主政治就無所作爲，一事無成。特別是在嚴重的社會動亂和政治經濟危機面前，它將無能爲力。恰恰在這些新獨立國家，矛盾重重，危機頻頻。要解決這些矛盾，克服這些危機，要重新建立秩序絕非民主政體所能勝任的。因此，東南亞的軍政強人們往往都是在國家發生動亂危機時站出來，以恢復秩序，實現穩定爲由建立起集權政府。這一點在緬甸、印尼、馬來西亞表現得尤爲明顯。

(三)民主化的趨勢

在整個東南亞政體演變的過程中，到八〇年代中期，出現了新的變化，產生一種民主化的傾向，首先顯示出這一趨勢的是菲律賓。馬可仕實行了十四年的獨裁統治之後，於1986年爆發了大規模的人民革命。以柯拉蓉・阿奎諾爲首的反獨裁統治的民主勢力和人民群衆一舉推翻了馬可仕政權。阿奎諾上台以後，決心恢復民主體制。她成功舉行了新國民議會的選舉，通過了一部「保障民主」的新憲法。新憲法對總統的權力做了限制，以防止獨裁政府的再次發生。這樣，菲律賓的政治體制又回到了民主的框架之中。

泰國在政體轉型過程中，情況仍然比較複雜，反覆較大。在溫和的軍人領袖炳・廷素拉暖將軍統治了八年多之後，拒絕連任總理，這爲泰國建立民主制度、走向文人政治準備了條件。1988年，成功地舉行了一次自由的多黨選舉。差猜・春哈旺領導的泰國民族黨贏得多數，從而組成了以他爲總理的文化政府。差猜是

當選的下院議員，於是他成了自1976年以來第一位民選的總理。差猜政權的建立標誌著泰國民主政治時代的開始。但是，該政府任期還不到三年，又發生了一起軍人政變。政變後，軍人勢力試圖重新恢復軍人統治的時代，然而，已經不像以往那麼容易了。人民大眾看清了軍人勢力的倒退企圖後，便掀起了大規模的抗議示威活動。在民主勢力與軍人勢力進行了一場激烈的搏鬥之後，軍方失敗了。1992年，泰國再次舉行全國大選。大選結果，親民主的政黨組成了聯合政府。從此，泰國的民主政體得以維持至今。

政體發生明顯變化的還有柬埔寨。自從朗諾政變上台後，直至九〇年代初，從未建立起民主政治秩序。內戰和外敵入侵一直使這個國家動盪不定。直到聯合國直接參與柬和平進程，柬埔寨的政治前景才明朗起來。1993年舉行全國大選，產生了兩黨聯合政府。新憲法規定，柬埔寨為君主立憲的民主國家。這標誌著柬埔寨向民主化過渡的開始。

至於其他國家，在民主化的轉型過程中，變化並不十分明顯，有的甚至還未顯現出變化的跡象。

新加坡和馬來西亞雖然在政體上無大變化，但已經採取了一些有利於民主化的重大舉措。例如，在新加坡，1990年吳作棟接替了李光耀任總理後，他在領導作風上增添了民主溫和的特色。為了制約權力過大的總理，擴大民主，1991年新加坡國會通過了民選總統的法令。1993年有史以來首次舉行了總統選舉。選民直接選舉總統，同時賦予總統監督政府的更大權力。這標誌著，新加坡的政治向民主化的方向前進了一大步。

馬來西亞在限制蘇丹特權方面也作了新的規定。1993年3月，參眾兩院通過了一個廢除蘇丹個人司法豁免權的憲法修正案。根

據修正案，設立特別法庭，負責審理涉及最高元首和蘇丹們的任何刑事和民事案件。同時，還授予國會議員公開評議王室事務的權利。這成了馬來西亞民主化的第一步。

相對來說，在民主化進程中，進展最緩慢的是印度尼西亞和緬甸。蘇哈托總統以軍隊爲後盾，仍牢牢控制著政治權力，對要求民主改革的勢力屢屢進行壓制。在緬甸，則仍然是赤裸裸的軍人政權。雖然在經濟改革方面出現自由化的傾向，但政治上的專制統治絲毫沒有放鬆。1988年，緬甸爆發了群眾性民主運動。本來這是向民主化過渡的良機，但軍方宣布對全國實行軍事管制，從此又開始了新一輪的軍人統治。

可以相信，這種民主化趨勢將會繼續發展，當然，具體到各個國家，進展可能快慢不一，有的國家還可能出現反覆。無論如何，民主化的大方向是不可逆轉的。

八〇年代以後，東南亞國家出現的這種民主化趨勢，首先是因爲經濟發展的結果。七〇至八〇年代，東南亞許多國家經濟迅猛發展。隨著經濟的發展，國內中產階級隊伍，特別是知識階層日益壯大。如前所述，中產階級，隨著其經濟地位的提高，必然要在政治上提出自己獨立的要求——分享權力。與此同時，經濟發展也導致社會力量的多元化；社會力量的多元化最終又導致政治權力的多元化。這樣，獨裁政權專制統治必然成爲中產階級、知識階層以及其他各種社會力量強烈反對的對象。爲了取得推翻專制鬥爭的勝利，他們自然與社會民眾相互合作，形成民主鬥爭的巨大洪流。這種鬥爭最典型的表現就是1986年菲律賓的人民革命和1992年泰國的民主運動。

面臨大規模的民主運動，專制政權可能有三種選擇：一是順

應民主的潮流，如在泰國發生的那樣；二是抗拒這一潮流，從而導致該政權的徹底垮台，如在菲律賓發生的那樣；三是鎮壓這種潮流，從而進一步強化這一政權，如在緬甸發生的那樣。在此種場合，專制政權得以維持，不是因為它的強大，而是因為該國經濟過於落後，從而導致中產階級過於弱小。

其次，這種民主化趨勢也是由專制制度本身的內在發展邏輯決定的。獨裁、專制和集權制度有一種天生的致命弱點，即缺乏其他力量的制衡，缺乏人民大眾的監督。獨裁者凌駕於法律之上。這種情況的嚴重後果是，權力必然走向腐敗。一方面獨裁者為所欲為的方便地位和無限權力不可能不使其滋生各種私欲，不可能不為滿足這些私欲而走向腐敗和墮落。另一方面，即使獨裁者本人清明廉潔，但專制制度不能保護後來的統治者永遠清明廉潔。任何腐敗的政權終將被人民所唾棄。因此專制制度被民主制度所取代是歷史發展的必然。

第二節　大眾參與和選舉

㈠越南、寮國和柬埔寨

根據越南1980年6月六屆國會第七次會議通過的「國會代表選舉法」，越南社會主義共和國公民不分民族、性別、社會成分、宗教信仰、文化程度、職業、居住期限，凡十八歲以上均有選舉權，二十一歲以上均有被選舉權。國會代表的選舉根據普遍、平等、直接和無記名投票的原則進行。然而，1992年通過的憲法又明文規定，越南共產黨是國家和社會的領導力量。這就決定了越

南的任何政治活動都不可能擺脫共產黨的領導。因此,在越南不可能有真正的自由競選。越共控制著立法機構候選人的提名權。在程序上,國民議會的候選人是由「越南祖國陣線」(在共產黨領導下的統一戰線組織)提名。顯然這些候選人要事先經過越南共產黨的批准。國民議會選舉國家領導人和內閣政府成員。當然這些國家和政府的領導者候選人仍須得到共產黨政治局的批准。

隨著改革的深入和發展,政治控制也相對減弱。1992年,當國民議會討論新憲法草案時,國民議會的代表們對新憲法條款進行了激烈的辯論,這在以往的國民議會的會議上是從未有過的。透過辯論產生的新憲法比原來的草案更多了一些民主的色彩。國民議會和總理有了更大的權威。

1954年日內瓦會議確認了柬埔寨的獨立地位以後,施亞努國王試圖仿效西方,在柬埔寨建立議會民主政治。於是在1955年9月進行了一次多黨議會大選。當時,施亞努將王位交給了他父親,而他自己則以平民的身分組建了自己的政黨「人民社會同盟」(Sangkum Reastr Niyum)與其他反對派政黨民主黨、自由黨和「人民派」競爭。但競爭並不公平,競爭過程中,親施亞努的政府對反對黨採取了鎮壓和恐怖行動。結果導致了施亞努的人民社會黨同盟大獲全勝,隨即,組成了以人民社會黨同盟為主體的國民議會。

但是不久,議會與施亞努政府的矛盾尖銳起來,一方面議員們認為議會受政府的牽制過大,缺乏獨立性。另一方面由於美國用美援大肆收買議員,從而使議會反對施亞努的中立政策。為了對付議會對政府的壓力,施亞努又發明了國民代表大會的新機制。該代表大會代表達二千多人,均來自全國各地,由執政的人

民社會同盟主持召開。施亞努以這個代表大會來牽制國會。他賦予該代表大會最高決策權，使它的決議對議會有約束力。在柬埔寨人心目中，皇權是至高無上的，因此，國民代表大會的成員多爲親施亞努。這種雙重的大衆參與機制成了施亞努控制權力的工具。這一制度一直持續到1970年他被廢黜。

朗諾上台以後，雖然宣布實行民主共和制，但從未舉行過眞正的選舉。波爾布特的赤棉上台以後，只進行了一次普選，而且選舉是在政府嚴格控制下進行的。作爲立法機構的人民代表大會的代表候選人是由當局指定的。他們不是從各個選區產生的，而是從工人、農民和革命軍三大社會階層中挑選出來的。他們必須是年滿二十五歲以上，有革命鬥爭經歷的人。喬森潘等柬共領導人都是以地方工農兵代表的身分作爲候選人被提出來的。柬共總書記波爾布特就是以東部地區橡膠工人代表被提名爲候選人的。這裡沒有任何競選活動，選民對候選人一無所知。「4‧17居民」（即從城市被疏散到農村的廣大居民）的選舉權受到了很大的限制。因此，這種選舉根本不可能反映廣大選民的民意。

在越南扶植下的橫山林政權，即後來的韓先政權控制金邊以後，柬埔寨一直處於戰爭狀態，根本沒有舉行過全國普選。

直到1993年，在聯合國權力機構監督下，柬埔寨才眞正舉行了一次全國多黨自由選舉。儘管赤棉抵制了這次選舉，但仍有二十個政黨參加了競選。其中最大的三個黨是由查辛和韓先領導的人民黨、由拉那里德王子領導的「奉辛比克黨」和由宋申領導的「高棉佛教自由民主黨」。全國有四百七十萬人投了票，占登記選民的89％，其中在九個省投票率超過90％。這是有史以來，柬埔寨人最活躍、最自由、最普遍的一次選舉，來自四十三個國家

的八百名選舉監督人員和六百名聯合國選舉人員指導和監督投票。無疑,這是柬埔寨歷史上最公正、最民主的一次大選。不過,遺憾的是,在競選過程中,仍發生了大量暴力事件,這導致了二百人死亡,三百三十八人受傷,一百一十四人被綁架失蹤。

㈡緬甸

緬甸獨立以後,共產黨的武器鬥爭和少數民族爭取獨立的反叛活動使緬甸政局動盪不安,因此,獨立後的第一次大選一直拖到1951年才開始。選舉活動一直持續到1952年。此後,又進行了兩次選舉。一般來說,這三次大選是自由的,有競選活動。但第三次大選剛剛結束,奈溫將軍就發動了軍事政變,從而結束了緬甸最初的議會民主階段。

在奈溫統治時期,於1974年進行了一次「人民議會」的選舉。根據1974年的憲法,人民議會由每個鎮區選出的一名代表組成。凡年滿十八歲的公民均有選舉權,鎮區以下的人民委員會代表須年滿二十歲;省或邦的人民委員會代表需滿二十四歲;人民議會代表候選人需要年滿二十八歲。憲法還規定,僧侶及宗教界人士無選舉權及被選舉權。由於憲法明確規定代表緬甸軍事當局的執政黨緬甸社會主義綱領黨爲唯一的政黨,並享有對國家的領導權,整個選舉就受到了嚴格的控制。人民議會及各級人民委員會代表候選人名單均由綱領黨及其領導下的群眾組織一起磋商後提出。毫無疑問,人民議會議員和各級人民委員會代表的大多數均爲親軍人政府的綱領黨黨員。這種選舉不可能是民主的。

1988年,緬甸的政治發生了危機。長期的軍人專制統治和經濟政策的失敗導致了大規模的民主運動。在人民示威抗議運動的

壓力下，當局做了妥協，一方面宣布奈溫退出政治舞台，另一方面，準備考慮舉行多黨民主選舉。與此同時，民主運動不斷高漲，有組織的民主政黨紛紛產生，而且不斷壯大。在這種情況下，舉行全國大選，肯定對軍事當局不利。於是軍方突然發動政變，宣布成立「國家法律和秩序恢復委員會」，實行赤裸裸的軍事統治。

以蘇貌將軍為首的軍事當局上台以後，根據戒嚴令對民主運動進行瘋狂鎮壓。打擊的主要目標是學生領袖、翁山蘇姬及其領導的最大的民主政黨組織「民主全國聯盟」。在當局的大逮捕中，翁山蘇姬和其他一些反對黨政治家被軟禁，一些學生領袖被捕，另一些則逃往克倫族叛軍營地。

在這一切政治障礙被掃除之後，當局宣布於1990年5月27日舉行多黨選舉。對於選舉程序，當局做了種種限制性規定，如候選人發表競選演說和集會必須在指定地點，必須得到當局的事先批准等。經過精心的安排，當局認為已經萬無一失，對大選充滿了信心。這次大選是緬甸三十年來第一次多黨選舉，共有來自九十三個政黨和非黨的二千二百九十六個候選人競爭四百八十五個議席。選舉結果大大出乎軍事當局的意料，翁山蘇姬的「民主全國聯盟」獲得三百九十二席。軍事當局支持的「民族團結黨」（即前執政黨）只獲得十席。

軍事當局從未打算兌現它將權力轉交給大選中獲勝的政黨的諾言。民族團結黨在大選中失敗後，便節外生枝，設置障礙，阻止權力的移交。先是製造軍事當局合法化的輿論，聲稱「法律和秩序恢復委員會」為「合法政府」，而後又極力拖延人民議會的組成。面對這種形勢，爭取民主全國聯盟決定召開會議研究對策。

就在該組織將要召開會議的前兩天，軍事當局發布了一個公告，稱「法律和秩序恢復委員會不受任何憲法的約束，恢復委員會依據軍管法統治國家……恢復委員會是一個軍政府，它得到了世界和聯合國的承認……」。❼❻很顯然，權力的轉讓已經不可能了。軍政府決定繼續壟斷權力。

1992年和1993年「國家法律和秩序恢復委員會」召開了一個全國性的大會，其表面意圖是要起草一個新憲法，但真實目的是為軍事獨裁統治尋求合法外衣。七百名代表中只有九十名是來自反對黨。在大會進行期間，國家法律和秩序恢復委員會宣布，由於起草憲法要花費數年時間，代表們認為軍隊是維持緬甸穩定的唯一組織。這實際上是無限期地推遲了權力移交和還政於民。

㈢泰國

自1932年泰國的政體改變以來，直到九○年代初，泰國實際上沒有正常的民主政治。儘管從西方引進了諸如選舉、議會、政黨等民主機制，然而這些對泰國人來說始終是陌生的，從未成為泰國政治觀念的一部分。人民也從未認真地理解和運用過這些民主權利和手段。他們歷來把這些民主形式看成少數政治權貴、巨商富豪和軍隊強人之間的政治把戲。在泰國的議會選舉中，大多數泰國人反應冷淡，一般不參加投票。即使參加，相當一部分也並非出於某種政治主張，而是出於個人原因，如與候選人有某種依附關係，或者從某候選人那裡獲得某些好處。據統計，從1933至1983年的十三次大選中，1958年2月和1983年4月的兩次大選，參加投票的人數超過合法選民人數的50%（分別為57.5%和50.76%）。❼❼在1957年12月的選舉中僅有13%的合法選民參加了

投票。❶這反映了大眾參與意識的淡薄。

從八〇年代後期到九〇年代，隨著經濟的發展和中產階級的壯大以及全民教育水準的提高，人民的民主參與意識和參政積極性大大提高了。1988年合格選民的投票率達到了63％。1992年9月的大選中，有61％的合格選民投了票。

實行君主立憲制以來，泰國頒布過十多部憲法。所有的憲法都保障了公民的選舉權。但在九〇年代以前，憲法只允許年滿二十歲的公民有投票權。文盲、犯人和父母是外籍人士的公民則無資格投票。這一規定使許多本國公民失去了選舉權。1995年，議會以壓倒優勢通過了一項憲法修正案。該修正案擴大了公民選舉權的範圍，規定年滿十八歲的公民即有選舉權。這樣，就有二百萬十八和十九歲的公民加入了合法選民的行列。這一修正案的目的在於強化民主和淨化民主機制。一般認為，這批年輕人擁護民主，同時也反對選舉中的賄賂惡習。

泰國選民參加選舉的主要驅動力不是政黨的政治綱領和候選人的政策主張，而是個人的眼前切身利益。泰國的政黨一般沒有固定的、長遠的政綱。它們往往是一些暫時的利益集團，所以選民們一般以與自己的利害關係來決定取捨。在這方面，有兩個因素特別重要。一是利益依附關係。和其他東南亞國家一樣，在泰國普遍存在著利益依附關係，從鄉村領袖到城鎮豪門以及都市的軍政巨頭都與他們下轄的區域和影響所及的階層，形成了相互依存的垂直網絡。低階層的人為高階層的人提供忠誠、支持，而高階層的人向低階層的人提供保護和利益。選民在判斷候選人時往往看他是否屬於和自己有關的依附系統。二是眼下的切身利益。如果一個候選人許諾給他的選民帶來實實在在的好處，如建幾所

學校，修幾條道路，架幾座橋樑，他往往能得到選民的支持。當然，候選人用現金換取選民支持的現象也極爲常見。但是，也有從這個黨拿錢，而投那個黨選票的現象。

近年來，泰國選民的政治意識有所增強，民主素質有所提高。明顯的例證是，1992年9月的大選，大多數選民開始在親民主的政黨和親軍人的政黨進行選擇。結果，他們選擇了民主。

泰國的選舉均有競選，有時競選還相當激烈。候選人利用電台、電視台以及在現場對選民進行喋喋不休的演講。此外，還有不少人參加助選活動。候選人一般由各黨推舉，因而他也代表各自政黨參加競選。他們的競選經費主要由提名的政黨給予資助。但也常常發生這樣的現象：一些有競爭力的候選人也常常爲了尋求更爲豐厚的資助而改換門庭。政黨A的候選人可能因爲政黨B爲他提供更多的財力支持，而最終成爲政黨B的候選人。1992年9月的大選中，前總理差猜就是因此從民族黨轉爲國家發展黨（Chart Phathana Party）。

和許多東南亞國家一樣，傳統的泰國大選作弊現象比較嚴重。1992年9月的大選時，爲了防止作弊，阿南（Anand）總理成立了一個投票監督委員會，訓練了一大批志願者監督投票，幫助選民行使自己的民主權利。因此，這次選舉沒有假票，也未發生計票錯誤。

然而，在整個競選活動中，不法行爲仍很猖獗。販賣選票和賄賂選民的現象仍很嚴重。1992年9月的大選中，有的候選人以向選民發放現金的方式拉選票，每個選民可得到一百銖（四美元）。一個家庭可以得到相當於一週薪水的實惠。更值得一提的是競選過程中的暴力事件。幾乎每次大選都有暴力和流血。1992

年3月的大選中，共發生了七千六百起暴力事件。在1996年11月的競選中，暴力事件仍連續不斷。槍擊事件超過五十起，至少有二十名助選人員被殺害。暴力和賄選始終是泰國選舉制度中的頑症。

㈣馬來西亞

與泰國相比，馬來西亞人的參與意識較濃，參加選舉的比例也較高。但這不意味著公民民主意識有多高，這種較強的參與意識主要來自於該國特殊的種族結構。在馬來西亞，馬來人和非馬來人在人口比例上非常接近。這一事實始終使馬來人極為擔心會失掉自獨立以來由馬來人控制的政治統治權。這種心態十分自然地導致馬來人對選舉的關心。他們知道，要想取得選舉的勝利，必須充分利用他們在人口比例上的微弱優勢。作為馬來人最大政黨的巫統總是要在它所代表的馬來人選區進行廣泛的動員，從而把他們吸引到選舉的政治漩渦中來。實際上，絕大多數馬來人，即使是居住偏僻的馬來農民，也都是巫統或其他馬來人政黨的成員。

馬來西亞的華人也有較強的參與意識。殖民時代，東南亞的華人普遍不關心政治，一方面因為，他們來東南亞的主要動機是經濟利益；另一方面，殖民者的分而治之政策長期剝奪了他們的公民權力。馬來西亞獨立之後，隨著他們公民地位和權利的確立，特別是由於新馬合併期間華人民族主義的成長，華人的參與意識迅速高漲。對於新一代華人來說，他們不能接受政治權力長期由一個民族壟斷的這一事實。於是他們試圖透過選舉分享一部分與自己的人口比例相適應的政治權力。但是，他們過於天真了。1969

年的悲劇是對這種願望的沉重打擊。儘管如此，非馬來人的參與程度仍然較高。他們仍指望他們自己的政黨在政黨聯盟（國民陣線）中享有儘可能多的權力。

根據馬來西亞憲法，只有議會下議院的議員是由選民直接選舉產生。上院的議員大部分由最高元首根據總理的建議任命，少部分由州立法議會推舉。在選區的劃分上，一般要保證各個選區的選民數量基本相等。每個選區產生一名議員。但是，憲法卻又規定「在某種情況下，農村的一個選區的選民可以只有城市一個選區選民數量的一半」。對這一傾斜政策，官方的解釋是，在農村投票率較低。因爲交通等許多不利條件，不少農村選民不能參加投票。但實際上，這是一個有利於馬來人控制權力的措施。非馬來人多居住在城市，馬來人主要居住在農村地區。這一安排明顯有利於馬來人選出更多的馬來人議員，從而保證馬來人在議會的絕對多數。

馬來西亞的下院和州立法議會的選舉每五年舉行一次。在堅持定期選舉方面，與東南亞其他國家相比，馬來西亞是堅持得最好的國家之一。每一個二十一歲以上的男女公民都有選舉權和被選舉權。被推舉爲參議員候選人的必須年滿三十歲。

根據馬來西亞憲法規定，建立了一個選舉委員會以保證選舉的順利進行。該委員會由一個主席和其他三個成員組成。他們可以任職至六十五歲。最高元首根據總理的推薦並與最高統治者會議協商後任命該委員會成員。委員會的職責就是監督選舉，保證其順利進行，因此，委員會的成員必須是非黨派的和公正誠實的。一旦發現他們不稱職，可以隨時撤換。選舉委員會制定和修訂選民名冊及重新劃分選區。重劃選區的間隔時間不得少於八年和多

於十年。

不像泰國和菲律賓的選舉，馬來西亞選舉整體而言，是公正的，沒有那麼多暴力和作弊，沒有大規模的收買選票的現象。候選人有競選活動，但憲法規定，候選人的競選宣傳不得涉及諸如馬來人特殊地位等敏感問題。

㈤新加坡

單從參加選舉的選民比例很難判斷新加坡的公衆參與意識，因爲憲法規定，選民投票是強制性的。如果無故不投票，即會暫時失去選舉權，若要恢復這一權利，須繳交一定量的罰金。因此，新加坡選民投票率往往很高，但這未必說明新加坡人民主意識和影響政府的願望很強。

這一點從人民行動黨在歷屆大選中的得票率的變化可以看出。從1968至1980年，執政黨人民行動黨連續選舉獲勝，均囊括了議會中的全部議席。這可能有兩種含義：一方面人民確實對人民行動黨的表現表示滿意，但另一方面，也可能選民對行動黨的長期執政並不關心，也不打算對它施加任何壓力和影響。然而從八〇年代開始，人民行動黨的一黨獨霸的局面被打破了。1981年，在補缺選舉中，工黨候選人賈雅拉南擊敗了行動黨候選人。1984年大選時，民主黨的詹時中成了議會中第二位反對黨議員。到1991年，反對黨議員增至了四名。在同年的大選中，行動黨的得票率從最高時的84.9％降到了61％。經由認眞分析，我們發現這是由於選民的政治素質，即民主意識的提高所致。

七〇年代和八〇年代初，在人民行動黨領導下，新加坡創造了經濟奇蹟，人民的生活水準迅速提高，行動黨在人民中贏得了

信任。因此，這個時期，選民把絕大多數選票投向行動黨，以表示對該黨的信任。對老一代的新加坡人來說，經濟生活的改善是他們最大的滿足，他們對行動黨還沒有更多的要求。但是，到了八〇年代後期，新加坡新生代成長起來了，整個國民的文化素質也有了普遍提高，西方的民主思潮也有了廣泛傳布。在這個背景下，廣大選民已不再滿足於富裕的物質生活，他們第一次意識到應該行使自己的政治民主權利，應該以此來影響政府。他們覺得人民行動黨不是沒有缺點，同時對該黨能否永遠保持開明也深表疑慮。所以他們透過投反對黨選票來表達他們要影響政府的願望。足見新加坡人正在從考察政府政績的消極評審官向推動政治發展的積極參與者轉變。

新加坡在選舉制度上採取單名選區制和集團代表選區制 (group representation constituencies) 相結合的原則。但在很長一段時間，只實行單名選區制。在單名選區制內，按相對多數的原則選出一名議員。這一制度顯然有利於大黨而不利於小黨。

新加坡承認多黨競爭，除共產黨以外，其他所有政黨均可參加競選。雖然新加坡有二十個政黨，但通常只有八個黨參加競選。人民行動黨始終處於壟斷地位。為了增添一些民主色彩，新加坡對議會成分的構成，採取了三項改革措施。一是，在議會選舉中，如果所有的反對黨候選人均已落選，那麼可以允許三個獲選票最多的反對黨候選人進入議會，作為無投票權的觀察員。在1991年大選中，這項改革措施未採用，因為已有四位反對黨候選人中選。二是，透過憲法建立了「集團代表選區」。有三十九個選區合併成十三個集團代表選區。在每一個集團選區，選出三名議員，他

們分別來自三個不同的種族。三是，挑選六名傑出的個人（他們可以來自社區、大學、軍隊、專業人員、工會）作為議會中無投票權的成員。所有這些措施目的在於擴大議會的社會基礎，使之具有更大的代表性。

1991年的憲法修正案規定總統由選民直接選舉，以取代由議會選舉的程序。總統候選人必須在政府和企業具有突出的成就和較高的名望。他不得屬於任何一個政黨。由於憲法修正案賦予了總統重大的實質性權力，如對財政預算、議會法案有否決權，總統直選就成了新加坡民主化的一大成果。

新加坡有較自由、公平的競選活動。競選和選舉過程是最和平、最有秩序的，幾乎聽不到有任何賄選的現象。

㈥印度尼西亞

印度尼西亞的投票率一般較高，有時達到90%以上，但公眾參與的實際效力卻很低。蘇哈托的新秩序政權從幾個方面限制了這種參與。一是立法機構的構成。根據憲法，人民協商會議是國家的最高立法機構。但在人民協商會議內部還包含一個立法機構——國會（或稱人民代表大會）。實際上，人民協商會議和國會分享立法權。協商會議負責起草和修改憲法，制定國家的大政方針。而國會則享有其他事項的立法權。在人民協商會議這個龐大複雜的立法系統中，共有一千名成員，其中五百名是國會成員。在這一千名成員中，只有四百名國會議員是透過選民直接選舉產生的，另外一百名國會議員和其他五百名人民協商會議成員均由總統指定。也就是說，選民只能選舉4%的立法機構成員。可見，大眾參與受到了很大程度的限制，他們無權決定另外60%立法成

員的產生。

二是總統的產生。根據憲法，總統被賦予很大權力，而總統的產生不是由選民直接選舉，而是由一千名成員的人民協商會議選舉產生。根據法律程序，先進行人民協商會議成員的選舉和指定，以確定新的人民協商會議，然後，於第二年再由人民協商會議選舉總統。很顯然，人民大眾在總統選舉中的參與程度是極低的。

三是政黨制度。爲了加強社會政治控制，新秩序政權把除了執政的「專業集團」以外的九個政黨合併成兩大政黨：印尼民主黨和印尼建設團結黨。後又根據新的選舉法，迫使這兩個黨放棄了各自的政治特色並接受執政黨的意識形態。如建設團結黨帶有伊斯蘭色彩的「麥加聖殿」標誌被迫換成了五角星；民主黨和建設團結黨都必須以專業集團的「潘查希拉」代替它們原來分別信仰的民族主義和伊斯蘭教。這種獨立性的喪失，實際就等於它們在相當一部分群眾中的代表性被剝奪了，從而大大減弱了這兩個黨對政治和政府的影響力。

印尼的國會選舉允許黨派的競選活動，但是由於上面提到的在野黨在意識形態上與執政黨的一致性，他們不可能提出獨立的政治綱領，從而削弱了自己在競選中的吸引力和號召力。另一方面，政府規定不允許政黨到縣級以下的鄉村進行競選活動，而執政的專業集團則可以利用它在各級政府機構中的成員進行最廣泛的社會動員，從而使在野黨在競選過程中處於極端被動的局面。

總統選舉始終是在執政的專業集團的控制下進行的。專業集團在人民協商會議中始終占有統治地位，因此作爲專業集團的最高領袖蘇哈托始終能輕而易舉地當選總統。總統選舉往往不是透

過秘密投票的方式，而是透過協商，最後採用鼓掌通過的方式。

由於專業集團在總統選舉中的這種壓倒優勢，在很長一段時間，蘇哈托一直是唯一的總統候選人。兩個在野黨如此軟弱無力，以致提不出自己的總統候選人。這種毫無競爭的總統選舉一直持續到九○年代初。1991年，即1993總統選舉的前兩年，反對派勢力活躍起來了。這首先是由1989年出版的《蘇哈托自傳》引起的。蘇哈托在書中暗示，1983至1993年是他「最後一次」擔任總統，從而引起了若干繼承問題以及整個印尼政治改革問題的大討論。從1990年開始，社會各界出現了要求政治民主化、限制總統權力的呼聲。當時出現了一批新的政治組織。被壓制長達十年之久的「五十人集團」（Kelompok 50）重新活躍起來，當局被迫與該集團對話。新聞界將對話情況和該集團的第一份請願書內容作了廣泛報導，使該集團的影響大增。此外還出現了其他組織，其中最重要的是「民主論壇」。其綱領是透過輿論參與，擴大對人民的影響；加強民主派之間的交流與聯合，透過各種管道發揚民主鬥爭傳統。

與此同時，軍人的離心傾向也日益顯露。1991年5月，有四十名退役軍官退出執政的專業集團，公開加入印尼民主黨。同年11月，軍隊對東帝汶要求獨立的勢力進行公開鎮壓。蘇哈托為平息國際譴責，嚴懲了製造流血事件的將領，從而引起了軍方的不滿。在這種氣氛中，舉行了1992年的人民協商會議大選。雖然專業集團仍得到67.96%的選票，但相對1987年的73%卻有所下降。其他兩黨的得票率均有所上升。在1993年總統選舉來臨之際，各派政治勢力的活動更加緊張。民主黨第一次提出了自己的總統候選人，這是新秩序政權以來的第一次。武裝部隊司令蘇特里斯諾也

主張，總統候選人可以超過一人。然而，1993年的選舉結果仍令反對派大失所望，蘇哈托連任成功，開始了他的第五個總統任期。

㈦菲律賓

菲律賓人對政治的參與意識和參與程度也較高，投票率一般高達80％至85％。這大概首先得益於美國人的訓練和美國政治制度的移植。從1936年起，菲律賓就開始了自治的實習，出現了定期的總統直接選舉。戰後，菲律賓又出現了典型的美國式的兩黨制，每次總統大選，都伴隨著激烈的競選活動，搞得舉國上下沸沸揚揚，從偏僻的小島到繁華的都市，幾乎所有選民都被捲入其中。

菲律賓人對政治關心的另一個原因恐怕是教會的作用。菲律賓是亞洲唯一的天主教占統治地位的國家，國民的93％信仰天主教和新教。六○年代以前，教會一般不關心政治，其作用只限於慈善事業。但從六○年代起，從梵蒂岡到世界各地的天主教組織開始把注意力轉向了人權、自由和社會正義。菲律賓也不例外，天主教會和教徒愈來愈關心菲律賓的政治。1972年馬可仕總統頒布了戒嚴令，實行軍法統治以後，當局做出了一連串踐踏人權的不法行為，這引起了人們對政治的愈加關心，以致最終導致了1986年2月戲劇性的總統選舉和最終的人民革命。

儘管菲律賓人公眾參與意識較強，但仍不能忽視在政治參與過程中，菲律賓人仍帶有封建色彩濃厚的依附關係。和其他許多東南亞國家一樣，菲律賓社會中各階層人之間的垂直隸屬關係，即保護和被保護關係的社會紐帶仍然十分強韌。一些大大小小的豪門望族層層疊疊地控制著從村莊、地區到省市的大小不同的山

頭和地盤。這種相互交錯的利益關係網絡左右著每一次地方和全國的選舉。菲律賓的每一次選舉實際上是那些最顯赫的大家族之間爭奪權力的競技場。最富有的家族爭奪全國和省級權力；相對富裕的大家族則競爭市鎮行政官職。而廣大選民則根據對自己的利害關係在這些大大小小的保護者間做出選擇。

1972年以前，菲律賓的大選基本上是依照憲法，定期進行的。但在馬可仕宣布軍事管制以後，原來的憲法被廢止了。這期間，馬可仕不斷玩弄修憲把戲，每次修憲都以全民公決的形式通過新憲法，而全民公決並非秘密投票，而是在每個村莊舉行十五歲以上的「公民集會」，以舉手的方式對新憲進行表決。在長達八年的軍管期間，只進行過一次臨時國民議會的選舉。一直到1986年，總統大選才得以舉行，此次大選導致了馬可仕獨裁政權的徹底垮台。

柯拉蓉‧阿奎諾總統上台以後，又頒布了一部民主憲法，正常的選舉制度才得以恢復。根據新憲法，眾議員的任期從原來的四年減為三年，參議員的任期為六年，總統的任期為六年。這樣，每三年進行一次眾議員選舉，每六年進行一次參議員和總統的選舉。選民的最低年齡為十八歲。根據新憲法，還成立一個選舉委員會，它有權監督每次競選和投票的各項事宜。該委員會由一位主席和六個成員組成。委員會的大部分成員必須是律師，而且要受過高等教育。委員會成員必須由總統徵得任命委員會的同意後進行任命。選舉委員會成員任期為七年，不得連任。選舉委員會負責實施全部有關選舉法規，對一切由選舉而產生的法律糾紛擁有最初的裁判權。為了防止士兵和武裝集團的不良影響，該委員會有權動用法律強制手段，包括使用菲律賓軍隊。在發生動亂的

情況下，選舉委員會有權中止某省市的選舉，另行安排新的選舉。憲法還授權選舉委員會建立一個公民護選組織「全國自由選舉運動」（National Movement for Free Election）。這個組織對阿奎諾1986年總統大選獲勝發揮了重要作用。在1987年的國會選舉中，該組織招募了三十二萬志願者在十萬四千個選區從事監督投票、計票和公布計票結果等工作。全國自由選舉運動的全國大選的順利進行提供了保證。

作為新選舉制度的另一項措施是，成立兩個分別屬於參議院和衆議院的選舉法庭。一切關於選舉的重大案件和決定都要服從參議院和衆議院的選舉法庭的裁決。每一個法庭都由九名成員組成，其中三個必須是最高法院的法官，其餘六名爲參院和衆院的議員。

菲律賓的競選活動在整個東南亞來說都是最熱鬧激烈和多姿多彩的。其中最突出的例子是1965年馬可仕的總統競選。一方面，馬可仕親自駕著自己的飛機在全國各地發表演講，向當地的領袖和選民發放紅包；另一方面，他的夫人伊美黛（Imelda Marcos）也精心舉辦一個個社交聚會，登門拜訪一切有用的人，饋贈禮品和生日紀念品。她組織了一個由二十五名美女組成的競選表演隊，在全國巡迴表演；她還以自己動人的歌喉去打動那些目不識丁的鄉民。

歷史上，菲律賓的大選在東南亞也是最費錢的和最骯髒的。每次競選都要耗去巨額資金。一方面用於宣傳開支；另一方面，則用於賄賂選民。1949年季里諾（Elpidio Quirino）在競選時，一次就從國庫中挪用了四百萬比索的社會救濟金用於收買選票。1969年馬可仕再次競選總統時，他向村鎮領袖發放了兩萬張支

票，以每人二千披索的價格收買選票。他為這次選舉花去了一億六千八百萬美元，從而造成了1970年以後急劇的通貨膨脹。

菲律賓選舉的另一個特點是，美國的背後操縱。每次總統競選時，人們可以發現，總有一個候選人是受華盛頓支持的，而且這個候選人總是贏家。美國常常為菲律賓的大選慷慨解囊。在麥克賽賽競選總統時，美國為他傾注了數百萬美元。

菲律賓的選舉始終伴隨著暴力、流血以及偽造選民名冊、搶劫票箱、計票作假等作弊現象。菲律賓恢復民主制以來的兩次大選，情況大為好轉。

第三節　人權狀況

㈠越南、寮國和柬埔寨

越南是共產黨領導的社會主義國家。根據共產黨的理論，共產黨是人民群眾的先進代表，所以共產黨的領導就體現了人民的當家作主，這也是人民民主的最高表現。因此，共產黨的領導地位是不可動搖的。共產黨的意識形態還認為，社會主義制度是代表和保護廣大人民群眾利益的，所以社會主義制度也是不可動搖的。這樣，在界定人權概念時，就有了與西方很不相同的人權標準。在越南，人權這一國際性的普遍原則可以承認，但必須服從兩個基本前提：共產黨領導和社會主義制度。

1992的憲法第69款規定，在「合法的情況下」人們享有言論、出版、集會自由。那麼什麼是「合法的情況」呢？這就給政府留下了一個充分的解釋餘地。根據憲法規定，反對共產黨是非

法的，所以有關反對共產黨的言論、集會、新聞、出版物都是違法的，都在禁止之列。共產黨的第135號指示還明確指出，贊成政治多元化也是違法的。1993年7月國會通過的新聞出版法規定了六條禁令：所有媒體不得(1)反對越南社會主義政府；(2)傳播反動思想；(3)傳播腐朽的生活方式；(4)歪曲歷史；(5)否定革命成就；(6)褻瀆偉大人物和民族英雄。

政府控制著所有的電視台、電台、報紙、出版社和其他一切傳播媒體。對出版物有嚴格的審查制度。近年來，隨著經濟改革的深入，媒體對社會陰暗面的揭露不斷增多，但多數批評還只限於對政策的執行過程和下層的個別領導人，而對政策和決策者本身卻從不涉及。儘管實行嚴格的新聞檢查和控制，據估計，在越南仍有40％的圖書和50％的報刊未獲得許可，均屬非法的地下出版物。**⑬**

憲法承認宗教自由，但政府力圖對宗教事務加以控制。最初，由政府發起成立了一個佛教組織「越南佛教教會」 (Vietnam Buddhist Church) ，但許多佛教徒並不承認它，他們仍然頑固地維持他們自己的獨立教會「統一佛教教會」。1981年這個宗教組織被取締了。1993年4月，有四個佛教徒因反對對教會的控制而被處以死刑。同年晚些時候，統一佛教教會七十七歲的長老釋玄光 (Thich Huyen Quang) 公開號召解散越南共產黨。1994年12月，這位年長的長者被捕了。**⑭**這導致了後來在順化發生的大規模示威遊行。

越南政府仍在不斷強化社會監督和控制機構。內務部負責監督一切有礙於社會穩定的因素；由政府指定的街道監督員負責監督周圍居民的不法活動。

寮國也曾號稱共產黨領導的社會主義國家。1991年憲法規定，寮國人民當家作主的權利透過由寮國人民革命黨作為領導核心的政治活動得以實施和保證。因此，具有共產黨性質的寮國人民革命黨的領導地位是不容置疑的。但是憲法不再提社會主義的字眼，認為寮國目前仍處在社會主義階段以前的人民民主階段。但無論如何，政治控制仍然是嚴格的，政府控制著所有出版物、電台、電視台，並實行新聞檢查制度。除了某些被批准的刊物以外，一切外圍出版物不得進入寮國。但是，對寮國政府來說，要切斷與外界大眾傳播管道是不容易的。寮國和鄰國泰國的語言十分相近，可以相互交流，而泰國的電台、電視節目在沿湄公河流域可以很容易地被接收。泰國比較開放和自由的媒體不斷傳播西方文化和其他信息，這肯定對寮國人產生影響。

　　目前，對寮國來說，當務之急還不是言論自由，而是吃飽肚皮，因而政府穩定社會、發展經濟乃是寮國人的最大利益。

　　柬埔寨在赤棉統治時期無人權可言。大多數城市人被驅趕到農村，成千上萬的難民逃往國外，數以萬計的柬埔寨人死於疾病、過度勞作和政治迫害。徹底消滅私有制，沒收個人財產，實行集體化，取消宗教，限制家庭生活……，整個柬埔寨變成了一個勞動營。

　　橫山林政權時期，情況有所好轉，但踐踏人權的現象仍屢見不鮮。聯合國駐柬埔寨過渡權力機構（United Nations Transitional Authority in Canbodia，UNTAC）行使柬主權之後，在柬埔寨引入了人權概念並建立了幾個人權機構。聯柬機構駐柒時期是柬埔寨歷史上最民主自由的時期。人們享有充分的言論、新聞、集會的自由，各黨派都擁有自己的報刊。在這種和平自由

的氣氛中誕生了柬埔寨新憲法,舉行了全國大選,建立了新政府。

但是,當聯合國維持和平部隊撤走以後,政治控制、鎮壓、新聞檢查、政治謀殺又恢復了。聯合政府中,兩黨之間的傾軋更加劇了人權狀況的惡化。

㈡緬甸

在奈溫統治的時期,緬甸的人權被嚴格地加以限制。從1962至1965年,革命委員會頒布了上百部法律,幾乎取消了公民的所有自由。根據這些法律,緬甸成為一黨專政的國家,除緬甸社會主義綱領黨以外,一切政黨均為非法。人民沒有集會的自由,五個人以上的聚會即被認為是「非法聚會」。大眾傳媒和教育完全控制在政府手裡。出版商和發行人必須每年向政府申請許可證。反對派報紙全部被取締,建立了一家政府報紙《工人時報》。外國書刊進口由政府的一個公司嚴格控制。到1969年,所有的私人報紙被禁止。對外實行嚴格的閉關鎖國政策,嚴禁外國旅遊者和記者入境,對緬甸人出境也嚴加限制。

1988年民主運動爆發以後,整個政局曾一度失控,群眾集會和遊行示威運動席捲全國。但幾個月後,軍事當局頒布了戒嚴令,開始了赤裸裸的軍人獨裁統治

學生示威導致了大學長達四年的關閉。這期間,教師被迫參加一個月的「補習課程」,以加強紀律觀念和親政府的感情。1992年大學重新開學後,學生被禁止參加任何政治活動。人們甚至被剝奪了居住的自由。仰光市近一百萬居民被迫遷居到遠離首都的七個村鎮。據稱,這是為了改善他們的生活條件。但反對派則認為,這是政府對這些人的制裁,因為他們參加了學生的遊行示威。

1990年全國大選以前，一度取消了黨禁。當時有不下九十三個政黨登記參選。爲了削弱反對派，軍事當局大規模逮捕學生運動領袖和反對黨領導人，其中最著名的就是翁山蘇姬。從1989年到1995年，她一直被軟禁在家。爲了平息國際輿論，軍事當局試圖說服她離開這個國家，或者停止政治活動，從而達成一個體面解決。但是，她都拒絕了，直到1995年7月，爲了緩解西方對緬甸的經濟制裁，當局釋放了她。儘管解決了對她的軟禁，當局仍對她實行某種監控，以防止她參加和發動新的民主運動。

　　軍事管制以來，宗教自由遭到更大的限制。在若開州，已有二十七萬穆斯林逃到了鄰國孟加拉。僧伽們爲了抗議當局的鎮壓，「他們決定抵制緬甸軍人和他們的家屬，拒絕接受他們的施捨或者爲他們的婚禮和葬禮舉行佛教儀式。這種精神流放對一個佛教徒來說非同小可。這就等於剝奪他們獲得精神價值的機會，也意味著他們在來世會投胎成畜牲或進入地獄。國家法律和秩序恢復委員會對曼德勒的一百三十三座廟宇進行了襲擊作爲報復。在那裡很多和尚遭到了拷打、屠殺，而且他們中許多人被剝光了衣服。❻結果，有三百名僧伽逃往緬泰邊境地區。

　　至今，緬甸仍是「世界上最強大的軍隊控制的國家」。軍事當局仍然監禁著許多政治犯。據大赦國際公布的名單，緬甸仍關押著數千名政治犯。但當局堅持認爲，他們是「煽動國家動亂的人」。緬甸的人權狀況目前尚無明顯好轉。

(三)泰國

　　由於泰國的政局不夠穩定，各個不同時期的人權狀況也各不相同。在軍人獨裁時期，當局往往採取鎮壓政策，人們的自由權

利也往往受到損害。特別是當獨裁當局與人民大眾處於尖銳對立的時候，獨裁政權會對人民大眾進行血腥鎮壓。如1972年他儂政府對示威群眾的野蠻鎮壓和1992年素金達軍事當局對要求民主的人群鎮壓。這些鎮壓都造成了數百人的傷亡和數千人的被捕入獄。

但在大多數情況下，在整個東南亞，泰國的人權狀況算是比較好的。一般來說，人民群眾能夠享受到更多的自由。在集會、言論、出版、宗教等方面，人民享有較大的自由度，沒有嚴格的新聞檢查制度。儘管泰國是一個佛教國家，但其他宗教，如伊斯蘭教、基督教、道教等均受到保護。

儘管如此，泰國的人權標準和人權狀況仍然與西方國家有較大差別。就言論出版自由而論，在泰國有三個禁區，一是不得觸及國王神聖不可冒犯的地位。憲法規定，任何人不得對國王進行任何批評、指責和控告。二是不得宣傳共產主義；三是不得損害民族團結和國家安全。

在泰國仍有五十萬山民未享有公民權。❼❻ 參加工會的勞工在整個勞工中所占比例很小。勞工組織者得不到法律的保護。法律限制罷工。全國有二百三十家電台，其中有五十九家為政府所控制。有五家全國性的電視網，其中有三家為政府所有，兩家為軍隊所有。報紙、無線電台均需政府頒發許可證，而且要實行自我檢查。

目前泰國在人權方面，最突出的問題是對婦女和兒童的保護問題。據估計，泰國有五十萬妓女。十幾歲的女孩常常因家庭貧困而被賣到妓院。❼❼ 在過去十年，將近一半的妓女染有梅毒和愛滋病毒。泰國男人和外國旅遊者光顧妓院造成愛滋病的蔓延。此

外，聯合國有關組織還經常批評曼谷政府在防止性虐待和童妓方面措施不力。

㈣馬來西亞

1969年「5‧13事件」以前，馬來西亞的政治環境是比較自由寬鬆的。「5‧13」種族衝突事件使馬來西亞新領導人重新審視關於人權的觀念和政策。在他們看來，在馬來西亞這種存在著尖銳的種族矛盾和多元文化衝突的社會，建立和維護社會政治穩定是首要任務。為此，建立強有力的政府以加強對社會的控制，限制公民的某些權利是必要的。在馬來西亞領導人看來，暫時的政治代價將換來國家發展和人民幸福的長遠利益。

因此，進入七〇年代以後，馬來西亞歷屆政府都不斷強化政治控制。在1969年緊急狀態生效後的二十一個月中，國會和一切政黨中止了活動，實行新聞檢查，嚴格審查以前的出版物和進口印刷品。行使立法和行政獨裁權的權力機構「全國行動委員會」修改和頒布了一系列法律條令，以穩定政治秩序。首先修改了「煽動法」，規定任何政黨和個人不得提及並公開討論容易激起種族情緒的任何敏感問題。此外，對「社團法」、「選舉犯罪法」也做了類似的修改。

隨著形勢的發展，後來政府還陸續頒布和修改了一系列法令。1975年平息了學生示威之後，議會修改了1971年的「大學學院法」，對學生的政治活動加以嚴格限制，如學生不得參加社會問題的公開討論，不得加入政黨，禁止學生遊行示威等。大學教授如果發表有關政治問題的演講必須事先得到校方的批准。針對宗教狂熱份子的暴力行動，1983年對「刑事法典」也做了修改，

規定凡擾亂公共秩序的宗教活動均爲非法；凡引起不同宗教之間及不同教派之間不和與敵視的行爲也爲非法；不得對合法宗教當局的決定表示不滿和挑戰。1981年再次修改「社團法」，嚴格限制非政治組織從事政治活動。根據該法，當局有權隨時宣布任何社團爲非法。1975年對1960年制定的主要用來對付馬來亞共產黨的「國內安全法」也做了修改，從而擴大了應用範圍。1987年，政府援引國內安全法，扣留了一百多名政治家、政治活動份子、宗教份子和教授。三家報紙也被查封。⓱與此同時，政府還頒布了「基本系列」，規定非常法律程序，即授權警察有權扣留一切危及安全的可疑份子長達六十天。

馬來西亞的傳播媒體也受到嚴格的控制和監督。出版單位須每年向政府申請許可證，實行自我新聞檢查。大衆傳媒對政府的批評必須是建設性的和有克制的。1987年的「廣播法」規定，新聞局有權控制監聽所有電台、電視台的節目；有權吊銷違反「廣播法」和違背「馬來西亞價值觀念」的私營廣播公司的執照。⓱

㈤新加坡

和馬哈廸一樣，新加坡領袖李光耀也把社會穩定視爲頭等大事。他說，新加坡「這個具有不同種族、語言和宗教的新社會中存有一人一票的不穩定因素。我們不得不把政治穩定當作首要任務」。⓰他認爲秩序第一，「紀律高於民主」。⓰沒有秩序就不可能有發展。

爲了建立秩序，新加坡政府把社會矛盾分成三類。第一類是對政權不構成威脅，對社會秩序的危害也處於萌芽狀態。對於這類矛盾的政策是協調。透過說服、教育、調解、溝通等方式使矛

盾得以化解。第二類矛盾是已經對社會構成了一種潛在威脅，發展下去可能對秩序造成危害，導致社會動亂。因此，對這種矛盾的態度是控制，並以法律加以規範和約束。第三類矛盾則對政權和秩序構成直接的現實危害。對此類矛盾，政府的態度則是鎮壓。

在處理第二、三類矛盾時，政府的態度是相當嚴厲的，在大眾傳媒方面，李光耀從防止政治煽動和西方文化毒害以及對國民進行教育的功能著眼，對它給以嚴格的控制。新加坡所有電台、電視台均屬政府專有，為政府的宣傳工具。1967年頒布「不良刊物法」；1971年拘捕了《南洋商報》總編輯，同時懲罰了《新加坡先驅報》及《東方太陽報》的負責人；1974年的「報刊出版法」和1977年該法修正案均規定，言論自由必須服從社會安定，並授權文化部監督、審查報刊和其他出版物。足見七〇年政府對新聞和出版控制的嚴密程度。到九〇年代，這種控制未見明顯的鬆動。1994年《評論》（*Commentary*）雜誌（國立新加坡大學學報）試圖發表一個被政府禁止的表演團的申辯書，但遭到當局的阻止，結果導致了編輯們的辭職。⑱

對外國報刊的進口也有嚴格的管理。政府有權限制任何涉嫌「干涉新加坡內政」的外國報刊在新加坡的發行。1986年到1988年底，《時代周刊》（*Times*）、《亞洲華爾街日報》（*Asian Wall Street Journal*）、《遠東經濟評論》（*Far East Economic Review*）和《亞洲週刊》（*Asian Week*）在新加坡的發行量都先後遭到限制，分別從一萬份、九千份、三千份，減為四百至五百份。⑱

容易表示不滿的大學生也是政府注意的對象。大學生不得參加政治活動，否則，畢業後就業將成為問題。

對於直接對政府構成威脅的人，採取的措施則更加嚴厲。政府依據「國內安全法」對其實行堅決的拘捕和監禁。六〇年代初，曾對反對派「社會主義陣線」的領導人、政治家、學生領袖一百多人逮捕監禁。八〇年代中，政府又援引國內安全法，以「顛覆罪」逮捕了二十二名反對派人士，指控他們宣傳馬克思主義。李光耀還責令國會修改了使議員享有司法豁免權的法案，嚴格限制議員在國會內自由發言。該修正案一通過，國會豁免權委員就據此判定，反對黨議員惹耶勒南（J.B. Jeyaretnam）犯「濫用特權罪」處以巨額罰金和監禁（一個月後又被釋放）。

　　吳作棟上台後，政治控制有所放寬，例如修改了「國內安全法」，允許以往驅逐國外的政治反對派回國定居等。

㈥印度尼西亞

　　印度尼西亞的人權狀況常常遭到西方的激烈批評，被列為踐踏人權最嚴重的國家之一。新秩序政權的建立主要是以軍隊為後盾的。在後來的三十多年中，它也主要是依靠軍人集團得以維持。這使印尼一直處於嚴厲的集權統治之下，因此，人民大眾的各項自由權利仍然受到極大的限制。這種統治，一方面為了維護統治集團牢牢控制權力；另一方面，也與馬來西亞、新加坡一樣，為了在種族矛盾異常尖銳的社會環境中維持一個穩定的社會政治秩序。

　　印度尼西亞憲法只承認「負責」的言論和出版自由。「負責」的字眼常常使這種自由歸於無效。不支持「潘查希拉」和新秩序政權的言論一概被認為是不負責的。政府嚴禁報紙刊登煽動性文章和任何造成社會緊張不安的危言聳聽。任何人、任何報刊，

只要批評總統及其家屬，都將遭到逮捕和吊銷執照。1994年政府關閉了三家出版物（分別爲*Detik*、*Fempo*、*Editor*，發行量分別爲四十五萬、二十萬、八萬七千），其原因是，這些刊物表現出了獨立傾向，這件事還導致了一場示威運動。

印尼的大多數報紙是私人擁有，但必須納入政府的嚴格管理。報刊必時時遵守和服從政府的各項規定。政府官員和軍隊首長常常透過電話不斷對記者、報社和其他有影響的輿論工具進行指導，從而加以控制。這被稱作印尼新聞界的「電話文化」。⑱爲了加強對傳媒的控制，蘇哈托家族還直接購買了大量的商業電視台的股份和一個主要的出版集團。最主要的五家無線電視台分屬於總統兒子、女兒和其他親屬。⑱

幾十年來，對外國的出版物一直實行檢查制度。外國記者只能獲得臨時簽證，如果外國記者的文章批評了政府，他會很快被宣布爲不受歡迎的人。

結社自由受到嚴格的限制，所有的社會組織都必須向政府申請批准。各組織的活動也必須經政府審批。政府要詳細掌握他們的預算、領導和宗旨。這些社團必須接受一個國內安全機構的管轄。

對於一些反對派組織，政府一般加以取締和壓制。1978年，一批退休將軍、政界要員、社會名流，如前副總統哈達、將軍納蘇蒂安和前雅加達市長阿里‧沙迪金等成立了一個反蘇哈托的「五十人集團」。他們聯名向國會請願，批評蘇哈托的不民主行動。後來，五十人集團雖未被完全取締，卻對該組織橫加阻撓和限制，他們之中一些人有的被吊銷了商業執照，有的被剝奪了工作的權利。禁止報刊登載他們的消息，不允許他們出國訪問。

大學也受到嚴格的監視。校園的活動受到嚴格的控制，教授必須服從政府的指導。1994年，一位著名教授George Aditjondro被指控在學術會議上「侮辱一個政府機構的權威」。在學校，通常學術氣氛死氣沉沉。

警察有權逮捕任何可疑的人，他們不得進行辯護，而且可以被扣留數月而不進行聽證。至今，大概還有數千名在押的政治犯，其大多數是六〇年代被捕的。他們一直被囚禁在偏遠的孤島上。

印尼的司法系統缺乏獨立性。在許多案例的審判中，法官、原告和國內安全部門常常相互串通。判決常常是事先安排好的。整個司法系統中，退役的軍官占據著統治地位。

憲法保證社會的多元化和宗教自由，但實際上，不同的宗教常常受到壓制和排擠。印尼有五百萬佛徒，政府成立了一個官方的印度尼西亞佛教委員會（Indonesian Buddhist Council）試圖對其加以控制，但遭到佛教徒的抵制。對東帝汶的鎮壓也帶有宗教的歧視。穆斯林士兵粗暴地對待東帝汶的基督徒，踐踏他們的宗教聖餅，扯掉他們脖子上的念珠。對華人和華人文化也極力排斥和歧視。中文學校、華人文化團體一直被禁止。在多次種族騷動中，華人往往是受害者。

印尼軍隊1975年入侵了東帝汶，至今未獲得國際社會的承認。據估計，在過去的二十年中，有二十萬東帝汶人死於非命。⑱

㈦菲律賓

歷來，菲律賓被認爲是東南亞最自由的國家，有最大程度的言論、出版和結社自由。但是1972年軍管法頒布以後，在長達十

多年的時間內，馬可仕的獨裁統治幾乎剝奪了公民的所有自由。違反人權的事件比比皆是。

柯拉蓉・阿奎諾總統上台後，恢復了民主制度，頒布了1987年新憲法，各種人權重又得到了尊重。根據新憲法，成立了一個人權委員會。該委員會並設了人權訓練班，專門對時常踐踏人權的軍官進行訓練，指導他們如何尊重人權。但該委員會常常因經費不足而無法履行其職責。在菲律賓，還有一個非官方的人權觀察「菲律賓被扣留者工作組」。該組織專門調查和收集涉及人權案件的情況和資料。這個組織要比人權委員會更加積極活躍。每年這兩個機構都公布菲律賓的人權狀況和人權案件。但他們對如何解決這些問題則無能為力。每年都有上百件殺人案件，而與這些案件有關的主要是反共的地方武裝組織「地方武裝民防隊」（Citizens Armed Forces Geographical Unites）。他們實際上是一個圖財害命的強盜集團。其他反叛組織和黑社會勢力也常常是暴力和恐怖事件的製造者。警察、軍隊在這方面也往往是人們指責的對象。

至今，綁架、暗殺、毆打等暴力事件仍是菲律賓的主要社會問題之一，其主要原因是地方警察行動不力或警匪一家。政府對槍械、武裝沒有嚴格的管制，政治家不得不僱用武裝保鏢和私人軍隊。1992年總統大選時，候選人Eduardo Cojuangco就有一支由以色列軍事顧問訓練的私人武裝。

阿奎諾恢復了民主以後，重又頒布了人身保護令，對政治犯也實行了大赦。人權問題有了很大的改善。但就大赦國際估計，菲律賓在押的政治犯仍有三百多名之多。⓲

菲律賓大眾傳播媒體有較大的自由，沒有嚴格的新聞檢查，

所以媒體常常有揭露官員醜聞和批評政治的文章和評論。菲律賓的傳媒大多是私人所有，但基本上是由政治家、家族和財閥集團控制的。報紙實際上是他們政治鬥爭的工具。記者，特別是地方報社的記者可以發表有關地方官員和商界巨頭們的醜聞，但要冒很大風險，他們常常遭到致命的恐嚇和威脅。記者們由於薪水較低，常常會接受賄賂，因而他們的報導也常常不夠真實。省報如果沒有當地的富豪給予財政上的補貼，一般很難維持下去。這樣，富豪們對報紙就可能產生某些影響。

菲律賓憲法規定，群眾有集會和示威的自由。1994年，菲律賓的集會自由經受了一次考驗。當時，菲律賓的人權活動份子準備組織一次抗議印度尼西亞在東帝汶違反人權的集會。東帝汶的人權代表也準備應邀參加。菲律賓總統羅慕斯受到了來自印尼蘇哈托總統的巨大壓力。他揚言，如果羅慕斯採取不合作態度的話，印尼將恢復對菲律賓民答那峨的穆斯林分離主義運動的支持。羅慕斯處於進退兩難的尷尬境地。最後，他還是維護了集會自由。他同意會議繼續舉行，但拒絕外國代表團入境。

對菲律賓普通百姓自由的限制主要不是來自政府，而是來自他們本地的保護人。在這種隸屬性的垂直社會關係中，較高階層的保護人總是控制著他們手下的被保護人的命運和生計。在菲律賓也存在著童工和童妓的社會現象。這些問題還不可能在短期內根本解決。

第6章

國際關係

　　東南亞是戰後世界上持續時間最長的熱點地區之一，是熱戰的戰場，也是冷戰的前緣，還是美蘇全球爭霸的重要目標之一。因此，這個地區始終匯集著各種政治力量，吸引著世界大國的注意力，牽動著全球國際關係。

　　這裡共發生了三次大規模的印度支那戰爭，而每一次都把世界上的主要大國捲了進去，包括法國、美國、蘇聯、中國大陸。為了解決該地區的重大問題，舉行過一系列國際會議，先後牽涉到幾十個國家以及聯合國。這裡曾幾度成為世界注意的焦點。可見，東南亞國際關係的錯綜複雜。

　　六〇年代以來，東南亞國家聯盟的成立，東盟國家經濟的騰飛，新加坡的經濟奇蹟，使東南亞再次成為全世界注意的焦點。隨著東盟國家在國際政治經濟中地位的提高，各大國又紛至沓來，尋求合作與友誼，謀求安全與穩定。東盟國家第一次在國際關係中充當了重要角色。

　　九〇年代是亞太世紀到來的序幕，作為亞太地區重要組成部分的東南亞正在從容地、雄心勃勃地邁向下個世紀。毫無疑問，它將在未來的時代為亞太乃至整個世界的和平、穩定與發展作出

貢獻。

　　本章將從地區內部和外部兩個方面闡述這一地區的國際關係，從而為讀者預測該地區在未來時代的國際地位提供一些基本情況和背景。

<h1 style="text-align:center">第一節　東南亞國家聯盟</h1>

㈠地區主義的形成

　　本世紀六〇年代以前，談論東南亞的地區主義無論如何都是一種神話。東南亞從來都是一個在各方面充滿著多元化和多樣性的地區。數百年來，西方各主要殖民大國在這裡割據統治，強化和加劇了各國之間的差異性。第二次世界大戰以後，西方殖民大國被迫陸續離開這一地區，但在戰後最初的十五年內，本地區真正獨立的國家還為數不多。這些新獨立的國家在內政方面都面臨著政治經濟問題的困擾；在對外方面，還程度不同地與前宗主國保留著密切的政治經濟聯繫。這種情況還不可能促使各國領袖們去考慮相互接近與合作問題，還不可能產生地區主義觀念。這種不可能不僅僅來自這些國家本身，還來自本地區以外的世界政治形勢，那就是東西方的冷戰。東南亞成了冷戰的前緣，在這裡出現了政治傾向不同的各種勢力。例如，有共產黨領袖的越南民主共和國；有親美反共的菲律賓、泰國；有尋求中間道路的印度尼西亞、柬埔寨、緬甸等不結盟國家。把這樣一些國家聚為一體的任何企圖都是不現實的。

　　儘管如此，加強地區合作的努力並非沒有出現，由聯合國於

1947年3月發起的「亞洲及遠東經濟委員會」（Economic Commission for Asia and the Far East），即今天的聯合國亞洲及太平洋經濟社會委員會（簡稱亞太經社會）就是一例。該組織的宗旨是促進亞洲國家的經濟合作。印度在該組織中曾扮演了十分積極的角色，該委員會的最初兩個執行秘書都是印度人。他們積極倡導和推動這種合作，但遭到東南亞國家和其他小國的漠視。1950年，南亞和東南亞的英聯邦成員國發起了一個「可倫坡計畫」（Colombo Plan for cooperative Economic and Social Development in Asia and the Pacific），旨在促進區域經濟技術合作。後來，其他東南亞國家也加入了該計畫，然而它始終未能產生突出的影響。

　　1955年在印尼萬隆舉行的亞非會議倒為區域合作與交流提供了新的機會，但東南亞的地區主義意識仍未產生。在這次會上，印度再次為經濟合作作出努力，提出「建立亞非技術合作委員會」的建議，但再次遭到冷淡待遇。儘管與會國在理論上贊成合作，但它們更重視與西方大國的傳統聯繫。所以亞非會議的最後公報中仍強調「有關與會國經濟合作的主張不排斥與本地區以外的國家的合作願望和需要」。⑱⑧

　　總之，在四〇至五〇年代，由於種種原因，東南亞還不具備產生地區主義的環境和條件，雖然出現了上述那些組織和會議，但有兩個因素決定了它們與東南亞地區主義無關：一是這些組織和會議都超出了東南亞的地域範圍；二是亞洲及遠東經濟委員會和可倫坡計畫都受到了英美兩個大國的控制。

　　特別值得注意的是，這期間出現了第一個以本地區命名的組織——東南亞條約組織。這更和地區主義無緣。這是冷戰的產物，

是美國一手策劃的遏制「共產主義擴張」總戰略鏈條中的重要一環。這個組織成立於1954年，總部設在曼谷，但其大部分成員卻為本地區以外的國家，如美國、英國、法國、澳大利亞、紐西蘭和巴基斯坦，真正的東南亞國家只有泰國和菲律賓。

東南亞地區主義的產生是六〇年代的事。這期間東南亞國家參加了一些經濟合作組織，如1961年成立的亞洲生產力組織（Asian Productivity Organization）、1966年建立的亞太理事會（Asian and Pacific Council）、亞洲開發銀行（Asian Development Bank）。但它們仍然是超地區的。

實現本地區國家間合作的第一個嘗試是1961年7月建立的「東南亞聯盟」（Association of Southeast Asia）。建立這個組織的主要推動力來自馬來亞總理東姑‧拉赫曼。他受到了歐洲一些地區組織特別是歐洲共同體（European Communities）、北歐理事會（Nordic Council）的啓發。雖然馬來亞獨立後仍和英國保持密切聯繫，但他採取了較獨立的政策，拒絕參加東南亞條約組織。1959年他曾提出過關於東南亞合作和友好條約的倡議，而後又於1960年提出過建立東南亞聯盟的倡議，但均未獲得應有的支持。這時，菲律賓的民族主義也有發展，對外政策出現了明顯的地區合作和對美離心的傾向。1961年，菲律賓總統加西亞和東姑‧拉赫曼發起了由菲、馬、泰三國組成的經濟合作組織「東南亞聯盟」。該組織一直持續到1965年底。但1963年以後，該組織實際上已名存實亡。

造成這一組織短命的主要原因是「馬來西亞」計畫引發的馬菲兩國的領土爭端，以及馬印（尼）兩國的對抗。

馬菲的領土爭端是圍繞沙巴的歸屬權展開的，馬來亞出於安

全方面的考慮決定把英屬北加里曼丹（包括沙巴）和新加坡併入馬來亞建立馬來西亞聯邦。英國支持這一計畫。因為，首先，英已無法遏制新加坡和英屬婆羅洲民族獨立的趨勢，為了繼續保留在這些地區的經濟和軍事利益，英國不希望它們單獨實現獨立；合併以後，英國依然能夠透過已有的英馬各項條約繼續保持這種利益。其次，英國還認為合併能夠抵制美國在東南亞的擴張，因為美國曾指使菲律賓對北婆羅洲（沙巴）提出主權要求。此外，英國還擔心英屬婆羅洲會落入印尼手中。

菲律賓對馬來西亞計畫極為不滿，菲律賓認為，沙巴這塊擁有豐富礦產資源的殖民地本是菲律賓蘇祿蘇丹於1878年租讓出去的，所以一直希望能得到一個滿意的解決，收回沙巴的主權。馬來西亞計畫的提出使馬菲關係極度緊張。為了解決這一矛盾，菲律賓總統馬卡帕加爾提出了一個新的建議。他主張在「泛馬來統一主義」的旗幟下，建立一個由「馬來西亞地區」和菲律賓組成的「泛馬來西亞聯邦」，以代替馬來西亞聯邦。美國立即對此表示支持，因為這有利於美國的擴張與滲透，但遭到了馬來亞的反對。

最初，印尼對馬來西亞計畫的反應是和緩的，沒有表示公開反對。但是當1962年汶萊人民黨領袖阿扎哈里領導的爭取獨立的起義爆發以後，蘇加諾開始譴責這一計畫。他認為這個計畫是帝國主義策劃的，是新殖民主義包圍印尼的重要步驟。他說，馬來西亞聯邦是為帝國主義保存錫、橡膠、石油而創立的。於是，在1963年1月，印尼宣布與馬來西亞聯邦「對抗」，而派遣了一游擊隊進入沙勞越對馬來亞展開宣傳戰。

蘇加諾和馬來西亞對抗還有更深層次的原因。首先，充滿反

帝革命熱情的蘇加諾認爲拉赫曼是一個右翼反動派，是英國殖民主義的走狗和傀儡。與這樣的反動勢力進行對抗能維護他革命領袖的形象，提高他在本地區的地位。同時這種對抗也是爲國內政治服務的。1963年，印尼國內政治鬥爭正日趨激烈。左派的共產黨和右派的陸軍正在進行奪權鬥爭。蘇加諾希望透過與外部敵人的鬥爭緩解國內的矛盾。最後，蘇加諾還把馬來西亞計畫看作實現其領導整個東南亞的宏偉計畫的一個障礙。早在1945年，蘇加諾就主張將來建立一個包括馬來西亞和菲律賓的「泛印度尼西亞」。他始終認爲這個地區的領導者應該是印度尼西亞，而不是馬來西亞。鑑於這些考慮，蘇加諾決意要「粉碎馬來西亞」。

實際上蘇加諾並不打算眞的要粉碎馬來西亞，而是要透過對抗取得該地區的領導權。他一直對排除了印尼的東南亞聯盟心懷不滿。他在耐心地等待機會發起一個新的組織將其取而代之。印尼和菲律賓反對馬來西亞計畫的共同立場爲蘇加諾提供了良機。1963年5月，在日本訪問的蘇加諾邀請拉赫曼前去東京和他會談。作爲這次會談的結果，馬、菲、印尼三國外長在馬尼拉舉行了一次會議，就馬來西亞聯邦問題達成協議，即在民意調查證明北婆羅洲（包括沙勞越、沙巴、汶萊）居民願意加入的情況下，成立馬來西亞聯邦；同時還提出了由這三個馬來人國家組織一個新的聯盟的建議。不久三國首腦在馬尼拉舉行了一次高峰會議。會議發表了「馬尼拉宣言」，聲稱三國反對各種形式的殖民主義，促進經濟和文化合作，加強彼此間的聯繫，並正式宣布成立「馬菲印尼聯盟」（或稱Maphilindo馬菲林多）。

如果說馬泰菲三國的「東南亞聯盟」是在馬來亞的推動下進行地區合作的初次嘗試的話，那麼「馬菲印尼聯盟」則是在印尼

的推動下進行的一次新嘗試。的確，這個聯盟的成立是蘇加諾的一次勝利。馬尼拉首腦會議不僅強調消除殖民主義、帝國主義的殘餘，而且表達了「新興力量」國家發展友好關係、加強經濟合作的決心。不論怎樣，這兩個組織都是由本地區的國家自己發起的，它們都可被看作是東南亞地區主義產生的標誌。

然而，這時的地區主義畢竟還是一株脆弱的幼苗，經不起任何打擊。果然，不久之後，它就輕而易舉地被嚴峻的現實扼殺了。

1963年8月，由於英國限制印尼參加聯合國關於北婆羅洲民意調查小組的人數，以及拉赫曼在調查工作完成以前就宣布了馬來西亞聯邦成立的日期，蘇加諾認爲這是對印尼的蔑視，於是重新恢復了和馬來西亞的對抗。1963年9月16日，馬來西亞聯邦正式宣布成立。當天，印尼、菲律賓駐吉隆坡大使拒絕承認這一新的國家。第二天，馬來西亞宣布與印尼、菲律賓斷交。1964年8月，印尼派出武裝部隊襲擊馬來半島。1965年1月，當馬來西亞當選爲聯合國安理會非常任理事國成員時，印尼退出聯合國以示抗議。這種緊張關係和敵對狀態把初步形成的地區主義和極不成熟的地區合作組織一起埋葬了。

但是，強調經濟合作的地區主義畢竟是經濟發展的必然要求。已經生根的幼苗，即使被折斷了，它總是要重新長出新枝。結果，在1965年，東南亞再次出現了有利於地區主義成長的形勢。

首先是印尼的政局大變動。強調經濟發展的、務實的蘇哈托取代了充滿革命浪漫主義的蘇加諾。他大幅度地調整了印尼的對立政策，停止了與馬來西亞的對抗。1966年5月，蘇哈托率軍事代表團訪問吉隆坡，尋求和解。不久兩國簽訂了停止對抗的協議。9月，印尼返回聯合國。1967年8月，兩國正式建立了外交關係。

其次，菲律賓的對立政策也發生了重大變化，1965年12月30日，菲迪南‧馬可仕就任菲律賓新總統。他在就職演說中宣布，制定對外政策「必須以我們真正的民族利益為指南」。他決心改變與美國的「特殊關係」，強調建立「是合作，不是控制」的關係；決心從「菲律賓第一主義」出發，發展與鄰國的關係。1966年，馬可仕提議建立亞洲國家組織。同年6月，菲律賓與馬來西亞聯邦建立了外交關係。

其三，英國調整了海外防務戰略。1967年夏天，英國宣布1970年以後將把在東南亞的駐軍撤回蘇伊士運河以西。這給一貫在防務上依賴英國的馬來西亞和新加坡極大壓力，迫使它們積極尋求與鄰國的合作，以維護地區的穩定與安全。

在這種形勢下，馬來西亞建議恢復東南亞聯盟組織。但印尼反對，因為印尼主張建立包括緬甸和柬埔寨在內的新的地區性組織。在醞釀和討論過程中，首先出現了一些專業性的和較低層次的協調合作組織，如1965年的「東南亞教育部長組織」（Southeast Asian Ministers of Education Organization），旨在促進各國的教育、科技、文化合作；1966年的「東南亞中央銀行集團」（Southeast Asian Central Banks Group），旨在討論和協調東南亞各國經濟發展。

在這種趨勢的推動下，地區合作的願望愈來愈強，地區主義終於在1967年8月結出了碩果，即產生了東南亞國家聯盟。

(二)東南亞國家聯盟的建立與發展

應該指出，在實現東南亞地區聯合與合作的過程中，某些國家的領導人程度不同地抱有防止「共產主義威脅」的動機。但從

整體上來說，所有這些國家有一個共同的、起主導作用的願望，這就是加強地區團結與合作，維護地區和平與安全，加速發展本地區各國的經濟。

在這種願望的推動下，1966年3月，馬可仕總統訪問了泰國，兩國首先同意建立類似「東南亞聯盟」的經濟文化合作組織以加強區域合作。1967年8月，菲律賓、印度尼西亞、馬來西亞、泰國和新加坡五國外長在曼谷舉行會談，並發表了「曼谷宣言」（Bangkok Declaration）（即「東南亞國家聯盟宣言」），宣告了「東南亞國家聯盟」的成立。該組織的宗旨是「本著平等和伙伴關係的精神，透過共同努力加速本地區的經濟增長、社會進步和文化發展，促進區域和平和穩定」，促進各種領域的「積極合作和互助」。⑱

在東盟成立後的最初階段，其主要任務是建立和健全組織機構。東南亞國家聯盟的最高決策機構為部長級會議（ASEAN Ministerial Meeting），每年輪流由各國外長在該國首都召集一次年會。設一個常務委員會（ASEAN Standing Committee），由當年主持部長會議的東道國外長任主席，各國駐該國大使任委員。該委員會負責在部長會議閉會期間執行政策性決定，並主持東盟組織的工作。各成員國設立一個東盟國家秘書處，負責東盟部長級會議的決定在本國的貫徹執行。此外，還成立若干由專家和專業性官員組成的常設委員會、專門委員會和特別委員會。

機構設置問題在1976年的巴里（Bali）首腦會議後有了較大的變化。「東盟首腦會議」（ASEAN Summits）享有了最高權威。除（外交）部長會議仍為最高決策機構以外，又成立了五個

部長級會議，其中最重要的是經濟部長會議　（ASEAN Economic Ministers Meeting）。由於東盟涉及大量的經濟關係和合作問題，所以經濟部長會議的地位和權威愈來愈大，甚至能與外長會議相抗衡。爲了加強中央協調功能，在雅加達設立了東盟秘書處（ASEAN Secretariat）。秘書長由各國輪流出任，任期兩年。東盟秘書處爲部長會議和常務委員會會議服務，在各委員會之間進行聯繫，協調和檢查得到批准的東盟各項活動的進展情況，爲區域合作制定計畫和綱領。

在東盟成立以後的最初幾年，除了在旅遊、船務、糧食合作等方面取得了一些進展以外，基本上沒有大的作爲。這主要是由於各成員國間仍存在著某些矛盾和摩擦。如東盟成立後不久，沙巴問題又提出來了，致使馬菲再次斷交，直到1969年才復交；新加坡在1968年把兩名印尼士兵判處死刑，引起了兩國關係的緊張。這些都隔礙了東盟各國合作發展的步伐。

進入七○年代以後，東盟的發展進入了新階段。七○年代前半期，東盟的活動重點放在對外關係方面。各國紛紛調整對外關係，第一次開始實行統一的、步調一致的外交政策。這個時期世界形勢發生了很大的變化。首先，英國和美國調整了各自的世界策略。英國由於力量的繼續衰落，開始撤回它在東南亞的軍隊。美軍在越南戰爭的泥潭中愈陷愈深，想打贏又無指望，所以開始推行尼克森主義，實行戰爭收縮，逐步退出印度支那。其次，大陸的國際地位空前提高。1971年台灣退出聯合國，其在聯合國的席位轉由大陸承受，絕大多數國家則與大陸建立了外交關係。這使美國再也不能無視這個占世界1/4人口的大國的存在，所以在1972年，美國總統尼克森親自訪問了敵視了二十多年的中華人民

共和國，開始了兩國邦交正常化的進程。其三，蘇聯加緊向東南亞地區擴張，以填補美國退出後的政治真空。1969年6月，蘇共總書記勃列日涅夫（Brezhnev）提出了建立「亞洲集體安全體系」（Asian Collective Security System）的計畫。這是蘇聯向整個亞洲擴張的重大步驟。

東盟國家對這一系列的變化加以分析之後，認為，第一，西方大國是靠不住的，不能繼續依靠西方在防務方面的保護。第二，中國不一定會成為東南亞的敵人，不再是東南亞各國的主要威脅。第三，蘇聯是本地區新的威脅，必須加以抵制。

基於這些認識，1971年11月，東盟五國外長在吉隆坡舉行會議，討論在新形勢下如何「尋求共同的步驟」，結果會議通過了「東南亞中立化宣言」（「吉隆坡宣言」，Kuala Lumpur Declaration）。「宣言」聲稱，東南亞國家在增進該地區的「經濟和社會穩定及保證自己的和平與進步的民族發展方向擔負主要責任」；防止「任何形式的外來干涉」；根據自己的理想和願望「維護自己的民族特點」。五國決心共同努力把東南亞地區變成「一個不受外部強國的任何形式或方式的干涉的和平、自由和中立地區」。

實現地區中立化成為這個時期東盟的主要任務。要實現這一目標，首先要共同抵制蘇聯的亞安體系。在這個問題上，東盟國家幾乎是異口同聲。1972年1月菲律賓總統馬可仕在國情咨文中說，「亞洲的安全必須基本上靠亞洲人自己」；泰國外長提猜·春哈旺在1974年表示，「不論什麼『體系』，泰國都完全不需要」；印尼外長馬利克也說，蘇聯的「亞安體系」是建立在「政治霸權」基礎上的，是想保證一個超級大國在亞洲的地位。1973

年4月，東盟第六次部長會議專門討論了亞安體系問題，認為這不符合東盟政治中立化的目標，因此加以拒絕。會議還主張採取有力行動禁止超級大國在這一地區的宣傳活動。在亞安體系的計畫遭到東南亞各國的冷落之後，蘇聯又向馬來西亞、印尼等國提出簽訂所謂「友好條約」，但同樣遭到拒絕。當蘇聯主張麻六甲海峽「國際化」和「通行無阻」時，馬來西亞和印尼分別宣布把領海從三海里擴大到十二海里，以確保對麻六甲海峽的主權。1971年，馬、新、印尼三國政府還發表聯合聲明，宣布共同管理麻六甲海峽和新加坡海峽。這些都顯示了東盟國家保衛獨立主權的決心和勇氣。

為實現中立化而鬥爭的另一個重要表現是東盟國家積極發展與其他第三世界國家的友好合作關係，加強與第三世界國家人民的團結。首先，東盟國家積極改善與大陸的關係。從1974年到1975年，馬來西亞、泰國、菲律賓先後與大陸建立了外交關係。新加坡總理李光耀也訪問了大陸。大陸與東盟國家的貿易和友好合作關係不斷發展。1973年越南停戰協定簽訂後，東盟國家外長舉行會議表示，一切國家，不論意識形態如何，都可以在相互尊重主權和領土完整的基礎上建立和平友好關係。會議提倡舉行一次包括印度支那各國在內的「東南亞十國會議」，而且表示願意參加印支國家的經濟恢復工作。東盟國家還積極發展與其他第三世界國家經濟合作關係。例如，1975年1月馬來西亞總理訪問了西亞各國，簽訂了經濟技術合作協定。泰國、菲律賓也和阿拉伯國家在平等互利的基礎上增加了石油、大米和水泥的貿易額。在積極與第三世界國家發展經濟合作關係的同時，東盟國家和蘇聯以外的發達國家的經濟聯繫也有所進展。例如，1974年從西歐共同體獲

得了出口商品免稅的優惠待遇。這種多元化的經濟關係促進了東盟國家中立化傾向的發展。

實現東南亞和平、自由和中立區的計畫，歸根究底取決於東盟組織內部的團結和力量。因此，加強東盟各國的協調一致和互助合作是這一計畫成敗的關鍵。「吉隆坡宣言」發表後不久，於1972年4月，東盟舉行了第五次部長會議，認為國家和區域合作是「防止外來勢力擴展他們的權力競爭」的「唯一先決條件」；東盟國家只有「造成它的團結力量，才能經得起變動，才能在變動中生存下去」。會議提出了「自力更生」的口號，同意在經濟政策方面採取「共同步驟」。此外，會議還打算採取措施健全機構，使東盟成為「更有效的地區性合作組織」。但是在1975年以前，除了在對外政策方面較多地體現了團結合作精神以外，在東盟組織內部的經濟、政治和文化合作等方面並未取得令人鼓舞的成就。在這些方面，真正有所作為的，是在1976年2月東盟第一次首腦會議之後。

經過充分醞釀和準備，於1976年2月，在印尼的巴里島召開了東盟成立以來的第一次首腦會議。巴里會議是在新的國際形勢下召開的。首先，印度支那戰爭結束。美國在印度支那戰爭中徹底失敗後，決定從亞洲進一步收縮力量。美國總統福特 (Gerald Rudolph Ford) 提出了「新太平洋主義」(New Pacific Decotrine) 的政策，宣稱東盟各國依靠自己的力量保護其獨立。這使東盟各國對美國大失所望，認為，東南亞的安全不能依賴西方，只能靠加強自己內部的團結合作，促進經濟發展，以增強各國和本區域的防禦能力。其次，1974年的西方經濟危機對東盟國家造成了沉重打擊，東盟國家出口的原料一再跌價，橡膠跌到了

二十三年來的最低點。外貿條件的惡化使國內生產下降，工廠倒閉，失業劇增。1974年東盟國家經濟增長率從上一年的10%下降為5%至6%。面對這一嚴峻形勢，會議通過了兩個重要文件，即「東南亞友好合作條約」（Treaty of Amity and Cooperation in Southeast Asia）和「東南亞國家聯盟協調一致宣言」（Declaration of ASEAN Concord）。該「條約」和「宣言」最突出的內容之一是把加強經濟合作擺到了首位，把它作為建立和平、自由和中立區的基礎。文件詳細規定了經濟合作的範圍、內容和形式，制定了切實可行的措施，從而把長期以來只限於討論層次的經濟合作推到了實際執行的階段。文件的另一個重要內容是把政治問題列入東盟團結合作的範圍。「宣言」規定了謀求政治穩定的目標和原則，從而為清除成員國之間的摩擦、密切相互間的關係、鞏固整個組織的團結、維護本地區的和平與穩定指明了方向。

這次會議是東盟發展史上的一個重要里程碑。會議以後，東盟不僅在對外關係方面，而且在內部成員國之間的政治、經濟、社會、安全、文化和科技合作等方面也出現了可喜的進展。這次首腦會議以後，分別於1977、1987、1992年又舉行了三次東盟首腦會議和一系列的外長會議及經濟部長會議，東盟組織對各成員國的經濟發展和相互關係的協調起著愈來愈大的作用。

成員的擴大是東盟組織發展壯大的重要方面。1984年汶萊獨立以後不久，就加入了東盟。這是該組織第一次增加新成員。1994年5月，東盟在馬尼拉提出一個倡議，主張成立一個包括東南亞所有十國的「東南亞共同體」。1995年7月，越南被接納為正式成員國。這年12月第五次東盟首腦會議宣布，「加速實現包括所有東

南亞國家的東盟的理想」。1997年7月，緬甸、寮國也加入了東盟，只有柬埔寨因國內政局動盪而被推遲入盟。但是柬埔寨也有望在本世紀結束以前加入，最終實現大東盟共同體的計畫。屆時，所有東南亞國家將以一個獨立的政治經濟實體出現在世界上。

㈢東盟的成就與問題

相對來說，東南亞國家聯盟作為一個第三世界國家的區域性組織是比較成功的，儘管它在發展道路上碰到過許多問題，而且至今仍存在著一些難題。

東盟成立至今已近三十年了。這期間，特別是1976年第一次首腦會議以來確實取得了一定成就，儘管不能估計過高。如果從政治和經濟兩個方面來考察它的成就的話，更顯著的恐怕還是在政治方面。

政治上的成果主要表現在三個方面，即推動柬埔寨問題的解決；改善成員間的相互關係；東盟國際地位的提升和作用的增強。

在柬埔寨問題上，東盟反對地區霸權主義，維護地區和平與穩定，為推動柬埔寨問題的和平解決作出了突出的貢獻。七〇年代初，東盟國家協調一致遏制了蘇聯向本地區的滲透。七〇年代末，爆發了越南侵柬戰爭，這是戰後殃及本地區安全的第三次大規模武裝衝突。越南對柬埔寨的武裝占領使東盟國家認識到，由越南控制下的整個印度支那將對東盟國家構成威脅。它們擔心，越南的下一個目標很可能是東盟的成員國泰國。因此，從柬埔寨被占領的第一天起，東盟各成員國就強烈地譴責越南的擴張行為。在反對越南地區霸權主義的鬥爭中，東盟從以下幾方面發揮

了積極作用。首先，掀起輿論攻勢，闡明越南地區霸權主義的危險性和嚴重性，揭露越「部分撤軍」等謊言的虛偽性，堅持要求越南完全撤出柬埔寨。泰國總理炳·廷素拉暖說，越南侵柬埔寨是河內的「擴張主義行動計畫」的一部分，「這個擴張主義行動計畫很可能要延伸到泰國東北部的十六個府……」菲律賓馬可仕總統稱蘇聯支持下的越南是東南亞安全的最大威脅。新加坡副總理拉賈拉南說：「今天，在柬埔寨的事情明天可能發生在我國」。馬來西亞外長扎利·沙菲也說，河內的目標是建立東南亞霸權。東盟第十六次首長會議明確指出，「越南繼續占領柬埔寨，仍然對東南亞地區的和平與穩定構成嚴重威脅，也對國際和平與安全構成嚴重威脅」。當越南在國際輿論壓力下玩弄「部分撤軍」的把戲時，東盟國家指出「這不過是一種徹頭徹尾的謊言」。東盟國家主張，越南必須首先從柬埔寨全部撤軍。在東盟第十四、十五、十六次外長會議公報中，以及東盟向聯大提交的幾個「柬埔寨問題」議案中，都明確指出「外國軍隊必須立即撤出柬埔寨」，強調這是解決柬埔寨問題的首要條件。

其次，積極推動柬埔寨抵抗力量的聯合，利用各種場合，各種手段支持柬埔寨人民的抗越鬥爭。柬埔寨抵抗力量之所以能夠堅持到最後勝利是和柬三股抵抗力量的聯合分不開的。而這種聯合的外部推動力就是東盟。東盟國家為三派傳遞信息，為他們的接觸提供場所。例如，1981年初三派領導人關於同意組成聯合政府的「聯合聲明」是在新加坡簽署的；三方特別委員會的一系列會議是在曼谷舉行的；1982年6月三方的「民主柬埔寨聯合政府成立宣言」是在吉隆坡簽署的。東盟外長會議多次重申東盟對民柬聯合政府的支持。一些東盟國家還在為抵抗力量提供經濟和軍

事援助。此外東盟還利用各種國際舞台和外交手段支持民柬聯合政府。在聯大不結盟會議、伊斯蘭國家會議等國際場合，都帶頭為民柬聯合政府申張正義。東盟還積極爭取使更多的國家支持它的立場。例如1985年聯大前夕，東盟派出代表到非洲一些國家宣傳東盟的立場，從而使民柬聯合政府獲得更多的同情和支持，這使聯大幾次以壓倒優勢通過了保留民柬在聯大合法席位的決議。與此同時，在柬埔寨問題上，東盟還和中國大陸積極合作。東盟各國領導人和中國大陸領導人不斷互訪，交換意見，互通情況，密切磋商，協調立場，從而給民柬聯合政府極大的鼓舞。

其三，積極倡導柬問題的政治解決，不斷發起柬埔寨問題國際會議。1986年4月，東盟外長會議支持民柬聯合政府的政治解決柬埔寨問題的八點建議。1987年7月泰國發起並主持召開了有三十多個國家出席的第三次柬埔寨國際會議。印尼、泰國等外長多次與越南外長接觸。印尼還多次發起柬埔寨問題有關各方的非正式會議。東盟還積極推動了1989年7月巴黎國際會議的召開。會上，東盟強烈要求越南無條件撤軍，全面解決柬埔寨問題。沒有東盟國家的倡導、參與和撮合，柬問題的政治解決可能會拖延更長的時間。

在解決東盟成員國相互間的矛盾和衝突過程中，該組織也發揮了積極的作用，從而密切了關係，加強了團結，確保了地區穩定。這首先表現在解決馬菲關於沙巴主權問題的爭端上。這是一個歷史遺留問題，在東盟成立以前和成立初期，這個問題始終未獲得解決。在1977年8月的第二次東盟首腦會議上，透過各方的共同努力，馬菲就沙巴問題達成妥協，即菲律賓同意放棄對沙巴的主權要求；同時馬來西亞保證不以沙巴為基地支持菲律賓南部穆

斯林的反政治武裝鬥爭。其次，表現在解決馬來西亞和印尼之間的領海爭端上。長期以來印尼在劃定領海問題上堅持「群島原則」。根據這一原則，印尼的領海寬度可以用直接連接群島最外緣島嶼與乾礁的最外緣各點劃定的直線基線來確定，基線所包圍的水域，不論其深度或距離海岸的遠近，其海床、底土和上空，以及其內的一切資源都屬於印度尼西亞的主權範圍，受印度尼西亞主權支配。這種劃分原則，嚴重損害馬來西亞的利益，從而引起雙方的爭執。但是透過東盟的管道，雙方進行反覆協商，於1981年7月基本上達成協議，馬來西亞承認印度尼西亞對東馬和西馬之間的海域擁有主權；印尼也承認馬來西亞船隻和飛機在這個水域及其上空自由來往的權利，承認馬漁民在這裡捕魚和馬爲保護漁民而採取的軍事行動的權利。此外，泰馬之間的海域爭端也是在東盟協調一致的精神指導下獲得解決的。這些無疑對維護地區穩定、提高東盟在世界政治中的地位產生了積極作用。

隨著東盟力量的壯大，它在國際關係中的地位和作用不斷加強，尤其是冷戰結束後。九〇年代以前，東盟的政治作用充其量也只限於東南亞地區之內，而在後冷戰時代，隨著世界和地區格局的變化，它的作用和影響完全超出了東南亞，已經擴展到整個東亞、亞太乃至世界。

在東亞這個層面上，早在九〇年代初，馬來西亞就倡議成立旨在促進東亞國家經濟合作的「東亞經濟核心論壇」(East Asia Economic Caucus)。後只是由於日本反應冷淡而未能啓動。但東盟關於加強東亞合作的目標沒有改變。1997年末，在東盟成立三十週年之際，面臨嚴重金融危機的重要關頭，東盟終於發起了被稱爲「九加三」的首腦會議。東盟九國和中日韓三國的

首腦坐在一起討論東亞地區的問題。東盟在東亞地區主義形成過程中扮演了一個相當活躍的角色。

在亞太層面上，東盟發揮著更加廣泛有力的作用，大有取得主導權之勢。首先，東盟參與亞太經合會（Asia Pecific Economic Cooperation）的發起，並在該機構中發揮其集體優勢。其次在亞太地區安全合作方面，東盟發揮著極其獨特的作用。東盟不僅成了亞太安全合作的舞台，而且它也是這個舞台上的角色。它利用冷戰後地區格局的重組，多極化傾向的發展，大國相互制衡作用的加強，巧妙地控制了地區安全合作的主持權。一年一度由東盟主持，邀請各大國參加，旨在確保亞太安全的「東盟地區論壇」（ASEAN Regional Forum，ARF）會議就體現了東盟在地區安全合作方面發揮的傑出作用。它把中、日、美、俄、歐盟（European Union）等拉到一起，讓各大勢力共同維護亞太地區的安全，是小國集團利用和左右大國勢力的一大壯舉。

在世界層面上，目前世界正在形成三個經濟中心，即西歐、北美和東亞。世界的兩極格局瓦解之後，正在形成以上述三個地區為頂點的大三角關係。西歐北美有傳統聯繫，北美和東亞也由於亞太經合會的建立而關係日趨密切。唯獨三角形的第三邊西歐東西之間聯繫薄弱。東盟積極承擔了加強這一邊的歷史責任。1996年3月，東盟發起了首屆亞歐首腦會議。東盟邀請東亞的中日韓和歐盟各成員國首腦聚集一堂討論亞歐合作事宜。以後，每兩年舉辦一次亞歐會議，這將為未來世界新格局的確立產生重大影響。如果一個等邊三角形真能形成，東盟則功不可沒。

在經濟上，東盟也取得了一定成就。但整體來說，這方面的進展和政治方面相比總顯得步履艱難。東盟在這方面的積極成果

主要表現在對內和對外兩個方面。

在對內的經濟合作方面，第一，實行了成員國之間的特惠貿易制。這是1976年第一次首腦會議的重要成果。根據這次會議通過的特惠貿易安排，擴大了成員國之間的基本商品貿易，特別是為擴大糧食、能源以及東盟工業項目的產品的貿易提供了方便。1977年2月，東盟五國簽訂了「東盟特惠貿易安排基本協定」(Preferential Trading Arrangements)，建立了貿易特惠制度。這之後列入特惠貿易安排的商品種類不斷增加。到1984年8月，列入成員國間特惠貿易安排的商品已超過一萬八千四百三十一項。1987年7月，東盟經濟部長會議決定將成員國間關稅減免率從過去的25％提高到50％，不過在實行過程中，實際效果並不十分顯著。例如在1987年，被列入特惠關稅。安排的一萬八千多項商品的貿易額只占區域內貿易總額的2％，只有2.6％的項目真正享受到了特惠關稅。到1992年，東盟區域內的貿易額占其對外貿易總額的比例不到1/5，而特惠商品的貿易額在區域內進出口貿易總額中所占的比例僅為5％左右。

第二，在糧食和能源合作方面，實行了利益的相互兼顧。東盟國家在這糧食和能源上存在互補性，可以透過合作互通有無。1977年3月東盟制定了石油應急方案。1979年簽署了糧食儲備協定。各成員國達成協議，同意在世界市場糧食和石油短缺時，產米國泰國和菲律賓優先向印尼、新加坡、馬來西亞供應大米，產油國印尼、馬來西亞則優先向泰國、菲律賓供應石油；而當這兩種商品在世界市場上過剩時，兩種商品的進口國則要優先從東盟伙伴國購買。

第三，實行工業合作，建立合營企業。為了集中資金，共享

市場，提高東盟國家的工業生產能力，東盟經濟部長會議於1970年達成了建立第一批合營企業的協議，決定在印尼、馬來西亞興建尿素化肥廠，在菲律賓建磷肥廠，在新加坡建柴油機廠，在泰國建純鹼廠。後來又增加了一些工業聯合企業項目。到九〇年代初，有涉及二十六種產品的聯合企業項目獲得了批准，但真正付諸實施的還不多。目前只在印尼和馬來西亞各建有一座化肥廠，其他工業合作項目還未完成。在工業合作方面，於1981年，東盟還制定了一個「工業互補計畫」，其目的在於利用東盟各國在技術和生產上的優勢，實現規模生產。爲了促進實施這一工業互補計畫，還成立了各種聯合組織，如東盟汽車聯合會、東盟水泥製造商聯合會、東盟食品加工工業聯合會、東盟化學工業俱樂部、東南亞國家橡膠工業協會、東盟鋼鐵工業聯合會。然而工業互補計畫的實施進展也相當緩慢。

第四，實現金融合作。1978年東盟五國中央銀行簽訂了「通融資金備忘錄」，集中各國提供的等量外匯用以幫助成員國解決短期國際支付方面的困難。通融資金額不斷增加。1981年還成立了東盟金融公司，用以資助東盟的共同企業和各國的新興工業。

第五，採用經濟合作的新形式「成長三角」。目前正在實施的有「新柔廖成長三角」，包括新加坡、馬來西亞的柔佛洲和印尼的廖內群島。另一個成長三角是「北部成長三角」，包括馬來西亞北部和彭亨工業中心、印尼蘇門答臘北部和萬丹市，以及泰國南部的五個村。第三個是「東盟東部成長區」，包括菲律賓南部、馬來西亞的沙巴以及印尼的北加里曼丹、蘇拉維西和摩鹿加。

在對外經濟關係方面，東盟在維護各成員國民族經濟權益、爭取西方大國的經濟援助上取得了一定成就。除新加坡以外，東

盟成員國都是原料出口國。爲了穩定出口產品價格，反對西方的
貿易保護主義，東盟國家採取了一個措施，即成立各專業經濟聯
合組織。如1970年2月，以東盟國家爲主成立了天然橡膠生產國協
會，聯合採取減產、限銷、儲囤等措施，使一度跌價的天然橡膠
價格開始回升。此外，還有馬、菲、印尼三國成立的東南亞木材
生產者協會，馬、泰、印尼倡議建立的錫生產國協會。

　　在與西方大國的經濟往來中，爲了加強自己的實力地位，創
造有利於自己的國際經濟環境，爭取更多的外援，東盟國家以東
盟組織的名義積極開展與西方國家的對話。1977年東盟第二次首
腦會議後，五國領導人與日本、澳大利亞、紐西蘭領導人舉行會
議，結果日本同意向東盟提供資金貸款，澳紐也同意降低關稅壁
壘。1980年10至11月日通產相出訪東盟五國，宣布了援助東盟的
四原則：協助發展能源，給菲泰四億美元以發展能源工業；促進
東盟中小企業的發展，解決就業問題；促進東盟產品進入日本市
場；在教育、管理和工藝訓練方面增加對東盟國家的援助。1980
年3月，東盟和歐共體談判後簽訂了一個類似洛美協定的內容廣泛
的合作協定，規定在貿易上給予東盟最惠國待遇，促進歐體對東
盟的投資，增加技術轉讓等。1977年以來，東盟與美國進行了多
次對話。1980年9月東盟和美國達成了幾項協議：建立東盟—美國
經濟協調委員會，磋商經濟事務；建立共同基金，美國出資一億
美元左右，資助東盟的中小企業；五年內，美國進出口銀行撥款
二十億美元，促進美私人企業對東盟的貿易和投資。所有這些都
證明，在與西方大國經濟談判的對話過程中，東盟發揮了成員國
單獨行動遠遠產生不了的作用。

　　關於經濟合作，最能反映東盟雄心的莫過於建立「東盟自由

貿易區」（AFTA）計畫了。1992年1月東盟在新加坡舉行第四次首腦會議。會上通過了「1992年新加坡宣言」，宣布從1993年1月起用十五年（後縮短爲十年）把東盟建成自由貿易區。根據縮短後的計畫，首先規定了把十五類工業製成品（包括資本貨物和加工農產品）列入加快降低關稅步伐的「有效普惠關稅計畫」；其次規定了減稅的進度表，透過逐步降低關稅和取消非關稅壁壘的辦法，決定在五至八年內把關稅降至20％；到2003年1月，再降到5％以下。如果這些目標能夠實現，東盟將成爲一個經濟合作方面卓有成效的區域性組織。儘管在這一目標的道路上存在著各種困難和障礙，但是各成員國能夠就實現自由貿易區計畫達成一致，並決心向這一目標努力，這本身就反映東盟在經濟合作方面開始發揮關鍵性作用。

東盟成立三十年來，在經濟方面的成就並不像政治方面顯著。造成這種情況有很多方面的原因。首先，多數東盟國家的經濟結構類似，互通有無的餘地有限。除新加坡和汶萊外，其他成員國都是農業國，都以種植業爲主，除糧食以外，許多產品存在著對市場的相互競爭，如橡膠、棕櫚油、木材等。在工業方面，工業化的程度基本相同，工業結構也大體相似，都以輕工業爲主，因此，產品很少能進行交換，這是區域內貿易發展的主要制約因素。其次，各國經濟發展策略類似，都是外向型經濟，都以出口帶動整個經濟發展，在吸引外資和出口產品方面也存在著競爭，如汶萊、印尼、馬來西亞都在爭奪日本的天然氣市場。最後，各國經濟發展水準不同，經濟利益不盡一致。新加坡經濟發展較快，技術和工業生產水準較高，產品的競爭力較強，同時它又是一個市場狹小的國家，所以它積極主張拆除各國間的關稅壁壘，建立

自由貿易區。而經濟發展水準較低的印尼則表示反對，因為它擔心造成商品傾銷，衝擊印尼的市場。正是這個原因使自由貿易區的計畫遲遲提不上日程。儘管各國一致同意在2003年以前建成東盟自由貿易區，但仍然存在著利益不均的問題。自由貿易區能否順利建成，還有待觀察。

第二節　東南亞與大國的關係

㈠中越三角關係

在戰後近五十年間，越南以至整個印度支那始終是國際矛盾的焦點之一。這裡匯集了各種矛盾：東西方兩種制度的矛盾；中蘇兩個大國的矛盾；越南與中蘇兩國的矛盾，以及本地區國家間的矛盾。

這裡主要討論中蘇越三角關係的發展和演變，當然重點是越南與中蘇兩大國的關係。從整體上來說，這種三角關係的發展可以分為四個階段：第一階段從1945年至1960年，第二階段從1960年至1975年，第三階段從1975年至1991年，第四階段從1915年至今。

在第一階段，中蘇越三國相互間保持友好關係，但越中關係比越蘇關係遠為密切，被稱為「同志加兄弟」關係。

越南民主共和國在1945年8月革命中誕生後並未立即得到蘇聯政府的正式承認。對於當時的越南問題的解決，蘇聯把希望主要寄託在法國共產黨身上。法共是戰後法國最強大的政治力量，議會第一大黨。莫斯科估計，法共很有可能取得政權。共產黨執

政後的法國政府自然會解決殖民地的問題。但事實證明這估計是錯誤的。在法共於1947年被趕出政府之後,蘇聯才把目光轉向胡志明的越南民主共和國。儘管如此,它也未立即承認越南新政權,只是在中華人民共和國成立,並於1950年1月18日宣布與越南民主共和國建交之後,蘇聯才於1月31日正式承認越南新政權。

四〇年代末五〇年代初,越南民主共和國面臨的主要任務是反對法國重建殖民統治的罪惡行徑,實現民族的徹底解放。因此,它最迫切需要社會主義蘇聯和中國大陸的經濟和軍事援助。1950年2月,在莫斯科,史達林以社會主義大家庭家長的口吻對來訪的毛澤東和胡志明說,「越南戰爭,越南革命,蘇聯是可以支援的,但具體的,切實的還靠中國來管」。⑩這輕描淡寫的一句話,使蘇聯擺脫了一切責任,而仍是滿身戰爭創傷的中國大陸則承擔了援越抗法的全部重擔。

中國大陸開始實實在在地履行自己的神聖的法國主義義務。1950年4月,第一批援越物資運入越北根據地。7、8月間,陳賡率領的中共中央工作組和韋國清率領的大陸軍事顧問團到達越南。隨即,在大陸顧問的協助下成功地發動了邊界戰役。以後又取得了紅河中游戰役、18號公路戰役、寧平戰役、西北戰役、上寮戰役等一系列戰役的勝利。最後,在軍事顧問團團長韋國清的建議下,制定了奠邊府戰役的計畫,結果取得奠邊府決定性勝利,促成了日內瓦協議的簽訂。

對越南抗法戰爭的勝利,大陸作出了極大的貢獻。從1950年至1954年,大陸向越南提供了大量軍事援助。各種槍支十一萬六千支,火炮四百二十門,大批配套的彈藥,以及通信和工兵器材等。除了軍事援助,大陸還確保了越軍的軍事訓練、後勤供應和

其他作戰需要。

對越南的抗法戰爭，蘇聯沒有作出任何貢獻，這不能不使越南對蘇聯保持一種疏而遠之的態度；越南與給它無私援助的大陸則親密無間。難怪胡志明感慨地吟出「越中情誼深，同志加兄弟」的詩句。他十分清楚，「自1950年至1954年的抗法時期，大陸是向越南提供軍事援助的唯一國家。越南軍隊的全部武器、彈藥和軍需用品，都是由大陸按常年的儲備量和越南各個戰役的需求直接供給」。⑲

史達林逝世、赫魯雪夫上台以後，蘇越關係並未明顯好轉。這是因爲，一方面赫魯雪夫對外熱衷於搞蘇美緩和，推行「三和一少」（和平共處、和平競賽、和平過渡、少援助民族解放運動）的路線。爲了實現與美國的緩和，儘量避免在與美國有爭議的地區發生正面衝擊。蘇聯在印支問題上採取的是「脫身政策」。1955至1960年蘇聯對越南援助十分有限，據西方估計，這期間蘇聯對越南援助只及大陸對越援助的一半（蘇聯爲三億六千五百萬美元，而中國爲六億六千二百萬美元）。此外，蘇聯並不關心越南被分割的局面，甚至在1957年，莫斯科還提出讓兩個越南同時加入聯合國的建議。相反，大陸卻一如旣往地繼續大力支援越南。1955年6月，越同時向大陸和蘇聯要求援助。蘇聯只援助了二億人民幣，而大陸提供了八億人民幣的援助。五〇年代末，當越決定在南方發動武裝鬥爭時，大陸又立即表示大力支持。

蘇聯的冷漠態度自然引起河內的不快。蘇共二十大後，蘇聯人向河內通報蘇共黨內非史達林化的問題，越勞動黨表示了類似中共的立場，認爲史達林有錯誤，但他對革命所作的貢獻是主要的。越共甚至公開讚揚大陸主張的關於革命統一越南的路線，而

反對蘇聯和平統一越南的路線，強調革命高於和平過渡。

　　總之，在1960年以前，越南與大陸、蘇聯的關係是有著明顯的親疏之分的。親華疏蘇是這個時期的主要特點。當然，這期間的中越關係也並非事事情投意合。例如中國大陸在日內瓦會議上積極促成的日內瓦協議，越南就有人大為不滿，認為大陸向越南施加了壓力。當時在南方的勞動黨領導人黎筍就批評日內瓦協議，責備越黨沒有徵求他的意見，認為參加日內瓦會議是黨的大錯誤。然而，整體來說，在整個五〇年代，中越友好始終是中越關係的主調。

　　從1960年到1975年是三國關係大轉變時期。蘇越關係從疏轉向親，中越關係卻從親轉向疏。在這個階段的初期，越南仍力圖在中蘇兩國之間維持中間立場，但愈到後來愈傾向於蘇聯。不過，在越南取得全國革命勝利之前越方始終避免跟中國最後攤牌。

　　五〇年代末，中蘇兩國在意識形態上的分歧愈來愈公開。六〇年代初雙方公開決裂。為了在國際共產主義運動中擴大自己的勢力和影響，雙方都向越南尋求支持。赫魯雪夫以增加對越南的援助來換取越南的忠誠；劉少奇則親訪河內，對越南說：「在這樣重大的原則鬥爭的問題上，我們是不能袖手旁觀的，是不能走中間道路的。」越南在兩者之間並未立即作出選擇，而是採取了不偏不倚的等距離外交。在言論上，它一方面同時感謝中蘇兩國的支持和援助，另一方面強調「社會主義陣營的團結」。在行動上，保持在支持一方的同時不傷害另一方。例如，在中印邊界衝突上，越南支持大陸，而避免提及蘇聯；在古巴導彈危機問題上，越南又支持蘇聯，而避免提及大陸。

　　從六〇年代中期起，河內對蘇的態度開始轉變，逐步從親華

向親蘇傾斜。1965年以後中越矛盾的暗流逐漸表面化。這年，越南開始在公開刊物《歷史研究》中刊載一系列反華文章，利用歷史問題，宣傳「北方的侵略」；1966年，勞動黨第一書記黎笋參加蘇共二十三大，在中蘇意識形態衝突中，公開站在蘇聯一邊，黎笋稱「蘇聯是我的第二故鄉」；越南領導人在1976年「5・1」節的講話中大肆宣揚蘇聯的援助，而對大陸的援助隻字不提；對於大陸強烈批評的1968年蘇武裝入侵捷克斯洛伐克事件，越南報刊絲毫沒有表示反對；特別是，在蘇搶占中國大陸珍寶島，中蘇發生邊界衝突時，河內依然視若無賭。這一系列跡象表明，越南已經從五〇年代的親華疏蘇變爲親蘇疏華了。進入七〇年代，越南開始公開批評大陸並採取了某些敵視大陸的行動。1971年越南把中美關係的緩和說成是大陸拿越南與美國做交易，是對越南的「背棄」和「出賣」。1974年當大陸收復了從南越占領下的西沙群島時，越抨擊這是侵略行爲。1975年解放南方的過程中，越南搶占了南沙群島的部分島礁。這樣，中越關係此時到了公開破裂和對抗的邊緣。

是什麼原因導致了越南的這一轉變呢？首先，蘇聯調整了對越政策，加強了對越南的拉攏利誘。早在六〇年代初，在意識形態衝擊中，爲拉攏越南對抗大陸，赫魯雪夫修改了原來的脫身政策，大幅度地擴大了對越的經濟和軍事援助。1960年以前，蘇聯對越援助只是大陸的一半，而到了1963年，蘇聯援助就超過了大陸。當年蘇對越出口是1959年的三倍，進口是1959年的二倍。1964年，布列茲涅夫取代了赫魯雪夫，在對外政策上進行了大幅度的調整。隨著蘇聯軍事實力的膨脹，蘇聯逐步放棄了以美蘇緩和爲主要手段的和平競賽策略，轉變爲以美蘇爭霸爲主要手段的世界

霸權戰略。從六○年代中期以後，蘇聯開始在世界許多地方展開了擴張的攻勢。包括越南在內的印度支那自然是它的主要目標之一。1964年北部灣事件後，越南對經濟和軍事外援的急需為蘇聯提供了良好的契機。1965年2月柯西金總理率龐大代表團訪越，大幅度增加了對越的援助。據西方估計，1965年蘇聯對越南軍援達五億美元，到1968年達到十億美元。進入七○年代以後，蘇聯的勢力進一步向東南亞和西太平洋擴張：一方面向亞洲國家兜售「亞洲安全體系」，另一方面開始向阿富汗滲透。蘇妄圖乘美國在亞洲收縮力量之際，填補這裡的政治真空。這構成了布列茲涅夫的南下策略。這一策略促使蘇聯更加重視越南的地位，它已經看到越南和印度支那將會成為蘇聯在亞太建立霸權的重要戰略基地。因此七○年代前半期蘇越關係迅猛發展。

其次，越南領導層內形成了親蘇派勢力，並逐步取得政治主導地位。胡志明與中國大陸許多領導人感情很深，一貫主張與大陸友好。1965年以後，疾病纏身的胡志明對政策的左右能力日漸減弱。1960年，黎笋擔任了越黨第一書記，地位僅次於胡志明主席。六○年代後期，他成為黨內主持工作的主要領導人。從日內瓦會議以後，他對大陸一直懷有戒心和偏見，始終認為大陸是一個潛在的威脅。六○年代中期以後，當蘇聯大力拉攏利誘越南的時候，黎笋便欣然響應，迅速投入蘇聯的懷抱，把蘇聯當成抵抗大陸「威脅」的強大靠山。1969年，胡志明逝世之後，以黎笋、黎德壽等為首的一伙親蘇派勢力完全控制了中央領導權。主張保持與大陸友好的人逐步遭到了排擠和打擊。這種情況最終導致了中越關係的破裂和蘇越的結盟。

其三，蘇聯利用對越援助，挑撥離間中越關係。1965年2月，

蘇聯建議中蘇兩國在援越問題上採取「聯合行動」。蘇聯要求有權使用中國大陸雲南和廣西的兩個機場，並駐紮五百名蘇聯空軍；要求獲得蘇聯援越物資在大陸的過境權；要求開闢經過大陸領空的空中走廊。這些明顯侵犯大陸主權的要求，大陸當然不能同意，特別是在中蘇關係已經破裂的情況下，這是根本不現實的。蘇聯知其不可而為之，是別有用意的。當大陸公開拒絕了蘇的無理要求後，蘇聯開始大作文章。但實際情況是，大陸並未因此而阻礙蘇聯的援越物資過境，而是積極做了轉運工作。這期間「大陸及時安全地轉運其他社會主義國家的援越物資達到一百七十九列五千七百五十車箱」。對此，越南也公開承認。但是，對於大陸未能與蘇聯採取「聯合行動」，未能滿足蘇聯的危及大陸安全的要求，越南當權的領導人總是耿耿於懷。

其四，中國大陸文化大革命期間的極端政策有損於中越兩國的團結。援越抗美的高潮正值中國的文化大革命。這期間，許多文化大革命的極端作法都是越南人難以接受的，如個人崇拜、紅衛兵運動、打倒大批老一輩的革命家。特別使他們不能接受的是對蘇聯的政策。在援越的過程中，錯誤地強調「反帝必反修，不反修，不是真反帝」的口號，這顯然是強加於人，沒有充分體諒越南的處境。胡志明曾道出了他們的這種苦衷。他曾說：「蘇聯是老大哥，中國是老大姐。你們吵起來，我們不好辦。」⓯

其五，越南對中美關係的緩和作了錯誤的反應。七〇年代初，中國大陸受到蘇聯嚴重的軍事威脅。大陸的周邊地區逐步成為蘇聯的勢力範圍。為了利用兩個超級大國的矛盾，大陸決定尋求中美關係的正常化。美國陷在越南不能自拔，也希望與大陸緩和，幫助它體面地結束越南戰爭。於是有了1972年的尼克森訪華和上

海聯合公報。在中美會談過程中，美方把台灣問題和印支問題聯繫起來，提出只要中國大陸軍隊撤出印度支那，美國軍隊就撤出台灣。美國還主張：第一，美國撤軍的同時，越南在十二個月內釋放美國戰俘；第二，在整個印支停戰，實現1954年的日內瓦協議。中國大陸及時地將中美會談的情況以及美方的態度向越南通報，而且反覆聲明，大陸絕不會拿越南問題與美國做交易。周恩來親訪河內解釋說，「我們不要求首先解決台灣問題。台灣問題是下一步」。⑲周恩來還在別的場合說，「印度支那問題是華盛頓和北京之間關係正常化道路上的四大障礙之一。解決（印支）戰爭問題是最迫切的任務。」他還說，「中國在這個地區將堅持反美鬥爭，直到美國撤出它的全部軍隊。」⑭很顯然，中國大陸在與美國關係正常化的過程中絲毫沒有損害越南的利益。然而越南領導人卻責備大陸「沒有權利和美國討論越南問題，你們已經犯了1954年的錯誤，所以你們不要犯另一個錯誤」。⑮這時，蘇聯也火上澆油，說中國大陸領導人「已經走到了帝國主義陣營」，「他們全心全意地想與美國帝國主義——越南和其他印支人民的兇惡敵人建立友好關係」。所有這些對大陸的誤解和誣蔑導致了越南對大陸的敵意。

不過，儘管如此，在這時越南並不願意公開與大陸決裂，因為戰爭尚未結束，還需要大陸的援助。

從1975年到1991年是越南與中蘇兩國關係走向兩個極端的時期。越對蘇一邊倒乃至最後結盟；對華則變友為敵乃至最終兵戎相見。

1975年越南南方解放後，很快實現了國家統一，中國大陸的援助在越南看來無關緊要了。於是越南開始執行公開的反華親蘇

的路線。1975年10月，黎筍訪問莫斯科，兩國簽署了「越蘇宣言」，確定了兩國兩黨「全面聯繫」、「密切合作」的「基本方針」，使越蘇兩國關係進入了「全面發展」的「重要新階段」。雙方還簽署了蘇對越的經濟援助協定。黎筍稱蘇聯爲「越南人民的偉大朋友」。1978年6月，越南加入了蘇聯控制的經互會。幾個月後，簽訂了「越蘇友好合作條約」。條約規定，一旦締約一方成爲「進攻的目標」，雙方應立即進行協商，以便「採取相應的有效措施來保障兩國的和平和安全」。

至此，蘇聯和越南成了盟國。此後，越南向蘇聯提供了金蘭灣（Cam Ranh Bay）海空軍事基地的使用權，蘇援也直線上升。八〇年代初，每年達十多億美元。

但是在這個階段的後半期，越蘇關係也出現了微妙的變化。首先，1982年中蘇開始就關係正常化問題進行磋商。此間，中國大陸要求蘇聯停止支援越南，這使越對蘇產生懷疑，擔心蘇聯與大陸接近而出賣越南。其次，越蘇在柬埔寨問題上也發生分歧。蘇聯對越南強調越、寮、柬的「特殊關係」愈來愈感到不快，希望寮、柬成爲獨立的實體，並與蘇聯直接建立關係，但越堅決反對；蘇試圖與金邊政權締結「友好合作條約」，但遭越阻撓；蘇在金邊政權中培植親蘇勢力，也被越制止。賓索萬的垮台就是這種矛盾的反映。

這期間，中越關係迅速惡化。1975年4月越南占領了大陸南沙群島的部分島礁之後，又對西沙群島提出了領土要求。1976年，越在國內強迫華僑歸化。從1978年起，藉所謂所有制改造之機，打擊、迫害和驅趕華裔、華僑。1978年越共四中全會正式把大陸列爲「最直接、最危險的敵人」、「新的作戰對象」。這期間越

南在中越邊界不斷進行武裝挑釁。從1974年到1979年共達三千五百三十五次之多，打死打傷大陸邊境軍民三百多人。在這種忍無可忍的情況下，中國大陸被迫於1979年2月發動中越邊界自衛反擊戰。以此爲起點，中越關係的對抗狀態一直持續到1991年。

中越關係的惡化和破裂並不奇怪，因爲在抗美戰爭時期已經出現了不少裂痕。越南統一以後，除了原有裂痕繼續擴大以外，又增添了一些新的敵對因素，歸納起來主要有三個方面。

一是越南地區霸權主義膨脹和武裝入侵柬埔寨。越南建立印度支那聯邦的打算早在四〇年代就有過，只是由於當時的條件所限，還沒有形成地區霸權主義。在革命勝利前夕，這種苗頭開始顯露。越南統一後，它的地區霸權主義惡性膨脹起來。依仗美國遺留的大量武器裝備和中蘇的大量援助，越宣稱它有近一百萬軍隊，是世界第三大軍事強國。這時蘇越在建立世界霸權和地區霸權過程中又各有所求，於是便互相支持。這就使越南有恃無恐地推行印支聯邦計畫。但越南在追求自己的圖謀過程中並不順利。其一系列引誘手段在寮國順利得手，卻在柬埔寨遭到了失敗。爲強迫民主柬埔寨就範，發動了武裝侵略和占領。對柬埔寨的入侵不僅違犯了國際關係的起碼準則，也嚴重威脅了中國大陸的安全，因爲這不僅意味著在中國的門口出現了一個強大的奉行擴張政策的印度支那聯邦，也爲蘇聯南下策略的實現鋪平了道路。中國大陸將處於蘇聯的半包圍圈之中。因此，大陸毫不猶豫地譴責、反對越南的地區霸權主義，堅決支持柬埔寨的民族抵抗力量。大陸的反擊戰一方面是爲了維護自己的邊境安全，另一方面也有牽制越南力量以支持柬埔寨的意義。

二是越南當局對國內華僑的迫害和驅趕。在越南有一百五十

萬華裔和華僑，有二十五萬在北方。在中越友好時期，北方的大部分華僑按照自願的原則加入越籍，所以不存在任何問題。然而南方一百二十五萬華僑的入籍問題並未解決。越南統一後，南北方的華裔華僑問題都凸顯出來。在南方，由於大部分財富集中在華裔、華僑手中，所以他們成了南方社會主義改造的主要對象。改造的範圍包括經濟、文化的各個方面。所採取的手段是在打擊買辦資產階級的口號下，沒收或徵購華人商號和公司企業，剝奪華人小商小販，關閉華僑報社、學校，解散華人團體。從1977年開始大規模驅趕華僑。這些華人或者被趕到沒有任何公共設施的「新經濟區」，或者被迫離境，淪爲難民。越南還在中越邊境地區大搞所謂「淨化邊境」，致使大量難民湧入大陸。到1978年底，二十萬華人難民逃離越南。越南當局以迫害華僑爲手段的反華運動嚴重傷害了大陸人民的感情。

三是領土糾紛。關於陸上邊界，在1974年以前，中越兩國基本上沒有大的分歧。但1974年越方指控大陸在1955年把中越鐵路的連接處向越南方面挪了三百公尺。1975至1977年，又對大陸雲南、廣西提出了十五處領土要求，並且私自挪動或毀壞界碑，導致了邊界暴力衝突。關於東京灣海域，中越兩國從未劃定過。但1974年8月，越南突然宣稱，東京灣早已由中法條約劃定，其中2/3水域歸越南，這引起了大陸的強烈抗議。西沙和南沙群島自古以來就是中國的領土，1975年以前越南官方也不否認。但在解放南方過程中，越無理搶占了南沙的部分島礁，並對西沙群島提出了領土要求。

所有這些爭端都激化了中越矛盾，從而導致了兩國關係的最終破裂，乃至武裝衝突。

從1991年到現在這個階段不再呈現三角關係了。這是中越關係正常化的新時期。

　　1991年蘇聯的解體、俄羅斯意識形態的西方化，以及俄羅斯國內問題的突出導致了俄越關係的冷卻，俄在越南的影響迅速下降。相反，越南與大陸關係卻開始緩和。八〇年代末，越南停止攻擊大陸。1990年9月，越部長會議主席杜梅（Do Muoi）公開表示希望與大陸實現關係正常化。不久，總書記阮文靈秘密訪華尋求關係正常化的可能性。一年後，即1991年11月，杜梅總書記、武文杰（Vo Van Kiet）部長會議主席率高級代表團訪問北京，最終實現了關係正常化。這之後，兩國關係，特別是經濟貿易關係不斷發展。目前，儘管仍在領土問題上存在分歧，但雙方都不願意破壞這種正常關係。同樣，雙方也沒有把關係恢復到五〇年代水準的那種願望。

　　九〇年代中越關係能夠正常化的原因是顯而易見的。首先是越南領導層的變動，內外政策的調整。1986手7月黎笋去世，主張改革的領導人在當年底的越共「六大」上占了上風。從這以後，在激烈的權力較量中，親蘇派勢力逐步下降。東歐劇變、蘇聯解體以後，越共不斷清除蘇聯的自由化和西方化的影響，愈來愈推崇類似大陸的改革方向。這促使了雙方的接近。

　　其次是越南宣布從柬埔寨撤軍，十年的侵略戰爭使越南背上了沉重的包袱，整個國民經濟瀕於崩潰，但又無望以軍事手段解決柬埔寨問題。從國內經濟發展的需要出發，越南不得不修改對柬政策，宣布1989年9月從柬埔寨撤軍。大陸認爲，越從柬撤軍是中越關係恢復正常化的首要條件。越南的撤軍爲兩國關係正常化鋪平了道路。

其三是中越兩國經濟建設的需要。中越兩國為了國內的經濟建設迫切需要一個和平的國際環境，同時也需要經濟合作的伙伴。這種願望是兩國關係正常化的強力動力。越南的這種願望更加迫切。蘇東的變化使越南失去重要的經濟支持和市場，這迫使它把注意力轉向中國。

總之，中越關係正常化是符合兩國人民的根本利益的，有利於本地區的和平、穩定與發展。

㈡東盟國家與中國大陸的關係

東盟國家⑯是中國大陸的近鄰，它們與中國有著悠久的友好交往史。但由於戰後冷戰的政治對峙、意識形態的差異、華人華僑問題以及雙方在政策上的分歧等，致使這些國家與大陸的相互關係出現不少曲折、坎坷和反覆。為便於分析，我們把它們與大陸的關係分為三類，分別進行考察。

第一類是，印尼與中國大陸的關係。印（尼）中關係的發展可以分成三個階段。第一個階段從1950年至1965年；第二個階段從1965年至1990年；第三個階段從1990年至今。

在第一階段，兩國關係呈現非穩定發展的特點。這期間，印尼在對華政策上搖擺不定，兩國關係忽冷忽熱。印尼和大陸都有著反西方殖民主義的鬥爭歷史，都面臨著維護民族獨立的相同任務。因此獨立以後，兩國都有發展友好關係的良好願望，雙方於1950年6月正式建立外交關係。但是由於當時印尼內閣政府的權力主要控制在反共的右翼勢力手中，兩國關係並未立即得到應有的重視。相反，印尼對大陸的積極主動報以冷漠和怠慢。當大陸派遣的駐印尼首任大使王任叔抵達雅加達機場時，印尼外交部門竟

拒不迎接。隨後，中國大陸使館工作人員抵達後竟被拒絕入境，被迫返回大陸。印尼的這種態度在很大程度上受到美國在東南亞的冷戰攻勢的影響。美國的反共宣傳、台灣國民黨勢力在印尼的存在都加強了印尼對中國共產黨領導的政權抱有的恐懼和疑慮。華人的雙重國籍問題更使他們深為不安。

隨著右翼內閣的垮台，溫和的韋洛波政府的組成，兩國關係開始改善。特別是到了1958年6月，阿里·沙斯特羅阿米佐約（Ali Sastramidjojo）出任內閣總理以後，兩國關係出現了轉折。他的政府奉行類似印度、緬甸的反西方殖民主義的不結盟政策，於是開始了兩國關係親密化的進程。1953年10月印尼派了首任駐華大使，一個月後，又派出了一個經濟代表團訪華，宣布不遵守由美國發起的聯合國對華禁運的命令，簽署了兩國貿易協定。

對此，大陸方面作出積極的反應。不久後，一個大陸的貿易代表團也訪問了印尼。此外，大陸也以和解的態度與印尼討論後者最關心的華人雙重國籍問題。在討論中，大陸第一次同意放棄傳統的血統主義原則，讓華人自願選擇一個國籍。這一精神在亞非會議期間兩國簽訂的有關雙重國籍的條約中作了明確規定。這一條約的簽訂對於解除印尼，甚至其他東南亞國家對大陸的不信任心理起了促進作用。

亞非會議把兩國的友好關係推向高潮。會議期間，周恩來以他非凡的魅力和風度以及令人信服的演講打動了印尼領導人，使他們增加了對大陸的好感。會後，周恩來對印尼進行了國事訪問。這期間，蘇加諾破例陪同周總理乘敞蓬汽車環遊雅加達市區，沿途受到成千上萬市民的歡迎。萬隆會議後，兩國關係進一步升溫，其主要標誌是1956年9月蘇加諾總統首次訪問北京，熱氣騰騰的建

設景象給他留下了美好的印象。他看到了中國共產黨集中統一領導的成功。回國後，他便公開批評西方議會制度，提出了實現「有領導的民主」的口號。這時已成為印尼第四大政黨的共產黨與蘇加諾總統的距離也不斷縮小。

然而這種不斷升溫的友好關係很快就遭到了挫折，這主要是印尼國內複雜的政治和社會矛盾激化的結果。蘇加諾與共產黨的接近以及他主張的建立「有領導的民主」的政制改革引起了右翼勢力馬斯友美黨和社會黨的不滿，它們以退出政府為要挾向蘇加諾施加壓力。與此同時，在一些地方發生了軍事判亂，支持這些叛亂的是美國和台灣。蘇加諾對壓力和叛亂毫不妥協，他理所當然地得到了大陸的支持和援助。但是蘇加諾對叛亂的鎮壓卻導致了大規模的排華浪朝。本來蘇加諾打擊的對象之一是支持反叛的親台華人勢力，但由於華人和土著人之間的固有矛盾，打擊的矛頭迅速擴大到整個華人。而恰恰這時，蘇加諾為推行他激進的經濟措施，又頒布了一個禁止外僑在縣以下鄉村地區經營零售商業的法令。實際上，在這些地區經營零售商業的主要是華人，這對於已經掀起的排華運動無異又是火上加油，從而使成千上萬的華僑陷入困境。

對於這種嚴重危及兩國關係的事態發展，印尼政府沒能採取有效的遏制手段，相反，卻屈從了種族主義的壓力，特別是來自右翼軍人勢力的壓力。對於這一事態，大陸的反應比較克制，一方面由於大陸不願意損害業已建立起來的兩國友好關係；另一方面大陸對蘇加諾在反資本主義和保護民族利益口號下推行的經濟政策，又很難加以反駁。於是大陸採取了低調反應。一方面要求印尼政府制止這種排華活動；另一方面主動採取措施將數以萬計

的華僑接回大陸。儘管蘇加諾最後制止了這場排華運動，但兩國關係畢竟有所冷卻了。

在這次排華事件後，兩國又積極為修補友好關係而努力。大陸首先邁出了積極的一步。1961年3月，陳毅外長出訪雅加達。訪問期間，雙方簽訂了友好條約和文化合作協定。三個月後，蘇加諾再次訪問北京。其間，他把前不久的排華事件說成是「兩個兄弟之間」的「小糾紛」，稱兩國間的友誼是「牢不可破的」。他還向大陸領導人授予共和國勛章。這時，印尼支持大陸解放台灣，而中國支持印尼收復西伊里安。於是兩國的友好關係得到了恢復。

1964年4月，劉少奇訪問印尼又把兩國友好關係推向了新階段。他在雅加達受到極其熱烈的歡迎。之後，大陸在一系列問題上對印尼提供了支持和援助，如解放西伊里安，對抗馬來西亞，支持新興力量運動會等。此外，在經濟技術領域也廣泛進行合作。當時兩國這種友好合作關係被西方國家說成是「北京—雅加達軸心」。

第二階段是兩國關係上最淒慘的一頁。這就是1965年「9‧30事件」以後兩國關係長達二十五年的凍結和隔絕狀態。蘇哈托將軍取得政權後，兩國間發生了一系列衝突。最後，印尼政府於1967年10月照會大陸政府，關閉大陸駐雅加達大使館，從此兩國斷絕了外交關係。

造成這種後果的主要原因是印尼國內的政治鬥爭。蘇加諾倚重印尼共抑制軍人勢力，這激起了軍人勢力的極大不滿。印尼共對殺害軍人領袖的恐怖行動的參與以及中印（尼）兩國攻府和兩國共產黨間的友好關係，不能不使蘇哈托對大陸產生深深懷疑，

雖然前一指稱缺乏事實根據。就在這時，長期得不到解決的固有的華土兩族間的矛盾的雷管又被點燃了，於是種族問題和意識形態問題纏繞在一起，從而使大陸成了一個替罪羊。

蘇哈托執政以後修改了蘇加諾的對外政策，推行親西方的攻策，把大陸視爲對印尼，甚至整個東南亞的主要威脅。在大陸方面，文化大革命時期支持東南亞革命的極端政策更加劇了這種對抗。

在這個階段，儘管兩國沒有外交關係，但雙方仍然維持著一種間接的貿易關係（透過香港和新加坡）。這種間接貿易關係一直持續到1985年。這以後，雙方恢復了直接貿易。早在七〇年代末，大陸就逐漸調整了自己的對外政策，把黨的對外關係和國家的對外關係區別開來，確立了和平的外交方針，努力發展與一切國家的友好合作關係。這種靈活務實的新外交政策首先爲兩國關係的緩和準備了條件。

這之後，大陸還多次公開表示隨時準備與印尼討論關係正常化問題。在印尼方面，八〇年代，國內政治基本穩定，經濟也有了較大發展，它在國際舞台上扮演的角色也愈來愈突出。印尼爲了在亞洲乃至世界政治舞台上發揮更大的作用，不可能置大陸這個亞洲大國於不顧，它認爲有必要爲自己樹立一個親善和解的形象；與此同時，爲了尋求更大範圍的經濟合作，不能不考慮與大陸實現關係正常化的問題。順應和平與發展的兩大世界潮流，中印（尼）兩國終於在1990年8月正式恢復了外交關係，從而結束了二十多年的不愉快歷史。

中印（尼）復交標誌著兩國關係進入了第三個階段。自1990年8月以來，兩國關係迅速發展。最突出的標誌是，兩國高級領導

人互訪頻繁。就在復交的同月，李鵬總理對印尼進行了正式訪問。不久，蘇哈托總統進行了回訪。1991年楊尚昆主席、1993年喬石委員長又先後訪問了印尼。與此同時兩國的經濟合作迅速擴大。目前兩國關係正沿著健康的方向蓬勃發展。

大陸與泰、馬、菲三國的關係屬於另一類。它與中印（尼）關係有較大的區別。大陸與這三國關係的發展也可以分為三個階段。整個五○年代為第一階段；整個六○年代和七○年代的前半期為第二階段；七○年代中期以來為第三階段。

在第一個階段，由於三國對中國共產黨政權的恐懼和不信任，雙方互相疏遠和隔絕。這種恐懼和不信任主要來自戰後在東南亞出現的冷戰形式和美國的反共反華宣傳。新中國的建立和越南的革命被描寫成共產主義向東南亞的「擴張」。美國為了遏制共產主義的世界戰略需要，拼湊了東南亞條約組織，從而把菲律賓、泰國綁到了冷戰的戰車上。美國還透過簽訂各種雙邊條約和提供大量的經濟和軍事援助騙取了它們的信任。馬來西亞獨立以後雖未加入東南亞條件組織，但仍與英國保持聯盟關係。因此，在整個五○年代，這三國都公開站在以美國為首的西方陣營一邊，對大陸採取懷疑和敵視態度。

這個階段，中國對這三國的政策是，第一，避免直接攻擊三國，而把主要矛頭指向美國，揭露美國反共反華的陰謀，勸告和說服三國不要充當美帝國主義的炮灰和工具。大陸政府利用一切機會爭取它們對大陸的了解和信任。第二，大陸強調與這三國和平共處，建立友好關係。這一點在1955年的萬隆會議上表現得尤為突出。周恩來面對各種對大陸的誤解、偏見和中傷，以極大的耐心對大陸政府的政策作了十分中肯和令人信服的解釋和說明，

第三，大陸還沒有真正從物質上支持三國共產黨的武裝革命。這個時期，泰國的武裝鬥爭尚未掀起，菲律賓共產黨趨於瓦解，而馬來西亞共產黨在與政府談判失敗後遭到了英國駐軍的嚴厲鎮壓。

由於大陸政府的努力，特別是周恩來在亞非會議上的說服工作，在1956、1957兩年裡，大陸與泰、菲兩國的關係出現了短暫的和解和鬆動時期。泰國解除了對華的非戰略物質的禁運，取消了華僑到大陸旅行的限制，並宣布「中國共產黨政府是中國大陸唯一合法政府」。

但是這種和解氣氛很快就結束了。

從五○年代末起，大陸與三國的關係進入了第二階段。這個階段的主要特點是相互敵視和對抗。1958年7月大陸與中立的柬埔寨正式建交成為轉折點。對於中柬建交，首先作出反華反應的是泰國。它把中柬建交看作是大陸向東南亞擴張勢力的重要步驟，毫無根據地擔心大陸會利用柬泰的漫長邊界對泰國進行滲透顛覆。同年10月，沙立發動政變後，奉行極端的親美反共政策，這更加劇了中泰關係的惡化。泰國政府先是把矛盾指向華僑，逮捕華僑，搜查華人商店、學校，查封華僑報紙；爾後在聯合國對大陸平息西藏叛亂進行攻擊，反對大陸進入聯合國；最後在六○年代的越戰中，為美國提供軍事基地，派出軍隊支持美國的侵越戰爭。馬來西亞獨立以後，也拒絕承認大陸。為了抑制大陸的影響，馬來西亞代表在聯合國就西藏問題批評大陸；同時奉行兩個中國的政策。隨著越南戰爭的升級，菲律賓也派出武裝部隊到越南戰場，從而使菲美的戰略聯盟進一步得到加強。菲政府忠實執行美國對華禁運的規定，拒絕承認大陸，反對大陸進入聯合國。

面對雙方關係出現的逆轉，大陸最初的反應並不強烈。只是到了六〇年代中期泰菲直接捲入越南戰爭，大陸才改變了政策。這時，大陸的宣傳媒介開始激烈地抨擊泰菲兩國政府，稱之為「反革命政府」、「賣國政府」、「帝國主義走狗」；對1967年成立的「東南亞國家聯盟」也持批評態度，稱之為帝國主義侵略的工具。特別重要的是，大陸在這期間開始大張旗鼓地支持泰、馬、菲三國的共產黨反政府武裝鬥爭，幫助他們培訓幹部，提供秘密電台和其他軍事援助。

大陸的這種政策一方面是由於這些國家追隨美國對大陸採取的敵視態度，另一方面也是受文化大革命極左路線的影響。當時，東南亞被認為是推動世界革命最有希望的地區。六〇年代末七〇年代初這種革命達到了高潮，從而也使大陸和泰、馬、菲的對抗達到了頂點。

第三個階段是建立正式外交關係、開始友好合作的新時期。

七〇年代初，國際形勢發生了巨大變化，導致了雙方關係的改善。首先是中蘇矛盾的進一步激化。1969年中蘇邊界發生武裝衝突。同年，蘇聯拋出了針對大陸的「亞洲集體安全體系」。為了抵銷蘇聯的威脅和粉碎蘇聯包圍大陸的企圖，大陸有必要改善與東盟國家的關係。於是大陸開始肯定東盟的積極意義。1971年東盟通過「中立化宣言」後，大陸更是積極地加以讚揚。

其次是美國力量收縮和英國軍事力量的撤離。美國在越南的困境迫使尼克森拋出「關島主義」（Gnam Dectrine，或稱 Nixon Doctrine）。這個「主義」意味著，東盟國家在安全問題上不能再繼續依靠西方。英國的撤離更加強了它們依靠自己的集體力量的願望。東盟通過的中立化宣言就是一個明顯的例證。

最後是中美關係的緩和與大陸國際地位的提高。1972年尼克森總統訪華，中美關係開始正常化給泰、馬、菲的外交政策帶來了極大的衝擊。在美國對華政策之後，美國的盟友不可能繼續維持過時的對華政策。1971年大陸恢復在聯合國席位，1972年中日建交……這些都標誌著大陸的國際地位的提高。作爲大陸的近鄰，泰、馬、菲三國不可能繼續堅持對大陸的敵視態度。

　　在這種形勢下，三國政府不得不重新審視自己的對華政策。在此過程中，它們逐步認識到，與大陸的長期對抗未必能消除國內共產黨的威脅，而與大陸修好則有可能約束大陸對它們國內共產黨的支持。於是，與大陸建立外交關係成爲三國的共同行動，在馬來西亞率先於1974年與中國建交之後，菲、泰也於1975年與大陸發表了建交的聯合公報。

　　正式建交標誌著大陸與這三國的關係進入了新時代。但是在這個時期的最初幾年，雙方關係的發展並不令人滿意。其主要原因是，三國仍對大陸抱有戒心，這特別反應在共產黨問題和華僑問題上。實際上，七○年代末，大陸已經調整了對東南亞的政策，開始奉行國家關係與黨的關係相分離的原則，停止對東南亞共產黨的物質上的支持，取消了他們設在大陸的電台，大陸的報刊也不再有東南亞共產黨武裝鬥爭的報導。爲了解除它們的疑慮，大陸領導人頻繁出訪這三個國家，反覆保證不搞「革命輸出」，與東南亞共產黨只保留「道義上的關係」。隨著泰馬兩國共產黨活動的減弱，三國對大陸的信任程度也不斷提高。在華僑問題上，大陸政府早已保證不利用華僑干涉它國內政，不承認雙重國籍，鼓勵華僑遵守居住國的法律。但大陸在1979年實行改革開放以後，不適當地號召海外華人回國投資，爲祖國的四個現代化作貢

獻。這一度引起東盟國家的緊張，因為這有可能影響這些國家的經濟發展。這時又恰逢中越軍事衝突，它們擔心對越南的反擊有可能在它們國家重演，並對大陸的華僑政策更加擔心和懷疑。不過，大陸政府很快就意識到了這一點，立即停止了普遍要求海外華人回國投資的口號；同時也向東盟國家說明，越南的情況不同，大陸不會對東盟國家採取類似行動。這樣，使他們增進了對中國睦鄰外交攻策的了解。

到八〇年代中期以後，大陸與三國政府的了解和信任加深了，經濟和技術合作的共同願望使雙方的關係更加密切了。特別是在柬埔寨問題上，雙方的立場愈來愈接近，為雙方關係的發展注入了新的動力。八〇年代中期以後，雙方關係呈現了全面發展的趨勢。1985年馬來西亞放寬了馬商人來華的限制；1988年，廢除了自1971年以來實行的「中國貨入口准證」制度；1989年，開通了吉隆坡至廣州的直通航班。這時，中泰貿易和經濟合作也發展迅速。到了1985年，雙方貿易額比1975年增加了十四倍。這一年雙方簽署了關於促進和保護投資的協定以及關於成立經濟合作委員會的協定，從而推動了兩國的經濟合作。1989年鄧小平說，「中泰之間的關係是真好，不是假好」，「是不同社會制度國家之間友好合作的典範」。⑲1988年，菲律賓總統柯·阿奎諾以親戚加元首的雙重身分訪華尋根，把中菲關係推向了新階段。目前大陸與這三國的友好合作關係正在順利發展。

大陸與新加坡關係的發展最具戲劇性，它代表第三種類型。自新加坡從馬來西亞獨立以來，中新一直存在著良好的關係，尤其是在經濟方面。然而兩國長期沒有外交關係，直到中印（尼）建交之後，新才緊隨其後，與大陸建交。造成這種情況的原因在

於新加坡本身的特殊性和李光耀的外交藝術。

新加坡是一個以華人爲主體的非伊斯蘭小國，它處在兩個以馬來人爲主體的伊斯蘭大國之間。對馬來西亞和印度尼西亞來說，華人問題始終是兩國最敏感的問題，兩國政府始終擔心華人在經濟上的主導地位、華土之間的矛盾，以及擔心大陸利用華人進行顛覆。因此，兩國對新加坡這個華人國家一直存在疑慮和戒心，擔心它與大陸的聯繫。新加坡政府清楚地知道，作爲一個小國，要保障自己的安全就必須與馬、印（尼）加強相互信任和理解，保持友好關係。爲了解除它們的疑慮，同時也爲了提醒大陸尊重它的主權，新加坡決心抹掉「第三中國」的形象，不能給人造成中新關係特別親密的印象。因此，李光耀多次聲明，只有所有東盟國家都與大陸建交之後，才能考慮新、中建交問題。他說，「透過採取最後建交的立場，我們向我們的東盟伙伴和中國表明，我們是我們自己，新加坡人」，大陸不能無視新加坡政府而只透過向新加坡的華人施加壓力來「迫使新加坡政府改變它的立場」。⑩由此可見，最後建交的立場既是出於周邊關係考慮的一種策略，也是維護自己獨立形象的一種姿態。實踐證明，新加坡的這一外交政策是成功的。

除此之外，新加坡避免過早與大陸建交還有國內政治的考慮。新加坡是一個以華人爲主的多民族國家。考慮到華人在其他東南亞國家的被支配地位，這裡的華人很容易產生民族沙文主義。爲了避免這種傾向的發生，樹立新加坡人對自己國家的認同感，有必要暫時冷卻一下急於與中國建交的熱情。在新加坡政府看來，這樣做有百利而無一害。實際上，這種作法絲毫沒有影響中新兩國的貿易往來和經濟合作。

到1991年9月汶萊與大陸正式建立外交關係以後，所有東盟五國都與大陸建立或恢復了外交關係。隨著冷戰的結束，大陸與東盟國家的關係進入了一個新階段。由於1989年天安門事件後兩方對中國的經濟制裁，以及面臨蘇聯東歐共產主義崩潰後獨自承受西方反共壓力的局面，大陸不得不重新調整自己的外交策略，將外交的重點聚焦在自己的周邊國家。周邊的重點是亞太，亞太的重點是東盟。因此，東盟成了北京外交的重中之重。

九〇年代初北京向東盟發動了一場友好攻勢，從而導致了雙方全面友好的局面。這首先表現在高層的頻繁互訪上。據統計，從1990至1992年雙方的政治性互訪達到二百一十九次之多，其中一百一十次是北京對東盟國家的訪問。1990年以後，北京的所有主要領導人均訪問了東南亞，而東盟的主要領導人也都訪問了北京。1993年，這種訪問達到如此頻繁的程度，以致這一年被國際外交界稱為中國的「東盟外交年」。

其次是全面合作。這主要表現在經濟和安全方面。在經濟領域進入九〇年代以後，雙方的貿易迅速增長。貿易總額從1990年的六十億美元猛增到1995年的二百億美元。1995年比1994年增加了40%。雙方的相互投資增長更為迅速。到1989年底，東盟國家在中國大陸的投資總額為八億二千萬億美元，而僅在1990、1991兩年內，投資額幾乎達到四億美元。中國大陸在東盟國家的投資只是到了1990年代才開始迅速上升。到1994年，中國大陸在東盟的總投資額達到了三億美元。此外，雙方還在金融、勞務等方面進行合作。「中國—東盟聯合經濟貿易委員會」、「中國—東盟科技委員會」、「中國—東盟聯合合作委員會」等機構的建立，也大大推動了雙方合作的深度和廣度。在安全領域，儘管雙方存

在著某些分歧和爭論，但相互合作、交流和理解在日益增強。對有爭議的問題，北京採取了積極、溫和及建設性的態度。關於南沙問題，儘管北京一直堅持主權要求，但考慮到現實情況和照顧各方利益，北京同意不使用武力，按照國際法規定的原則，包括1982年「聯合國海洋法公約」和平解決南沙爭端。從1991年起，北京便成了東盟的正式對話伙伴，並成爲後來成立的東盟地區論壇的成員國之一。

1997年7月發生的席捲東南亞的金融危機又把中國大陸與東盟的距離拉近了。儘管大陸經濟改革處於攻堅階段，但北京仍慷慨解囊，向泰國和印尼分別提供十億美元援助，以緩解它們的金融危機。與此同時，北京還宣布，人民幣不貶值，以免給東南亞各國的經濟雪上加霜。這一態度與隔岸觀火的老盟友美國形成了鮮明的對照。這導致了東盟進一步向大陸靠攏，其突出標誌是1997年12月的「東亞首腦非正式會晤」。這期間，舉行了「中國—東盟首腦非正式會晤」，之後發表了聯合聲明。雙方保證將共同努力，建立面向二十一世紀的睦鄰互信伙伴關係。這將成爲雙方關係發展的新起點。

㈢東南亞與美國的關係

戰後最初十年，美國在東南亞的勢力還僅限於菲律賓。正是由於這一地區在美國冷戰戰略全局中的重要地位，才引起了美國的特別關注，以致後來使它陷入了一場有史以來歷時最久、損失最慘重的海外戰爭。儘管那次戰爭失敗了，但作爲一個地區，東南亞在美國的對外戰略中的地位始終沒有降低。

戰後以來，東南亞與美國的關係有一個演變過程。最初，雙

方關係常常以美國的利益為轉移，東南亞國家在很大程度上處於被動地位。隨着東南亞國家國際地位的提高，特別是東盟的建立和美在越南戰爭中的失敗，美國的支配地位愈來愈下降了。我們可以從下述四個階段加以考察。

戰後，隨著東西方冷戰格局的形成，中國大陸革命的勝利，越南革命形勢的發展，東南亞便成了冷戰的主要前緣陣地之一。實際上，戰後不久，冷戰就在這裡演變成了熱戰，這就是越南的抗法戰爭。這場戰爭並沒有影響到美國的切身利益，然而美國甚至比法國更為關注這場戰爭。因為在它看來，這場戰爭關係到以美國為首的西方陣營的防線是否會崩潰和共產主義是否會由此向世界蔓延。

為了遏制共產主義，美國積極支持法國的印度支那戰爭。據估計，美國付出了法國全部戰費的78%。美國甚至曾考慮在戰爭最後階段使用原子彈。然而，法國最終還是輸掉了那場戰爭。

日內瓦協議簽字後，美國雙管齊下以實現其在印度支那的圖謀：一方面，取代法國，扶植南越吳庭艷政權，緊守第一條戰線；另一方面，拼湊軍事集團，建立第二條戰線。在建立軍事集團的過程中，美首先依靠菲律賓，然後拉攏泰國。

戰後不久，反共的披汶在泰國重新當政。為了尋求靠山，他投入了美國的懷抱，積極支持美國的擴張政策。1950年，它步美國的後塵承認南越保大傀儡政府；派遣四千名泰國士兵到韓國為美國打仗；按照美國的旨意參加了對新中國的經濟封鎖；當年9月和10月泰美雙方簽訂了經濟援助協定和軍事援助協定。這樣，美國就以援助為誘餌，一步步地將泰國拉入了美國的軍事聯盟——東南亞條約組織。從此，泰國便成了美國的盟國。與此同時，

美國也把南越、寮國、柬埔寨劃入該組織的保護範圍之內。

東南亞條約組織成立之後，美國便在印度支那明目張膽地進行擴張活動。它先是支持吳庭艷破壞日內瓦協議，舉行單方面選舉，妄圖永遠分割越南，爾後，大力增加對南越政權的軍事援助，鎮壓南越人民的反抗鬥爭。隨著美國對南越的軍事捲入，最終導致了長達十多年的越南戰爭。爲了支持這場戰爭，作爲美國的兩個盟友泰、菲兩國也被用來充當炮灰。它們都派出了武裝部隊，並成爲越戰的後方基地。

在東南亞條約組織中，眞正的東南亞國家始終只有兩個。美國不是不想將該組織擴大到其他國家，然而遇到了困難。馬來西亞獨立以後，寧可保留與英國的聯盟關係，求得它的保護，也不願意倒向過於瘋狂反共的美國。

對於高舉反帝反殖大旗的蘇加諾所領導的印度尼西亞，美國更是無可奈何。美曾經支持一些地方武裝進行反叛活動以顚覆蘇加諾政府，然而均遭到鎮壓。獨立後的緬甸和施亞努的柬埔寨也與印尼一樣，決意在東西方陣營之間走一條中間道路，奉行不結盟政策，因此也與美保持著一定距離。

但是，美國試圖把大多數東南亞國家納入自己的世界戰略軌道的圖謀始終沒有放棄。正如一個關於美國亞洲政策的報告所指出的，「美國的政策應該是研究和鼓動那些最後導向東南亞經濟和文化統一的道路和方法」，使東南亞成爲美國影響下的「實體」。⑲於是，1961年泰、馬、菲三國成立東南亞聯盟時，美國便積極支持並鼓勵其擴大成員，但印尼拒絕加入。兩年後，馬、菲、印尼又成立一個聯盟組織，美國又表示支持。但這兩個地區性組織均由於內部矛盾和條件不成熟而最終流產，這使得美國的

圖謀未能實現。1967年東南亞國家聯盟的成立爲美國提供了新機會。這個組織的成立在很大程度上是基於地區經濟合作的願望，但也不排除有反對「外來干涉」的政治因素。毫無疑問，外來干涉是指共產主義，這正是美國感興趣之點。它抓住了這個機會，立即發表聲明，表示對該聯盟的支持。從此，美國在東南亞的勢力不僅僅限於南越和泰菲兩國，開始向東盟其他國家擴展。

總之，在七〇年代初以前的這一階段，東南亞與美國的關係有四個明顯的特點。第一，以戰略利益和軍事聯盟爲核心。從美國方面來說，它的東南亞政策的著眼點是遏制「共產主義的擴張」以確保其冷戰的全球戰略利益。從東南亞來說，不論南越、菲、泰，還是後來的其他東盟國家，它們與美國建立不同程度的關係主要是出於對共產主義的恐懼和自己的安全考慮。第二，最突出的表現形式是戰爭。戰爭的雙方是印度支那人民和美國及其傀儡政權。第三，關係的重點集中在印支及其附近地區，其他東盟國家基本上還未完全捲入與美國的關係。第四，雙方在相互關係中的地位極不平等，完全是支配和被支配、控制和被控制、影響和被影響的關係。

七〇年代是東南亞與美國關係大轉折的時期。尼克森上台以後，進一步看清了越南戰爭的暗淡前景。爲了集中加強歐洲這個美蘇爭霸的重點，決定大幅度調整美國的對外戰略，於是有了1969年7月的「關島談話」，即「尼克森主義」。它宣布「美國將不再捲入像越南那樣的戰爭」，並要求亞洲國家「照顧自己的國內安全和軍事防禦問題」。這標誌美國準備從亞洲收縮軍事力量和減少自己在該地區的防務責任。爲了配合美國的這一戰略調整，尼克森打開了中美關係的大門，以減少中國對東南亞的「威脅」。

1973年1月美越簽訂的巴黎和平協定標誌著美國戰略調整的正式實施。隨後，美從南越撤軍，同時也大規模削減了駐泰、菲、日本本土和琉球群島的美軍。

美國的這一戰略調整給東盟國家極大的衝擊。東盟成立以後，積極發展與美國的關係，寄希望於美國的軍事保護。美國政策的改變使它們感到美國保護的不可靠性，於是也制定了較爲獨立的安全戰略和政策。一是宣布把東南亞建成和平、自由、中立區（參見本章第一節）；二是開始推行與大國的均衡外交。東盟國家在七〇年代前半期，分別與蘇聯和東盟國家建立和改善了關係；馬、泰、菲三國先後與中國建立了外交關係。這表明，東盟國家對美國保護的依賴程度的減弱。

七〇年代後半期，美國對東南亞的政策一是繼續收縮力量，繼續降低在東南亞軍事存在的重要性。卡特（James Earl Carter）政府認爲，即使撤出一部分力量，蘇聯和越南也不會對該地區構成威脅。於是美國於1976年應泰國要求，關閉了在泰的美軍基地。1977年6月，東南亞條約組織宣告解散。與此同時，美國有關外交政策的報告對菲律賓美軍基地的作用也提出了疑問，認爲「如果美國不打算在東南亞大陸保持進行大規模軍事行動的能力」，那麼，菲律賓基地「在將來的價值是可疑的」。⑳二是關注東南亞國家的人權狀況。卡特的對外政策以「人權外交」著稱。美國曾以停止軍事援助爲手段向泰、菲、印尼施加壓力，以促進人權狀況的改善。三是重視與東盟組織發展關係，特別是經濟關係。1975年，卡特總統提出「新太平洋主義」，聲稱「我們關心東盟五個國家的重大政治和軍事問題。美國人將經常注意有關東盟這個組織的問題」。㉑1978年11月，美國國務卿政治事務

助理戴維・紐森（David Newson）在題爲「並未倒下的多米諾骨牌」的演說中不再重彈「共產主義威脅」的老調，而是強調經濟在與東盟國家關係中所占的主導地位。1977年6月，萬斯（Cyrus Roberts Vance）國務卿宣稱美國「歡迎有機會與它們的組織打交道」。這年9月，美國和東盟在馬尼拉舉行了第一次對話，首次和東盟組織建立了聯繫。1978年8月，在華盛頓進行第二次對話，雙方同意在經濟上進行合作。美國同意說服其他發達國家向東盟提供援助。

美國的上述政策使東盟國家進一步加深了不信任感，從而也使它們重新考慮自己的對策。新政策的核心是加速東盟組織的建設，對外發揮集體作用。爲達此目的，首先，完善和健全組織機構。1976年第一次首腦會議後，建立了東盟秘書處和其他一系列機構。其次，加強組織的內聚性。首次首腦會議通過的「東南亞國家聯盟協調一致宣言」和「東南亞友好合作條約」就是明顯的標誌。隨後，東盟國家之間的矛盾逐步得到消除，加強了內部團結。其三，加強對外發揮東盟地區組織的功能和國家集團的集體力量。這一點也恰好與美國重視東盟組織的政策相吻合。1977年9月，東盟第一次與美國對話以後，雙方建立起固定的聯繫。

綜上所述，七〇年代，東南亞與美國的關係顯然有了新的特點。一是與美國發生關係的中心地區有所轉移，從原來的印度支那轉向了東盟國家。二是相互關係的重心也從戰略和軍事關係轉爲以經濟合作爲主。三是東盟國家對美的信任和依賴減弱，主動性和獨立性增強，雙方的關係趨於平等。

整個八〇年代是東南亞與美國關係的第三階段。這期間，雙方的關係又發生了較大的變化。如果說七〇年代雙方關係出現了

某種程度的冷卻的話，那麼八〇年代則呈現了明顯升溫的態勢，其表現有三。第一，美國停止了七〇年代收縮力量的政策，保持並加強美國在該地區的軍事存在。採取的措施有：進一步推進美國第七艦隊的現代化，改善空運能力和部署部隊的能力；與泰國重新討論在泰國建立基地問題，並獲得了對泰國烏塔堡空軍基地和拉馬順電子監聽站的使用權；重新確認了菲律賓軍事基地的重要性，並得到繼續使用該基地的承諾。第二，重新加強了美國與東盟國家的軍事和防務關係。這首先表現在美國對東盟國家援助的增加上。1978年美對東盟的安全援助共一億六千三百萬美元，1984年則增爲三億二千七百萬，此後又增加到五億。其次，與菲律賓、泰國、新加坡就使用軍事基地、軍港設施和提供軍需補給等事項達成協議。另外，美國還積極開展與東盟國家的聯合軍事演習，加強軍事合作。第三，美國擴大與東盟的經濟往來。東盟已經成爲美國的第五大貿易伙伴，貿易由1977年近一百一十億美元增加到1988年三百四十七億美元，美在東盟投資從1977年的三十二億增加到八〇年代末的一百二十多億美元。美對印尼、馬來西亞和泰國的投資增長最快。1980至1985年，年增長率爲22.3%，其中最快是印尼，達25.1%，超過了對四小龍的投資增長。第四，進一步協調了美國與東盟各國政府的關係。七〇年代，由於推行人權外交，一度引起了某些東盟國家政府對美的不滿。雷根（Ronald W. Reagan）上台後，修改了人權外交，轉而實行較溫和的「民主改革」外交，只是勸說改革，而不是批評別國的人權狀況。布希（George Bush）副總統甚至把一度被指責爲違反人權的馬可仕說成是「熱愛民主」的總統。這在一定程度上加強了美國與菲律賓、印尼的關係。

八〇年代爲什麼會出現東盟和美國關係的反彈現象呢？主要原因是蘇聯的南下戰略、蘇越結盟和越南的侵柬戰爭。

越南統一後，地區霸權主義開始膨脹；蘇聯在此時也急於南下，以填補美國力量收縮後造成的東南亞的政治眞空。越蘇雙方互有所求，於是導致了蘇越結盟，越南向蘇聯提供金蘭灣軍事基地，蘇聯則支持越在印度支那擴張。越南侵柬後，最後，卡特的政策反應並不強烈，以爲這是中蘇之間的爭奪，但不久，就認識到事態的嚴重性。1981年，雷根政府一上台就調整了對東南亞的政策。在華盛頓看來，蘇越在東南亞咄咄逼人的進攻態勢將嚴重危及到美國的利益，也威脅到它的新盟友東盟國家的安全。爲了維護在東南亞所享有的戰略利益和經濟利益，爲了不使自己在東南亞威信掃地，不使東盟國家過於失望，雷根政府採取了對蘇越的強硬政策，重返東南亞，遏制蘇越的擴張勢頭。

從東盟國家這方面來看，也出現了加強與美國關係的要求。它們希望美保留在東南亞的相對強大的軍事力量，以抗衡蘇越，維持地區力量的平衡。尤其是泰國，由於直接面臨武裝入侵的危險，迫切希望美國提供軍事上的支持和保護。泰同意美國必要時重新使用泰國的軍事基地。菲律賓也同意美繼續租用軍事基地。後來新加坡也有爲美提供軍事基地的意向。這些都反映了希望美國保護的願望。

由於越南對柬埔寨的侵略和占領，東南亞與美國的關係又增加了一層內容，即美越矛盾的再度激化。1973年美越巴黎和約簽署之前，美國曾向越許諾，戰後向越提供四十七億五千萬美元的重建援助。但1975年4月，美國的勢力被徹底趕出了越南。隨即，華盛頓下令對越南實施禁運，禁止任何美國公司和個人到越南投

資進行貿易。同時，美國還禁止世界銀行、國際貨幣基金會等國際機構對越提供援助和貨款，從而斷絕了美越經濟聯繫。

　　儘管實行了禁運，雙方仍保持有限的接觸。越南爲了得到美國曾經許諾的援助，積極謀求越美關係改善。但美方提出的條件是，越必須協助美國尋找越戰期間一千八百三十八名失蹤美軍的下落。幾經交涉，於1978年8月，越向美交還了十一具失蹤美軍遺骸。然而這年12月越對柬的入侵使雙方矛盾迅速激化，美國不但中止了這種有限的接觸，還聯合其他發達國家共同對越實行嚴屬的經濟制裁，並表示如越不從柬埔寨撤軍，就不可能改善兩國關係。此後幾年，雙方中斷了聯繫。直到八〇年代中期，越南再次主動表示願意與美改善關係，但美國堅持改善關係的兩個先決條件，一是從柬撤軍，二是尋找美失蹤人員。由於越頑固堅持占領柬埔寨的立場，致使雙方關係處於僵持狀態。這種關係一直持續到八〇年代末。

　　東南亞與美國關係的第四個階段是九〇年代。九〇年代是世界政治格局大變動的時期，這必然對東南亞與美國的關係產生重大影響。這期間，國際形勢出現的最重要的變化是冷戰的結束。八〇年代末，美蘇關係走向緩和；進入九〇年代，蘇聯主張實現東西方一體化；1990年1月，蘇聯開始從金蘭灣撤軍；1991年蘇聯解體，標誌著冷戰的最終結束。另一個重大變化是越南政策的轉變和柬埔寨問題的解決。1986年越共「六大」在柬埔寨問題上立場有所鬆動，1989年9月越開始從柬撤軍，1991年10月柬埔寨問題實現了政治解決。所有這些都對東南亞與美國的關係產了極大影響。

　　首先，重新安排和調整雙方的戰略防務關係。冷戰的結束、

束問題的解決使東盟國家感到外來威脅大大減低了。這為東盟倡導已久的自由和平中立區計畫的實現提供了可能性，因此實現這一計畫的要求再次被提了出來。實現這一計畫當然不需要美國在該地區過度的軍事存在。1992年12月美軍撤出了菲律賓就是這種願望的反映。但很顯然，東盟國家仍希望美國在該地區繼續保持一定的力量。這表現在馬來西亞和新加坡已同意將本國的軍事基地提供給美國使用，並為美艦隊提供維修和補給服務。

其次，美國和東盟國家的經濟關係開始調整。隨著九〇年代世界經濟集團化和區域化傾向的加劇。東南亞國家在這方面也加快了步伐。它們開始考慮越南加入東盟的要求，同時又制定了十五年內實現自由貿易區的計畫，以抵制美國和西方的經濟集團化對自己造成的不利影響。美國日益把目光投向亞太，它想利用東盟和四小龍與日本爭奪建立亞太新秩序的主導權。東盟國家極力避免美國一家獨霸的局面，主動靠攏日本和大陸，以制約美國。馬來西亞抵制1993年的西雅圖亞太領導人會議，以及它提出的將美排除在外的「東亞經濟核心論壇」就是一個明顯的例證。

最後，越美關係正常化的步伐明顯加快。八〇年代末，越美雙方恢復了接觸。進入九〇年代，高層接觸愈加頻繁。柬埔寨問題解決後，越南在尋找美失蹤人員問題上採取了積極配合的態度。為此，越南人三年內共花了五十萬個工作日，交還了四百五十八具美軍骸骨。越南答應開放有關檔案、資料、照片以示合作；還答應釋放三千名前越南政權被俘人員及其家屬，允其移居美國。1991年11月，越外長黎梅（Le Mai）和美助理國務卿所羅門（Solomon）就兩國關係正常化舉行正式會談。1992年2月，美國宣布允許美國公司在越南設立辦事處，從事經貿洽談活動。1994

年2月，美國總統柯林頓（Clinton）正式下令取消持續了十九年的對越貿易禁運。從此，兩國關係正常化的大門打開了。1995年7月，柯林頓正式宣布美國與越南實現關係正常化，隨之，兩國正式建立外交關係。兩國關係進入新階段。

㈣東南亞與日本的關係

從1945年到1951年日本作為戰敗國被美國占領，直到1951年9月「舊金山和平條約」（San Francisco Peace Treaty）和「美日安全保障條約」（Japan-U.S. Security Treaty）的簽訂，日本的主權由盟軍最高司令部代行。在此期間，東南亞與日本不存在任何關係。

1951年以後，雙方開始逐步建立聯繫，隨後，這種聯繫不斷發展變化。

這種關係發展的第一階段包括整個五〇和六〇年代以及七〇年代的前半期。這期間，在東西方冷戰的大氣候下，美國通過「美日安全保障條約」將日本納入遏制共產主義的軌道。美國大力扶植日本，一方面提供經濟援助，另一方面提供安全保障。日本在對外關係方面則向美國一邊倒，服從美國的政治需要。這時，日本沒有自己獨立的對外戰略，它唯一能夠做和急需做的就是恢復和振興國內的經濟，首先實現其經濟大國的目標。日本是個島國，人多地少，資源貧乏，離開外部世界很難發展。中國大陸的被解放和冷戰的國際形勢，中斷了日本與中國大陸的經濟聯繫，日本的目光自然就集中到了東南亞。東南亞豐富的自然資源、廣闊的市場可以為日本的經濟起飛提供良好的條件。出於這種考慮，東南亞便成了日本對外經濟活動的首選目標。1952年5月，吉田茂

(Shigeru Yoshida) 政府宣稱「日本正考慮與美國合作開發東南亞」。後來吉田茂又說，「對於失去了大陸市場的日本來說，找到東南亞市場是十分重要的。」

日本如何重返深受其害並對日本仍抱有強烈敵意的東南亞國家呢？它採取的是極其特殊的方式，即透過戰爭賠償重新建立與東南亞的經濟聯繫。戰時，日本對東南亞的占領給這些國家的人民帶來了極大的災難，因此，這些國家有權要求日本進行戰爭賠償，而且舊金山和約也規定了賠償義務。美國出於不能過分削弱日本的考慮，在和約中對日本的賠償作了有利於日本的規定，即以提供勞務和產品方式進行賠償。儘管東南亞國家對這種形式表示不滿，但還是開始就賠償問題與日本進行談判。從1954年11月至1959年5月，日本先後與緬甸、菲律賓、印尼、南越達成了賠償協議，與柬埔寨、寮國、泰國、馬來西亞也達成了帶有賠償性質的「經濟合作」協議。這些賠償不僅沒有給日本的經濟造成負擔，相反，從長遠來看，對日本的經濟振興產生了推動作用。由於這種賠償不是採取支付現金的方式或者採取拆除或轉讓生產設備的方式，而是採取提供勞務和產品的方式，這給日本經濟的迅速發展創造了有利的條件：一是，大批日本技術人員、企業家、商人以「提供勞務」的名義進入東南亞的經濟領域，重新建立了日本在東南亞的影響。二是透過大量日本產品的流入，為日本商品開闢了東南亞市場。三是日本提供的生產資料產品加速了東南亞原料工業的發展，從而為日本未來工業的發展準備了充足的原料。的確，日本對東南亞的戰爭賠償為後來它的經濟大國目標的實現產生了直接推動作用。戰爭賠償不僅促進了日本經濟的發展，同時也在東南亞和日本之間建立起了經濟聯繫，因此，戰爭

賠償成爲日本打開東南亞大門的敲門磚。

　　爲了加強與東南亞的經濟聯繫，除了戰爭賠償之外，日本還採取另外一些措施，一是向東南亞國家提供政府的官方貸款和援助；二是大力增大對這一地區的私人投資和貿易；三是參加和發起建立地區性經濟機構，例如，日本加入了「可倫坡計畫」（1954年）、亞洲和遠東經濟委員會（1955年）、亞太委員會（Asia and Pacific Couneil，1966年）、亞洲議會聯盟（Asian Parlia-mentarian Union，1966年），特別是日本在1967年參與發起成立的亞洲開發銀行。透過這些機構，雙方的關係進一步加強了。

　　但實際上，日本的賠償並沒有沖淡東南亞各國對日本的仇視和戒備心理，相反，日本商品的傾銷和經濟掠奪更激起了充滿民族主義情緒的反日浪潮。七〇年代初，這種反日情緒在東南亞國家迅速高漲起來。1972年，泰國出現了廣泛的抵制日貨運動。在泰國的日本商人被稱作「經濟動物」。日本首相田中角榮（Ka-kuei Tanaka）到泰訪問時，竟引起曼谷市民的抗議。類似的情況也在印度尼西亞發生了。1974年田中首相訪問雅加達時，市民也舉行了反日的抗議示威活動。日在東南亞的經濟活動很容易使東盟國家把它與經濟帝國主義聯繫在一起。在官方關係方面，也存在著摩擦。例如，日本的合成橡膠壓制了東南亞天然橡膠的發展，東盟國家外長會議認爲「應當採取適當措施來對抗這種威脅」。

　　在第一階段，東南亞與日本的關係並不密切，其表現是，第一，並未建立和發展全面關係，雙方的聯繫只限於經濟方面；第二，東南亞國家對發展與日本關係的要求並不迫切，特別是對日本的疑慮較多，人民的反日情緒較高。

七〇年代中期以後，東南亞與日本的關係進入了新階段，這是雙方關係迅速發展的時期。這是由於本地區的形勢和政治力量的平衡發生了變化以及雙方各自利益的需要。在地區形勢上發生的最大變化是，一方面，印度支那革命取得勝利，美國完全退出了印支，且在整個亞洲收縮力量；另一方面，蘇聯勢力的迅速南下和越南地區霸權野心的急劇膨脹導致了第三次印度支那戰爭的爆發。

　　形勢的巨大變化迫使東盟國家對日本的作用進行重新估計。首先，他們認為，由於美國的撤退，特別是蘇越擴張所造成的本地區政治力量上的失衡必然影響地區穩定，並危及東盟國家的安全，所以急需借助日本的力量來遏制蘇越的擴張勢頭，希望日本能在地區穩定方面發揮更大的作用。這種願望首先由新加坡總理李光耀表達出來。1978年，他對日本保持一定防務能力表示理解。他說，在新的形勢下，只要日本不發展核武器，「它就會對東亞和太平洋的四角力量平衡作出積極貢獻」。⑫ 1981年，李光耀和馬可仕還共同表示，他們贊成日本的軍事集結「以補充美國的力量，使之與在該地區日益增長的蘇聯海軍力量相匹配」。其次，東盟國家發展經濟的需要也推動了它們與日本接近。它們迫切希望日本能在技術和資金方面提供援助，在整個經濟領域進行合作。

　　從日本方面來看，也存在著改善和加強雙方關係的強烈願望。首先，它希望樹立起一個良好的國際形象，洗刷歷史上的污點，癒合戰時給東南亞人民造成的嚴重創傷，在該地區建立對日本的信任。其次是實現自己的政治抱負。六〇年代末七〇年代初，日本的國民生產總值在全世界國民生產總值中所占比例已經超過

了聯邦德國，成爲僅次於美國的經濟大國。隨著經濟地位的上升，它要求在國際政治事務中發揮與自己經濟力量相稱的作用。七〇年代初，田中角榮上台後，第一次修改了歷屆日本政府對美一邊倒的外交政策，提出了「多邊自主外交」的方針。七〇年代末，大平正芳又第一次提出了日本獨立的世界戰略，即「綜合安全保障戰略」。進入八〇年代，日本的國際戰略目標更加明確了。1983年7月，中曾根康弘首相最終提出了「政治大國」的口號。在日本看來，東南亞是日本走向國際政治舞台的重要台階，特別是柬埔寨和平進程開始後。

儘管動機各不相同，但加強雙方關係的願望是共同的，這使雙方關係進入一個全面合作的新時期。

首先是雙方領導人頻頻接觸，增進了相互了解和信任。日本在這方面表現得更爲主動，其中最突出的標誌是福田（Fu-kuda）首相在1977年8月間對緬甸和東盟國家的出訪。他的這一東南亞之行是戰後日本對外關係史上非常不平凡的舉動。訪問期間，正值第二次東盟首腦會議，在日本和東盟國家首腦的聯合聲明中，福田表示了日本堅持和平、永遠不做軍事大國、爲世界和平和繁榮作出貢獻的決心。在訪問即將結束時，他發表了一個題爲「我國的東南亞政策」的演說。在這個後來被稱作「福田主義」（Fukuda Dectrine）的演說中，表達了日本對東南亞的三個基本立場：一是日本不做軍事大國；二是透過文化、教育交流，建立「心心相印的相互信賴的關係」；三是以對等的立場加強與東南亞國家的合作。1980年8月，伊東正義外相訪泰時又稱，與東盟國家的關係是日本對外關係的三大支柱之一。1981年1月，鈴木首相又親訪東盟五國，並發表了曼谷演說。他再次表示不做

軍事大國，在柬埔寨問題上支持東盟立場，與東盟攜手努力，積極發揮政治作用，誠實地履行國際責任。

日本方面的這些旨在爭取東盟國家信任的努力的確收到了成效，東盟國家逐步建立了對日本的信任。八〇年代初，馬來西亞總理提出「向東看」政策就是一個突出的反映，該政策主張學習日本的經驗，歡迎日本的支持、援助與合作。

其次，日本成為東盟國家最大的經濟合作伙伴。在這個階段，雙方的經濟關係迅猛發展。為了改變「經濟動物」的形象，打消對日本的疑慮，日本特別重視對東盟國家的經濟援助。福田訪問東盟時許諾提供十億美元的援助。鈴木訪問時又宣布提供十五億美元援助。1989年日本又宣布向東盟提供二十億美元的優惠貸款。東盟國家成為日本政府援助的主要對象國。從1976年到1980年，日政府對外直接貸款的83.1％集中在亞洲，而對亞洲的貸款又主要集中在東盟。七〇年代中期以前，美國為東盟的最大投資國，此後，日本取代了美國。1976年東盟引進的外資中，來自日本的占33％，而來自美國的只占23％。到了八〇年代，日本成為東盟最大的貿易伙伴。根據1980年的統計，日本占東盟進出口的比例分別為22％和27％，而美國占東盟進出口的比例分別為15.3％和17.2％。此外，日本還積極為東盟的共同工程項目提供援助。1977年，日本答應為東盟計畫中的鹼灰廠、尿素廠等五大工程提供十億美元的援助。

其三，擴大合作範圍，開闢新的合作領域。這個時期是雙方全面合作的時期。合作已不僅限於經濟領域了。其中最突出的表現是東盟與日本在地區政治問題上的合作，即在柬埔寨問題上的相互配合。越南入侵柬埔寨為日本提供了發揮政治作用的良機和

大展政治宏圖的舞台；東盟國家也恰恰要求它發揮更大的政治作用。這種雙方的共同需要促進了雙方的密切合作。首先，日本爲懲罰越南侵略，宣布中止對越南的援助，參與了以日本爲首的西方對越南的經濟制裁。其次，堅決支持東盟國家的立場，增加對東盟國家的援助，特別是對直接受戰火威脅的泰國給予了特別的支持和援助。最後，積極開展外交活動爲維護民主柬埔寨在聯大的合法席位進行不懈的努力。日本政府訓令駐在四十多個國家的大使對駐在國政府進行遊說，使更多的國家支持民柬的合法席位。

除了政治上的合作以外，還開始了文化、教育、技術方面的合作。1977年8月，日本爲促進東盟內部文化交流，向東盟文化基金會捐款五十億日元。1979年日本宣布每年向東盟各國青年提供一百萬美元的獎學金，爲期十年。1981年1月，日本宣布提供一億美元，在每個東盟國家設立人才培訓中心，日本還爲該中心提供無償資金援助和技術協作。此外，還同意在日本設立第一個培訓中心，面向東盟，主要從事研究和人才交流活動。所有這些援助和合作無疑推動了東盟國家與日本關係的進一步發展。

進入九〇年代以後，隨著整個國際格局的巨大變動，東南亞與日本的關係也發生了新的變化。在這個國際格局轉換的過程中，日本已經正式以一個大國的資格參與了建立國際新秩序的大討論。根據日本政府要員的言論和官方的外交藍皮書，日本在自己的國際新秩序的構想中至少要達到三個主要戰略目標：一是建立以美、歐、日爲主導的三極世界，日本應當成爲世界政治力量的一級，成爲一個「新領袖國家」；二是透過日美「全球伙伴關係」開展「大國外交」，積極參與重大國際事務，爭當聯合國安

理會常任理事國，從而謀求「政治大國」的地位；三是作為實現前兩個目標的基礎和後盾，把亞太，特別是把東南亞和西太平洋地區作為日本的牢固的戰略基地。由此可見東南亞在其戰略構想中的突出地位。

　　為了實現這一戰略目標，一進入九〇年代，日本就調整了對東南亞的政策，把外交重點從西方大國轉向了亞洲，並以「亞洲一員」的口號取代了八〇年代盛行的「西方一員」的口號，宮澤上台後，把推行亞洲外交當作「二十一世紀日本外交和國策的最大課題」。1993年1月，宮澤首相對東盟四國（印尼、馬、泰、汶）的訪問又為雙方關係的發展豎起了新的里程碑。這次訪問的重大意義在於他發表了題為「亞洲太平洋時代及日本與東南亞的合作」的演說，後來這個演說被稱作「宮澤主義」，以示與七〇年代開闢日本與東南亞關係新階段的「福田主義」等量齊觀。這篇講話是日本建立亞太新秩序的政治宣言，其核心內容是日本要在該地區透過建立「安全對話機制」，發揮政治上的作用；更加密切日本與本地區的經濟關係，推進經濟合作，建立日本的主導地位；透過與東盟國家建立「成熟的平等伙伴關係」，進一步贏得東南亞國家的信賴。

　　到目前為止，日本對東南亞的新政策至少在兩個問題上已經反映出來了。第一是柬埔寨問題。進入九〇年代，日本在柬埔寨問題上表現出更高的熱情和更深的參與，不再像八〇年代那樣只是配合東盟的立場，而是力圖掌握解決柬問題的主導權。1990年6月，日本作為東道主主持了關於解決柬問題的「東京會議」；後來又積極參與聯合國在柬埔寨的維持和平行動，並在其中發揮了突出作用。它不僅派出了自衛隊，而且為維和行動分擔了大筆的

預算經費。特別值得注意的是,日本人在聯合國駐柬臨時權力機構中處於領導地位。聯合國的副秘書長、日本人明石康出任聯柬機構最高負責人。這表明,日本作爲政治大國的地位和作用正在顯現出來。

第二是排斥美國,依靠東盟,拉攏印支建立自己的一極。美國雖感力不從心,但仍不願把整個亞太丟給日本,所以極力維護其在亞太的主導地位。1991年1月,美國國務卿貝克(James Baker)拋出「扇形構想」就是一個明顯的例證。日本明確宣稱要在東亞地區「發揮中心作用」。東南亞有十個國家,四億四千萬人口,有豐富的資源和旺盛的經濟活力,足以支持日本這一點。正是從這點出發,近年來,日本一直在加緊拉攏印支三國,特別是越南。1993年初,宮澤在訪問東盟時強調加強與印支三國的關係,表示要推動「日本、東盟、印支三方建立共存共榮的互惠關係」。在改善與越南關係的問題上,日本顯得特別積極和熱心。1992年11月,日本在美國還未解除對越南經濟制裁的情況下,就率先恢復了中斷十四年的經濟援助,決定向越提供價值三億三千九百萬美元的日元貸款。此後日越的經濟聯繫不斷增強。

在與日本發展關係的過程中,東南亞國家特別是東盟國家從中獲得了巨大好處。一般來說,它們願意繼續發展與日本的關係。它們對日本在本地區的積極作用也給予了充分的肯定。但到目前爲止,多數東盟國家對日本仍持戒備和警惕的態度,尤其是在軍事和防務方面。一些東盟領導人公開反對日本在本地區發揮軍事作用。馬哈廸說,「日本不僅發揮經濟作用,而且發揮政治作用,這是理所當然的。但是全然反對日本在這一地區發揮軍事作用。」❽新加坡對日本的軍事作用也表示擔憂。印度尼西亞也反對依靠

外來軍事力量維護本地區的安全與穩定。但無論如何，東南亞與日本的關係將日趨密切是無庸置疑的。

─註釋─

❶John F. Cady, *Southeast Asia: Its Historical Development,* McGraw-Hill Book Company, New York, 1964, pp.12-13, and D. R. Sar Desai, *Southeast Asia: Past & Present,* Westview Press, 1994, Boulder, pp.9-10.

❷余定邦等編：《緬甸》，廣西人民出版社，1994年，第22頁。也有學者認為在西元前五世紀。見D. R. Sar Desai, *Southeast Asia: Past & Present,* p.10.

❸吳巴莫：《緬人的起源》，中譯文見《東南亞》雜誌，雲南東南亞研究所，1987年，第1期。

❹譚寶等編：《柬埔寨》，廣西人民出版社，1985年，第21頁。

❺參見，中山大學東南亞歷史研究所（編）：《泰國史》，廣東人民出版社，1987年，第16-26頁。

❻劉迪輝等著：《東南亞簡史》，廣西人民出版社，1989年，第24頁。

❼即寮國自由民族統一戰線，簡稱伊沙拉戰線，成立於1945年10月。

❽堅持社會主義，堅持馬克思主義，堅持無產階級專政，堅持黨的領導，堅持社會主義民主，堅持愛國主義和關係主義。

❾該黨實際上是寮國人民革命黨的革命統一戰線組織。寮國人民革命黨原名為寮國人民黨，是在印度支那共產黨幫助下，於1955年3月22日成立。1976年「二大」時政為現名並正式公開。該黨為寮國今天的執政黨，奉行共產主義綱領。

❿1971年9月，又改名為東埔寨共產黨，波爾布特任總書記。

⓫東埔寨人民革命黨於1991年10月改為現名。

⓬譚國安：〈泰國文官制度之探討〉，《東南亞季刊》，1996年，第1卷第4期秋季號，國立暨南國際大學東南亞研究中心，第11-12頁。

⓭Harold A. Crouch, *Government and Society in Malaysia,* Cornell University, 1996, p.133.

⓮Harold A. Crouch, *Government and Society in Malaysia,* Cornell University Press, 1996, pp.132-134.

⓯Zakaria Haji Ahmai(ed), *Government and Politics of Malaysia,* Oxford University Press, 1987, p.105.

⓰Ibid, p.107.

⓱以上資料見王士象：〈印度尼西亞文官制度簡介〉，《東南亞研究》，1989年，第3期，第20-23頁，暨南大學東南亞研究所（廣州）。

⓲參看李美賢：〈印尼「新秩序」時期的威權政治機構與官僚政治〉，《東南亞季刊》，國立暨南國際大學東南亞研究中心（台灣），1996年，第1卷第4期，第37-39頁。

⓳Nawaz B. Mody, *Indonesia under Suharto,* Apt Books Inc., New

York, 1987, p.216.

⑳Michael R. J. Vatikiotis, *Indonesian Politics Under Suharto: Order, Development and Pressure for Change,* Routtedge, New York, 1993, pp.70-71.

㉑李美賢，前引書，第35-36頁。

㉒Raul R. De Guzman, Mila A. Reforma (ed), *Government and Politics of the Philippines,* Oxford University Press, Singapore, 1988, p.197.

㉓Ibid, pp.197-198.

㉔Ronald J. Cima (ed), *Vietnam: A Country Study,* the United States Government, 1989, p.191.

㉕不包括共產黨，因為它已轉入農村進行武裝鬥爭。

㉖柯受田、陳慶珠、謝志森（編）：《新加坡政府和政治》，第165頁。
(Jon S. T. Quah, Chan Heng Chee and Seah Chee Meow, eds. *Government and Politics of Singapore*, Oxford University Press, Singapore, 1985)．

㉗同上。

㉘蘇哈托：《蘇哈托——我的思想、言論和行動》，世界知識出版社，1991年，第196、195頁。

㉙同上。

㉚「浮民」概念是1971年7月伊斯蘭學生協會領袖Nurcholish Madjeh首先使用的。他主張禁止政黨支部在縣級以下單位活動以免在農村造成動亂。這一概念後來被軍隊指揮官Widodo使用。他宣布，在鄉村沒有必要存在政黨組織，除了大選期間，政黨不應打擾農民，以便使他們集中精力發展經濟。

㉛廖・瑟里迪奈特：《軍事統治和政治文化：印度尼西亞專業集團研究》，第180頁。(Leo Suryadinata, *Military Ascendancy and Political Culture: A Study of Indonesia's Golkar*, Ohio University Press, 1989).

㉜轉引自哈羅德・克芬奇：〈四十五年代隊伍後的印尼軍人與政治〉，《東南亞研究》，1987年，第4期，第30頁。

㉝扎卡里亞・哈吉・阿馬德和哈拉爾德・克勞奇（編）：《東南亞的軍政關係》，第172頁。(Zakaria Haji Ahmad and Harald Crauch, eds. *Military-Civilian Relations in Southeast Asia*, Oxford University Press, 1985).

㉞同上書第184頁。

㉟戴維・沃夫爾：《菲律賓政治：發展與衰退》，第142頁。(David Wurfel, *Filipino Politics: Development and Decay*, Cornell University Press, 1988).

㊱轉引自生野善應：〈緬甸的佛教（下）〉，《東南亞研究資料》，1985年，第2期，第76頁。

㊲前引文〈緬甸的佛教（下）〉，《東南亞研究資料》，第2期，第76頁。

㊳同上文，《東南亞研究資料》，1985年，第2期，第67-68頁。

㊴吳努：《吳努，星期六之子》，第19頁。(U Nu, *U Nu, Saturday's Son*, Yale University Press, 1975).

㊵轉引自黃夏年：〈現代緬甸佛教復興與佛教民族主義〉，《東南亞研究》，1992年，第6期，第61頁。

㊶傑里沃・林：《佛教、帝國主義和戰爭》，第130頁。(Jrevor Ling, *Buddhism, Impreialism and War*, London, 1979).

⑫前引書《佛教、帝國主義和戰爭》，第126頁。

⑬索姆布恩·蘇克薩姆蘭：《東南亞的政治佛教：僧伽在泰國現代化中的作用》，第21頁。(Somboon Suksamran, *Political Buddism in Southeast Asia: The Role of the Sangha in the Modernization of Thailand*, London, 1977).

⑭同上書第23頁。

⑮《星報》，1983年10月2日 (*The Star*)。

⑯《新海峽時報》，1982年8月22日 (*New Straits Times*)。

⑰前引書《菲律賓政治：發展和衰退》，第222頁。

⑱E·薩基辛斯：《緬甸革命的佛教背景》，第211-212頁。(E. Sarkisyanz, *Buddhist Backgrounds of the Burmese Revolution*, The Hayue/Martinus Nij Hoff, 1965).

⑲前引書《緬甸革命的佛教背景》，第213頁。

⑳同上書214頁。

㉑前引書《緬甸革命的佛教背景》，第215頁。

㉒比查德·巴特韋爾：《緬甸的吳努》，第74頁。(Bichard Butwell, *U Nu of Burma*, Stanford University Press, 1963).

㉓前引書《緬甸的吳努》，第74頁。

㉔同上。

㉕同上。

㉖同上。

㉗以下有關引文均出自緬甸社會主義綱領黨《人與環境相互關係的理論》(The Burma Socialist Programme Party, *The System of Correlation of Man to his Enviroment*, Ragoon, Ministry of Information, 1963).

❺❽羅傑・史密斯（編）：《東南亞政治發展變化的文件》，第136頁。
(Smith, Roger M. (ed.) *Southeast Asia: Documents of Political Development and Change*, Cornell University Press, 1974) .

❺❾前引書《東南亞政治發展變化的文件》，第175頁。

❻⓪同上。

❻❶同上書第135頁。

❻❷貌貌季：《緬甸人政治價值觀》，第163-164頁。 (Maung Maung Gyi: *Burmese Political Values*, Praeger Publishers, New York, 1983) .

❻❸瑪格麗特・米德（編）：《文化模式和技術變革》，第56頁。
(Margaret Meat, ed. *Cultural Patterns and Technical Change*, New York, 1955) .

❻❹前引書《文化模式和技術變革》，第56頁。

❻❺前引書《緬甸政治價值觀》，第154-155頁。

❻❻前引書《緬甸政治價值觀》，第156頁。

❻❼同上書第155頁。

❻❽同上書第162頁。

❻❾貌貌：《緬甸和奈溫將軍》，第298頁。 (Maung Maung, *Burma and General Ne Win*, Asia Publishing House, New York, 1969) .

❼⓪亞歷克斯・喬西：《李光耀》，上海人民出版社，1976年，第160頁。

❼❶新加坡《南洋商報》，1976年3月29日。

❼❷前引書《李光耀》，第208-209頁。

❼❸前引書《李光耀》，第308頁。

❼❹新加坡《聯合早報》，1988年11月2日。

㊞前引書《李光耀》，第210頁。

㊟同上書第63頁。

㊐《亞洲的小巨人──新加坡為什麼自豪》，台灣天下編輯，1984年，第44頁。

㊐C‧M‧特恩布爾：《新加坡史》，第312頁。(C.M. Turnbull, *A History of Singapore 1919-1988*, Oxford University Press, Singapore, 1988).

㊐前引書《李光耀》，第236-237頁。

⑧⓪前引書《李光耀》，第71頁。

⑧①同上書第492頁。

⑧②同上書第493頁。

⑧③前引書《李光耀》，第214頁。

⑧④新加坡《聯合早報》，1991年5月10日。

⑧⑤李光耀：〈我們的任務〉，《新加坡》，1981年，第180期，第5-7頁。

⑧⑥吳作棟：〈進入九〇年代的新加坡〉，《新加坡》，1985年，第227期，第12頁。

⑧⑦李光耀：《李光耀40年政論選》，現代出版社，1994年，第350頁。

⑧⑧J‧D‧萊格：《蘇加諾政治傳記》，上海人民出版社，1972年，第404頁。

⑧⑨前引書《印度尼西亞政治思想 (1945-1965) 》，第166頁。

⑨⓪伯恩哈德‧達姆：《蘇加諾和印尼獨立鬥爭》，第200頁。(Bernhard Dahm, *Sukarno and Struggle for Indonesian Independence*, Cornell University Press, 1986).

⑨①前引書《印度尼西亞政治思想 (1945-1965) 》，第262頁。

⑨②《亞洲、非洲、拉丁美洲民族主義者關於民族解放運動的言論》，

人民出版社，1964年，第56頁。

❸前引書《蘇加諾和印尼獨立鬥爭》，第151頁。

❹前引書《蘇加諾和印尼獨立鬥爭》，第162頁。

❺前引書《印度尼西亞政治思想（1945-1965）》，第150頁。

❻同上書第149頁。

❼前引書《亞洲、非洲、拉丁美洲民族主義者關於民族解放運動的言論》，第164頁。

❽前引書《蘇加諾政治傳記》，第370頁。

❾前引書《印度尼西亞政治思想（1945-1965）》，第84頁。

⓿同上。

⓫珍妮·S·明茨：《穆罕默德、馬克思和馬爾哈恩：印尼社會主義根源》，第169頁。（Jeanne S. Mintz, *Mohammed Marx and Marhaen: Roots of Indonesian Socialism*, New York, 1965）.

⓬同上書第165頁。

⓭《蘇加諾演講集》，世界知識出版社，1956年，第181頁。

⓮前引書《穆罕默德、馬克思和馬爾哈恩：印尼社會主義根源》，第168頁。

⓯同上書第169頁。

⓰同上書第168頁。

⓱前引書《穆罕默德、馬克思和馬爾哈恩：印尼社會主義根源》，第171-172頁。

⓲前引書《印度尼西亞政治思想（1945-1965）》，第86頁。

⓳辛迪·亞當斯：《蘇加諾自傳》，第279頁。（*Sukarno, Autobiography as Told to Cindy Adans*, New York, 1965）.

⓴1973年人民協商大會提出，1978年修訂。

⑪伊卡‧達瑪帕特拉：《潘查希拉和尋求印尼社會的認同與現代化》，第181頁。 (Eka Darmaputera, *Pancasila and the Search for Identy and Modernity in Indonesian Society: A Cultrual and Ethnical Analysis*, Netherlands, 1988) .

⑫同上。

⑬同上書第182頁。

⑭《蘇哈托自傳──我的思想、言論和行動》，世界知識出版社，1991年，第180頁。

⑮前引書《潘查希拉和尋求印尼社會的認同與現代化》，第189頁。

⑯同上書第189-190頁。

⑰同上。

⑱同上。

⑲同上。

⑳同上。

㉑前引書《潘查希拉和尋求印尼社會的認同與現代化》，第190頁。

㉒前引書《蘇哈托自傳──我的思想、言論和行動》，第140頁。

㉓同上書第349頁。

㉔同上書第350頁。

㉕同上。

㉖《蘇哈托自傳──我的思想、言論和行動》，第349-350頁。

㉗同上。

㉘同上。

㉙前引書《蘇哈托自傳──我的思想、言論和行動》，第167頁。

㉚同上書第185頁。

㉛同上。

⑬前引書《蘇哈托自傳──我的思想、言論和行動》，第375頁。

⑬同上。

⑬J·范·德·克羅夫：《現代世界中的印度尼西亞》，第二部分，第176頁。（J. van der Kroef, *Indonesia in the Modern World, Part II*）．

⑬索馬賽德·馬頓諾：《舊爪哇的國家和國事管理》，第41頁。（Soemarsaid Martono, *State and Statecraft in Old Java*, Cornell University Press, 1988）．

⑬馬可仕：《今天的革命：民主》，第1頁。（Marcos, *Today's Revolution: Democracy*, Manila, 1977）．

⑬前引書《今天的革命：民主》，第9頁。

⑬同上。

⑬前引書《今天的革命：民主》，第22頁。

⑭同上書第2頁。

⑭同上書第12頁。

⑭同上書第20頁。

⑭克里索斯托莫：《革命者馬可仕》，第155頁。（Lsabelo T. Crisotomo, *Marcos the Revolutionary*, J. Kriz Publishing Enterprises, 1973）．

⑭馬可仕：《菲律賓人的意識形態》，第33頁。（Marcos, *An Ideology for Filippions,* Manila, 1980）．

⑭同上書第29頁。

⑭前引書《今天的革命：民主》，第11-12頁。

⑭前引書《當代的革命：民主》，第77頁。

⑭前引書《菲律賓人的意識形態》，第34頁。

⑭同上書第35頁。

⑮前引書《革命者馬可仕》，第170頁。

⑯馬可仕：《菲律賓的民主革命》，第158頁。 (Marcos, *the Democratic Revolution in the Philippins,* New Jersey, 1974)．

⑰同上書第176-177頁。

⑱前引書《菲律賓的民主革命》，第152頁。

⑲同上書第179頁。

⑳前引書《菲律賓的民主革命》，第153頁。

㉑前引書《菲律賓人的意識形態》，第38頁。

㉒同上書第32頁。

㉓前引書《菲律賓人的意識形態》，第38頁。

㉔前引書《革命者馬可仕》，第132頁。

㉕前引書《菲律賓人的意識形態》，第40頁。

㉖前引書《菲律賓的民主革命》，第166頁。

㉗同上書第167頁。

㉘同上。

㉙前引書《菲律賓人的意識形態》，第16頁。

㉚前引書《當代的革命：民主》，第98頁。

㉛前引書《菲律賓的民主革命》，第133頁。

㉜前引書《菲律賓人的意識形態》，第71頁。

㉝前引書《當代的革命：民主》，第89頁。

㉞前引書《菲律賓人的意識形態》，第71頁。

㉟前引書《走向貧窮的緬甸之路》，第207頁。

⑰Suchit Bunbongkan, *The Military in Thai Politics 1981-1986,* Institute of Southeast Asian Studies, Singapore, 1978, p.4.

⑰約翰‧F‧卡迪：《戰後東南亞史》，上海譯文出版社，1984年，第370頁。

⑱Gareth Porter, *Vietnam: The Politices of Bureaucratic Socialism,* Ithaca: Cornell University Press, 1993, p.170.

⑲Philip Shenom, "Vietnam said to Arrest 2 Protesting Buddhist Monks", New York *Times,* January 9, 1995.

⑮Alan Clements, *Burma: The Next Killing Field,* Berkelly: Odonican Press, 1992, p.51.

⑯Clark D. Neher, Ross Marlay, *Democracy and Development in Southeast Asia: The Winds of Change,* Westview Press, 1995, p. 42.

⑰Clark D. Neher, Ross Marlay, *Democracy and Development in Southeast Asia: The Winds of Change,* Westview Press, 1995, p. 43.

⑱Clark D. Neher, Ross Marlay, *Democracy and Development in Southeast Asia: The Winds of Change,* Westview Press, 1995, p. 107.

⑲林若雩：〈國家與傳媒：新加坡的新聞自由〉，《東南亞季刊》，台灣國立暨南大學東南亞研究中心，1996年7月，夏季號。

⑱新加坡《聯合早報》（編）：《李光耀40年政論選》，現代出版社，1994年，第558頁。

⑱同上。

⑱Clark D. Neher, Ross Marlay, *Democracy and Development in Southeast Asia: The Winds of Change,* Westview Press, 1995, p. 136.

⑱陳鴻瑜：〈新加坡的威權主義民主與發展型態〉，轉引自林若雩：
〈國家與媒體：新加坡的新聞自由〉，《東南亞季刊》，台灣國立
暨南大學東南亞研究中心，1996年7月，夏季號，第96頁。

⑱Clark D. Neher, Ross Marlay, *Democracy and Development in Southeast Asia: The Winds of Change*, Westview Press, 1995, p. 86.

⑱林若雩：前引書，第99頁。

⑱Clark D. Neher, Ross Marlay，前引書，第188頁。

⑱Clark D. Neher, Ross Marlay，前引書，第66頁。

⑱萊利特·布拉薩德·辛格：《權力政治和東南亞》，第145頁。
(Lalita Brasad Singh, *Power Politics and Southeast Asia*, New Delhi, 1979)．

⑱托馬斯·艾倫：《東南亞國家聯盟》，新華出版社，1981年，第411頁。

⑲王賢根：《援越抗美實錄》，國際文化出版公司，1990年，第223頁。

⑲黃文歡：《滄海一粟》，轉引自郭明：《中越關係演變四十年》，
廣西人民出版社，1992年，第55頁。

⑲前引書《援越抗美實錄》，第226頁。

⑲前引書《中越關係演變四十年》，第102-103頁。

⑲海明·雷：《中越戰爭》，第51頁。(Hemen Ray, *China's Vietnam War*, New Delih, 1983)．

⑲同上書第46頁。

⑲由於汶萊獨立的歷史很短，這裡主要討論泰、馬、新、菲、印尼與
中國的關係。

⑲《人民日報》，1989年10月27日。

⑱廖·瑟里迪奈特：《中國和東盟國家關係：華人問題》，第112頁。

(Leo Suryadinata, *China and the ASEAN States: the Ethnic Chinese Dimension*, Singapore University Press, 1895) .

⑲美國康倫公司研究報告：《美國對亞洲的外交政策》，世界知識出版社，1960年，第156頁。

⑳國際交流署1977年4月30日華盛頓電。

㉑前引書《東南亞國家聯盟》，第552頁。

㉒M·拉詹德雷恩：《東盟對外關係》，第57頁。 (M. Rajemdran, *ASEAN'S Foreign Relations: The Shift to Collective Action*, Kuala Lumpur, 1985) .

㉓新華社東京1991年7月19日電。

一參考書目一

英文參考書目

綜合

1.Ahmad, Zakaria Haji and Crauch, Harald, eds., *Military-Civilian Relations in Southeast Asia*, Oxford University Press, 1985.
2.McCloud, Donald G., *System and Process in Southeast Asia*, Westview Press, 1986.
3.Neher, C. D., *Politics in Southeast Asia*, Schenkman books Inc. Massachusetts, 1987.

4.Neher, C. D., *Southeast Asia in the New International Era*, Westview Press, 1994.

5.Neher, C. D., and Morlay, Ross, *Democracy and Development in Southeast Asia: The Winds of Change*, Westview Press, 1995.

6.Pluvier, Jan, *South-East Asia from Colonialism to Independence*, Oxford University Press, 1974.

7.Pye, Lucian, W., *Southeast Asia's Political System*, New Jersey, 1974.

8.Sardesai, D. R., *Southeast Asia: Past and Present*, Westview Press, 1989.

9.Smith, Roger M. ed., *Southeast Asia: Documents of Political Development and Change*, Cornell University Press, 1974.

10.Snitwongse, Kusuma and Sukhumbhand Paribatra, eds., *Durable Stability in Southeast Asia*, ISAS, Singapore, 1987.

國際關係

11.Antolik, Michael, *ASEAN and the Diplomacy of Accommodation*, M. E. Sharpe, Inc. 1990.

12.Broinowski, Alision, *Understanding ASEAN*, London, 1982.

13.Chanda, Nayan, *Brother Enemy: The War After the War*, Macmillan Publishing Company, 1986.

14.Chinvanno, Anuson, *Thailand's Policies Towards China 1949-1954*, Macmillan, Basingstoks Hampshire, 1992.

15.Elliott, David W. P. ed., *The Third Indochina Conflict*, Westview Press, 1981.

16.Gurtov Melvin, *China and Southeast Asia*, John Hopkins University Press, 1991.

17.Jackson, Karl D. ed., *ASEAN in Regional and Global Context*, Berkeley, 1986.

18.Jain, R. K. ed., *China and Thailand 1949-1983*, Humanities Press, 1984.

19.Jain, R. K. ed., *China and Malaysia 1949-1983*, New Delhi, 1984.

20.Kallgren, Joyce K., Sopiee, Noordinand Djiwandono, J. Soedjati eds., *ASEAN and China, An Evolving Relationship*, University of California, Berkely, 1988.

21.Mozingo, David, *Chinese Policy towards Indonesia 1949-1967,* Cornell University Press, 1976.

22.Nagi, R., *ASEAN-20 Years*, New York, 1989.

23.Palmer, Roanald D., *Building ASEAN: 20 Years of Southeast Asia Cooperation*, New York, 1987.

24.Rajendran, M., *ASEAN's Foreign Relations: The Shift to Collective Action*, Kuala Lumpur, 1985.

25.Ross, Robert S., *The Indochina Tangle, China's Vietnam Policy 1975-1979*, Calumbia University Press, 1988.

26.Suryadinate, Leo, *China and the ASEAN States: The*

Ethnic Chinese Dimension, Singapore University Press, 1985.

27.Taylor, Jay, *China and Southeast Asia*, New York, 1976.

越南

28.Cima, Ronald, ed., *Vietnam: A Country Study*, Library of Congress, Washington, 1989.

29.Kahin, George McT. and Lewis, John W., *The United States in Vietnam*, New York, 1969.

30.Lacouture, Jean, *Ho Chi Minh: A Political Biography*, New York, 1969.

柬埔寨

31.Etcheson, Craig, *The Rise and Demise of Democratic Kampuchea*, Westview Press, 1984.

32.Ponchaud, Franqois, *Cambodia, Year Zero*, New York, 1978.

33.Vickery, Michaél, *Kampuchea: Politics, Economics and Society*, London, 1986.

寮國

34.Brown, MacAlister, and J. Zasloff, Joseph J., *Apprentice Revolutionaries: The Communist Movement in Laos 1930-1985*, Hoover Institution Press, 1986.

35.Stuart-Fox, Martin, *Contemparary Laos: Studies in the Politics and Society of the Lao People's Democratic Republic*, New York, 1982.

36.Stuart-Fox, Martin, *Laos: Politics, Economics and Society*, London, 1986.

緬甸

37.Bunge, Frederica M., *Burma: A Country Study*, Federal Research Division, Library of Congress, Washington, 1983.

38.Maung Maung Gyi, *Burmese Political Values: the Sociopolitical Roots of Authoritarianism*, Praeger Publishers, New York, 1983.

39.Maung, Mya, *The Burma Road to Poverty*, Praeger Publishers, New York, 1991.

40.Sharan, P., *Government and Politics of Burma*, New Delhi, 1983.

41.Silverstein, Josef., *Burma: Military Rule and the Politics of Stagnation*, Cornell University Press, 1977.

泰國

42.Bunge, Frederica M., *Thailand: A Country Study*, Federal Research Divison, Library of Congress, Washington, 1981.

43.Elliott, David, *Thailand: Origins of Military Rule*, London, 1978.

44.Girling, John L. S., *Thailand: Society and Politics*, Cornell University Press, 1981.

45.Pongsapich, Amara, *Traditional and Changing Thai World View*, Bangkok, 1985.

46.Suksamran, Somboon, *Political Buddhism in Southeast Asia: The Role of the Sangha in the Modernization of Thailand*, London, 1977.

47.Xuto, Somsakdi, ed. *Government and Politics of Thailand*, Oxford University Press, 1987.

馬來西亞

48.Abdul Rahman, Tunku, P. A., *Contemporary Issues in Malaysian Politics*, Selangor, 1984.

49.Ahmad, Zakaria Haji, ed., *Government and Politics of Malaysia*, Oxford University Press, 1987.

50.Chung, Kek Yoong, *Mahathir Administration: Leadership and Change in a Multiracial Society*, Pelanduk Pub. Selangor, 1987.

51.Milne, R. S. and Mauzy, Diane K., *Politics and Government in Malaysia*, University of British Columbia Press, Singapore, 1980.

52.Vasil, R. K., *Ethnic Politics in Malaysia*, New Delhi, 1980.

53.Vorys, Karl von, *Democracy without Consensus: Com-*

munalism and Political Stability in Malaysia, Princeton University Press, 1975.

新加坡

54.Chen, Peter S. J. ed., *Singapore Development Policies and Trend*, Oxford University Press, 1983.

55.George, T. J. S., *Lee Kuan Yew's Singapore*, London, 1972.

56.Nair, C. V. Devan, *Socialism that Works: the Singapore Way*, Federal Publications, Singapore, 1976.

57.Quah, Jon S. T. Chee, Chan Heng and Meow, Seah Chee, eds., *Government and Politics of Singapore*, Oxford University Press, Singapore, 1985.

58.Poer, Barbara Leitch Le ed., *Singapore: A Country Study*, Federal Research Division, Library of Congress, Washington, 1991.

印度尼西亞

59.Boilearu, Julan M., *Golkar: Functional Group Politics in Indonesia*, Jakarta, 1983.

60.Bresnan, John, *Managing Indonesia,* Columbia University Press, 1993.

61.Darmaputera, Eka, *Pancasila and the Search for Identity and Modernity in Indonesian Society: A Cultural and Ethnical Analysis*, Netherlands, 1988.

62. Jackson, Karl D., *Traditional Authority, Islam and Rebellion: a Study of Indonesian Political Behavior*, University of California Press, 1980.

63. Mody, Nawaz B., *Indonesia Under Suharto*, New York, 1987.

64. Reeve, David, *Golkar of Indonesia: An Alternative to the Party System*, Oxford University Press, 1985.

65. Suryadinata, Leo, *Military Ascendancy and Political Culture: a Study of Indonesia's Golkar*, Ohio University Press, 1989.

菲律賓

66. Burton, Sandra, *Impossible Dream*, Warner Books Inc. 1989.

67. Dios, Aurora Javate-de, et al. eds., *Dictatorship and Revolution*, Metro Manila, 1988.

68. De Guzman, Raul Policarpic, et al. eds., *Government and Politics of the Philippines*, Singapore, 1988.

69. McDougald, Charles C., *The Morcor File: Was He a Philippine Hero or Corrupt Tyrant?* San Franciso Publishers, 1987.

70. O'Brien, Niall, *Revolution from the Heart*, Oxford University Press, 1987.

71. Seagrave, Sterling, *Marcos Dynasty*, New York, 1988.

中文參考書目

1. 劉迪輝：《東南亞簡史》，廣西人民出版社，1989年。

2. D·G·E·霍爾：《東南亞史》上下冊，商務印書館，1982年。

3. 約翰·F·卡迪：《戰後東南亞史》，上海譯文出版社，1985年。

4. 梁守德等主編：《戰後亞非拉民族民主運動》第二章，北大出版社，1989年。

5. 金應熙主編：《菲律賓史》，河南大學出版社，1990年。

6. 許心禮：《新加坡》，上海辭書出版社，1983年。

7. 鄒啓宇等：《泰國》，上海辭書出版社，1988年。

8. 徐茂龍等：《馬來西亞》，上海辭書出版社，1982年。

9. 譚實等：《柬埔寨》，廣西人民出版社，1985年。

10. 沈紅芳：《菲律賓》，上海辭書出版社，1985年。

11. 陳輝燎：《越南人民抗法八十年史》，三聯書店，1983年。

12. 瓊賽：《寮國史》，福建人民出版社，1974年。

13. 西哈努克：《西哈努克回憶錄》，黑龍江人民出版社，1987年。

14. 貌貌：《緬甸政治與奈溫將軍》，雲南省東南亞研究所，1982年。

15. 貌丁昂：《緬甸史》，雲南省東南亞研究所，1983年。

16. 烈勃里科娃：《泰國現代史綱》，商務印書館，1973年。

17. 中山大學東南亞歷史研究所：《泰國簡史》，商務印書館，1984年。

18. 亞歷史斯·喬西：《李光耀》，上海人民出版社，1976年。

19. J·D·萊克：《蘇加諾政治傳記》，上海人民出版社，1977年。

20.O・G・羅德：《微笑的將軍》，商務印書館，1979年。

21.美國中央情報局：《印尼「9・30」事件》，四川人民出版社，1982年。

22.燕蘭：《馬科斯總統和夫人》，時事出版社，1983年。

23.張海濤：《第三次白色恐怖》，華夏出版社，1988年。

24.沙斯特羅阿米佐約：《我的歷程》，世界知識出版社，1983年。

25.克里索斯托莫：《阿基諾夫人》，世界知識出版社，1988年。

26.托馬斯・艾倫：《東南亞國家聯盟》，新華出版社，1981年。

27.廈門大學南洋研究所：《東南亞五國經濟》，人民出版社，1981年。

28.郭明主編：《中越關係演變四十年》，廣西人民出版社，1992年。

29.楊長源等主編：《緬甸概覽》，中國社會科學出版社，1990年。

30.解力夫：《越南戰爭實錄》，世界知識出版社，1993年。

31.王賢根：《援越抗美實錄》，國際文化出版公司，1990年。

32.施盈富：《秘密出兵亞熱帶叢林》，解放軍文藝出版社，1990年。

33.時殷弘：《美國在越南的干涉和戰爭》，世界知識出版社，1993年。

34.曹雲華：《新加坡的精神文明》，廣東人民出版社，1992年。

35.夏書章：《新加坡行（市）政管理》，中山大學出版社，1992年。

36.孫福生：《印度尼西亞現代政治史綱》，廈門大學出版社，1989年。

37.德威帕雅納、拉瑪丹執筆：《蘇哈托自傳》，世界知識出版社，

1991年。

38.約翰·F·卡迪：《東南亞歷史發展》，上海譯文出版社，1988
年。

39.斯特林·西格雷夫：《馬科斯王朝》，國際文化出版公司，1990
年。

40.黃朝翰：《中國與亞太地區變化中的政治經濟關係》，暨南大
學出版社，1990年。

41.查理·C·麥克杜格爾德：《馬科斯傳》，求實出版社，1990年。

42.黃阿玲：《中國印尼關係史簡編》，中國國際廣播出版社，
1987年。

43.拉瑪娃娣：《獨立宮內外》，東方出版社，1988年版。

44.中山大學東南亞研究所：《泰國史》，廣東人民出版社，1987
年。

45.黛安·K·莫齊：《東盟國家政治》，中國社會科學出版社，
1990年。

46.陳顯泗：《柬埔寨兩千年史》，中州古籍出版社，1990年。

47.梁英明等：《近現代東南亞》，北京大學出版社，1993年。

48.古小松：《越南的經濟改革》，廣西人民出版社，1992年。

49.布賴恩·梅：《外國記者眼中的印尼》，世界知識出版社，1987
年。

50.李光耀：《李光耀四十年政論選》，現代出版社，1994年。

51.黃文歡：《滄海一粟——黃文歡革命回憶錄》，解放軍出版
社，1987年。

52.黃文歡：《黃文歡文集》，人民出版社，1988年。

53.季國興：《東南亞概覽》，中國社會科學出版社，1994年。

54.杜敦信等：《越南寮國柬埔寨手冊》，時事出版社，1988年。

55.賀聖邁等：《戰後東南亞歷史發展》，雲南大學出版社，1995年。

56.張錫鎮：《西哈努克家族》，社會科學文獻出版社，1996年。

57.李路曲：《新加坡現代化之路：進程、模式與文化選擇》，新華出版社，1996年。

東南亞政府與政治　　　　　比較政府與政治 04

著　　　者／ 張錫鎮

出 版 者／ 揚智文化事業股份有限公司

發 行 人／ 葉忠賢

總 編 輯／ 孟　樊

執 行 編 輯／ 晏華璞

地　　　址／ 台北縣深坑鄉北深路 3 段 260 號 8 樓

電　　　話／ (02)8662-6826

傳　　　真／ (02)2664-7633

登 記 證／ 局版北市業字第 1117 號

印　　　刷／ 偉勵彩色印刷股份有限公司

初 版 一 刷／ 2000 年 02 月

初 版 三 刷／ 2014 年 09 月

定　　　價／ 400 元

本書如有缺頁、破損、裝訂錯誤、請寄回更換。

E-mail：yangchih@ycrc.com.tw

網　　　址：http://www.ycrc.com.tw

ISBN： 957-8637-83-7

國家圖書館出版品預行編目資料

東南亞政府與政治 / 張錫鎮著. -- 初版. --
　　台北市：揚智文化，1999 [民 88]
　　　面；　公分. --（比較政府與政治；4）
　　參考書目：面
　　ISBN　957-8637-83-7（平裝）

　　1. 東南亞－政治與政府

574.38　　　　　　　　　　　　87017483